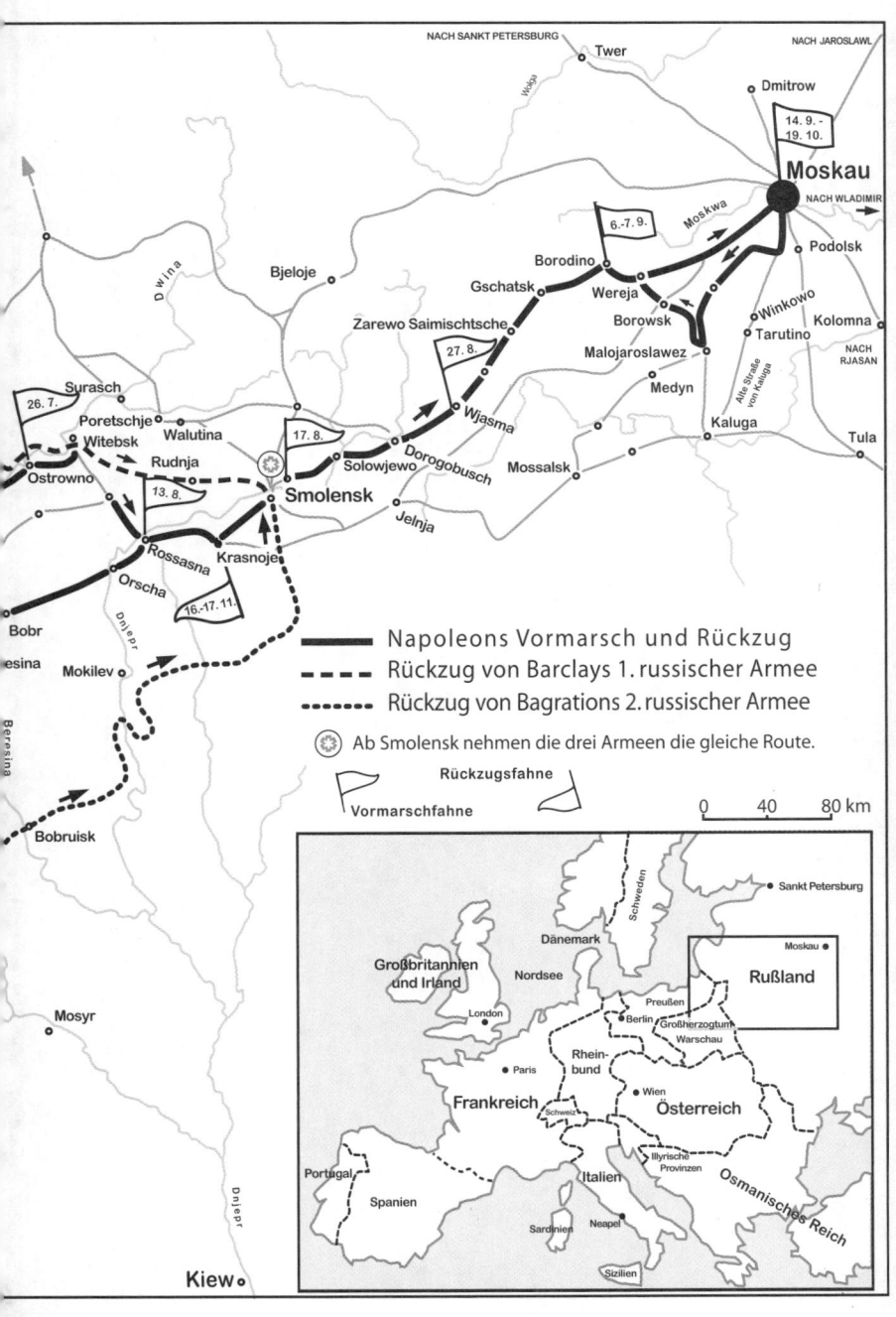

Anka Muhlstein
Der Brand von Moskau

Napoleon in Rußland

Aus dem Französischen von
Ulrich Kunzmann

Mit Bildteil

Insel Verlag

Titel der französischen Originalausgabe: *Napoléon à Moscou*
© Éditions Odile Jacob, Paris 2007

© Insel Verlag Frankfurt am Main und Leipzig 2008
Druck: Friedrich Pustet, Regensburg
Printed in Germany
Erste Auflage 2008
ISBN 978-3-458-17391-5

1 2 3 4 5 6 – 13 12 11 10 09 08

Inhalt

Vorwort

»Soll ich Ihnen die Wahrheit sagen, die Zukunft voraussagen? Der Kaiser ist wahnsinnig, er wird uns alle kopfüber in den Abgrund reißen, und alles wird in einer schrecklichen Katastrophe enden.« So äußerte sich ein Minister Napoleons, kurz nachdem dieser im Juni 1812 den Angriff auf Rußland begonnen hatte, mit dem er doch 1807 im Vertrag von Tilsit ein Bündnis geschlossen hatte. In den Schlachten wie in der Politik war seine ganze Karriere seit den ersten Siegen, den schönen Tagen von Arcole oder dem Staatsstreich vom 18. Brumaire, von kühnen Herausforderungen geprägt gewesen. Diesmal aber ließ er sich von seinem Konflikt mit England verblenden, dem er jede Unterstützung entziehen wollte, und er verwickelte sich in einen Kampf, ohne zwei grundlegende Voraussetzungen genau einschätzen zu können: die Absichten des Zaren Alexander und die Treue der russischen Untertanen. Damit Napoleon den Sieg erringen konnte, mußten der Zar wankelmütig und die Russen untreu werden, bevor der Winter kam. Man weiß, was tatsächlich geschah.

Dies ist die Geschichte des Rußlandfeldzuges, über den man seit beinahe zwei Jahrhunderten einen ständigen Meinungsstreit führt. Warum hat sich Napoleon auf dieses wahnwitzige Unternehmen eingelassen? Verfügte er über die notwendigen Mittel, um einen Sieg zu erringen? Was hat die Aufeinanderfolge der Ereignisse bestimmt: Absicht oder Zufall? War die Politik der Russen, sich immer weiter zurückzuziehen, eine Strategie oder einfach eine Notwendigkeit? Im Rückblick halten wir die Niederlage für vorhersehbar. Aber galt das wirklich für die Beteiligten? Läßt sich die Niederlage mit dem Charakter Napoleons oder vielmehr mit den Widrigkeiten des Klimas erklären? Und warum entschloß sich der Kaiser zum Rückzug, obwohl ihn die Besetzung Moskaus so große Opfer gekostet hatte? Warum änderte dieser Mann, der bis dahin gegenüber allen Warnungen taub geblieben war, plötzlich seine Haltung? War außerdem der Rückzug, an den man nur mit

Grauen denkt, wirklich ein Eingeständnis der Niederlage oder vielmehr das wahrhaft geniale Meisterstück des Kaisers während dieser gewissermaßen angekündigten Katastrophe?

Napoleon war nicht der erste und auch nicht der letzte, der sich auf einen aussichtslosen Krieg in einem Land einließ, in dem seine lebenswichtigen Interessen nicht bedroht waren, gegen ein Volk, von dem er nichts wußte. Er war nicht der einzige General einer übermächtigen Armee, der besiegt wurde. In jüngster Vergangenheit haben wir viele derartige Beispiele erlebt, und wir erleben sie noch heute. Doch wenn Napoleon als Persönlichkeit weiter fasziniert, so deshalb, weil seine Reaktion auf kritische Situationen, sein Wille, sie zu bewältigen, und seine Fähigkeit, sie zu verändern, einzigartig sind. In diesem Sinne offenbaren der Rußlandfeldzug und seine Folgen besonders deutlich die Grenzen, über die Napoleon zu diesem Zeitpunkt seines Lebens nicht hinausgelangte, aber auch seine mitreißende Fähigkeit, die Initiative zurückzugewinnen.

Kehren wir zum Sommeranfang des Jahres 1812 zurück. Zwanzig Jahre waren seit dem ersten Revolutionskrieg vergangen. 600 000 Soldaten machten sich bereit, den Njemen zu überschreiten: die gewaltigste Armee, die dieser Mann jemals in Marsch gesetzt hatte, den man als den größten Kriegsherrn der damaligen Zeit und vielleicht aller Zeiten ansehen kann.

I
Die größte Armee der Welt

Napoleon glaubte wohl kaum an das Gleichgewicht der politischen Kräfte. Ihm ging es vor allem um die unumschränkte Überlegenheit und Herrschaft: Seine außergewöhnliche Machtentfaltung auf dem europäischen Kontinent genügte ihm daher nicht. England war und blieb für ihn unerreichbar. Die Schwäche seiner Flotte ließ keinen Seekrieg zu. Also blieb lediglich die Wirtschaft als Waffe, wenigstens glaubte er das. So verfiel er auf die Idee, eine Wirtschaftsblockade des Kontinents gegen Großbritannien zu verhängen. Dabei ging es ihm weniger darum, die französische Industrie zu schützen, vielmehr sollte England in den Ruin getrieben werden. Bei einem derartigen System gab es keine Neutralität: Ein offener Hafen war ein feindlicher Hafen. Napoleons Erfolg hing also von dem allgemeinen Einverständnis Europas ab. Das Bündnis mit Rußland, das 1807 durch den Vertrag von Tilsit geschlossen wurde, machte es möglich, England durch dieses Handelsembargo fast gänzlich vom Kontinent abzukoppeln. Wenigstens auf dem Papier.

In Wirklichkeit wurde die Kontinentalsperre jedoch immer durchlässiger. Selbst in Frankreich fand man sich nur schwer damit ab, ohne Baumwollstoffe und alle Kolonialwaren – Kaffee, Tee, Zucker, Kakao oder Gewürze – auszukommen, die englische Schiffe aus Afrika oder Ost- und Westindien brachten. Die Bestechlichkeit der Zollbeamten und der rasch zunehmende Schmuggel ersetzten den normalen Handel. Finanzminister Mollien berichtet, daß 100 000 Schmuggler an den weitläufigen Grenzen des Kaiserreichs ihre Geschäfte trieben. Diese Grenzen wurden zwar von 20 000 Zollbeamten bewacht, doch deren Stellungen waren allseits bekannt. So gelangten die Waren nach Frankreich, Holland und in die Hansestädte. Der Handel mit Spanien und Portugal ging währenddessen wie immer lebhaft weiter. Da Rußland das Ende seiner kommerziellen Beziehungen mit Großbritannien – vor allem verkaufte es Holz – ohne Wirtschaftskrisen und drohenden

Staatsbankrott nicht hätte überstehen können, nahm es diese seit
1810 wieder offen auf. Der Zar stand unter solchem Druck, daß er
befürchtete, seinen Thron aufs Spiel zu setzen, wenn er sich weiter
gänzlich von Napoleon bevormunden ließ. Der antwortete im Juni
1812 mit dem Krieg gegen Alexander I. Glaubte er wirklich, die
russischen Häfen für den Handel schließen zu können? Er begann
diesen Krieg trotz der Bedenken angesehener Persönlichkeiten und
der ablehnenden Haltung des Handelsbürgertums, denn er folgte
der Logik des Kontinentalsystems, eines schonungslosen und absurden Embargos, das Frankreich dazu trieb, in den russischen
Steppen gegen Großbritannien zu kämpfen, wobei er verkündete,
sein Angriff sei dadurch gerechtfertigt, die Russen »in ihre Eisre-
gionen« zurückzudrängen, »damit sie sich fünfundzwanzig Jahre
lang nicht in die Angelegenheiten des zivilisierten Europa einmischen«.[1] Caulaincourt gegenüber bekannte er, »seine Feindschaft
richte sich nur gegen England«.[2]

Ein umsichtiger Mann beginnt keinen Krieg ohne diplomatische
Vorbereitungen. Napoleon bildete keine Ausnahme von dieser Regel, doch trotz seiner Erfolge in Mitteleuropa gelang es ihm nicht,
Rußland vor dem Angriff zu isolieren. Er konnte auf das Bündnis
mit dem österreichischen Kaiser rechnen, dessen Tochter Marie-
Louise er 1810, nach seiner Scheidung von Joséphine de Beauharnais, geheiratet hatte. Das entwaffnete Preußen gehorchte ihm un-
terwürfig, und die Neuordnung einer Unzahl deutscher Fürstentü-
mer erfolgte zu seinem Vorteil. Hingegen hatten seine Streitkräfte
in Portugal eine Niederlage hinnehmen müssen, und Wellington,
der Oberbefehlshaber des britischen Armeekorps, blieb in Spanien
weiter gefährlich. Außerdem wurde Rußland von der napoleon-
feindlichen Haltung Schwedens und dem Abbruch früherer Verbindungen mit der Türkei begünstigt. Der Kaiser mußte sich also
weiter auf seinen Ruf als gefürchteter Feldherr und auf die Hoffnung verlassen, daß die Grande Armée, diese mächtige Kriegsma-
schinerie, Alexander einschüchtern würde. Auf dem Papier wirkte
diese Armee tatsächlich gewaltig.

Das Heer, das Napoleon 1812 aufgestellt hatte, war gigantisch: es
umfaßte mehr als 600 000 Soldaten. Zwei Drittel von ihnen überquerten vom 24. bis zum 26. Juni 1812 den Njemen. Die Invasions-

truppen waren in drei Marschsäulen aufgeteilt: Der wichtigste Teil
zählte 250 000 Mann, zumeist Franzosen, und bildete die Haupt-
macht der Armee, die unter dem direkten Kommando des Kaisers
stand. Ihre Flanken wurden von zwei Hilfsarmeen geschützt: im
Norden von 70 000 deutschen und polnischen Soldaten unter dem
Befehl Jérômes, des Königs von Westfalen, des jüngsten Bruders
des Kaisers, und im Süden von 50 000 Italienern und Bayern, deren Kommando er seinem Stiefsohn Eugène de Beauharnais, dem
Sohn seiner ersten Frau Joséphine, übertragen hatte. Napoleon
legte Wert darauf, die Männer seiner Familie in führenden Positionen einzusetzen. Eugène bewies, daß er seiner Aufgabe gewachsen
war, doch Jérôme, der Benjamin der Sippe Bonaparte, der seine
Unfähigkeit durch maßlose Eitelkeit, Überheblichkeit und Ignoranz überspielte, nahm eine äußerst unheilvolle Rolle ein, bevor
er seinen Posten aufgab und nach Kassel zurückkehrte. Schließlich blieben zwei Armeekorps als Deckung zurück: das des Marschalls Macdonald, das aus Preußen und Polen bestand, und das
des österreichischen Fürsten Schwarzenberg, der seine Landsleute
befehligte. Unter den großen Heerführern nahm Murat einen besonderen Platz ein. Seine Stellung als Souverän – 1808 hatte er das
Königreich Neapel erhalten – und seine Familienverbindung mit
Napoleon, dessen Schwester Caroline er 1800 geheiratet hatte, gaben ihm den Vorrang vor allen anderen Marschällen. 1812 hatte er
den Befehl über die gesamte Kavallerie. Seine mitreißenden Füh-
rungsqualitäten und seine Tollkühnheit ließen die Veteranen und
jungen Rekruten, Franzosen wie Ausländer, zu ihm aufblicken.
»Der [ihn belebende] feurige Kampfeswille übertrug sich unwiderstehlich auf seine ganze Umgebung [und] übte auf die gesamte
Armee einen tiefen und wohltätigen Einfluß aus.«[3] An der Spitze
der einzelnen Armeekorps fanden sich alle legendären Heerführer
wieder. Unter ihnen nahmen Marschall Davout, der tüchtigste und
besonnenste von allen, und Marschall Ney einen hervorragenden
Platz ein. Ney wurde »von allen wegen seiner Bescheidenheit und
Güte verehrt, ganz zu schweigen davon, daß seine elsässische Herkunft und seine Kenntnis der deutschen Sprache es all diesen Bayern, Badensern oder Westfalen erlaubten, ihn ein wenig als einen
der Ihren anzusehen«,[4] in dieser Armee der »zwanzig Nationen«
ein nicht zu unterschätzender Vorteil.

1812 lag der erste Revolutionskrieg zwanzig Jahre zurück.
Wenn es 1792 in Frankreich einen außerordentlich großen Anteil von Jugendlichen gegeben hatte (die Pockenschutzimpfung
wirkte sich auf das Bevölkerungswachstum unmittelbar aus, weil
sie die heranwachsende Generation von der lebensgefährlichen
Krankheit befreite), so hatten sich die Umstände zwei Jahrzehn-
te später verändert. 1812 war der Anteil der Bevölkerung an jungen Männern gesunken. 1792 hatte Frankreich in seinen heutigen
Grenzen 26 500 000 Einwohner, 1801 waren es 29 361 000 und
zehn Jahre später 30 271 000.* Im letzten Jahrzehnt war das Bevölkerungswachstum spürbar zurückgegangen. Die militärischen
Verluste waren im übrigen nur ein Grund für diese Tendenz. Ein
beträchtlicher Teil des Volkes hatte sich von der Kirche getrennt,
und das führte zu Veränderungen des Sexualverhaltens. Vor allem
praktizierte man nun eine Geburtenkontrolle, die zwar noch unzulänglich, aber nicht wirkungslos war.[5] Wenn sich Ersatzmänner
früher nicht lange bitten ließen, forderten sie nun zwischen 4 000
und 10 000 Francs, um den Kriegsdienst anstelle eines wohlhabenden jungen Bürgers anzutreten. Eine erstaunliche Summe in einer
Zeit, als eine Kuh 70 Francs kostete und der Jahreslohn eines Pariser Arbeiters etwa 400 Francs betrug. Selbst die jüngeren Söhne
sträubten sich, den Bauernhof zu verlassen, um Ruhm oder Abenteuer zu suchen. Der sehr dürftige Sold kam der Bezahlung eines
Lehrlings in einer Schmiede gleich. Die Soldaten sammelten, um
den Sold aufzubessern, die Kanonenkugeln auf dem Schlachtfeld
und verkauften sie an die Artilleriekommandeure zurück. So ist es
nicht verwunderlich, daß die Begeisterung für den Dienst als Soldat nachgelassen hatte. Die einfachste Art, um der Rekrutierung zu
entgehen, bestand in der Heirat, die gefährlichste darin, den Abmarsch zu verweigern oder zu desertieren. Wenn es auch an Soldaten fehlte, an Heeresgefolge mangelte es nicht, das die Truppen
aber nur belastete.

Die Offiziersdiener und alle Hilfskräfte – von den Buchhänd-
lern, Malern und Kartographen bis zu den Schneidern, Wäschern,
Bäckern und Köchen – ließen die sich fortbewegende Masse un-

---

* Großbritannien hatte damals 18 Millionen Einwohner, die Vereinigten Staaten 8 Millionen.

geheuer anschwellen. Und im Jahr 1812 zog man nicht mehr mit leichtem Gepäck in den Krieg. Wenn die höheren Offiziere und erst recht die Generäle und Marschälle schon keinen Luxus verlangten, so wollten sie doch wenigstens auf einen gewissen Komfort nicht verzichten. Der verlangte einen gewaltigen Troß und zahlreiche Bedienstete, weil Soldaten nicht als Ordonnanzen bei den Offizieren dienen durften. In der Garde war es einem Jäger oder Grenadier sogar untersagt, das Pferd eines Vorgesetzten am Zügel zu halten. Murat war eine Ausnahme, als er es für unbedingt notwendig hielt, sein eigenes Kristallservice mitzunehmen, doch war es selbstverständlich, daß jeder napoleonische General mit seinem Oberkoch, seinen Dienern, seinen Pferdeknechten und einem persönlichen Aufgebot von ungefähr zehn Pferden in den Krieg zog. Die Offiziere jedes einzelnen Stabes hatten gleichfalls eigene Bedienstete und benutzten mehrere Kutschen, um ihr persönliches Reisegepäck zu transportieren. Jeder wollte über mehrere Weinkisten, Pasteten, Käse oder einige Schinken als Vorrat verfügen. Als Napoleon erfuhr, welch übertriebenen Aufwand sich sein jüngster Bruder auf dem Marsch leistete, explodierte er: »Haben Sie etwa von mir gelernt, den Krieg als Satrap zu führen?« schrieb er ihm.[6] Doch selbst der Kaiser schränkte sein umfangreiches Gepäck nicht ein, um die Behinderung des Vormarsches durch die vielen Fuhrwerke zu verringern.

Eine weitere Schwäche dieses Heeres bestand in der Jugend der Rekruten. 1812 fehlten zahlreiche Veteranen, diese altgedienten Soldaten, die die Märsche durch die ägyptische Wüste wie auch die Winterfeldzüge in Preußen und Polen erlebt hatten, diese alten Soldaten, die als Leben nur den Krieg kannten. Sie waren für die Führung der jungen und äußerst unerfahrenen Rekruten unentbehrlich. Die fehlende körperliche und militärische Reife dieser jungen Leute beunruhigte die Vorgesetzten. Stendhal gibt ihnen recht und beschrieb sich selbst als jungen Verwaltungsbeamten im Kriegskommissariat: »Ich betrachtete die Schultern meines Pferdes, und die drei Fuß, die mich von der Erde trennten, schienen mir wie ein bodenloser Abgrund.«[7] Außerdem beklagte er sich darüber, daß sich seine ganze Hand mit Blasen überzog, weil er den Säbel zwei Stunden lang halten mußte. Nachdem General Dejean 40 000 Mann im Elsaß ausgehoben hatte, warnte er Napoleon, indem er

ihn auf ihre schlechte körperliche Verfassung hinwies. Diese jungen
Burschen hätten nicht die Kraft, mit blankgezogenem Säbel anzugreifen, und sie hätten nie reiten gelernt. Beim ersten Scharmützel
werde man sie überrennen und gefangennehmen. Wäre es nicht
befehlswidrig, würde er sie alle zum Exerzierplatz zurückschicken.
»Und damit hätten Sie unrecht gehabt«, erwiderte der Kaiser, »weil
die Zahl meiner Truppen, die außerdem in den Zeitungen immer
übertrieben wird, mir zusammen mit ihrem angeblichen Wert einen unermeßlichen psychologischen Vorteil bringt.«

Allerdings war Napoleon selbst schon seit einigen Jahren über
die Anzahl der Hinkenden bei den jungen Infanteristen besorgt,
deren Durchschnittsalter bei achtzehn Jahren lag. Das teilte er
Doktor Larrey vertraulich mit, dem Chirurgen der Garde und Organisator aller Sanitätsdienste der Armee. Der Doktor erklärte ihm,
daß die Schenkelknochen in diesem Alter noch nicht vollständig
ausgebildet seien und daß wiederholte, beträchtliche und gleich-
artige Anstrengungen zu Deformationen und somit zum Hinken
führen. Ja noch schlimmer, Märsche von Tausenden Kilometern
riefen Frakturen der Fußknochen hervor, die als ›Rekrutenbrüche‹
bezeichnet wurden.* »Es ist gefährlich«, stellte der Arzt fest, »junge
Leute, [die noch nicht das zwanzigste Lebensjahr erreicht haben],
den Strapazen und Wechselfällen des Krieges auszusetzen.«[8]

Bei der Parade des polnischen Armeekorps am 31. Mai 1812 in
Posen »tauchte« Napoleon »während der Truppenschau plötzlich
hoch zu Roß auf. Er sah besorgt und beunruhigt aus. Laut und
ungeduldig sagte er … mit seiner barschen und durchdringenden
Stimme der schlechten Tage: ›Ich finde, daß diese Männer zu jung
sind; ich brauche Leute, die Strapazen aushalten können; wenn
es zu junge Burschen sind, füllen sie lediglich die Lazarette.‹«[9] Er
hatte recht: Schon bei den ersten Gefechten in Litauen starben auf
dem Marsch viele Männer der Jungen Garde, obwohl sie unter den
besten Rekruten ausgewählt worden waren, an Erschöpfung, Kälte
und Überanstrengung. Manche begingen Selbstmord, indem sie
das Gewehr an die Stirn drückten und sich eine Kugel in den Kopf
schossen.[10] Es fehlte ihnen die unglaubliche Ausdauer der Lang-

---

* Als man 2002 in Vilnius das Massengrab entdeckte, in dem die Reste von
Tausenden Opfern des Rückzugs verscharrt waren, konnte man diese Brü-
che an den Skeletten der jüngsten Soldaten feststellen.

gedienten, eine Fähigkeit, die man erst durch Alter, Übung und
Erfahrung erwirbt.* »Die Kommandeure wollten diese Jugend mit
den alten Truppen rivalisieren lassen, die so viele Strapazen, Entbehrungen und Gefahren überlebt hatten, und die jungen Leute
fielen diesem schlecht angebrachten Eifer zum Opfer«,[11] berichtete
bedauernd Caulaincourt, der Großstallmeister und einer der hohen Offiziere des Kaisers. Ein weiterer schwerer Nachteil einer so
wenig abgehärteten Infanterie bestand in der Notwendigkeit, daß
man, um sie verwegener zu machen, die Regimentsartillerie wieder einführen mußte, die 1800 abgeschafft worden war, weil die
Beweglichkeit der Fußsoldaten von der Artillerie verlangsamt und
eingeschränkt wurde. Der Fehler war, daß sich die Soldaten daran gewöhnten, mit Artillerieunterstützung zu marschieren, und
daß sie Angst bekamen, wenn diese Unterstützung einmal fehlte.
Schließlich führten die durch nationale Einheiten äußerst unterschiedlich zusammengesetzten Armeen zu Rivalitäten und Eifer-
süchteleien, die die Moral der Truppen schwächten.

Zu Beginn des 19. Jahrhunderts waren die regionalen Unterschiede in Frankreich noch so ausgeprägt, daß die Armee durchaus
keine homogene Einheit bildete, selbst wenn in ihr keine ausländischen Soldaten dienten. Der Abbé Grégoire führte 1790 eine Un-
tersuchung darüber durch und kam zu dem Ergebnis, daß nur drei
Millionen Franzosen ihre Muttersprache korrekt beherrschten.
Die große Mehrheit der Bauern verstand kein Französisch. Auf
dem Land sprach man Dialekt. Nicht alle Bretonen, Basken und
Provenzalen konnten Französisch sprechen, selbst wenn sie lesen
konnten. Sie hatten oft kleine Wörterbücher eingesteckt, die ihnen
helfen sollten, Französisch zu verstehen. Im Armeemuseum kann
man immer noch ein kleines französisch-bretonisches Wörterbuch
sehen, das von den Soldaten benutzt wurde.**

---

* Es ist kein Zufall, daß die Sieger beim Marathon oder Skilanglauf – Sport-
arten, die eine unglaubliche Ausdauer mit langen Anstrengungen und
ständigen Strapazen verlangen – meistens Männer von etwa dreißig Jahren
sind.

** Man mußte bis zum Ende des 19. Jahrhunderts und auf das Schulpflichtge-
setz [1882] warten, damit das Französische für eine bedeutende Minderheit
der Bevölkerung nicht länger eine Fremdsprache war. (Eugen Weber, *My
France, Politics, Culture, Myth*, Cambridge, The Belknap Press of Harvard
University Press, 1991; S. 93.)

Paul de Bourgoing,[12] ein junger Oberleutnant, der mit der Ein-
gliederung neuer Rekruten beauftragt war, stellte erstaunt ihr un-
terschiedliches Aussehen fest. Die Einberufenen erschienen in Kit-
teln, Jacken, bürgerlichen Gehröcken, dörflichen oder städtischen
Trachten und kamen aus allen Gegenden des Kaiserreichs. Sein
Bataillonskommandeur, der einige Erfahrungen auf diesem Gebiet hatte, empfahl ihm, darauf zu achten, die Männer aus gleichen
Regionen zu trennen, sonst käme es bald zu Disziplinproblemen.
Man müsse sie wie ein Kartenspiel durcheinandermischen, riet er;
eine derartige erzwungene Zusammenstellung habe bisher keine
schlechten Ergebnisse gebracht und zwinge jeden, schnell Französisch zu lernen. Seit mehreren Jahren gehörten zu diesen Rekruten auch Italiener, Deutsche und Holländer, die Bewohner der
vor kurzem annektierten Staaten. Gleich nach ihrer Einberufung
und einem kurzen Aufenthalt auf den Sammelplätzen wurden die
Männer zu ihren Truppenteilen geschickt, wo sie ihre Ausbildung
erhielten. Hierauf wurden sie in ein Regiment oder ein Bataillon
fest eingegliedert. Dort herrschte großes gegenseitiges Verständnis, eine dauerhafte Kameradschaft, gleichsam familiäre Eintracht,
die zu einem äußerst nützlichen Zusammenhalt führte. So wirkten
die engen Beziehungen zu den Kameraden viel stärker als die regionalen Bindungen. Da die Ausländer den gleichen Sold wie die
Franzosen erhielten und man sie besser als in den Armeen ihrer
Heimatländer behandelte, paßten sie sich schnell an und bewiesen
stets zuverlässige Treue.

Hier ist auf ein Erbe der revolutionären Armeen hinzuweisen:
auf den vertraulichen Umgang der Soldaten mit ihren Offizieren.
Man gestattete ihnen, ihre Vorgesetzten zu duzen. Die brutale,
beinahe sadistische Disziplin der anderen europäischen Heere der
damaligen Zeit war in der kaiserlichen Armee niemals üblich. Als
die holländische Königsgarde in die französische Garde aufgenommen wurde, nahm Napoleon die Parade dieser Truppen im Bois
de Boulogne ab und ließ Fässer mit Wein bringen, um den Durst
seiner neuen Rekruten zu löschen. Diese hielten den Empfang für
so wunderbar, daß das Fest in einem großen Saufgelage endete. Die
Disziplin, die harte Disziplin, war für diesen Abend vergessen.[13]
Hauptmann Röder, ein hessischer Offizier, den das französische
Beispiel ermutigt hatte, empörte sich über die grausamen Stock-

schläge, mit denen man die Männer bestrafte, und über die Hartherzigkeit der Offiziere in den selbständigen deutschen Korps. »Es ist erstaunlich«, notiert er in seinem Tagebuch, »daß sich die Männer damit abfinden, so von ihren Offizieren beherrscht zu werden. Es geht nicht um wirkliche Disziplin, sondern um die Furcht vor der Peitsche und um den Respekt des Sklaven für seinen Herrn. Niemals würden es die Franzosen ertragen, derart behandelt zu werden.«[14] Der innere Zusammenhalt der Truppenteile erklärt, daß es keinen gemeinschaftlichen Verrat, keine allgemeine Feigheit und Fahnenflucht gab und Ausländer verhältnismäßig leicht eingegliedert wurden. Doch 1812 hatte sich das alles verändert. Dieses Verbundenheitsgefühl verlangte eine lange Vorbereitungszeit, und die Grande Armée, die sich aus einem Frankreich von 120 Departements rekrutierte, glich eher einem Konglomerat aus buntscheckigen Elementen als einem fest verbundenen, einheitlichen Ganzen.

Die Österreicher und Preußen bildeten trotz ihrer fragwürdigen Loyalität selbständige Einheiten, was deren Herrscher verlangt hatten. Die Regimenter der Bayern, Westfalen, Mecklenburger, Kroaten, Illyrer, Badenser und Neapolitaner und selbst der Portugiesen und Spanier blieben als besondere Verbände erhalten, ebenso wie die der Polen, obwohl diese, da viele von ihnen Russisch sprachen und verstanden, weitaus nützlicher gewesen wären, wenn man ihre Offiziere oder sogar einige Unteroffiziere den französischen Generälen und Obristen beigegeben hätte. In dieser äußerst bunt zusammengewürfelten Armee herrschte paradoxerweise ein spürbarer Mangel an Dolmetschern. Napoleon hatte nur einen einzigen, einen Auditor des Staatsrates, Lelorgne d'Ideville, der in der Abteilung für Auslandsstatistik des französischen Außenministeriums angestellt war.*

Lelorgnes Aufgaben gingen über die eines gewöhnlichen Dolmetschers hinaus: Er hatte den Auftrag, die interessanten Gefangenen zu verhören, die Auslandspresse zu manipulieren und Informationsübersichten zusammenzustellen. Doch Napoleon begriff

---

* Die Abteilung für Auslandsstatistik prüfte die Berichte, die von allen diplomatischen Vertretungen geliefert wurden. Deren statistische Angaben ermöglichten es, Rückschlüsse auf die Truppenstärken und -bewegungen vorzunehmen.

sehr bald, daß er mehr Polen um sich brauchte, die mit den Le-
bensgewohnheiten der Russen vertraut waren und Russisch sprachen oder verstanden. Seine Adjutanten, die die Befehle übermitteln sollten und also gezwungen waren, sich allein im Gelände zu
bewegen, konnten ihren Auftrag oft nicht erfüllen, weil sie die einheimischen Sprachen nicht kannten. (Von den Franzosen in seiner
Umgebung konnte nur Montesquiou etwas Polnisch sprechen.)
Deshalb verlangte er vom Fürsten Poniatowski, ihm »sechs Offiziere aus guter Familie zu schicken, die das Französische, Deutsche
und Polnische (möglichst auch das Russische) beherrschten und
sorgfältig und kultiviert erzogen waren«,[15] um sie seinem Stab bei-
zugeben. Ein paar junge Leute reichten für diese Aufgabe jedoch
nicht aus. »Ich betone nachdrücklich, [daß es an Dolmetschern
fehlt],« schrieb General Marbot in seinen Memoiren, »denn in der
französischen Armee kennt man Fremdsprachen am wenigsten,
und hieraus haben sich für sie oft sehr große Nachteile ergeben.«[16]
Es ging nicht nur um die Dolmetschertätigkeit im engeren Sinne des Wortes, sondern um so etwas wie einen unentbehrlichen
Aufklärungsdienst, um Einwohner auszuhorchen und Briefe und
Depeschen zu beschlagnahmen, denn diese waren eine außergewöhnlich wertvolle Informationsquelle. Immer, wenn Napoleons
Streitkräfte in ein erobertes Land einrückten, stürmte die Kavallerie voran und bemächtigte sich der bereitliegenden Briefpost.
Sie konnte nützliche Angaben für die Operationsführung, über
Ankunft oder Abmarsch dieser oder jener Einheit sowie Hinweise
auf die Stimmung der Bevölkerung oder auf die Reaktionen der
Geschäftsleute und Banken enthalten. Allerdings mußte man sie
lesen können und genug Personal haben, um diese aufschlußreiche
Aufgabe zu leisten. Das schwierigste Problem für die riesige Armee
blieb jedoch die Proviantverwaltung.

Theoretisch war für alles gesorgt. Am 17. Juni betonte Napoleon in
einem Brief an Eugène de Beauharnais: »In diesem Land ist Brot
die Hauptsache«, denn er wußte genau, daß er in ein Reich einfallen würde, das zu arm war, um seine Truppen zu ernähren. Die
Soldaten mußten Proviant für vier Tage in ihrem Tornister haben,
und die organisierten Nachschubdienste hatten eine zwanzigtägi-
ge Versorgung zu gewährleisten. Der Infanterist, dessen Schultern

von den Riemen seines Tornisters wundgerieben waren und dessen Rücken sich unter dem Gewicht dieses Tornisters krümmte, versuchte immer zu betrügen, um seine Last zu erleichtern, die bei einem Feldzug fünfzig Pfund wog. Außer seinen Waffen, seiner Munition und seinen Geräten in der Patronentasche, einem am Gürtel befestigten oder über die Schulter gehängten und innen mit Leder bezogenen Behälter, trug der Soldat einen mit Leinwand gefütterten Tornister aus Kalbfell. Die Fächer innen ermöglichten es, zusätzliche Patronenpakete unterzubringen, außerdem ein Ersatzpaar Schuhe, zwei Hemden, eine Halsbinde, eine Überhose, eine Unterhose, Gamaschen und ein Paar Strümpfe, eine Nachtmütze, ein Etui mit Nadeln, Faden und Schere, Bürsten, einen für Proviantzuteilungen bestimmten Leinwandbeutel, der gegebenenfalls auch als Schlafsack dienen konnte, Brot, Zwieback oder Mehl für vier Tage. Davout verlangte überdies noch Verbandszeug. Der Mantel wurde zusammengerollt und mit zwei Riemen auf dem Tornister befestigt. Die Männer trennten sich während der Schlacht meistens nicht von ihrem Tornister, denn im schließlich ausbrechenden Chaos hätten sie ihn unmöglich wiederfinden können. Außer dem Tornister mußten sie abwechselnd die Äxte und die riesigen Kochkessel tragen (man rechnete pro Kompanie mit acht Kesseln, das heißt mit einem für etwa fünfzehn Männer). 1812 hatte man darauf verzichtet, das zusätzliche Tragen von Schaufeln und Piken zu verlangen, die so schwer waren, daß sich die Soldaten möglichst schnell von ihnen befreiten. Nur durch häufige und strenge Kontrollen wurde das Reglement eingehalten. Marschall Davout, dessen Unerbittlichkeit bekannt war, bestrafte seine Männer, indem er sie Sand tragen ließ, wenn sie die Vorschriften verletzten.

Das Gewicht des Tornisters hatte sich bei den einzelnen Feldzügen nicht verändert; hingegen verlangte der Rußlandfeldzug eine neue Taktik bei den Nachschubtransporten. Solange die Feldzüge in Mitteleuropa – in wenigstens dichtbevölkerten, wenn auch nicht unbedingt reichen Regionen – stattfanden, hatten die Soldaten zum großen Teil auf Kosten der Einwohner gelebt, wobei sie zugleich Reserven nutzten, die weiterhin aus Frankreich eintrafen. Man handelte dem Grundsatz entsprechend, den man seit den Revolutionskriegen befolgt und im Kaiserreich vervollkommnet hatte, daß man die lokalen Hilfsquellen gründlich ausbeutete. Der ›rollende

Nachschub‹ war zwar nicht entscheidend, mußte jedoch effektiv
genug sein, um die Mobilität der Truppen zu unterstützen und zu
fördern. Das System konnte nur funktionieren, wenn es einen gewissen Überfluß gab. 1807, beim Winterfeldzug in Polen, bekam
man einen Vorgeschmack, was eine Invasion in Rußland bringen
würde. Dieser Marsch durch ein Land, das wenig Lebensmittel und
Viehfutter zu bieten hatte und das von einem Fluß – der Weich-
sel – durchzogen wurde, dessen niedriges und oft zugefrorenes
Wasser die Schiffahrt und damit den Nachschubtransport unmöglich machte, verlangte den Soldaten ungewohnte Strapazen ab.

1812 sah man deshalb sehr große Lebensmitteltransporte für
die Armee vor. Am 26. Mai 1812 präzisierte Napoleon in einem
Brief an Davout: »Es ist mein Ziel, 400000 Mann an einem Punkt
zu konzentrieren. Wir dürfen nichts von dem Land erhoffen und
müssen darum alles mitführen.«[17] Deshalb wurden sechsund-
zwanzig Transportbataillone aufgestellt. Zu ihnen gehörten sechshundert leichte Fuhrwerke mit einem Fassungsvermögen von je
sechshundert Kilo, sechshundert schwerere, mit jeweils tausend
Kilo beladene Fuhrwerke und 250 von jeweils vier Ochsen gezogene Trainwagen mit 1500 Kilo Zwieback, Reis, Mehl und Branntwein; dem Heer folgte eine Herde von ungefähr hunderttausend
Stück Vieh, um die Armee bei ihrem Vormarsch mit Frischfleisch
zu versorgen. Außerdem waren 25000 Fahrzeuge für den Transport der Munition, der Geräte, des Ponton-Trains, der Kleidung,
der transportablen Backöfen und sogar von Mühlen bestimmt. Sie
konnten notfalls zu Lazarettwagen umgebaut werden. Schließlich
hatte man etwa hundert Lastkähne vorgesehen, um Reserven auf
dem Njemen heranzuführen.

Napoleons persönliche Anordnungen, die er seit einigen Jahren
ausgearbeitet hatte, wurden rasch ausgeführt. Er fuhr nach Rußland in seinem großen gelben Reisewagen, der ausgezeichnet und
zweckmäßig eingerichtet war, um ihm die Arbeit zu erleichtern.
Die hintere Bank, auf der zwei Personen sitzen konnten – Napoleon trennte sich nie von Berthier, seinem Generalstabschef, der seinen leisesten Wink verstand und es ihm stets ersparte, detaillierte
Befehle ausarbeiten zu müssen –, konnte durch einen Rolladen un-
terteilt werden, der es den beiden Insassen erlaubte, zu lesen oder
zu schreiben, ohne daß sie sich gegenseitig störten. Vor der Bank

stand ein großer Kasten mit Schubladen und Fächern für das Kar-
tenmaterial und die Fernrohre sowie mit einer Ausziehplatte, die
als Schreibunterlage diente. Die Landkarten, diese bei einem Feldzug unentbehrlichen Hilfsmittel, erwiesen sich 1812 als besonders
problematisch. Rußland war für die Invasoren nicht nur ein unbe-
kanntes Reich, überdies waren die Karten des Landes sehr primitiv. Lauriston, vor der Invasion der letzte französische Botschafter
beim Zaren, hatte sich mit Mitteln, die er nicht gern verriet, die
Kupferplatten der offiziellen russischen Karten beschaffen können,
doch sie waren so ungenau und unzuverlässig, daß sich selbst die
Russen verirrten, kaum hatten sie die Städte verlassen. Ihre halbe Armee lief im Kreis, als sie Smolensk räumte. Ein Italiener im
Dienst des Zaren, der Marchese Filippo Paulucci, beschwerte sich,
daß Graf Wolkonski, der Generalstabschef, sich weigerte, ihm welche zu beschaffen, wobei er meinte, sie wären nicht ausreichend
vorhanden.[18] Abgesehen davon ist nicht sicher, daß der Italiener
sie richtig hätte lesen können, denn eine der größten Schwierigkeiten bestand in der Uneinheitlichkeit der Ortsnamen. Roman
Soltyk, ein Pole, der Napoleons Generalstab zugeteilt war, wurde
damit beauftragt, die Orthographie der Namen zu korrigieren
und zugleich in Klammern die Namensformen zu notieren, wie
sie auf den russischen Karten auftauchten, damit sich Napoleon
orientieren konnte. Man verlangte auch von ihm, zahlreiche große
und kleine Flüsse sehr genau zu beschreiben, ihre Tiefe und Breite
an verschiedenen Stellen und überdies die Größe der Schiffe, die
dort fahren konnten, sowie die Ladung, die sie befördern konnten,
anzugeben. Schließlich mußte Soltyk die Pläne von Witebsk, Smolensk und anderen Städten zeichnen. Diese umfangreichen Aufgaben beweisen, wie unvollkommen die topographischen Angaben
waren, über die Napoleon vor seinem Abmarsch verfügte, und
hinzu kam, daß das Land, das er überfiel, mit riesigen Wäldern
bedeckt, mit Seen und Sümpfen übersät war und daß sich dort die
Straßen oder vielmehr Wege in allen Richtungen kreuzten.

Außerdem schickte die französische Armeeführung möglichst
oft Landkartenzeichner als Vorhut voraus, die zusätzliche Skizzen
anfertigen sollten. Der Druckereidienst, der 1812 aus einem Leiter
und acht Mann mit einer transportablen Druckerpresse bestand,
vervollständigte auf Grund dieser Informationen die vorhandenen

Kartenblätter. Innerhalb weniger Stunden konnte er Hunderte von korrigierten Karten fertigstellen. Trotzdem reichte die Zahl der Exemplare nie aus. Die Probleme der richtigen Schreibweise, der Transkription des kyrillischen Alphabets bereiteten Schwierigkeiten, die niemals gelöst wurden. Die Befehle wurden von Adjutanten übermittelt, die in Sichtweite des Kaisers und Berthiers ritten. Ihr Dienst war hart; dank einer hinter ihnen hängenden großen Laterne, die ihnen Licht verschaffte, unterbrachen sie auch nachts ihre Arbeit nicht.

Wenn Napoleon die Augen schließen wollte, ließ sich der von ihm benutzte Teil der Sitzbank zu einem Bett umbauen. (Für Berthiers Platz war eine derartige Vorrichtung nicht vorgesehen.) Unter dem Kutschersitz lag ein Klappbett, das er bei einer längeren Rast benutzen konnte. Außerdem war Napoleon nie ohne seine Bücher unterwegs.* 1808 ließ er eine Reisebibliothek drucken. Dafür waren dreitausend Bände über die verschiedensten Themen vorgesehen – klassische Literatur, Geschichte, Philosophie, Religion und Theater –, auf Dünndruckpapier und mit sehr großem Satzspiegel. Vor einem Feldzug oder einer Reise wählte er stets einige klassische Werke und die Bände über Geschichte und Literatur des Landes aus, in dem er Krieg führte oder das er bereiste. Die Kassetten, die diese Bücher enthielten, waren aus Mahagoni und hatten Griffe, so daß man sie bequem benutzen konnte.[19] Bedauerlicherweise verbrannte diese Feldbibliothek, wie Napoleon sie nannte, während des Rückzugs. Bevor er zum Marsch auf Moskau aufbrach, hatte er sich vom sächsischen König einige seltene Bücher ausgeliehen. Als er nach Frankreich zurückkehrte, wies er an, Ersatzexemplare für jede beliebige Summe zu beschaffen, damit er sie dem König zurückgeben konnte. Selbstverständlich verbrachte Napoleon nicht alle Nächte in der Kutsche. Was er für größere Rastpausen brauchte, wurde in seinem Troß befördert.

---

* Als sehr eifriger Leser litt er auf Sankt Helena besonders unter dem Mangel an Büchern und lernte Englisch, damit er englische Zeitungen und Bücher lesen konnte, die leichter zu beschaffen waren. Las Cases schildert sein Kanapee, mit Büchern überhäuft, »die ihm, so scheint es, dessen Benutzung streitig machen« (*Mémorial de Sainte-Hélène*, Paris, Bibliothèque de la Pléiade, 1964, Bd. I; S. 455).

In einem so dünnbesiedelten Reich wie Rußland, das damals nur zehn Millionen Einwohner mehr als Frankreich hatte,* richtete man das kaiserliche Feldlager ein, wenn man kein Quartier fand oder wenn man plante, eine Marschpause von mehreren Tagen einzulegen. Zum Lager gehörten acht große Zelte. Das Napoleons bestand aus blauweiß gestreiftem, mit einem roten Wollsaum eingefaßtem Zwillich; es war strapazierfähig und durchaus kein »Opernzelt«, wie er es selbst nannte. Darin befanden sich zwei Empfangsräume, ein Arbeits- und ein Schlafraum. Es unterschied sich von den anderen durch sein Außenzelt, das heißt, ein äußeres Zelt umgab ein inneres, so daß ein Raum entstand, der als Bedienungsgang genutzt wurde, in dem man die Zelthüllen und während des Tages die Matratzen und Mantelsäcke stapelte. Alle Möbel, der Schreibtisch, das kleine eiserne, von grünen Seidenvorhängen umgebene Gurtbett, der rote Saffianledersessel und die zwei Schemel für den Sekretär und den Adjutanten ließen sich auseinandernehmen, die Zelte und Matratzen wurden zusammengelegt, und das Ganze steckte man in Lederrollen. Ein Maultier, das ›Bett-Maultier‹ genannt wurde, war lediglich dazu da, das Bett zu befördern. Der Bettrahmen war sechs Fuß lang, drei breit und vier hoch. Er bestand aus sehr leichten Stahlstäben, die genau zusammenpaßten. Man schob sie in zwei Lederfutterale, die an die beiden Seiten des Maultiers gehängt wurden, und auf dem Packsattel befestigte man die zwei Matratzen und die in einem Ledersack sorgfältig zusammengerollten Vorhänge.**

Sein Kammerdiener und sein Mameluck Roustan – ein ägyptischer Scheich hatte ihn Napoleon geschenkt, und er blieb, stets in seiner orientalischen Tracht und mit seinem federbuschgeschmückten Turban auf dem Kopf, bis zu dessen Abreise nach der Insel Elba bei ihm – schliefen an der »Tür« seines Zimmers. Berthier hielt sich in einem besonderen, zweihundert Meter entfernten Lager auf. In den übrigen Zelten richteten sich ein: der Großstallmeister

---

* Von diesen 40 Millionen Einwohnern lebten nur 4% in einer Stadt, 96% der Gesamtbevölkerung waren Bauern oder Leibeigene. (J. N. Westwood: *Endurance and Endeavor: Russian history, 1812-2001*, New York, Oxford University Press, 2002.)

** Napoleon fühlte sich in diesem Bett so wohl, daß er es in sein Exil nach Sankt Helena mitnahm (*Mémorial*, Bd. 1; S. 1126).

Caulaincourt, dessen Amt es war, stets beim Kaiser zu sein, Duroc, der Großmarschall des Tuilerien-Palastes (doch bei einem Feldzug konnte der »Palast« sowohl das Zelt als auch eine Hütte sein), und jeder andere diensthabende hohe Offizier. Ein Zelt war für die Adjutanten bestimmt; dort konnten sie – anders als die Stellvertreter Berthiers – nach Herzenslust zeichnen, lesen, schreiben oder Schach spielen. In einem weiteren Zelt befanden sich die Ordonnanzoffiziere, Sekretäre und die höheren Beamten und Offiziere seines zivilen und militärischen Hofstaats. Das letzte Zelt nahm schließlich die einfacheren Mitarbeiter auf. Das kaiserliche Feldlager, zu dem auch eine Küche und ein Lazarett gehörten, bildete ein zweihundert Meter langes und vierhundert Meter breites Rechteck, dessen Seiten mit Laternen beleuchtet wurden.

Es schien, als hätte man alle Vorsichtsmaßnahmen getroffen, alle Vorbereitungen abgeschlossen, die wenigen Stimmen, die sich dem Abenteuer widersetzt hatten – insbesondere die Caulaincourts, des früheren Botschafters in Rußland –, waren verstummt, und nach einem faszinierenden Aufenthalt in Dresden, wo all seine ehemaligen Gegner, insbesondere der Kaiser von Österreich und der König von Preußen, die zu seinen Satellitenstaaten geworden waren, ihm gehuldigt hatten, marschierte der von seiner Garde eskortierte Napoleon durch Polen, um sich an die Spitze seiner Armeen zu stellen, die aus allen Richtungen dem Njemen entgegenzogen.

II
Die Invasion

22.-30. Juni 1812

Napoleon gelangte am 22. Juni um zehn Uhr abends zum Ufer des Njemen. Bei der Kleinstadt Kowno gab es keine Brücke, auf der man den Fluß überqueren konnte. Daraufhin machten sich die Ponton-Trains ans Werk. In weniger als einer Stunde wurden »wie durch ein Zauberkunststück« drei Brücken geschlagen, und schon vor Mitternacht hatten drei starke Kolonnen das andere Ufer erreicht. Die Brücken bestanden aus Schiffen, die man im Fluß verankert hatte und über die man Planken legte, auf denen die Pferde und Wagen übersetzten. Nach dieser Operation hob man die Schiffe auf große Trainwagen, die von sechs ungewöhnlich kräftigen Pferden gezogen wurden, damit man die Schiffe beim nächsten Wasserlauf wieder benutzen konnte.

Die Überquerung des Njemen wurde am 24. Juni den ganzen Tag über fortgesetzt. Wenn der Comte de Ségur, ein General des kaiserlichen Generalstabs, das Vorrücken »dieser leicht beweglichen, glänzende Waffen tragenden Massen« bewunderte, so sah der junge Anatole de Montesquiou die Dinge unbeschwert wie ein Reporter: »Das Westufer aller Flüsse, die in Polen und Rußland von Süden nach Norden und umgekehrt verlaufen, ist hoch und steil [...], eine deutlich hervorstehende Böschung befindet sich nicht immer in der Nähe des Wasserrands [...]. Die des Njemen ist nur ein paar Klafter hoch, so daß sie bebaut wird. Das führte zu einem vergnüglichen und einzigartigen Schauspiel. Die ganze Infanterie setzte sich auf die Erde und rutschte hinab, wobei jeder Soldat die Schnelligkeit seiner Rutschfahrt verringerte, indem er rechts und links nach Büscheln von Getreidehalmen griff [...]. Diese Kaskade von lebenden Menschen klang wie ein brausender Wasserfall.«[1] Für den Kaiser hatte man an einer erhöhten Stelle eine Laubhütte gebaut. Von einem quadratischen Sonnenschirm geschützt, stand er davor und sah seine Truppen vorbeiziehen, deren Helme und Säbel in der Sonne funkelten.

Als die Armee am anderen Ufer ankam, sah sie sich nur einer weiten und einsamen Landschaft gegenüber. Hatte man zuvor gejubelt, so zeigte man nun Überraschung. Dieser Anblick stärkte das Vertrauen und die Unerschrockenheit der Soldaten oder von wenig bewanderten Offizieren[2] und beunruhigte die erfahrenen. Wo versteckten sich nur die Russen? Wollten sie ihre Grenze nicht verteidigen? Warum wich Zar Alexander I. aus? Napoleon sollte sich diese Frage in den drei folgenden Monaten ständig stellen. Wer war denn dieser Gegner, der sich von Anbeginn nicht an die Spielregeln hielt?

Er war der Enkel Katharinas II., Katharinas der Großen, und gern wäre er nicht der Sohn seines Vaters Paul I. gewesen, eines Mannes, den er so sehr fürchtete und haßte, daß er eine Revolte gegen ihn anstiftete und ihn 1801 ermorden ließ, wobei er allerdings niemals seine Rolle bei dieser Verschwörung zugab. Alexander konnte seine Gefühle meisterhaft verbergen und verunsicherte seine Gesprächspartner durch sein etwas undurchschaubares Wesen, das Napoleon sogar in der Zeit ihres Bündnisses und ihrer scheinbaren Freundschaft gestört hatte. Napoleon vertraute sich Metternich darüber an: »Es wäre schwer, mehr Geist als Kaiser Alexander zu haben; doch ich finde, daß ihm ein Teil fehlt, und ich kann unmöglich entdecken, welcher [...]. In ihm gibt es etwas, was ich nicht genau auszudrücken vermag. Es ist ein gewisses Etwas, das ich nicht besser erklären könnte, als wenn ich Ihnen sage, daß es ihm bei allem an ›etwas‹ fehlt. Am eigenartigsten ist, daß man nie vorhersehen kann, was ihm in einem bestimmten Fall oder unter besonderen Umständen fehlen wird; denn das, was ihm fehlt, ändert sich unendlich oft.«[3] Metternich hingegen meinte, daß »Alexanders Charakter eine einzigartige Mischung aus männlichen Vorzügen und weiblichen Schwächen darstellte. Kaiser Alexander hatte gewiß Geist, doch seinem Geist fehlte es vollständig an Tiefe, obwohl er feinsinnig und subtil war [...]. Sein Charakter war nicht kraftvoll genug, um einen wirklich ehrgeizigen Menschen aus ihm zu machen, und nicht schwach genug, um ihn in den Grenzen der bloßen Eitelkeit zu halten. Gewöhnlich handelte er aus Überzeugung, und wenn er zuweilen Ansprüche erhob, so strebte er damit eher die kleinen Triumphe des Mannes von Stande als die Erfolge eines Souveräns an.«[4]

Hinzu kommt noch, daß Alexanders ausgezeichnetes Französisch (ein besseres Französisch als jenes, das Napoleon sprach, bei dem der Akzent und die Redewendungen Korsikas oft deutlich hervortraten), gewisse äußerlich westliche Umgangsformen und eine liberale Ausdrucksweise, die aus dem Mund eines Despoten ungewöhnlich klang, dazu führten, daß Napoleon zum Zeitpunkt des Vertrags von Tilsit glaubte, Vertraulichkeit zwischen beiden herstellen zu können. Vielleicht war er sich nicht im klaren, daß es ihm, dem Artillerieoffizier, den sein Talent auf den Gipfel der Macht geführt hatte, ganz unmöglich war, einen russischen Zaren zu durchschauen, einen Zaren, der tatsächlich schwer zu verstehen war. Wie soll man denn einen Herrscher begreifen, der sich als Republikaner bezeichnet, dessen Kabinett sich jedoch Reformen widersetzt und der gleichwohl die Abschaffung der Leibeigenschaft anstrebt, wofür er ein sehr kleines Geheimkomitee einsetzt, das seiner eigenen Regierung unbekannt ist? Alexander war von dem Schweizer La Harpe erzogen worden, einem vorzüglichen Intellektuellen, der sich in seiner Jugend im politischen Leben seiner Heimat energisch engagiert hatte und dessen Ansichten zwangsläufig den am Petersburger Hof herrschenden widersprachen. Katharina begriff das vollkommen, doch sie wollte ihren Enkel mit unterschiedlichen Weltanschauungen konfrontieren und ihn auf die Unterschiedlichkeit der Menschen einstellen. Diese Methode war so erfolgreich, daß sie ihm die Autorität nahm, die auf dem uneingeschränkt sicheren Bewußtsein beruht, sein gutes Recht zu vertreten. Darum wirkte er auf so selbstsichere Männer wie Napoleon oder Metternich unentschieden. Er ließ sich nicht festlegen und war ein ebensolcher Charmeur wie Napoleon, wenn dieser jemanden für sich gewinnen wollte; man nannte ihn »fein wie eine Nadelspitze, falsch wie Meerschaum«, und er war übrigens ein ausreichend scharfsinniger Psychologe, daß er seiner Schwester nach einem Gespräch mit dem französischen Kaiser schreiben konnte: »Er hält mich für einen Dummkopf, aber wer zuletzt lacht, lacht am besten.«[5]

Caulaincourt, der mit ihm in seiner Zeit als Botschafter in Ruß-

land oft in Kontakt getreten war, warnte seinen Kaiser bei einem
siebenstündigen Gespräch: »Man hält [den Zaren Alexander] für
schwach: Darin täuscht man sich. Gewiß kann er viele Widerwär-
tigkeiten ertragen, und er wird seine Unzufriedenheit verbergen
[...]. Doch dieser konziliante Charakter hat seine Grenzen: Er wird
nicht über den Kreis hinausgehen, den er sich selbst gezogen hat;
dieser ist aus Eisen und wird nicht nachgeben, denn im tiefsten
Innern dieses wohlwollenden, geradlinigen und von Natur aus
rechtschaffenen Charakters mit erhabenen Gefühlen und Grund-
sätzen gibt es einen Erfahrungsschatz an souveräner Verstellungs-
kunst, die einen von nichts zu besiegenden Eigensinn bezeichnet.«[6]
Caulaincourt erwähnte nicht eine geheime Wunde, die Alexanders
Selbstachtung beeinträchtigt hatte und die Aufschluß über die
Schattenbereiche seines Verhaltens gab. Der Zar war kein Militär.
Vom Krieg verstand er nichts, und er litt darunter. Man machte ihn
für die bittere Niederlage von Austerlitz verantwortlich, und seit
1805 unterließ er es, sich in das Kommando auf dem Schlachtfeld
einzumischen – was übrigens nicht die russischen Niederlagen in
Eylau und Friedland verhinderte –, doch für die definitiven strategischen Entscheidungen blieb er weiter zuständig.

Als die französischen Truppen in sein Land eindrangen, gab Alexander in einem hübschen Schloß bei Wilna einen Ball unter freiem
Himmel. Am Tag vor der Überquerung des Njemen war Napoleon
bei einem Erkundungsritt vom Pferd gestürzt. »Ein Römer würde
das Unternehmen nicht fortsetzen«, murmelte jemand in seinem
Gefolge. Am Tag vor Alexanders Ball brach der Festsaal zusammen. Beide Männer hatten ein gleichermaßen unheilverheißendes
Omen empfangen. Keiner von beiden gab jedoch etwas darauf. Napoleon überquerte den Fluß, und Alexander veranstaltete seinen
Ball. Zwischen zwei Quadrillen erreichte ihn die Nachricht von der
Invasion, und um es wie Joseph de Maistre zu sagen: Man konnte
nur noch zusammenpacken und sich aus dem Staube machen.[7] Sich
dem Feind zu stellen kam nicht in Frage. Dieses eine Mal waren
seine Berater einer Meinung – ein seltener Fall, denn sein Generalstab, der aus untereinander uneinigen Russen und Ausländern bestand, schlug ihm ständig voneinander abweichende strategische
Pläne vor, zwischen denen er sich nicht entscheiden konnte. An

der Spitze der Armeen gab es keinen wirklichen Oberbefehlshaber.
Das war die große Schwäche des russischen Heeres.

Die Russen verzichteten nicht nur auf jeden Kampf, sondern
schickten General Balaschow, den Polizeiminister, zu Napoleon,
um Friedensvorschläge zu unterbreiten. Napoleon empfing ihn;
da er indes überzeugt war, daß dieses Angebot nur den Schrek-
ken verriet, den er einflößte, lehnte er es ab. Das sollte er später
bedauern, und auf Sankt Helena äußerte er sich ausführlicher zu
diesem verpaßten Vorschlag: »Alexander und ich, wir waren beide
wie zwei Maulhelden, die zwar keine Lust haben, sich zu schlagen,
aber sich gegenseitig erschrecken wollen. Gern hätte ich keinen
Krieg geführt; ungünstige Umstände bedrängten und behinderten
mich, und alles, was ich seitdem erfahren habe, bestätigt mir, daß
es Alexander noch weniger nach einem Krieg gelüstete [...], und
nun traten die Mängel und Mißgeschicke meiner neuen Diploma-
tie hervor: Bei den Dingen, die man hätte nutzen müssen, blieb
sie isoliert, ohne daß sie Übereinstimmungen und Verbindungen
fand. Wenn ich einen Außenminister aus der alten Aristokratie
gehabt hätte, so hätte er diese feinen Unterschiede im Gespräch
erraten können und müssen. Talleyrand wäre dessen fähig gewesen [...]. [Nach drei oder vier Tagen] schickte mir Alexander jemanden, um mitzuteilen, wenn ich das besetzte Gebiet räumen
und zum Njemen zurückkehren wolle, sei er zu Verhandlungen
bereit. Doch ich hielt das für eine Kriegslist: Ich war vom Erfolg
berauscht [...]. Alles war über den Haufen geworfen und durcheinander [...]. Darum glaubte ich, daß man nur Zeit gewinnen
wollte [...]. Wäre ich von Alexanders Aufrichtigkeit überzeugt
gewesen, so wäre ich zweifellos auf seinen Vorschlag eingegangen [...]. Wilna wäre für neutral erklärt worden [...], wir hätten
persönlich miteinander verhandelt [...]. Wir hätten uns als gute
Freunde getrennt.«[8]

Statt dessen nahm Napoleon eine wenig diplomatische Ein-
schätzung der russischen Situation vor: »... bei Ihnen schlägt
Armfelt* etwas vor, Bennigsen prüft es, Barclay denkt darüber

---

* Gustav Moritz von Armfelt war ein schwedischer Baron – schön, wahnsinnig in Frauen verliebt, strahlend und selbstsicher. Durch sein energisches
Auftreten faszinierte er Alexander. Die Zaghaftigkeit der Generäle hatte ihn
erbittert, und er trat für einen kühnen Angriff ein.

nach, Phull* spricht sich dagegen aus, und alle zusammen tun sie
nichts und vergeuden ihre Zeit [...]. Nur Bagration ist ein echter
Soldat; er hat wenig Geist, dafür aber Erfahrung, einen sicheren
Blick und Entschlossenheit. Der Krieg ist mein Metier. Ich bin daran gewöhnt. Für [den Zaren] ist das nicht dasselbe. Er ist Kaiser
von Geburt, er hat nur zu regieren und einen General als Ober-
kommandierenden zu bestimmen. Wenn dieser Erfolg hat, kann
man ihn belohnen; macht er seine Sache schlecht, so muß man ihn
bestrafen und absetzen.«[9] Napoleon hatte nicht unrecht. Führen
wir Armfelts Ansicht über Phull an, um eine Vorstellung von der
Situation zu geben, die im russischen Generalstab herrschte: Er sei
eine Mischung aus einem Krebs und einem Hasen. Erinnern wir
außerdem daran, daß Bennigsen in dem Ruf stand, innerhalb einer
Stunde seine Meinung zu ändern, daß Barclay seine Auffassungen
nicht klar formulieren konnte und daß er, der sich schlecht von
einer halbseitigen Lähmung erholt hatte, ein verzerrtes Gesicht
und geistige Hilflosigkeit zeigte.[10] Jedenfalls zogen sich die Russen
auf Phulls Rat rasch in das befestigte Lager von Drissa zurück und
gaben ein weites Gebiet auf. Aber da diese Position nicht zu halten
war, schloß sich das russische Oberkommando gegen Phull zusammen, und dieser wurde fallengelassen. Obwohl es zwischen Barclay
und Bagration zu ständigen Streitigkeiten kam, übernahmen sie
die Führung der ersten bzw. zweiten russischen Armee. Bagration
erkannte niemals die Autorität Barclays an. Paradoxerweise erwies
sich dieses uneinheitliche Kommando als nützlich für die Russen,
weil sich Napoleons strategisches Genie davon irreführen ließ.
Napoleon hatte Barclays Befehle an Bagration abgefangen, und er
richtete sich nach ihnen, als er versuchte, den Gegner einzukesseln, doch er zog nicht die Tatsache in Betracht, daß sich Bagration
nicht an die Befehle seines Vorgesetzten hielt. Das Manöver miß-
lang, und die Russen zogen sich in guter Ordnung zurück.

---

* Karl Ludwig von Phull gehörte zu den Militärs, die niemals eine Schlacht
  gewonnen hatten, deren Fähigkeit, strategische Fragen zu erörtern, davon
  jedoch nicht beeinträchtigt wurde. Er übte einen äußerst großen Einfluß auf
  Alexander aus, obwohl sich seine Ratschläge unmöglich umsetzen ließen.
  Die übrigen Generäle verabscheuten ihn. Der Zar hielt ihm bis zum Tod
  die Treue. Phull ist in Stuttgart begraben, und Alexander hatte das Grabmal
  gestiftet.

Alexander faßte nun, von seinen Ministern nachdrücklich unterstützt, den Entschluß, sich aus dem Generalstab zurückzuziehen. Seine Schwester, die einflußreiche Großfürstin Katharina,
die mit ihrer Meinung nicht hinter dem Berg hielt, erklärte ihm,
daß er dort nur Verwirrung stifte und nach Moskau gehen solle,
um den Patriotismus des Volkes anzuspornen. Barclay, der inzwischen den Oberbefehl erhalten hatte, vertrat jedoch die Ansicht,
daß es Selbstmord wäre, eine Schlacht anzunehmen, und zog sich
deshalb immer weiter zurück. Diese Strategie, die eigentlich vernünftig war, wenn man von der Hypothese ausging, daß man die
Franzosen unmöglich besiegen konnte, wurde von dem geteilten
Kommando auf wenig vernünftige Weise ausgeführt: Während die
einen versicherten, der Moment sei gekommen, Widerstand zu
leisten, traten die anderen für den Rückzug ein, eine Taktik, die
vom Adel heftig kritisiert wurde, denn ihn empörte diese scheinbare Feigheit. Die Franzosen erhielten zu diesem Zeitpunkt des
Feldzugs einige Informationen über die Stimmung des Feindes.
Die Informationen waren jedoch oft verworren und widersprüchlich, und sie erleichterten es Napoleon kaum, die Absichten des
Gegners zu durchschauen. Als er erfuhr, daß die Russen das Lager
von Drissa verlassen hatten und Alexander das Oberkommando
der Armee aufgegeben und sich wieder seinem Hof angeschlossen hatte, freute er sich zwar darüber, wunderte sich aber über
eine Entscheidung, die ihm unlogisch erschien: »Mein Bruder
Alexander [...] wurde über die Stärke seiner Armee getäuscht, er
kann sie nicht führen, und er will nicht Frieden schließen; das ist
nicht konsequent. Wenn man nicht der Stärkere ist, muß man sich
politischer verhalten, und seine Politik sollte es sein, Schluß zu
machen.«[11]

Das Urteil Tolstois, der Feldzug von 1812 habe sich ganz von allein entwickelt – Napoleon rückte vor, ohne zu wissen, warum, und
eilte seinem Untergang entgegen, die Russen zogen sich zurück,
ohne einen Grund dafür zu haben, und sicherten ihren Triumph
unabhängig von jedem bewußten Willen –, scheint wohlbegrün-
det. Die russischen Historiker bezweifeln, daß es einen vorausge-
gangenen Entschluß gab, der die Verwüstung der schönsten Provinzen des Reichs, die Opferung so vieler Städte, den Untergang
der Einwohner und schließlich sogar die Aufgabe der heiligen

Stadt Rußlands herbeigeführt hätte. Wenn die Entscheidung, den
Feind in die Falle der unermeßlichen russischen Weiten zu locken
und ihn hierauf der Grausamkeit des dortigen Winters auszuliefern, nicht im Kriegsrat offiziell getroffen wurde, so bleibt doch die
Tatsache bestehen, daß man sich mehrmals einer von Napoleon
angebotenen Schlacht entzog. Aber Regen und Kälte wirkten sich
so verderblich aus und hatten derart schwerwiegende Folgen für
den Transport der Reserven, daß Napoleon schon seit Ende Juni
und noch bevor er Wilna, die Hauptstadt Litauens, erreichte, so
zahlreiche Verluste hinnehmen mußte, als hätte es bereits eine
Schlacht gegeben.

Trotz äußerst sorgfältiger Vorbereitungen litt die Armee, noch bevor sie Polen verließ, unter Mangel an Verpflegung und an Futter
für die Pferde, und diese Belastung hatte Folgen, die nicht nur die
Stimmung der Truppen, sondern auch den Rückhalt bei den Polen und später den Litauern beeinträchtigten. Das Großherzogtum
Warschau* wie auch das damals von Rußland annektierte Litauen
waren außerdem von den Truppenaushebungen, Requisitionen
und Plünderungen erschöpft und buchstäblich ausgesogen. Die
Russen hatten innerhalb von zwei Jahren über hunderttausend
Mann in Litauen rekrutiert. Napoleon hätte ohne Hintergedanken
und mit seiner ganzen Energie die nationalen Bestrebungen der
beiden Länder fördern müssen, um allgemeine Unterstützung zu
finden. Das tat er nicht. Er erreichte – aus gutem Grund – niemals, daß sich Litauen oder Polen, die theoretisch mit Frankreich
verbündet waren, klar und eindeutig für ihn einsetzten. Eine polnische Abordnung wurde nach Wilna geschickt, und als Napoleon ihre Bitte um Wiederherstellung der Unabhängigkeit und des
gesamten Staatsgebiets ablehnte, kühlte sich die Begeisterung der
polnischen Grundherren für die Franzosen ab. Napoleon erklärte

---

* Erinnern wir daran, daß Polen 1795 zum dritten Mal zwischen Rußland,
  Preußen und Österreich geteilt worden war. Napoleon bildete 1807 aus Ge-
  bieten, die er im wesentlichen Preußen und Österreich entrissen hatte, das
  Großherzogtum Warschau unter der Oberhoheit des sächsischen Königs.
  Die Polen erstrebten naturgemäß die vollständige Wiederherstellung ihres
  Landes, den Anschluß Litauens und ihre uneingeschränkte Unabhängig-
  keit.

ihnen mit seltener Offenherzigkeit, daß er sich nicht der Gefahr aussetzen wollte, die Sympathie Preußens und Österreichs zu verlieren oder eventuelle Verhandlungen mit Rußland zu erschweren. Außerdem fürchtete er den Wankelmut der Polen und wollte sich nicht bei dem Problem einer etwaigen Vereinigung Polens und Litauens einmischen. Kurz, »Napoleon wollte Polen erst anerkennen, sobald es sich erheben würde, und die Polen wollten erst nach der Wiederherstellung ihres Nationalstaats handeln«.[12] Der Adel sah sich also in seinen Bestrebungen getäuscht. Außerdem folgte nun unverzüglich die schreckliche und unvermeidliche Verwüstung des Landes, schon allein durch die Masse der Soldaten und Pferde, die es durchquerten.

Der polnische General Roman Soltyk schildert, wie »reiche Ernten zertrampelt wurden [...]. Weiler und ganze Dörfer aus Holz und mit Strohdächern waren niedergerissen und verwüstet und beinahe vollständig verschwunden. Stroh, Türen, Fensterläden, Möbel, alles wurde zu den Biwaks fortgeschleppt. Die verängstigten Bauern flohen laut schreiend mit ihren Familien, das Vieh mit sich treibend, in die Wälder.«[13] Die Adligen standen dem Eindringling nicht weniger feindselig gegenüber. Ein junger polnischer Offizier, der mit der Armee auf der Straße von Posen nach Thorn ritt, berichtete von den sich verschlimmernden Heimsuchungen dieses Gebiets: »Auf die Leiden des Krieges von 1807 waren unverzüglich die von der Kontinentalsperre verursachten Entbehrungen, Krankheiten und Seuchen der Menschen und des Viehs gefolgt, und dann kam wieder der ständige Durchmarsch von Truppen. Meinen Eltern, früher wohlhabende Grundbesitzer, war die kostspielige Ehre zuteil geworden, nacheinander Marschall Ney und den Prinzen von Württemberg zu beherbergen. Die Artilleriekolonnen hatten unser gesamtes Viehfutter mitgenommen, die Akkerpferde wurden Tag und Nacht requiriert [...], mit einem Wort, abgesehen von den langfristigen Schuldverschreibungen ging alles ganz so wie im Feindesland vor sich.«[14] Diese Aussage widerlegt die Erinnerung Napoleons auf Sankt Helena: »Bis Smolensk operierte [Napoleon] in einem Land, das ebensogut eingerichtet wie Frankreich selbst war: Er konnte dort Männer, Pferde und Proviant beschaffen.«[15] Napoleon hatte zwar bei Androhung der Todesstrafe alle Gewalttaten oder Plünderungen verboten, doch man verheim-

lichte sie ihm vielleicht in diesen Gegenden. Die Illusion, daß man
ihm gehorchte, trübte seine Urteilskraft.

Die Fahrzeugkolonnen, die viel langsamer als die Infanteristen
waren, blieben immer weiter zurück. In Friedenszeiten oder innerhalb des französischen Kaiserreichs legten die Männer durch-
schnittlich zweiundzwanzig Kilometer am Tag zurück. Sie marschierten in Doppelreihen an den beiden Straßenseiten, um den
Fahrzeugen freies Durchkommen zu lassen. (Die Soldatenlieder
mit ihren Refrains und deren Wiederholungen halfen ihnen, sich
mit dem Französischen vertraut zu machen.) Jede Stunde gab es
für fünf Minuten eine Rauchpause und mittags eine einstündige
Rast, um etwas zu essen, meistens ein Stück Brot. Man lief im normalen Marschtempo von sechsundsiebzig Schritten in der Minute,
und die Offiziere achteten darauf, daß die an der Spitze marschie-
rende Kompanie nicht zu schnell war, damit die den Abschluß bil-
dende weder einen Schritt zulegen mußte noch zurückblieb. Wenn
eine Gefechtsbewegung beim Zusammenstoß mit dem Feind einen
Gewaltmarsch verlangte, bei der also eine größere Strecke zurückzulegen war, befahlen die Offiziere nicht, vom normalen zum Lauf-
schritt überzugehen, sondern ließen die Männer länger marschieren. Trotz der Pfeifer und Trommler schliefen manche im Stehen
ein, und andere rollten in die Gräben. Man holte sie heraus und
warf sie auf die Wagen, doch die Kolonne rückte weiter vor. Den
erstaunlichsten Fall lieferte die Division Friant, die von Wien nach
Austerlitz marschierte und in sechsunddreißig Stunden über hundert Kilometer ohne Rast zurücklegte. Bei der Ankunft war noch
ein Mann von zwanzig auf seinem Platz. Man gönnte ihnen einige
Stunden Ruhe, und am nächsten Tag hielten sie die rechte Flanke
der Armee gegen vierfach überlegene Kräfte. Im Juni 1812 forderte
man nicht soviel, doch man verlangte den Soldaten außerordentlich lange und schnelle Tagesmärsche ab.

So etwa hatte die Armee einen Vorsprung von drei oder vier
Tagen vor ihren Reserven, als sie am 30. Juni die litauische Hauptstadt Wilna erreichte. Die Soldaten waren nicht nur durch ungewöhnlich harte Märsche erschöpft, sie mußten deshalb auch, wenn
sie am Abend im Quartier etwas essen wollten, in die oft von ihren Biwaks weit entfernten Dörfer gehen und bei den Bauern nach
Lebensmitteln suchen oder sie sich vielmehr gewaltsam beschaf-

fen. Selbst an Trinkwasser fehlte es sehr bald, und das führte dazu, daß man die Eiskeller plünderte. »Es wurden Eisstücke zu Pferde mitgenommen, bis sie, von einer Hand zur andern wandernd, aufgesaugt und geschmolzen waren.«[16] Nur die Männer Davouts entgingen dieser Hungersnot, weil er Transportzüge aus kleinen Fuhrwerken organisiert hatte, die seinen Truppen in sehr kurzem Abstand folgten. Sobald ein derartiges, mit Zwieback, Pökelfleisch und Gemüse beladenes Fuhrwerk ausgeräumt war, schlachtete man den Ochsen, der es gezogen hatte, und verteilte das frische Fleisch. Aber dabei handelte es sich um eine Ausnahme, die allerdings die Unbesonnenheit und Ignoranz des Verwaltungspersonals der Armee nur noch deutlicher bewies.

Alle Berechnungen der Intendantur waren von gepflasterten Straßen ausgegangen. In Polen und Litauen bewegte man sich aber auf Sandwegen, die von Überschwemmungen bedroht waren und sich bei dem kleinsten Gewitter in einen schlammigen Morast verwandelten. Wie Hauptmann Coignet berichtete, mußte man »das hintere Bein packen und wie eine Möhre herausreißen, es nach vorn setzen, mit beiden Händen das andere nehmen und es nach vorn stoßen; dabei hatten wir das Gewehr umgehängt, um beide Hände frei zu haben«.[17] Die Männer schlangen oft kleine Schnüre unter ihre Stiefel, um sie bei jedem Schritt herauszuziehen, denn sonst hätten sie ihr Schuhwerk im Schlamm verloren. Häufig reichte ihnen der Morast bis an die Knie. Beim Schuhwerk ist darauf hinzuweisen – denn ihm kommt wesentliche Bedeutung für unser Thema zu, hing doch das Marschtempo von den Füßen des Infanteristen ab –, daß die Soldaten lieber Schuhe als Stiefel trugen. Schuhe trockneten ja viel schneller, und man brachte ein zusätzliches Paar viel leichter in seinem Tornister unter. Obwohl sie für den rechten und den linken Fuß gleich waren, trugen sie sich bequemer als Stiefel, weil man sie zusammen mit sehr eng anliegenden Gamaschen benutzte, die verhinderten, daß sich das Blut staute und die Füße anschwellen ließ.

Eine unvorhergesehene Gefahr für Pferde und Ochsen rührte daher, daß der Weg an manchen Stellen, wenn er über sumpfiges Gelände führte, nur noch aus Tannenstümpfen bestand; wenn die Tiere über diese Holzstücke liefen, konnten sie diese spalten, einsinken und sich die Beine brechen. Wenn man nach rechts oder

links auswich, um das Hindernis zu umgehen, versanken die Tiere
in den Schlammlöchern, aus denen sie sich nicht wieder heraus-
helfen konnten. Das vermehrte die Anstrengungen der Zugtiere –
und damit ihr weiteres Zurückbleiben. Da die Transportkolonnen
mehrere Etappen hinter der Armee herzogen, konnte man keine
Verpflegung verteilen, und die Fracht wurde deshalb nicht leichter,
was die Intendantur vorher nicht eingeplant hatte.

Noch weitaus schlimmer wurde dieses Problem durch die Wolkenbrüche, die Ende Juni fünf Tage lang ununterbrochen auf Litauen niedergingen. Sie hatten in diesen bewaldeten und sumpfi-
gen Landstrichen die gleiche Wirkung wie eine gewaltige Schneeschmelze und verwandelten die Wege in Schlammströme. Das
Gewitter, das diese Regenfluten hervorbrachte, tobte mit unge-
heurer Heftigkeit. Constant, Napoleons Kammerdiener, berichtet,
daß der Kaiser glaubte, »dumpfe Kanonenschüsse zu hören, und
vor Freude erbebte [...], doch dieses Geräusch war Donner, und
plötzlich entlud sich das schrecklichste Gewitter, das ich in meinem Leben gesehen habe, über der ganzen Armee. In einem Umkreis von vierzig Meilen war die Erde so mit Wasser bedeckt, daß
weder Straßen noch Wege zu sehen waren.«[18] Die Männer standen
in dieser Sintflut, sie hatten kein Feuer, und die Windstöße ließen
sie erstarren. Auf einem Gelände, wo man wie in einem Sumpf ein-
sank, konnten sie sich nicht hinlegen, ja sich nicht einmal setzen.
Hauptmann Coignet, der Wagenmeister zweier Regimenter, der
für vier Fuhrwerke verantwortlich war, erinnerte an die panische
Angst seiner Pferde. »Eisströme prasselten auf uns hernieder; mitten am Tag stand man im Dunkeln [...]. Das Unwetter brachte so
viel Hagel und Schnee, daß wir unsere Pferde nur mit Mühe halten
konnten. Wir mußten sie an die Wagenräder binden [...]. Am frühen Morgen [...] sehe ich, daß drei von meinen Pferden tot sind.
Sofort lasse ich die dreiundzwanzig mir verbliebenen an meine
vier Fuhrwerke anspannen. Die bedauernswerten Tiere zitterten
so stark, daß sie alles zerrissen, sobald sie angeschirrt waren. Sie
hätten einen Felsen herausbrechen können. Vor Angst und Schrek-
ken scheuten sie und bäumten sich auf.«[19] Alle Augenzeugen erklären übereinstimmend, daß über zehntausend Pferde auf dem
Weg nach Wilna verendeten. Anatole de Montesquiou zählte 1240
Kadaver auf einer Strecke von fünf Meilen. »Die Pferde sterben wie

die Fliegen«, sagt Cesare de Laugier, ein italienischer Offizier aus
dem Gefolge des Fürsten Eugène. Schuld an diesem Massensterben
war nicht nur, daß die durchnäßten Pferde in den plötzlich sehr
kühlen Nächten kein schützendes Dach hatten, sondern es fehlte
außerdem an Grünfutter und Hafer. Man fütterte sie mit unreifem
und dazu noch nassem Roggen. Nach Ansicht der Einheimischen
behandelten die Franzosen die Pferde falsch, wenn sie sie saufen
ließen, nachdem sie ihnen Getreide gegeben hatten.[20] Als das Wetter aufklarte und die Sonne wieder schien, sprach man mehr vom
Verlust der Pferde als von den menschlichen Opfern. Pferde waren
teuer und ließen sich nicht leicht ersetzen, während ein kaiserli-
ches Dekret genügte, um die Lücken in den Reihen der Armee zu
schließen.

Das Heer setzte seinen Weg fort, doch mehrere Tage lang mußte
es inmitten von Leichen und Pferdekadavern marschieren. Man
hatte den Eindruck, eher auf der Flucht zu sein als bei einer Invasion. Überall ein pestilenzialischer Gestank, dem man nicht
entrinnen konnte. Allein beim Atmen verspürte man sogleich einen Brechreiz. Hauptmann Röder hätte gern ein Bad im Fluß genommen, um seine Flöhe loszuwerden, aber das Wasser war von
den vielen Pferdekadavern verseucht. Die Offiziere wollten den
Marsch nicht unterbrechen und keine Zeit darauf verwenden, die
Leichen zu begraben: Sie waren seit den vorherigen Feldzügen in
Deutschland oder Italien daran gewöhnt, daß diese lästige Aufgabe von den Einheimischen erledigt wurde. Diese wußten wohl
um die Seuchengefahr, die von den verwesenden Leichen ausging,
deren Gestank außerdem unerträglich war, und sie hoben große
Gräben aus, in die sie unterschiedslos Tiere und Menschen hinein-
warfen, nachdem sie ihnen alles abgenommen hatten, was für sie
selbst nützlich sein konnte. So etwas geschah jedoch nicht in Polen,
Litauen oder Rußland, wo die Landgebiete menschenleer und die
Dörfer sehr weit verstreut waren.

Infektionen waren unvermeidlich und rafften zahlreiche Soldaten dahin. Die Ratten stritten sich mit den Raben und Bussarden
um die Fleischfetzen. Es wimmelte von Ungeziefer. Sehr oft ersparte
man sich sogar die Mühe, die Straße zu räumen, und die Fuhrwerke
zerquetschten die Leichen, während sie versuchten, sich einen Weg
zwischen den liegengebliebenen Wagen zu bahnen. Die Ruhr wur-

de zum allgemeinen Übel. Sehr früh gab es die ersten Typhusfälle, und Massen von Kranken überfüllten die Lazarette, die man eilig errichtete. Sie waren primitiv eingerichtet, und es fehlte an allem.[21] Eine unbekannte Krankheit, der »Weichselzopf«, trat auf. Sie äußerte sich darin, daß die Haare filzartig zusammenklebten und die Kopfhaut eine stinkende Flüssigkeit ausschwitzte. Man mußte den Männern den Kopf kahlscheren, denn es war zu befürchten, daß, wie bei manchen Bauern, ihre Haarsträhnen wie eine Pferdemähne verfilzten. Die Wagen, die die Instrumentenkästen, das Verbandszeug, Scharpie, Tonnen mit dem als Antiseptikum dienenden Essig – kurz, alles für Behandlungen notwendige Material – beförderten, waren nicht nachgekommen. Roos, ein Militärarzt, den man einem württembergischen Regiment zugeteilt hatte, gab an, daß sein Wagen mit der Regimentsapotheke noch hinter dem Njemen zurück war, während er schon in Wilna eintraf.[22] Doch er konnte in der Stadt kaufen, was er brauchte, wobei seine Aufgabe sehr erleichtert wurde, weil die meisten Apotheker Deutsche waren. Während das Leben in der kleinen Hauptstadt noch normal funktionierte, verhielt es sich im Umland ganz anders, denn die ›verbündeten Invasoren‹ hatten es brutal ausgeplündert. So etwa kam Eugène de Beauharnais an der Spitze seiner italienischen Regimenter in eine kleine, ganz nahe bei Wilna liegende Ortschaft, und für seine Männer, die mitten im Sommer unter Kälte, Regen und Hunger litten, konnte er nicht den geringsten Proviant oder das kleinste schützende Dach finden. Zu seinem Erstaunen wurde er von einer Menge Juden – Greisen, Frauen und Kindern bunt durcheinander – belagert, die schrien, weinten und seinen Schutz erflehten. Die Truppen, die den Italienern zuvorgekommen waren, hatten den Einwohnern, deren Not die Eindringlinge überraschte, alles genommen. Nie hatten sie ein so entsetzlich armes Land und derart elende Weiler gesehen, die aus erbärmlichen Hütten bestanden. Diese waren aus übereinandergeschichteten Baumstämmen errichtet und hatten keine Fenster; dafür hatte man schmale Öffnungen wie Schießscharten in den Wänden gelassen. Das Tageslicht fiel nicht durch ein Glasfenster, sondern durch ein Mosaik ein, das sich aus dreißig bis vierzig Glasstücken zusammensetzte; diese waren manchmal nicht größer als ein Finger.[23]

Am Beginn von Invasionskriegen gab es immer ein gewisses Durcheinander, doch bei dem Rußlandfeldzug wurde die Ordnung nie wieder erreicht. Sie kam deshalb nicht wieder zustande, weil sich die Soldaten in den Landregionen verstreuten, um Proviant zu suchen. Fehlte es einem Regiment an Verpflegung, schickte es eine Abteilung zum Requirieren. Diese Abteilung mußte tiefer in die ländlichen Gebiete vorrücken, um ›neue‹ Dörfer zu finden – in der Soldatensprache nannte man so ein Dorf, das bisher noch keinen Überfall von Truppen erduldet hatte –, sie hatte große Strapazen zu überstehen und konnte oft erst nach mehreren Tagen zu ihren Kameraden zurückgelangen. Doch nicht alle versuchten, ihren Truppenteil einzuholen oder wiederzufinden. Viele schlossen sich zu Banden zusammen, wählten Führer und setzten sich in Dörfern und Schlössern fest. Wieder andere, die man auch als ›Demoralisierte‹ bezeichnete, marschierten hinter der Armee her, ohne sich an eine Ordnung zu halten, »in einer wilden und unsteten Horde, ganz wie es ihnen paßte […], und sie kampierten nach eigenem Gutdünken in Gruppen von fünf oder sechs, zehn, dreißig oder hundert Leuten«.[24]

Dadurch wurde nicht nur die allgemeine Disziplin untergraben, auch die Truppenstärke verringerte sich spürbar. Der polnische Offizier Brandt schätzte, daß schon in Minsk, der etwa einhundertfünfzig Kilometer hinter Wilna liegenden Hauptstadt Belorußlands, in jeder Kompanie zwanzig bis dreißig Männer fehlten (zu einer Kompanie gehörten 140 Soldaten): In einem gewöhnlichen Feldzug hätten nicht einmal zwei Schlachten zu einer solchen Verringerung der Truppenstärke geführt, stellte er fest.[25] Nach Mortier, dem Kommandeur der Jungen Garde, erreichte die Zahl der Deserteure in Minsk 30 000 – das war ein ganzes Armeekorps.

Noch viel schlimmer war: Diese vielen Nachzügler, die die Armee hinter sich zurückließ, »brachten sie um wertvolle Versorgungsquellen, indem sie das Land verwüsteten. Die an der Straße liegenden Dörfer und Schlösser erlitten das gleiche Schicksal. Der Soldat gab sich nicht damit zufrieden, dort das für seine Verpflegung Notwendige zu holen, er mißhandelte auch die Einwohner […] und zerstörte alles, was er nicht mitnehmen konnte: Es schien, als könnte die Zerstörungswut seine Leiden lindern […]. Auf diese Weise behandelten wir die Litauer, die uns als Befreier erwartet hatten.«[26] Da war es nicht verwunderlich, daß diese nach dem Durchzug eines so undisziplinierten und barbarischen Heeres wenig Eifer zeigten, sich für den Erfolg der französischen Armee einzusetzen.

Dennoch rückte diese immer weiter vor, ohne sich die Zeit zu nehmen, die Lücken zu schließen und sich mit den Nachschubkolonnen zu vereinen. Napoleon konnte sich nicht damit abfinden, die Verfolgung eines Feindes einzustellen, der, wie ihm schien, immer in der Reichweite seiner Kanonen blieb. Ein paar Scharmützel, bei denen sich die französische Vorhut mit der russischen Nachhut schlug, die ständigen, doch immer überraschenden Überfälle von Kosakenpatrouillen, die die Franzosen in Angst und Schrecken versetzten, obwohl sie tatsächlich wenig wirkungsvoll waren, all das bewies nur, daß die Russen in guter Ordnung – die sie übrigens stets aufrechterhalten sollten – auswichen, und damit zogen sie die Franzosen immer tiefer ins Land, um einen unberechenbaren Feind zu verfolgen, der sich nicht darum kümmerte, sich an die ihnen vertrauten militärischen Regeln zu halten.

III
Der unerreichbare Feind

Juli 1812

Das ständige Gefühl, den Kampf mit dem Feind um Haaresbreite verpaßt zu haben, erbitterte Napoleon und trieb ihn weiter. Schon am nächsten Tag würde man auf ihn stoßen, glaubte er. Man sei ihm hart auf den Fersen. Bei dem Tempo, das man ihm aufzwinge, könne er nicht endlos ausweichen, wiederholte Napoleon seinem Gefolge bis zum Überdruß.[1] Der Kaiser lehnte längere Marschpausen ab, so sehr ließ er sich von der Vorstellung leiten, daß sich die Russen in seiner Reichweite befänden und daß eine letzte Anstrengung, lediglich ein Eilmarsch von fünfundzwanzig oder dreißig Kilometern, genügen müßte, um sie ihm auszuliefern. Damit beschleunigte er jedoch den Untergang seines eigenen Heeres und ganz besonders den seiner Kavallerie.

Alle in der Armee, vom Marschall bis zum gemeinen Soldaten, sprachen über das unerklärliche Zurückweichen der Russen und deuteten es auf unterschiedliche Art. Die einen spotteten über eine Macht, die sie für Lug und Trug hielten und deren wunderbare Stärke nur in der Phantasie von Reisenden vorhanden sei, die sich vom äußeren Schein blenden ließen; die anderen sahen die Dinge realistischer und wiesen darauf hin, daß man einen Gegner, den man noch nicht geschlagen habe, nicht unterschätzen dürfe und daß diese wohlüberlegte Flucht die Franzosen gefährlich von ihrem Hinterland entferne.[2] Die Männer gewöhnten sich jedoch daran, weiter vorzurücken, ohne eine Schlacht liefern zu müssen. Wäre es nicht so mühsam gewesen, sich Proviant zu verschaffen, und die Hitze nicht so kräftezehrend, so wäre diese Invasion nur ein langer, sehr langer und anstrengender Marsch gewesen. Zuweilen veranschaulichte ein Zwischenfall den eigenartigen Charakter eines ungewöhnlichen Feindes: Was sollte man etwa von seinem Versuch denken, Deutsche und sogar Franzosen zur Fahnenflucht zu veranlassen, wofür man ihnen Grund und Boden in Rußland anbot? Diese beispiellose Propaganda wurde von der russischen Nachhut in Flugblättern verbreitet, die die Unterschrift Barclays trugen. Hatte man jemals Gegner erlebt, die, anstatt zu kämpfen, die feindlichen Soldaten aufforderten, sich bei ihnen niederzulassen? Napoleon selbst verfaßte eine vor Patriotismus überschäumende Antwort, die in der französischen Presse unter dem Namen eines Gardegrenadiers veröffentlicht wurde. Aber das hinderte die Männer nicht daran, Überlegungen anzustellen.

Nachdenkliche Leute hatten auch in Paris ihre Zweifel. So etwa wurde der Polizeipräfekt Étienne Pasquier vom Comte de Lavalette, dem Generalpostmeister, laufend über alles unterrichtet, und dieser stöhnte »über die Mühe, die es kostete, um die mißlichsten Ereignisse in einem günstigen Licht erscheinen zu lassen«. Pasquier befürchtete wie der Comte de Lavalette, daß »der Kaiser schließlich den Illusionen erliegen werde, die er selbst verbreitete«. Beide entrüsteten sich, daß die lächerlichsten Meldungen veröffentlicht wurden, insbesondere, daß die Kosaken in Massen desertierten und in ihre Heimat zurückströmten. Alle in Paris herausgegebenen Bulletins blieben optimistisch, führten aber niemanden hinters Licht. Pasquier, der ebensoviel Klugheit wie politischen Verstand hatte, wunderte sich, daß der Marineminister, mit dem er nicht auf sehr vertrautem Fuße stand, dermaßen leichtfertig war, ihm zu erklären, ohne sich darum zu kümmern, ob er von anderen gehört wurde, daß der Kaiser »so töricht war, alles zurückzuweisen, was seinen anmaßenden Erwartungen zu widersprechen schien [...]. Die Niederlage in Spanien vermag ihm nichts anzuhaben und wird es auch in Zukunft nicht [...]. Ich sage Ihnen, dieser Mann ist verloren.«[3] Während des Kaiserreichs wurden derartige Überlegungen nur im engsten Vertrautenkreis ausgetauscht. Was hatte dieser neue offene Ton zu bedeuten?

Wenn das Verhalten des Feindes den Kaiser beunruhigte, so ließ er es sich nicht anmerken, vielmehr erklärte er Caulaincourt gegenüber zuversichtlich, daß »die Armeen [Alexanders] es nicht wagen, auf uns zu warten; sie retten die Ehre ihrer Waffen genausowenig wie die des Kabinetts. Binnen zwei Monaten werden die russischen Adligen Alexander zwingen, mich um Frieden zu bitten.«[4] Er sagte ihm mehrmals, dieser Krieg sei der politischste, den er jemals geführt hätte, Rußland habe seit Tilsit* nichts für das Bündnis getan und bemühe sich im Gegenteil, den englischen Handel zu schützen. Österreich sehe diesen Krieg mit Freuden, äußerte er wiederholt, weil es hoffe, anstelle Polens, auf das es keinen Wert mehr lege, seine illyrischen Provinzen und damit einen Zugang zum Meer als Lohn für sein Bündnis zurückzuerhalten.

Napoleon entschied, nach Witebsk zu ziehen. Diese Stadt lag an der Grenze Belorußlands und gehörte seit 1772 zum Zarenreich;** das heißt, er drang in das eigentlich russische Staatsgebiet ein. Er hoffte, den Feind zu zwingen, die Provinzhauptstadt zu verteidigen. Während dieses Eilmarsches kam es zu einigen Kämpfen zwischen der russischen Nachhut und der französischen Vorhut. Die Gefechte gingen alle erfolgreich für die Franzosen aus; trotzdem verlangsamten sie den Vormarsch, und es gab viele Verwundete. Schwerwiegender war die beunruhigende Entdeckung, daß alle Einheimischen die Region systematisch geräumt hatten. Man rückte nun in einer Wüste vor. In den Städten, den Marktflecken und den kleinsten Dörfern, durch die man kam, sah man keine Einwohner. Doch Napoleon drang immer weiter vor, und am 27. Juli erreichte er Witebsk. Dort erwartete ihn die russische Armee, die endlich stehengeblieben war.

Der Feind hielt ein großes Plateau vor der Stadt besetzt. Napoleon, »heiter und sich schon im Ruhmesglanz sonnend, so sehr war er überzeugt, sich mit seinen Feinden zu messen und ein Ergebnis zu erreichen, das seinen Feldzug in den hellsten Farben erscheinen ließe«,[5] verbrachte den ganzen Tag damit, das Gelände zu erkunden, alle Vorbereitungen zu treffen, alles zu sehen, alles zu über-

---

* Der Vertrag von Tilsit wurde am 7. Juli 1807 unterzeichnet. Napoleon verpflichtete sich, dem Zaren freie Hand in Schweden zu lassen und türkische Besitzungen in Europa mit ihm zu teilen. Der Zar schloß sich der Kontinentalsperre an und versprach, sich mit Frankreich gegen Großbritannien zu verbünden.

** Westrußland bestand aus drei Gebilden mit nicht fest umrissenen Grenzen: aus der Ukraine oder Schwarzrußland – dieser Name erinnerte an den schweren, fruchtbaren und schwarzen Boden, ein Territorium, das halbnomadische Völkerschaften frei durchziehen konnten, wenn sie dem herrschenden Fürsten eine Abgabe entrichtet hatten; aus Belorußland oder Weißrußland, einem feudalen Land mit einer anderen Besitzordnung, wo die Bauern als Leibeigene an den Boden gebunden waren; schließlich aus Großrußland, das aus dem Großfürstentum Moskau entstanden war.

prüfen und die Tatkraft und den Kampfgeist der Truppen wachzuhalten. Die Soldaten mußten gar nicht erst angespornt werden. Sie
wünschten die Schlacht und sehnten sich nach einem entscheidenden Kampf; der bisherige erfolglose Marsch hatte sie erschöpft. Sie
marschierten bei 27 Grad Hitze. Sie hatten wenig Branntwein und
beinahe kein Brot, und meistens mußten sie ungesalzenes Fleisch
essen. Eine solche Ernährung führte zu ständigem Durchfall und
allgemeiner Demoralisierung. Eine Schlacht, ein Sieg würden ihre
Mühen beenden.

Der Kaiser legte sich spät schlafen, stand bei Tagesanbruch auf
und stellte untröstlich fest, daß sich der Feind während der Nacht
aus dem Staub gemacht hatte. Tatsächlich hatte sich Barclay, der
überzeugt war, daß sich Bagration nicht mit ihm vereinigen konnte, bei Einbruch der Nacht damit abgefunden, das Feld zu räumen,
sobald die Wachsamkeit der Franzosen nachließ. Die Russen zogen sich mit erstaunlicher Sorgfalt und in aller Stille zurück; und
sie ließen ihre Feuer brennen, um den Feind besser zu täuschen.
Noch unglaublicher war, daß sich keiner fand, weder Städter oder
Bauer, der berichten konnte, in welcher Richtung Barclay abgezogen war. Caulaincourt schilderte, daß die Soldaten wie Jagdhunde
nach der Fährte der Geflohenen suchten. Aber es gab Spuren in
allen Richtungen. Sie irrten in einer unermeßlich großen Ebene
umher, ohne den kleinsten Hinweis zu entdecken: kein aufgege-
benes Fahrzeug, kein einziges totes Pferd, nicht einmal ein einziger Nachzügler. Man hatte das Lager in vollkommener Ordnung
zurückgelassen, berichtete Ségur: »Nichts war vergessen worden,
keine Waffe, kein Stück Bagage, keine Spur, kurz, nichts, was auf
den Weg hinweisen konnte, den die Russen bei diesem plötzlichen
nächtlichen Abmarsch genommen hatten.«[6]

Man brauchte mehrere Stunden, bis sich herausstellte, daß die
Russen offenbar die Straße nach Smolensk genommen hatten.
Bagration hoffte, daß er sich dort endlich mit Barclay vereinigen
könnte. Napoleon prüfte sehr aufmerksam alle Positionen, die
der Feind noch vor kurzem besetzt hatte, um dessen genaue Stärke zu bestimmen. Er war überzeugt, daß er die Russen einholen
konnte, und begann ihre Verfolgung, die er jedoch nach einigen
Stunden aufgeben mußte. In der drückenden Hitze brachen Pferde
und Männer einfach zusammen. Napoleon verständigte sich mit

Murat und Fürst Eugène, daß es zu gefährlich war, die Armee durch
einen Gewaltmarsch zu erschöpfen. Eine Rast, eine wirkliche Rast
mußte die Männer sich etwas erholen und die Nachhut aufschlie-
ßen lassen, um die Vorräte aus den Versorgungsquellen des Landes
aufzufüllen, denn den Russen war keine Zeit geblieben, sie zu vernichten. Und schließlich mußte man sich mit dem entscheidenden
Problem beschäftigen, auf das wir noch zurückkommen: mit dem
zunehmenden Mangel an Pferden.

Am 28. Juli quartierte sich Napoleon darum in Witebsk ein, einer
hübschen Stadt, die in einem noch grünen, von tiefen Schluchten
durchfurchten Tal lag. In den verlassenen Gassen sah man nur Juden, die an ihrer Haltung, ihren Kleidern und ihrer Sprache leicht
zu erkennen waren. In Stadt und Land waren die Juden von großem Nutzen für die Invasoren, vor allem, weil sie Deutsch sprachen und immer Waren und Pferde liefern konnten. Im Gegensatz
zu den russischen Bauern flohen sie nicht vor den Franzosen. Deshalb bemühte sich jede etwas größere Truppenabteilung, die man
auf Proviantsuche ausgeschickt hatte, einen Juden mitzunehmen,
der ihr als Weggefährte, Führer und Dolmetscher dienen sollte.
Wenn sie sich sträubten, ihre Familie zu verlassen, genügten ein
paar Stockschläge, um sie zu überzeugen, daß sie sich den Soldaten
anzuschließen hatten. Schnell kam dabei jeder auf seine Kosten.
Als Graf Cesare de Laugier, ein italienischer Gardeoffizier des
Fürsten Eugène, nach Witebsk kam, bemerkte er sie unverzüglich,
»groß, hager, mit langem und rotem Bart [...], ihre schwarzen Kaf-
tane waren mit einem Gürtel in der Taille eng zusammengeschnürt
[...], sie trugen eine Tellermütze [...] und standen regungslos an
der Schwelle ihrer Hütten.«[7] Wenn sie einen Offizier sahen, küßten
sie seine Uniform, erboten sich, ihn zu beherbergen, und schlugen
vor, ihm verschiedene Dienste zu erweisen. Man sah sonst niemanden auf den Straßen, wo nur die deutschen Apotheker ihre Geschäfte geöffnet hatten. Wie die Juden zählten auch die Deutschen
zu einer besonderen Gruppe. Sie waren in Rußland oft seit einer
oder zwei Generationen ansässig und bewahrten sich ihr Streben
nach Bildung. Im Gegensatz zu den Juden durften sie Universi-
täten besuchen. Meistens waren sie Ärzte, Apotheker, Ingenieure
oder Architekten, und aus ihnen bildete sich eine winzige Mittel-

klasse, deren Interessen und Verhaltensweisen sich von denen der
Bauern und des russischen Adels unterschieden. Sie blieben also in
den verlassenen Städten zurück, ohne sich zu verstecken. Nach einigen Stunden tauchten übrigens jene Einwohner, die nicht hatten
fliehen können, allmählich aus ihren Verstecken auf. Sie alle wirkten verängstigt. Und dazu hatten sie guten Grund. Mit der unauf-
fälligen Ruhe ihrer kleinen Stadt war es vorbei, nun verstopfte ein
ungeheures Gewühl rettungslos die Straßen, wo sich Kavallerie-,
Infanterie- und Artilleriekolonnen die Durchfahrt streitig machten und wo es von einer lauten und aufgeregten Menschenmen-
ge wimmelte. Die einen suchten nach Proviant, die anderen nach
Pferdefutter. Adjutanten, die dringende Befehle zu überbringen
hatten, suchten sich einen Weg zu bahnen, doch er war versperrt
von Soldaten, Pferden, Fuhrleuten, Munitionswagen und Kanonen. Die Offiziere bemühten sich um ein Quartier: Ihre Ordonnanzen verschafften sich gewaltsam Zutritt zu Häusern, die schon
besetzt waren. Schließlich kehrte wieder Ruhe ein; die Garde blieb
in der Stadt, während die übrigen Regimenter außerhalb lagerten.
Der Comte de Castellane, der spätere Marschall, sah belustigt, daß
man zweihundert Grenadiere im Stadttheater untergebracht hatte,
wobei sich jeweils zwei eine Loge teilten.[8]

Napoleon ließ das Gros der Armee in seiner Nähe, um sich vor
jeder Überraschung zu schützen, sie so gut wie möglich zu verpflegen und Reserven für sie anzulegen. Einige Korps wurden in
der Umgebung stationiert: das des Fürsten Eugène postierte sich
an der Straße nach Sankt Petersburg, ungefähr dreißig Kilometer
nordöstlich, in Surasch; Murat nahm etwas weiter südlich, an der
Straße von Smolensk nach Rudnja, Stellung; und Davout noch
weiter, ungefähr sechzig Kilometer südlicher, in Orscha. Um die
Verbindungen mit dem kaiserlichen Hauptquartier aufrechtzuerhalten, besetzten drei Divisionen das Gebiet dazwischen. Die
meisten Soldaten richteten sich bei Anbruch der Nacht direkt vor
der Stadt in Hütten ein, die man aus kreuzweise übereinanderge-
legten Baumstämmen baute und mit belaubten Zweigen bedeckte,
um sich vor der Hitze zu schützen. Während des ganzen Feldzugs
schliefen die Soldaten im Freien, wenn ihnen die Zeit fehlte, sich
ein schützendes Dach zu schaffen. Das war ihnen immer noch
lieber als eine Unterkunft in den russischen Bauernhütten, deren

Wände aus übereinandergeschichteten Baumstämmen bestanden.
Dort machte man Feuer in einem großen Lehmofen; da es jedoch
keinen Schornstein gab, war die Luft in dem einzigen Raum unerträglich, wenn man nicht groß genug war und den Kopf über
den Rauchschwaden hatte. Manchmal war es noch schlimmer,
dann gab es überhaupt keinen Ofen, und man machte Feuer auf
der Erde. Der Rauch zog dabei durch eine Öffnung im Strohdach,
die bis zum Boden hinabreichte. In diesem Fall war es besser, daß
man sich niederhockte, um zu atmen.

Am nächsten Tag kamen die Soldaten als Touristen in die Stadt
zurück. Die jungen Rekruten, die alle Kinder der Revolution waren, betrachteten staunend und interessiert ein Jesuitenkloster von
gewaltigen Ausmaßen. So etwas hatten sie noch nie gesehen, und
das aus gutem Grund: Die Jesuiten waren 1767 aus Frankreich (wie
auch aus Portugal und allen spanischen Besitzungen) vertrieben
worden. Katharina II. hatte sie aufgenommen und gestattete ihnen, weiterhin in Rußland tätig zu sein. Eine schöne Synagoge zog
ebenfalls die Blicke der Soldaten an. Für Genießer wie den Sergeanten Bourgogne, immer sehr besorgt um sein leibliches Wohl,
waren die Juden vor allem bereitwillige Hopfenlieferanten. Er war
bei einem einquartiert, der eine »hübsche Frau und zwei entzük-
kende Töchter mit ovalen Gesichtern« hatte und außerdem einen
kleinen Sudkessel zum Bierbrauen besaß, und der Sergeant verwendete seinen Aufenthalt nutzbringend. Als seine Kompanie zwei
Wochen später aus Witebsk abzog, verfügte sie über große Vorräte an ausgezeichnetem Bier. Das andere einheimische Getränk,
»eine hübsche Schweinerei, die man als Wein verkaufte«,[9] war eine
Mischung aus Honigwasser und Himbeergeist, mit der sich die
Unbedachten, die kein Limonadenpulver mitgenommen hatten,
zufriedengeben mußten.

Hauptmann Röder, ein Mann, der sich für alles interessierte,
freute sich aus einem anderen Grund, daß er einem Rabbiner be-
gegnet war: Sie hatten eine gemeinsame Sprache, und der Jude erwies sich als gebildet genug, um all seine Fragen über Geschichte
und Architektur der Stadt zu beantworten.[10] Doch der große Reiz
der kleinen Stadt blieb in der Sommerhitze ihr Fluß, die Dwina,
obwohl ihr Wasserstand in dieser Jahreszeit sehr niedrig war. Die
Gardesoldaten gingen zu den sandigen Flußufern, wo sich die Ein-

wohner, Männer und Frauen, ohne große Umstände auszogen,
um sich zu erfrischen, die meisten fast völlig nackt, in einem sehr
klaren, ockerfarbigen Wasser, aus dem man ganz gelb herauskam.
Die Soldaten »fanden es amüsant, sich unter die badenden Männer
und Frauen zu mischen. Da die russischen Männer jedoch bei weitem nicht so seelenruhig wie unsere waren, die sich schon zu när-
rischen Streichen hinreißen ließen, verzichteten die braven Leute
auf das Badevergnügen, denn es freute sie durchaus nicht, daß man
über eine Leibesübung lachte, die sie mit allem möglichen würdi-
gen Eifer und Ernst betrieben.«[11]
    Der Kaiser quartierte sich im Gouverneurspalast ein, einem
sehr bescheidenen Holzgebäude, doch im Krieg kümmerte er sich
kaum um seine Bequemlichkeit. Sein Sekretär Fain berichtet, wie
ärmlich dieses Haus war, das außer einigen großen Räumen nur
jämmerliche Kammern zu bieten hatte. Napoleons Zimmer, das
auch als Arbeitsraum diente, wurde unverzüglich eingerichtet. In
wenigen Minuten rollte man einen grünen Leinenteppich aus, zog
die Nägel der Bücherkiste heraus, breitete die Karten aus, stellte
das Eisenbett auf, legte die Reisetasche auf einen schäbigen Tisch
und öffnete sie. »Sie enthielt alles, was in einem Schlafzimmer an-
genehm oder nützlich sein kann. Darin befand sich ein Eßservice
für mehrere Personen. Man stellte diesen ganzen Luxus zur Schau,
wenn der Kaiser seine Marschälle zum Mittagessen einlud. Es war
unbedingt erforderlich, sich zu den Gewohnheiten der Kleinbürger
in der Provinz herabzulassen.«[12] Napoleon verlangte nicht mehr.
Er ließ allerdings einige armselige Häuser einreißen und damit den
Hauptplatz vergrößern, denn er hielt ihn für zu klein, um eine Parade seiner Truppen abzunehmen. Dann befaßte er sich mit der
Reorganisation seiner Streitkräfte. Doch was hätte er tun können,
um die unerträgliche Hitze des russischen Sommers zu mildern?
    In dieser Jahreszeit brannte die Sonne nahezu achtzehn bis zwan-
zig Stunden täglich, und man litt grausam unter dem Wasserman-
gel, sobald man sich von den Flüssen entfernte. Die Sümpfe, wo die
Tiere ihren Durst hätten stillen können, waren ausgetrocknet. In
den Dörfern prügelte man sich an den Brunnen, um Wasser zu bekommen, und die letzten Eimer, die man hochzog, enthielten nur
noch Schlamm. In manchen Truppenteilen waren die Männer gezwungen, mit ihren Bajonetten Gruben im Boden auszuheben, weil

sie hofften, etwas feuchte Erde zu erreichen. Im russischen Sommer gehen die Wasserläufe derart weit zurück, daß ein Teil der fließenden Gewässer stillsteht, sich mit allen möglichen Abfällen füllt und dadurch verseucht ist. Der Typhus wütete. Dabei waren die Gefahren durchaus bekannt, die das Trinken von unsauberem Wasser hervorrief. Wenn man noch nicht vorsichtig genug war, es abzukochen, so versuchte man wenigstens, es zu desinfizieren, indem man es mit Essig oder Branntwein vermischte. Doch an beidem fehlte es. Der stets umsichtige und gewissenhafte Davout befahl, das Wasser in einem mit Stoff verstärkten und mit Kohle gefüllten Trichter zu filtern. Aber er war der einzige, der das anordnete.

Der für die Männer furchtbare und für die Tiere entsetzliche Durst richtete nicht wiedergutzumachende Schäden in der Armee an. Pferde sind außerordentlich leistungsfähige, gegen Kälte und Hitze widerstandsfähige Tiere, die ein Viertel ihres eigenen Körpergewichts tragen können, wobei sie dauerhafte und beträchtliche Anstrengungen aushalten, doch wenn sie zuviel und zu schnell oder im Gegenteil nichts saufen, brechen sie zusammen. Sie reagieren sehr empfindlich auf Futterwechsel und auf Erschöpfung und sind äußerst anfällig für Sattelwunden. Ein erkranktes Pferd kann nur schwer geheilt werden – vor allem bei einem Feldzug. Die anderen Zugtiere ließen sich überhaupt nicht zurückhalten: Sobald sie die Nähe von Wasser witterten, stürzten sie dorthin, wobei sie entweder ertranken oder so viel soffen, daß sie sich aufblähten, nicht mehr weiterkonnten und schließlich verendeten.

Wie Caulaincourt berichtet, fehlte Ende Juli in Witebsk, während die erhoffte große Schlacht immer noch nicht stattgefunden hatte, bereits ein Drittel der Pferde: »Sehr viele waren tot. Zahlreiche andere schleppten sich mit letzter Kraft dahin, irrten hinter der Armee her, wieder andere folgten den Truppen, für die sie ohne den geringsten Nutzen waren […], höchstens die Hälfte von denen, die man beim Beginn des Feldzugs hatte, waren noch tauglich […].«[13] – »Die Eilmärsche, das Fehlen von ausreichenden und als Ersatz verfügbaren Gespannen, der Mangel an Furage, die vernachlässigte Pflege, alles hatte zusammengewirkt, um die Pferde zugrunde zu richten.«[14] Die Schmieden waren zurückgeblieben: Ohne Hufschmiede, ohne Nägel, ohne Metall konnten die Kavalleristen ihre Pferde nicht neu beschlagen. Und ein lahmendes

Pferd war zu nichts nütze. Die Lanzenreiter der Garde beschwerten sich, daß übermäßige Lasten ihre Pferde verletzten. Außer den schweren Waffen mußten sie eine große Sense mitnehmen, die in diesen Gegenden unentbehrlich war, um Getreide oder Grünfutter zu schneiden, und sie mußten einen großen zylindrischen Mantelsack, der ihre ganze Habe enthielt, am Sattel befestigen. Überdies nahm man den Sattel selten ab, weil die Soldaten durch die Überfälle der Kosaken stets auf der Hut sein mußten. Hinzu kommt, daß Napoleon beinahe seine ganze Kavallerie in der Vorhut zusammengefaßt hatte, denn er glaubte, damit den Russen gegenüber im Vorteil zu sein, die nicht so viele in der Nachhut zusammenziehen konnten. Aber durch diese Entscheidung ruinierte er seine eigene Kavallerie, weil es unmöglich war, eine so große Zahl von Pferden ausreichend zu ernähren.

Die Schwäche der Pferde erlaubte es bald nicht mehr, scharfe Ritte zu unternehmen, die ein Kavallerieangriff unbedingt erforderte. Als Murat sich über den schwerfälligen Galopp der Pferde bei General Nansouty beklagte, der die Kürassierschwadronen – diese furchtbaren Reiter, die mit dem Säbel in der Faust losstürmten und auf riesigen Pferden saßen, wobei diese übrigens weniger widerstandsfähig als die kleineren Tiere der leichten Kavallerie waren – befehligte, antwortete der General: »Den Pferden fehlt es an Patriotismus. Unsere Soldaten kämpfen gut, selbst wenn sie kein Brot haben, aber unsere Pferde leisten ohne Hafer nichts Gutes.«[15] Die Kavalleriepferde waren tatsächlich so erschöpft, daß sie nicht galoppieren konnten und die Männer oft gezwungen waren, sie zurückzulassen.[16] Die Lage verschlimmerte sich immer mehr: Von siebzigtausend Kavalleriepferden blieben Anfang September dreißigtausend übrig, und die Hälfte von ihnen kam am 9. September bei der Schlacht von Borodino um.[17] Selbst zu Beginn des Feldzugs konnte man diese beträchtlichen Verluste jedoch nicht ausgleichen, obwohl man Pferde an Ort und Stelle requirierte.

Die polnischen Pferde – man nannte sie mit ihrem polnischen Namen ›Koniks‹ (›Pferdchen‹) – waren sehr widerstandsfähig. Sie sahen nach nichts aus, und ihre geringe Größe störte die französischen Kavalleristen, doch diese unermüdlichen, genügsamen und sehr robusten Tiere leisteten wertvolle Dienste. Unglücklicherweise überlebten sie nicht lange, nachdem man sie den Bauern wegge-

nommen hatte. Der Grund war, wie General Griois erklärte, »daß
wir wenig darauf achteten, sie sauberzuhalten [sie starben oft an
Wurmbefall], und die Würmer bildeten bald eine große Masse, die
ihnen aus dem After heraushing, zusammen mit einem Teil ihrer
Gedärme. In diesem Zustand siechte das Tier dahin, es begann unerträglich zu stinken, und so ließ man es auf freiem Feld zurück«.[18]
In Rußland war es unmöglich, sich Tiere zu verschaffen: Die Einwohner flohen mit ihren Pferden und ihrem Vieh. Die Pferde, die
man in Deutschland und Frankreich requirierte, verendeten, bevor
sie zur Armee gelangten, und außerdem reichte das Problem der
Ersatzpferde bis weit in die Zeit vor dem Feldzug zurück.

Als man während der Revolution die königlichen Gestüte schloß
und die Zuchthengste verkaufte, versetzte man der französischen
Pferdezucht einen beinahe tödlichen Schlag. Als die Armee dann
Reitpferde brauchte, unternahm die Revolutionsregierung Requisitionen: Die Gestüte der Emigranten und der Adligen sowie die
sogenannten Luxuspferde wurden dem Heer überstellt. Damit
gingen viele wertvolle Hengste und zahlreiche reinrassige Zucht-
stuten entweder durch Gewaltakte oder wegen mangelnder Pflege
verloren. Nach der Revolution bemühte man sich, wieder Gestüte
aufzubauen, was zwangsläufig viel Zeit in Anspruch nahm, doch
die kaiserliche Kavallerie war 1805 noch gezwungen, als Napoleon
den Gipfel des Ruhms erreicht hatte, deutsche Pferde zu erbeuten
oder zu kaufen. Leider waren die in Sachsen gezüchteten besten
Kavalleriepferde nur bedingt für die französischen Kavalleristen
geeignet, die bei einem ganz unmißverständlichen Trompetensi-
gnal angriffen und oft die Zügel losließen, um den Säbel mit beiden
Händen zu packen. Diese Tiere waren indes darauf dressiert, auf
deutsche Stimmen und Trompeten zu reagieren: Sie verstanden
kein Französisch, und das Feuer versetzte sie in panische Angst.[19]

Napoleon wußte genau, daß seine Streitkräfte insgesamt sehr geschwächt waren, und darum beschloß er, bei dem erzwungenen
Aufenthalt in Witebsk die Dinge selbst in die Hand zu nehmen.
Als erstes wollte er wissen, mit welcher Truppenstärke er rechnen
konnte. Er befahl Appelle in allen Regimentern, von denen Marschall Macdonalds, die in der Richtung nach Riga standen, bis zu
denen General Reyniers, die noch an der polnischen Grenze in

Brest stationiert waren. Das Fazit war trostlos. Von den 400 000
Mann, die den Njemen überschritten hatten, blieben nur 225 000
übrig, von denen man 50 000 in den Raum von Polozk, weit hinter
Witebsk, geschickt hatte. Ney, der bei Beginn der Operationen an
der Spitze von 36 000 Mann stand, verfügte nur noch über 22 000.
Die leichte Kavallerie war um die Hälfte reduziert. Selbst die Garde, natürlich die Junge Garde, hatte ungefähr zehntausend Mann
eingebüßt. Das Armeekorps des Fürsten Eugène, das am Njemen
80 000 Mann zählte, hatte nur noch 45 000, von denen lediglich
2 000 im Kampf gefallen waren. Eine schreckliche Ruhr, die sich
zur Seuche entwickelte, hatte die Reihen der Italiener und Bayern
gelichtet. Doch der beträchtliche Rückgang der Truppenstärke erklärte sich vor allem durch die vielen Deserteure. Dabei machte
sich der fehlende Zusammenhalt der Streitmacht am schwerwiegendsten bemerkbar.

Die in der Armee so zahlreichen Ausländer hielten sich aus
Ehrgefühl recht gut im Kampf; allerdings verschwanden sie unverzüglich, sobald sie erschöpft oder entmutigt waren. Besonders
die Holländer ertrugen die Entbehrungen und Gewaltmärsche
schlecht. »Ihre Moral sank schnell. Man war mit ihrer Tapferkeit
und mit der Ausbildung der Offiziere zufrieden; doch vor allem die
jungen Leute wurden trübsinnig und verloren den Mut, weil man
sie in weite Ferne von ihrem Vaterland geführt hatte. Sie vermiß-
ten ihre geordnete Lebensführung, und zumindest die meisten von
ihnen besaßen keinen Eroberungs- und Herrschaftsdrang oder
hatten keinen so unbeschwerten Charakter wie die Franzosen, die
das Durcheinander leichter ertrugen, in dem [sie] lebten.«[20] Die
ausgedehnten Wälder Polens und Litauens begünstigten derartige
Desertionen. Vielen Deserteuren gelang es, in ihre Heimat zurückzukehren. Die Dienstunwilligen unter den Franzosen, die man
zwangsrekrutiert hatte, oder die Nachzügler, die man am Beginn
des Feldzugs wieder einberufen hatte, schlichen oft aus den Reihen
davon und veranlaßten durch ihr Beispiel die von den endlosen
Strapazen erschöpften jüngsten Rekruten, ihnen zu folgen. Die Kavalleristen, die ihre Pferde verloren hatten, schlechtes Schuhwerk
trugen und nicht darauf vorbereitet waren, lange Märsche durch-
zuhalten, konnten daher nicht dem von Infanteristen verlangten
Tempo folgen und flohen in großer Zahl. Außerdem fehlte es nicht

an Gelegenheiten zu desertieren, denn man mußte ja jeden Abend
losziehen, um Proviant aufzutreiben.

Napoleon wollte diese zweiwöchige Rast nutzen, um sich mit
dem entscheidenden Problem der Verpflegung zu beschäftigen,
die Männer wieder unter Kontrolle zu bringen, ihre Disziplin neu
zu stärken und in ihnen einen gewissen Elan zu wecken, indem
er selbst jeden Morgen die Parade der Regimenter abnahm, wobei er ihre Ausrüstung, Uniform und Waffen genau inspizierte
und mit ihnen sprach, wie er es so gut verstand. Er wendete sich
in heiterem, offenem und oft rauhem Ton an sie, denn er wußte
genau, daß bei diesen einfachen und abgehärteten Männern eine
gewisse Grobheit besser als übertriebene Rücksichtnahme wirkte.
Er schritt durch die Reihen und befragte die Soldaten, wollte ihre
Tornister sehen und von ihrem Brot probieren. Oft schickte er dem
ihm am nächsten stehenden Wachposten Wein von seiner Tafel.
»Zogen Verwundetentransporte vorbei, hielt er sie an, erkundigte sich nach dem Schicksal der Opfer, nach ihren Leiden und Taten [...] und verließ sie erst, nachdem er sie mit seinen Worten
getröstet und großzügig beschenkt hatte.«[21] Seiner Garde widmete
er besondere Zuwendung; er selbst nahm jeden Tag ihre Parade ab,
sparte nicht mit Lob und rügte die Männer bei seltenen Gelegenheiten. Eher tadelte er das Verwaltungspersonal – das gefiel den
Soldaten und lenkte sie von ihren Beschwerden ab.

Als er eines Tages einige Abteilungen seiner Garde inspizierte,
beschimpfte oder vielmehr verleumdete er laut die Proviantkom-
missare: »Sie arbeiten nicht tüchtig genug, meine Herren Proviant-
kommissare [...]. Sie wollen in weißen Bettüchern schlafen: Man
muß im Freien, im Schlamm schlafen, denn der Ruhm liegt nicht im
Lotterleben, man findet ihn nur in Entbehrungen.«[22] Solche Worte
brachten keine Lösung des Problems und täuschten die Offiziere
nicht, wirkten aber ausgezeichnet, um die Soldaten aufzumuntern.
Tatsächlich wurde die Versorgung während des Aufenthalts in Witebsk eindeutig verbessert, weil den Russen keine Zeit geblieben
war, alles in der Umgebung zu zerstören, und weil die Franzosen
weiter in ein fruchtbareres und besser bebautes Land vordringen
konnten. Der Feind hatte zwar alle Mühlen unbrauchbar gemacht,
doch die Soldaten setzten sie wieder instand und bauten zahlreiche Backöfen: Napoleon besichtigte diese Arbeiten täglich, um sich

von der Menge des Mehls und der regelmäßigen Versorgung zu
überzeugen. Die Intendantur war bemüht, Reserven anzulegen.

Danach beschäftigte sich der Kaiser mit den Lazaretten. Auch
der Sanitätsdienst war durch den langsamen Nachschub und den
Mangel an Zugtieren in einem schlimmen Zustand. Schon in Witebsk schien die Lage verzweifelt. Gewiß gab es keine größeren
Kampfhandlungen, doch die ständigen Scharmützel hatten zahlreiche Verwundete gekostet. Kranke und Verwundete lagen durcheinander in den Kirchen, sie ruhten ohne Stroh auf der Erde. Selbst
die Wunden vieler Offiziere waren nicht verbunden. Die überlaste-
ten Wundärzte und Ärzte konnten den Anforderungen nicht gerecht werden. »Ihnen fehlten außerdem alle erforderlichen Mittel:
Sie hatten kein Leinen, keine Medikamente, keine Scharpie [...],
sie mußten sogar ohne ihre Instrumente auskommen, die weit
zurückgeblieben und mit den Trainwagen verlorengegangen waren, und diese hatte man nach dem Tod der Pferde an den Wegen
stehenlassen.«[23] Da die Ärzte ohne Verbandsmaterial mit bloßen
Händen dastanden, mußten sie alte Zeitungen, Dokumente und
sogar Heu zum Verbinden nutzen. Napoleon war über die man-
gelhafte Organisation dermaßen entrüstet, daß er Larrey dafür die
Schuld gab, seinem alten Gefährten aus den Zeiten des Ägypten-
feldzugs, dem Verantwortlichen der Sanitätsdienste der Armee,
der bisher nur Lob für seine Einsatzbereitschaft, seine Neuerungen
(vor allem hatte er ›fliegende Lazarette‹ eingeführt, die die Verwundeten abtransportieren konnten, ohne daß man das Ende der
Kämpfe abwarten mußte) und den Mut geerntet hatte, mit dem er
unter feindlichem Feuer operierte. Der Kaiser tadelte ihn öffentlich. Larrey war es nicht gewohnt, sich alles gefallen zu lassen, und
er rechtfertigte sich energisch, indem er die Intendantur verantwortlich machte, die unfähig sei, auch nur für das Dringlichste zu
sorgen. Er habe, ließ er den Kaiser wissen, selbst die Hemden der
Chirurgen verwendet, um die Verwundeten zu verbinden und das
fehlende, aber unbedingt notwendige Material zu ersetzen.

Auguste de Caulaincourt, der jüngere Bruder des Großstallmeisters, wurde von Napoleon beauftragt, die Ordnung wiederherzu-
stellen und die Lazarette, Magazine und Vorräte zu beaufsichtigen.
Oft mußte er mit dem Degen in der Hand die Magazine und die
Proviantausteilung schützen, was er dem Kaiser nicht verheim-

lichte, der einige abschreckende Strafen verfügte. So wurde die
Ordnung wieder durchgesetzt. Das stellte den Kaiser zufrieden. Er
wandte sich nunmehr anderen Angelegenheiten zu, ohne die des
Verpflegungsdienstes geregelt zu haben. In früheren Zeiten hätte er
hartnäckig nach einer Lösung gesucht. Aber er hatte sich verändert.
»Früher befahl Napoleon kaum etwas, wenn es keine Möglichkeit
gab, daß man ihm gehorchte; doch im Krieg mit Preußen hatten
sich Wunder ereignet; und danach ließ er nicht mehr gelten, daß etwas unmöglich wäre. Man erteilte immer weiter Befehle. Alles sollte
versucht werden, denn bisher war ja alles gelungen. Das führte zunächst zu großen Anstrengungen, die nicht alle erfolgreich waren.
Man wurde der Sache überdrüssig, doch der Kaiser beharrte auf
seinem Vorhaben: Er hatte sich daran gewöhnt, alles zu befehlen;
und man fand sich damit ab, nicht mehr alles zu befolgen.«[24]

Der Kaiser schwankte zwischen zwei Entscheidungen: Entweder
konnte er in Witebsk bleiben und dort eine Schlacht annehmen,
wenn ihn die Russen angreifen sollten, wobei er fest damit rechnete, diese zu gewinnen. Danach könnte er sich in Witebsk halten
oder Wilna als Winterquartier wählen, die Lage in Polen und Litauen ordnen, Riga einnehmen, Verstärkungen abwarten und sich
auf einen Feldzug im nächsten Jahr vorbereiten, wenn sich der Zar
hartnäckig weigerte, ihm Friedensvorschläge zu unterbreiten. Oder
er konnte dem Feind entgegenmarschieren, Moskau erobern und
das Ganze rasch beenden. Die erste Möglichkeit schien vernünftig, doch je länger er darüber nachdachte, desto mehr kam er zu
dem Schluß, daß er sich zu Tode langweilen würde, wenn er sieben
Wintermonate in der einen oder anderen winzigen Stadt verbräch-
te, inmitten dieser menschenleeren Ebene, die der Schnee noch
unermeßlicher machen würde. Aber was tun, damit die Soldaten
während dieses endlosen Winters geduldig ausharrten? Wie könnte man sie beschäftigen – denn er wußte genau, daß Untätigkeit die
Moral einer Armee ebenso wie eine Niederlage untergräbt? Wie
ließe sich die Schmach ertragen, in der Defensive zu sein, während ihm der andere Operationsplan, die tollkühne Lösung, nach
zwanzig Marschtagen den Ruhm und die einzige Möglichkeit bot,
gegen die spürbare Ermattung und Unwilligkeit seiner Soldaten
anzukämpfen? Und was dachte sein Gefolge darüber?

Sein Gefolge trat für eine realistische und vorsichtige Haltung ein. Berthier, der in jedem Augenblick dienstbereite Mitarbeiter, der den Kaiser maßlos bewunderte und unfähig war, sich ihm zu widersetzen, ließ sich schließlich von den Strapazen überwältigen. Wie Stendhal schildert, war er »dermaßen überanstrengt«, daß er oft nicht auf die Fragen antworten konnte, die man ihm stellte. Erschöpft wie er war, ließ ihn manchmal sein Gedächtnis im Stich, und dann mußte er die schlechte Laune seines Herrn ertragen. Trotz alledem vergrub Berthier seine Hände – mit den Fingernägeln, die so stark abgenagt waren, daß sie bluteten – tief in den Taschen, ließ nicht locker, wobei er sich auf die entsprechenden Unterlagen berief und mit Nachdruck erklärte, daß die Kavallerie geschwächt sei und daß die Artillerie unmöglich folgen könne. Außerdem verschwieg er nicht, daß die Nachrichten aus Deutschland schlecht waren. Er sah keinen Sinn darin, den Feldzug unter diesen Bedingungen fortzusetzen. Napoleon bekam dann heftige Wutanfälle, »die ihn manchmal packten, seitdem ihm der Rückzug der Russen Sorgen bereitete, womit sich die vernünftigen Voraussagen erfüllten, die er als Hirngespinste zurückgewiesen hatte«.[25] Berthier fand sich schwer mit dieser Ungerechtigkeit ab. Man hat gesehen, daß er nach einer Szene weinte, während der Napoleon gedroht hatte, ihn in sein Schloß Grosbois* zurückzuschicken, weil er zu nichts mehr tauge. Es ist wahr, daß die Dinge sich nicht gut entwickelten, aber niemand wagte es, eigenmächtig zu handeln, so sehr war es der Kaiser gewohnt, alles bis in die kleinste Einzelheit selbst zu regeln; nun gab dieser aber Befehle, als befände er sich in den Tuilerien, ohne sich darum zu kümmern, wie sie zu übermitteln – geschweige denn, wie sie auszuführen wären. Der Posten eines Adjutanten, der gerade darin bestand, die Weisungen des Generalstabs weiterzugeben, wurde immer schwieriger.

Die Armee des Rußlandfeldzugs war trotz ihrer schweren Ver-

---

* Grosbois war ein königliches Schloß, das vor der Revolution dem Grafen der Provence, dem zukünftigen Ludwig XVIII., gehörte. Es wurde als Nationalgut verkauft, und Berthier hatte den Grundbesitz erworben. Er erweiterte ihn und machte daraus das schönste Jagdrevier des Kaiserreichs. Die große, von Charles de Valois geschaffene Galerie wurde mit riesigen Gemälden geschmückt. Sie stellten alle Schlachten dar, bei denen Berthier an der Seite Napoleons beteiligt war.

luste immer noch viel zu groß, um eine einheitliche Führung zu gewährleisten. Erst als im Zweiten Weltkrieg Telefon und Aufklärungsflugzeuge zum Einsatz kamen, konnten derart umfangreiche und weit auseinandergezogene Armeen wirkungsvoll operieren. Die immer noch beträchtliche Streitmacht, über die Napoleon verfügte, erwies sich als unzulänglich, um derart weite Gebiete zu besetzen. Sie reichte allenfalls aus, um die Kommunikationslinien zu schützen, aber das ganze Hinterland entzog sich dem Zugriff.

Aus diesem Grund brauchten die Flügeladjutanten, die die Befehle der Generäle zu überbringen hatten, Stunden und sogar Tage, um die Position der einzelnen Truppenteile zu erkunden, und diese Verzögerungen wirkten sich nachteilig auf die Beweglichkeit der Truppen aus. Die Grande Armée war somit am schnellen Manövrieren gehindert, das bei allen siegreichen Feldzügen Napoleons entscheidend gewesen war. So etwa zog Anatole de Montesquiou aufs Geratewohl los, als er von Berthier beauftragt wurde, Befehle an General Grouchy und den Fürsten Eugène zu überbringen, deren genaue Position keiner kannte. »Ich irrte lange in den Wäldern umher und kam in ein bewohntes Dorf, wo ich keine Auskunft erhalten konnte, weil mir die Landessprache vollständig unbekannt war [obwohl Montesquiou das Polnische beherrschte]. Hinter diesem Dorf zeigten mir zahlreiche Pferdespuren den Weg. Ich folgte ihrer Richtung, ohne zu wissen, ob ich Feinden oder Franzosen nachsetzte. Ich war viel zu nahe an die Stadt herangekommen, und erst nach drei Viertelmeilen gelangte ich zu den Vorposten unserer Kavallerie zurück, die mich beinahe als Feind behandelt hätte. Ich traf General Grouchy, der sich in einer Scheune einquartiert hatte […]. Fast die ganze Nacht war ich blindlings umhergeritten. [Der General] konnte mir nicht den Standort des Vizekönigs angeben. Da er ihn aber erst einen Tag zuvor verlassen hatte, gab er mir Husaren mit, die mich dorthin führen sollten, wo er sich von ihm getrennt hatte […]. Ich stellte fest, daß sie genausowenig wie ich wußten, welche Richtung einzuschlagen war. Ich ritt noch einige Zeit auf gut Glück weiter […], ohne daß ich einen Bauern oder einen Soldaten finden konnte. Schließlich entdeckte ich auf dem Abhang eines Hügels […] einige Marodeure, die mir berichteten, daß die Italienarmee ganz in der Nähe marschierte.«[26] Dies ist nur ein Beispiel, daß Berthier die Schwierigkeiten nicht übertrieb,

die sich aus der vollständigen topographischen Unkenntnis ergaben.

Das Problem, miteinander in Verbindung zu bleiben, beein-
trächtigte auch die Operationen der beiden feindlichen Armeen,
dies aber mit unterschiedlichen Auswirkungen. Die Verspätung,
mit der die Befehle bei den untergebenen Kommandeuren eintrafen, hatte unter anderem zur Folge, daß diese entscheiden mußten,
ob es zweckmäßiger war, überholten Weisungen zu folgen oder aus
eigener Initiative zu handeln. Die auf unbedingten Gehorsam ge-
drillten französischen Marschälle und Generäle trauten sich nicht,
eigenmächtig Entscheidungen zu treffen. Hingegen freuten sich
die viel unabhängigeren russischen Kommandeure, die oft anderer
Meinung als ihr Oberbefehlshaber waren, über eine Lage, die es
ihnen ermöglichte, nach eigenem Gutdünken zu operieren.

Berthier war nicht der einzige Berater, der für die Beendigung des
Feldzugs eintrat. Caulaincourt unterstützte ihn so energisch, daß
ihn der Kaiser beschuldigte, er souffliere Berthier seine Ideen, und
daß er ihn oft beleidigend kühl behandelte. Aber der würdevolle
und unbeugsame Caulaincourt ließ sich nicht beirren. Er bewunderte Napoleon vorbehaltlos, doch er konnte sich ein Leben fern
von der Sonne durchaus vorstellen und bot aus politischen Gründen mehrmals seinen Rücktritt an. Napoleon erkannte gleichwohl
an, daß er »mutig und rechtschaffen«[27] sei; er schätzte seine Zuverlässigkeit, die kluge und genaue Sorgfalt, mit der er seinen Dienst
verrichtete, und gestattete Calaincourt nicht, sich zu entfernen,
obwohl ihn dessen unheilvolle Voraussagen über den Ausgang des
Feldzugs verärgerten. Andere, die zu den einflußreichsten Vertrauten gehörten, bemühten sich außerdem, den Eifer des Kaisers zu
dämpfen, und betonten unablässig, daß die Armee erschöpft sei
und man den Feldzug verkürzen müsse. Der Comte de Lobau und
der Comte Durosnel, die der Kaiser beauftragt hatte, die Lage und
den Bedarf – der erste bei der Infanterie und der zweite bei der Kavallerie – zu kontrollieren, schlossen sich ihnen an. Duroc gleichfalls. Mit Napoleon seit Ägypten befreundet, folgte er ihm wie sein
Schatten. Napoleon hatte ihn zum Großmarschall des Palastes ernannt, und er organisierte das gesamte Hofleben in den Tuilerien,
ohne deshalb seine militärische Stellung aufzugeben, und wegen

seines Ranges wich er wie Caulaincourt nicht von der Seite des Kaisers. Wie Ségur erklärt, »mißbilligte er [den Plan, Moskau zu besetzen], indem er zunächst kühles Schweigen bewahrte und sich sodann mit klaren Antworten, wahrheitsgemäßen Berichten und kurzen Bemerkungen meldete […] und ihm zu bedenken gab, daß er in Smolensk und selbst in Moskau nicht eher Frieden als in Witebsk finden würde.«[28]

Daru, der für die gesamte praktische Organisation des Feldzugs verantwortlich war, er, der nach den Worten Napoleons »mit der Arbeit eines Ochsen den Mut eines Löwen vereinte«, erklärte in einer langen Auseinandersetzung wiederholt und nachdrücklich, daß er die Fortsetzung der Invasion ablehnte, und betonte, daß man weniger die Männer als die Natur besiegen müßte und daß »die Armee durch Desertionen, Krankheiten oder Hunger um ein Drittel abgenommen hatte«. Er fügte sogar hinzu, und das tat er als einziger, es sei ein beim Volk unbeliebter und kein nationaler Krieg. Niemand – weder die daheimgebliebenen Franzosen noch die Truppen oder die Generäle – begriff den wahren Grund dieses Feldzugs, der Tausende Kilometer vom Vaterland entfernt unter solch großen Schwierigkeiten geführt wurde. Der Import einiger englischer Waren nach Rußland und die erklärte, aber nicht verwirklichte Absicht, das Königreich Polen wiederzubegründen, stellten keine ausreichenden Argumente dar. »Wir begreifen weder den Zweck noch die Notwendigkeit eines in so weiter Ferne geführten Krieges«, unterstrich er. Er kam auf die konkreten alltäglichen Dinge zurück und wies darauf hin, daß der Mangel an Lebensmitteln, unter dem man weiterhin leide, den Zusammenhalt der Armee erschüttere. Die geringen Mengen Mehl oder Fleisch, die man sicherstellen könne, würden sogleich von der Garde verbraucht. In den übrigen Truppenteilen murrte man laut, daß die Garde stets verlange, als erste versorgt zu werden, und mehr als ihren Anteil bekomme, und dies sei um so ungerechter, als sie nicht am Kampf teilnehme, weil sie die Reserve bilde. Hinter Witebsk, stellte Daru zum Abschluß fest, müsse man auch mit der spürbaren Feindseligkeit der Einwohner rechnen. »Wie könnte man sie für eine Freiheit in Aufruhr versetzen, deren Namen sie nicht einmal verstehen?«[29] Und wollte man sie überhaupt befreien?

Freiheit wie Demokratie lassen sich nicht so einfach exportie-

ren, und Napoleon hatte die Befreiung der russischen Leibeigenen
niemals ernsthaft erwogen. Der Kaiser legte 1812 keinen Wert
darauf, die Errungenschaften der Revolution zu verbreiten. Er,
der Schwiegersohn des österreichischen Kaisers, der ganz ernsthaft an die Irrtümer »seines Onkels« Ludwig XVI. erinnerte, war
entschlossen, eine Dynastie zu begründen und seinem Sohn den
Thron zu vererben. Er gehörte nun zu einer bestehenden Ordnung,
die ihm gefiel. Die Grande Armée führte einen Eroberungskrieg
und keinen Befreiungskrieg.

Die Veteranen, die an den ersten Revolutionskriegen teilgenommen hatten, spürten deutlich, daß die von ihnen überfallene Bevölkerung nunmehr einmütig haßerfüllt reagierte, während sie selbst
noch die Erinnerung an die Macht und Faszination der neuen Ideen
bewahrten, die sie einst propagiert und die ihnen oft die Türen und
Herzen geöffnet hatten. Jenseits des Njemen hatten ihnen nur die
Juden geholfen, doch hinter Witebsk würden sie selbst keine Juden
mehr finden.* Da die wenigen Bauern, die nicht geflohen waren,
sahen, daß man ihre Ernten vernichtete und ihr Vieh schlachtete,
dachten sie nur noch daran, die Soldaten zu massakrieren.

Alle Argumente Darus stießen auf taube Ohren. Napoleon entgegnete, er sei nicht wahnsinnig und merke wohl, daß man an
Karl XII. denke – er selbst hatte auch an ihn gedacht und Voltaires
Geschichte des schwedischen Königs mitgenommen –, überdies
wünsche er, Napoleon, ebenfalls den Frieden – »doch um zu verhandeln, seien zwei notwendig, und er sei allein. Habe man etwa
gesehen, daß ihn ein einziger Brief Alexanders erreichte?«[30] Im

---

* 90 % der jüdischen Bevölkerung Rußlands, die durch die wenig zurücklie-
gende Annexion der polnischen Territorien stark angewachsen war, wurden
1795 von Katharina II. gezwungen, sich in einem Gebiet gemeinsam anzu-
siedeln, das im Osten von einer Linie streng begrenzt war, die von Witebsk
bis zum Schwarzen Meer reichte, das heißt auf den heutigen Staatsgebieten
Lettlands, Litauens, der Ukraine und Belorußlands. Die Juden, die Opfer
ständiger Verfolgungen waren, hatten nicht das Recht, Grund und Boden
zu erwerben oder zu pachten, und sie mußten doppelte Steuern bezahlen.
Groß- und Kleinstädte waren ihnen ebenso wie der Universitätsbesuch verboten. Nur einige Großhändler oder Finanziers, unentbehrliche Kaufleute,
ein paar begehrte Handwerker und Facharbeiter erhielten die Erlaubnis, sich
in den Städten niederzulassen, wo sie von der einheimischen Bevölkerung
isoliert lebten. Daher bildeten sie eine Gruppe, die dem Leben der russischen Nation gänzlich fremd gegenüberstand.

Disput bediente er sich außerdem eines Arguments anderer Art. Napoleon vertrat tatsächlich die Ansicht, daß diese Armee, die, wie er wußte, schwer mitgenommen, buntscheckig zusammengesetzt und desorganisiert war, nur in der Bewegung standhalten könnte. »Sie ist eine Angriffs- und keine Verteidigungsarmee, eine Operations- und keine Stellungsarmee«,[31] erklärte er. Wenn man im Krieg darauf warte, erläuterte er weiter, daß alle günstigen Umstände zusammenkommen, würde man nie etwas erreichen: »Bei allen menschlichen Plänen spiele der Zufall eine Rolle. Nicht die Regel schaffe den Erfolg, sondern der Erfolg schaffe die Regel. Wenn er durch neue Märsche zum Erfolg gelangen sollte, so werde man auf dem neuen Erfolg neue Regeln aufbauen.«[32] Die Unterredung setzte sich acht Stunden ununterbrochen fort, doch es wurde nichts entschieden. Die erste Augustwoche ging zu Ende.

Daß sich seine Berater so freimütig äußerten, ist Napoleon hoch anzurechnen. Er legte Wert darauf, sich mit den besten Mitarbeitern zu umgeben. Wenn sie sich ihm manchmal hartnäckig widersetzten, konnte ihn das zwar verstimmen, gab ihm jedoch keinen Grund, sich von ihnen zu trennen. Caulaincourt wies nicht ohne einen gewissen Humor darauf hin, daß Napoleon »im Grunde mit denjenigen nicht allzu unzufrieden war, die den Mut aufbrachten, ihm [die Wahrheit] zu sagen. Vielleicht geschah es deshalb, weil er so etwas überhaupt nicht in Erwägung zog.« Gleichwohl stellte er klar: »[Die] Verleumder dieser großen Zeit mögen sagen, was sie wollen: Niemals war ein Souverän von mehr fähigen Leuten umgeben, die vor allem Ehrenmänner und durchaus keine Höflinge waren, wie groß auch die Bewunderung und Anhänglichkeit waren, die man für den Großen Mann bekundete. [Er] war sicher, wenn er es verlangt hätte, eher als eine Schmeichelei eine Wahrheit zu erfahren, selbst wenn sie kränkend wirkte.«[33] Sogar Metternich betonte, daß Napoleon anders als viele Souveräne »gleichwohl auf die Vorhaltungen und Einwände hörte, die man ihm vortrug. Er hörte sie sich an, besprach oder verwarf sie, ohne den Ton oder die Mäßigung einer sachlichen Diskussion aufzugeben, und ich habe nie die geringste Befangenheit empfunden, wenn ich ihm sagte, was ich für die Wahrheit hielt, selbst wenn sie nicht so war, daß sie ihm gefiel.«[34]

Man muß diesen Ministern und Generälen Gerechtigkeit widerfahren lassen, die, jeder in seinem Ressort, dem Kaiser die Wahrheit nicht ersparten. Um ihre Ansichten zu bekräftigen, die den seinen entgegenstanden, mußten sie der außerordentlichen Verführungskraft widerstehen, die er zu entfalten vermochte, wenn er überzeugen wollte. Selbst Metternich bekannte, daß es schwerfiel, nicht der Konversation Napoleons zu erliegen, »der einen schlecht zu beschreibenden Zauber ausübte ... und vor dem man sich unmöglich bewahren konnte. Man fühlte sich weniger stark als er und gleichsam gezwungen, sich seinem Einfluß zu unterwerfen.«[35]

Anders als seine privaten Vertrauten verweigerten die großen militärischen Befehlshaber nach dem Vorbild Murats dem Kaiser nicht gern das Vergnügen, ihn hören zu lassen, was er wollte. So etwa sprach der König von Neapel, der besser als alle anderen wußte, daß die Kavallerie bei dem Tempo, in dem man vorrückte, vor der Ankunft in Moskau vernichtet sein würde, hierüber offen mit den Offizieren und dem Generalstab. »Er wagte sogar einige entsprechende Äußerungen gegenüber dem Kaiser, doch Seine Majestät mochte keine Bemerkungen, die ihre Pläne störten, und stellte sich dem König von Neapel gegenüber taub, der ihr vor allem gefallen wollte [...]. Darum behielt er seine klugen Bemerkungen für sich, die er nur uns mitteilte und bald vergaß. Er attackierte als erster die verstreuten Scharfschützen und zeigte seinen Helmbusch und seine extravagante Uniform vor der Nase der Kosaken, und damit vollendete er den Untergang der Kavallerie, stürzte die Armee ins Verderben und brachte Frankreich und den Kaiser an den Rand des Abgrunds.«[36] Die Helden des Schlachtfelds – Murat, Ney, Junot, Eugène – waren so sehr daran gewöhnt, Napoleon unbedenklich zu gehorchen, eine Reaktion, die in der Hitze des Gefechts unbedingt notwendig war, sie hatten solches Vertrauen in seine Urteilskraft, daß sie weniger als die Verwaltungsbeamten in der Lage waren, sich ihm zu widersetzen. Sie opferten alles der Gewißheit, daß sich eine Armee zwangsläufig ihren Befehlshabern unterordnen müsse, wenn sie wirkungsvoll operieren wolle. Da sie sich seit ihrer Jugend der militärischen Disziplin unterworfen hatten, empfanden sie unbedingten Respekt vor ihrem Vorgesetzten. Außerdem ist nicht zu vergessen, daß man alle Marschälle mit reichen Geschenken überhäuft hatte: In ihren Vorstellungen gehörten Treue, Unterordnung und Dankbarkeit zusammen. »Ich scheue mich, dem Kaiser die Wahrheit zu sagen; ich würde ihm Kummer bereiten«,[37] bekannte Murat. Fügen wir hinzu, daß Lelorgne d'Ideville, der offizielle Dolmetscher, ebenfalls wünschte, seinen Herrn zufriedenzustellen, und ihm geschönte Berichte erstattete.[38]

Napoleon prüfte alle Argumente gründlich, denn er wollte eher überzeugen als befehlen, und war entschlossen, wie gewöhnlich alles vorherzusehen. Um auszuruhen, brauchte er nie viel Schlaf, doch während seines Aufenthalts in Witebsk schlief er besonders schlecht, wie sein Kammerdiener berichtet: »Sehr oft litt er an Schlaflosigkeit, gegen die er nichts ausrichten konnte. Da ihm das Bett unerträglich schien, stand er dann plötzlich auf, holte sich ein Buch und begann zu lesen, wobei er hin und her lief.«[39] Doch um den Bewegungen des Feindes zuvorzukommen, worum er sich bemühte, mußte man ihn auch verstehen, ja noch mehr, ihn durchschauen. Aber das ständige Zurückweichen des russischen Heeres blieb ein unbegreifliches Geheimnis. Die Franzosen kannten ja das Land nicht und hatten die Strenge des Klimas nicht richtig eingeschätzt. So herrschte im Sommer eine extreme Tageshitze, und dann gingen wie gesagt derart schlimme Wolkenbrüche nieder, daß sie innerhalb weniger Minuten den Boden in Morast verwandelten; und sobald die Sonne wieder schien, erhoben sich Staubwolken, die durch schnelle Verdunstung entstanden. Der Wechsel zwischen Schlamm und Staub machte unvermeidlich den Soldaten und Pferden zu schaffen, beschädigte Waffen und Fahrzeuge, aber das war noch nicht alles. Napoleon hatte nicht nur den Charakter des Zaren falsch beurteilt, er verstand auch nicht die politische Funktionsweise des Zarenreichs. Die russische Strategie verunsicherte ihn (dazu muß man sagen, daß sie auch sehr viele Russen verunsicherte, weil Zufall und Zaghaftigkeit – die russischen Generäle fürchteten Napoleon – dabei eine entscheidende Rolle spielten), und vor allem verfügte er nicht über Informationen.

Er erhielt Meldungen aus dem Hinterland, jedoch nicht über die russischen Linien. Der ausgezeichnete, von Caulaincourt eingerichtete Postdienst ermöglichte regelmäßige Verbindungen mit Paris. Zeitungen, Briefe und Berichte trafen ohne Schwierigkeiten aus dem Westen ein. Wenn der Generalstab dem Hinterland wichtige Anweisungen mitzuteilen hatte, wandte er die zusätzliche Vorsichtsmaßnahme an, daß er einen Tag später ein Duplikat dessel-

ben Befehls losschickte, um jede bedeutsame Depesche vor möglichen Zwischenfällen zu bewahren. Im Osten hingegen herrschte
undurchdringliches Schweigen. Die Kosaken des Hetmans Platow,
die als Nachhut der Russen dienten und dermaßen schnell von einem Ort zum anderen wechselten, daß sie die Franzosen wie ein
Mückenschwarm umschwirrten, den man unmöglich durchstoßen
konnte, verhinderten jede Aufklärung. Diese Kosaken, die nicht
zur regulären russischen Armee gehörten und zwischen 10 000 und
20 000 Mann umfaßten,[40] verstanden es ausgezeichnet, die Franzosen ständig in fast panische Angst zu versetzen.

Sie waren ursprünglich eine nomadische Bevölkerungsgrup-
pe, die durch die südrussischen Steppen zog. Unter dem Befehl
eines gewählten Anführers, eines Hetmans, schlossen sie sich in
Gemeinschaften zusammen. Als sie sich Rußland unterstellten, erhielten sie ein besonderes Verwaltungssystem. Sie bezahlten keine
Steuern, mußten aber dem Zaren zwanzig Jahre lang als Soldaten
dienen, wobei sie unabhängig von russischen Offizieren in eigenen
Einheiten zusammengefaßt waren. Diese hervorragenden Reiter,
die wie untrennbar von ihren Pferden schienen, erinnerten an Zen-
tauren. Wie General Louis de Rochechouart, ein Emigrant, der unter Kutusow gedient hatte, berichtet, »waren ihre Pferde wie Hunde
dressiert. Auf eine Geste ihres Herrn legten sie sich nieder, erhoben sich wieder und verstanden überhaupt alles, was er von ihnen
verlangte.«[41] Die Kosaken beteiligten sich weniger an Schlachten,
sondern vielmehr an Überfällen und Erkundungsoperationen, die
in diesem weiten Land unentbehrlich waren, in dem die beiden
feindlichen Heere sehr oft nicht wußten, welche Stellungen der
Gegner besetzt hielt. Man benutzte sie bei allen Kampfeinsätzen,
die einen schnellen Angriff und zugleich einen schnellen Rückzug
verlangten. Napoleon sagte von ihnen, daß sie gewiß die besten
leichten Truppen seien, die es überhaupt gebe.[42] Rochechouart, der
die Kosaken aus der Nähe beobachtet hatte, hielt sie für »bewundernswert, die besten Reiter Europas für den Vorpostendienst und
für die Aufklärung«. Sie waren unberechenbar und verbreiteten
Unruhe und Schrecken. Eines Tages griff die ganze Witebsker Garnison zu den Waffen, weil man ein paar Kosaken bemerkt hatte.
Was konnte man denn von einer Kosakenpatrouille am hellichten
Tage in einer Stadt befürchten, die von Tausenden Soldaten besetzt

war? Nichts, aber sie jagten Angst ein, weil sie überall und nirgends waren. Hierin ähnelten sie den Indianern, die die ersten Siedler in Amerika so sehr erschreckten, oder den Arabern, die die Truppen in Ägypten attackiert hatten. »Diese Banditen sind schlau«, rundete der österreichische Marschall Schwarzenberg, der das Korps seiner Landsleute befehligte, das Bild ab, »sie nehmen es nicht gern mit der Infanterie auf, um die Artillerie machen sie einen großen Bogen, werden aber unverschämt, sobald sie eine dreifache Überlegenheit haben.«[43] Nicht ihre wirkliche Kampfkraft – sie bevorzugten Lanzen und Piken und keine Feuerwaffen –, sondern der Schrecken, den ihre ›Hurras‹ ihren Gegnern einflößten, führte zur unverzüglichen wilden Flucht der Soldaten.

General Griois erlebte einen derartigen Überfall mit: »Eine Menge unserer Soldaten, die in wirren Haufen davonrannten, kündigte den Feind an. Die Kosaken hatten den dichten Nebel genutzt und waren über unsere Biwaks hergefallen [...]. Von allen Seiten kamen sie, und der Nebel, der nur eine kurze Sicht erlaubte, ließ sie wie ein Schattenspiel auftauchen und verschwinden [...]. Ich sammelte meine Kanoniere [...], unsere auseinandergejagten Soldaten fanden sich beim Geschützdonner in aller Eile zusammen, formierten sich zu Zügen und stürmten gegen die Kosaken los, die, als sie sahen, daß sie sich nur noch Schläge einhandeln konnten, im Galopp auseinandersprengten. Es war ihnen lediglich gelungen, unsere Biwaks in Schrecken zu versetzen, zu plündern, Wagen von Marketenderinnen umzustürzen und ein Dutzend Männer zu töten oder zu verwunden.«[44] Außerdem ließ sich ihr Verhalten nie vorhersehen: Je nach Laune töteten sie ihren Gefangenen oder boten ihm ein junges Mädchen und ein Pferd an und luden ihn zum Essen ein. Durch ihre Operationen und ihre Anwesenheit erwies es sich als unmöglich, Spione in die feindlichen Reihen zu schikken. Ebensowenig konnte man nach der klassischen Methode verfahren und die Gefangenen befragen, weil man keine machte. Die russischen Truppen zogen sich so geordnet zurück, daß man nicht einen Nachzügler fangen konnte. Die Unkenntnis der russischen Vorbereitungen und das mangelnde Verständnis der Entwicklung der politischen Lage blieben also uneingeschränkt bestehen.

So etwa erfuhr Napoleon erst am 24. August, das heißt einen Monat nach dem Ereignis, daß sich Alexander nach Moskau begeben hatte, um die Begeisterung der Bevölkerung zu schüren. Der stets gewissenhafte Caulaincourt berichtet, daß die Artikel der russischen Zeitungen und die Proklamationen des Zaren erst in späteren Depeschen aus England, Deutschland oder Italien zu ihnen gelangten. Nun waren aber die Einzelheiten dieses Besuchs von wesentlicher Bedeutung, um die Stimmung der Russen Ende Juli zu beurteilen.

Alexander traf am 23. Juli in seiner zweiten Hauptstadt ein. Er war entschlossen, alles zu unternehmen, um seine Untertanen gegen die Invasoren aufzubringen. Er hatte sogar dem Bischof von Smolensk geschrieben und ihn aufgefordert, die »mit den Feldarbeiten beschäftigten« Bauern zu verpflichten, »sich mit allem zu bewaffnen, was sie sich beschaffen können, und den Eindringling mit allen Mitteln zu vernichten«,[45] ein bemerkenswerter Aufruf, denn nie zuvor hatte der Herrscher direkt an die Leibeigenen appelliert, seinen Thron zu schützen. Tatsächlich reagierten die Leibeigenen mit instinktiver Vorsicht und taten nichts dergleichen. Den Franzosen eilte der Ruf voraus, daß sie das Land ausplünderten. Die Bauern folgten dem Beispiel ihrer Herren, die vor dem Feind flohen, und nahmen mit, was sie konnten. Sie verschwanden mit Frauen und Kindern in den Wäldern. Nur die Kräftigsten und Kühnsten versuchten, die Soldaten in Hinterhalte zu locken, und übten an ihnen schlimmste Vergeltung, wenn sich hierfür eine Gelegenheit bot.

In Moskau rief der Zar zum einen den Adel und zum anderen die Großkaufleute persönlich zusammen, um sie zu überzeugen, sich in großem Umfang an den Kriegsaufwendungen zu beteiligen. Die Ergebnisse entsprachen nicht seinen Erwartungen: »Die Moskauer besitzen zwar eine ausgezeichnete Einstellung«, schrieb er Barclay; »man bietet mir 80 000 Mann an, doch es ist unmöglich, sie zu bewaffnen, weil es an Gewehren fehlt.« Unterdessen müsse man Lanzen an sie verteilen. Es lasse sich jedoch nicht leugnen, daß man neue Anstrengungen unternehme, um die ganze Nation am Kampf gegen Napoleon zu beteiligen, »diesen Antichrist, diesen Moloch und frechen Goliath, der in seiner Anmaßung das Menschengeschlecht vernichten will«.

Napoleon konnte sich mit solchen ihm unbekannten Ideen nicht auseinandersetzen, doch er gab sich weiter Illusionen hin, die insbesondere auf dem angeblichen Gegensatz zwischen Moskau und Sankt Petersburg beruhten. Er überschätzte die traditionelle Rivalität zwischen den beiden Metropolen und bildete sich ein, er könne einen Keil zwischen den Zaren und Moskau mit seiner Kaufmannschaft treiben. »Sollte Alexander widerspenstig bleiben [und keinen Frieden schließen], nun gut, dann werde ich mit den Bojaren verhandeln oder, wenn der Adel nicht will, mit der Bevölkerung Moskaus; sie ist vernünftig, [einheitlicher Meinung] und gründlich aufgeklärt; sie wird ihre Interessen begreifen und die Freiheit verstehen.« Und er schloß mit den Worten: »Moskau haßt außerdem St. Petersburg; ich werde meinen Nutzen aus dieser Rivalität ziehen, deren Folgen unabsehbar sind.«[46] Danach erwachte er aus seinem Rausch und beschäftigte sich mit konkreteren Problemen, vor allem damit, wie viele Soldaten die Russen gegen ihn aufbieten konnten, nachdem sich Bagration nunmehr der Hauptarmee angeschlossen hatte. Doch wie sollte man aufgrund von zweifelhaften Zahlen urteilen? Der Kaiser tappte also weiter im dunkeln.

Lange Zeit verbrachte er damit, die Lager und Biwaks zu besichtigen, in denen sich die russische Armee aufgehalten hatte, weil er die Truppenstärke ermitteln wollte. Er hielt es für offensichtlich, daß eine Schlacht unmittelbar bevorstehen mußte, wenn sich die Russen bemüht hatten, ihre Armeen zu vereinigen. Als er seinen Offizieren diesen Standpunkt mitteilte, begriffen alle, daß der Vormarsch fortgesetzt werden sollte. Ein unerwarteter Angriff der russischen Kavallerie gegen das Korps Sébastianis, das auf Barclays Streitkräfte vorgerückt war und zurückweichen mußte, nachdem es zwischen vier- und fünfhundert Mann verloren hatte, schien die Hypothese eines bevorstehenden Kampfes zu bestätigen. Die Kritiker verstummten. Stand man dem Feind gegenüber, hielt man dem Kaiser uneingeschränkte Treue. An demselben Tag, am 10. August, kündigte Napoleon eine große Einkesselungsoperation an, um Smolensk einzunehmen, das ungefähr hundert Kilometer südöstlich lag, und er befahl, Witebsk zu verlassen. Er ließ dort nur eine Garnison und Lazarette zurück.

IV
Am Punkt ohne Umkehr

13. August 1812

Napoleon hatte Metternich lange vor dem Übergang über den Njemen erklärt:»Mein Unternehmen gehört zu denen, bei denen Geduld die Lösung bringt [...]. Es wird in Smolensk oder in Minsk
enden. Dort bleibe ich stehen [...]. Wir werden sehen, und ich
will abwarten, wer es von uns beiden als erster nicht mehr aus-
hält: ich, wenn ich meine Armee auf Kosten Rußlands leben lasse,
oder Alexander, wenn er meine Armee auf Kosten seines Landes
ernährt.«[1] Erinnerte er sich daran? Seit mehreren Wochen war er
über Minsk hinaus vorgerückt; hinter Witebsk trennte ihn von
Smolensk nur ein hundert Kilometer langer Marsch. Doch er hatte
den Punkt erreicht, an dem es keine Umkehr mehr gab. Rückte er
weiter vor, müßte er siegen, und zwar schnell siegen, sonst setzte er
die Existenz seiner Armee unmittelbar aufs Spiel.

Nun befand er sich in gerader Linie zweitausend Kilometer von
Paris entfernt, das heißt an der äußersten Grenze einer funktions-
fähigen Verbindungslinie (denn es war unmöglich, sie wirksam
zu schützen). Jenseits dieses Punktes mußte sich die Stärke seiner
Truppen zwangsläufig verringern, würde es doch immer schwieriger werden, ihre Kräfte aufzufrischen, während sich die russischen
Truppen ganz im Gegenteil vergrößern mußten, bedingt durch die
verkürzten Verbindungslinien und die umfangreichen Ressourcen
an Menschen und Material ihres Hinterlandes. Aber Napoleon
meinte, daß seine Armee in ihrem damaligen Zustand den Gegner
mühelos besiegen würde. Er konnte zwischen 175 000 und 185 000
Mann einsetzen, während ihm die Russen höchstens 140 000 Mann
würden entgegenstellen können. Die Erfahrung seiner Veteranen,
die Fähigkeit seiner Offiziere und seine strategischen Ideen gaben
ihm die Überzeugung ein, daß er weniger aufs Spiel setzte, wenn er
sich zum Kampf stellte, als wenn er die von seinem Gefolge emp-
fohlene Lösung eines scheinbar vorsichtigen Verhaltens wählte.

Wenn er stehenblieb oder zurückwich, hätte das auf einen Mißerfolg hingedeutet, den es gar nicht gegeben hatte. Außerdem hätte
es unausweichliche Gefahren mit sich gebracht, wenn man Winterquartiere in Litauen bezog. Witebsk und Wilna waren keine vor
einem Angriff sicheren Festungen. Der Schutz, den die Sümpfe im
Süden oder die Flüsse im Nordwesten und Osten boten, war eine
Täuschung. Napoleon konnte sich durchaus vorstellen, daß Barclay
über die Dwina und Bagration über den Dnjepr gehen würden,
während Tormasow die Sümpfe überqueren würde. Die Tatsache,
daß es in der russischen Ebene nicht das geringste Hindernis gab,
würde den Russen, nachdem sie den Winter genutzt hätten, um
Streitkräfte zusammenzuziehen, erlauben, wie Geier über seine
Armee herzufallen.

Was würde geschehen, wenn ihn die politischen Umstände in
Frankreich zwängen, nach Paris zurückzukehren? Wer würde Disziplin und Treue der Truppen aufrechterhalten können, solange er
abwesend war? Sein Schwager Murat, der König von Neapel, dem
diese Verantwortung zukäme, hatte einen Verstand, der seinem
Mut nicht entsprach, und Davout, um nur einen Korpskomman-
deur zu nennen, würde sich ihm niemals unterordnen.

Durfte er unter diesen Umständen stehenbleiben? Nach Napoleons Vorstellungen wäre es unsinnig gewesen, keine Schlacht
zu suchen, denn einerseits wirkte sich das Kräfteverhältnis noch
zu seinen Gunsten aus, und eine lange Ruhezeit in einer derart
abgelegenen Gegend anzuordnen hätte unberücksichtigt gelassen, daß es unmöglich war, dort annähernd zweihunderttausend
Männer zu verpflegen. Man hatte die Katastrophe erlebt, die durch
die sommerlichen Regenfälle entstanden war, als der ganze Ver-
pflegungsdienst im Schlamm steckenblieb. Der Herbst und dann
die Schneeschmelze im Frühling würden zu gleichartigen Schwierigkeiten führen. Die große Armut des Landes, die sich durch die
von der vorrückenden Armee angerichteten Verwüstungen noch
verschlimmert hatte, schloß die Möglichkeit aus, daß man auf
Kosten der Einwohner leben oder Pferdefutter zum Einlagern finden könnte. Die drei Monate, über die man vor der Regen- und
Schneezeit verfügte, reichten nicht aus, um angemessene Reserven
anzulegen. Das Schreckgespenst einer Hungersnot hätte genügt,
um diese Lösung zu verwerfen. Doch es gab noch einen anderen

Grund. Er ließ sich von jemandem, der ständig sein Friedensverlangen beteuerte, viel schwieriger offen bekennen: Es war politisch unbedingt notwendig, einen Sieg, und zwar einen Sieg auf dem Schlachtfeld, zu erringen.

Napoleon hatte seinen Thron mit Waffentaten errungen, und er war dazu verurteilt, ihn durch Krieg zu verteidigen. Zu Recht oder zu Unrecht glaubte er, daß er sich nur durch neue Triumphe würde an der Macht halten können. Er befürchtete, wenn er ohne einen glänzenden Sieg heimkehrte, würde das seine Autorität und den Glauben an seine Mission als Mann der Vorsehung untergraben. Selbst ein begrenzter Mißerfolg würde die Gefügigkeit seiner Vasallenstaaten in Frage stellen und sie zum Aufruhr anstacheln. Sogar in Paris hing die Stabilität seiner Macht von einem Sieg ab. Wenn er nach einem langen, kostspieligen und ergebnislosen Feldzug seinen Vormarsch einstellte, wäre ihn das womöglich zu teuer zu stehen gekommen, zumal die aus Frankreich eingetroffenen diplomatischen Meldungen beunruhigend wirkten. Er vertrat die Ansicht, daß es unter militärischen, administrativen und politischen Gesichtspunkten keine andere vernünftige Wahl gab, als weiter vorzurücken.

Ende Juli hatte Wellington über Marmont einen entscheidenden Sieg errungen, der eine unausweichliche Niederlage in Spanien ankündigte. Der seit Mai vorbereitete Friedensschluß zwischen Rußland und der Türkei wurde offiziell bekanntgegeben und stellte beträchtliche zusätzliche Streitkräfte für die Russen bereit. Napoleons Enttäuschung äußerte sich in einer wütenden Tirade gegen die Unfähigkeit seines Außenministers Maret*, der es hätte verstehen müssen, die Türken zu kaufen und zu überzeugen, den Kampf gegen ihre Erbfeinde fortzusetzen. »Mit Gold ist alles so leicht zu machen in Konstantinopel ... Diese Unfähigkeit schadet mir sehr!« rief er. Was die Schweden betraf, so entwickelten sich die Dinge nicht besser für ihn. Im April 1812 hatten Alexander und Bernadotte, der schwedische Thronfolger, in Abo einen Geheimvertrag unterzeichnet, und ihr Bündnis wurde durch die Verträge von

---

* Maret, der Herzog von Bassano, stand nicht in dem Ruf, eine große Leuchte zu sein. Talleyrand pflegte zu sagen: »Es gibt nur einen dümmeren Menschen als Maret, und das ist der Herzog von Bassano.«

Örebro am 12. und 18. Juli bestätigt. Der erste Vertrag schloß ein Bündnis zwischen England und Schweden, der zweite zwischen England und Rußland.

Diese Neuigkeit war in Paris bekanntgeworden. Als Napoleon informiert wurde, wollte er der Nachricht zunächst keinen Glauben schenken. Wenn Bernadotte tatsächlich ohne weiteres fähig war, sein Heimatland zu vergessen, so hätte Napoleon doch nie geglaubt, daß sich die Schweden die Gelegenheit entgehen ließen, sich für alle Kränkungen zu rächen, die sie seit Peter dem Großen erlitten hatten. Aber er konnte die Augen nicht vor den Tatsachen verschließen: »Das stört alle Berechnungen. Wer konnte darauf gefaßt sein, daß diese beiden Staaten so sehr ihren eigenen Interessen zuwiderhandeln könnten?«[2] Bei seinen Gesprächen mit Caulaincourt weigerte er sich immer noch hartnäckig, anzuerkennen, daß Schweden zu sehr unter der Beschlagnahme seiner Schiffe – als Resultat der Kontinentalsperre – litt, als daß es sich nicht mit den Russen gegen ihn verbündet hätte.

All diese diplomatischen Aktivitäten drängten zu einem schnellen Vorgehen, da wenige Wochen den Russen genügen würden, ihre Truppen, die durch diese Abkommen von ihrem bisherigen Auftrag befreit waren, gegen die französische Streitmacht einzusetzen. In Napoleons Hinterland und an seinen Flanken mußten die russischen Regimenter hingegen an Ort und Stelle bleiben, weil sie entweder im Nordwesten von Macdonald in Riga blockiert oder nordöstlich von Witebsk von Oudinot gebunden waren, der sich nach blutigen Kämpfen in Polozk festgesetzt hatte, während die Russen unter Wittgensteins Kommando in Stellung gingen, um die Straße nach Sankt Petersburg zu sichern. Im Süden, um Brest-Litowsk, brachten sehr heftige Gefechte keine entscheidenden Ergebnisse. Die unter dem Befehl Marschall Schwarzenbergs kämpfenden Österreicher konnten das Korps Tormasows zurückschlagen, der den Ehrgeiz hatte, Warschau einzunehmen. Die Kampfhandlungen in einem schwierigen, mit Sümpfen und Wäldern bedeckten Gelände waren auch dort langwierig und aufwendig. Tormasow mußte zurückweichen, doch er hatte den größten Teil seiner Truppen gerettet.

Schließlich glaubte Napoleon, daß der richtige Zeitpunkt gekommen war. Er wußte nur zu genau, daß sich Barclays Rückzug

vor Witebsk daraus ergab, daß ihn Bagration nicht hatte erreichen
können. Er wußte auch, daß die Vereinigung der zwei russischen
Armeen unmittelbar bevorstand, denn trotz der energischsten Anstrengungen Davouts war ihm Bagration entkommen. Es lag für
ihn daher klar auf der Hand, daß die Russen endlich den Kampf
annehmen würden, zumal es für sie nun darum ging, den Boden
des Vaterlands und nicht erst vor kurzem annektierte Provinzen
zu verteidigen. Wenn der Kaiser die Initiative ergriff, war er stets
erfolgreich. Er beschloß, als erster zu handeln, und begann, seine
Strategie zu durchdenken.

Er nahm an, daß die russische Armee eine Frontlinie besetzen
würde, die von Smolensk nach Surasch reichte, damit sie nicht von
dem an der Straße nach Sankt Petersburg stehenden Wittgenstein
abgeschnitten wurde. Darum wollte er schnell nach Süden vorsto-
ßen und diese Operation seiner Armee hinter den dichten Wäldern der Umgebung verbergen, den Dnjepr in Rossasna überqueren, wo er vorsorglich vier Brücken hatte bauen lassen. Am linken
Flußufer sollte sie sich mit Davout, Poniatowski und den Westfalen vereinen, deren Kommando er seinem Bruder entzogen und
Junot übertragen hatte. Dann mußte dieses beeindruckende Heer
nur noch die Straße nach Krasnoje nehmen und am Fluß bis nach
Smolensk hinaufmarschieren. Verlief das Manöver erfolgreich,
umgingen die Franzosen die russische Armee, griffen sie im Rük-
ken an und zwangen sie, unter den ungünstigsten Bedingungen
eine Schlacht anzunehmen; außerdem überrumpelten sie dann das
von Verteidigern geräumte Smolensk und versperrten den Russen
die Straße nach Moskau.

Ein schreckliches Gewitter brach los und hielt den Beginn der
Operation auf. Man konnte erst am 11. und 12. August abmarschieren. Am 13. überquerte Napoleon, den seine Garde eskortierte und dem Murat, Ney und der Fürst Eugène folgten, den Dnjepr
auf den Gerüstbrücken, die sich sehr leicht bauen ließen und äußerst bequem waren, um diese niedrigen und stillen Flüsse zu
überwinden. Es kam zu einem beträchtlichen Andrang von Mann-
schaften, Fahrzeugen und Tieren, denn alle Streitkräfte, das heißt
annähernd 175000 Mann, strömten an demselben Punkt zusammen. Der Kaiser blieb stundenlang im Sattel sitzen, um seine In-

fanterie vorbeiziehen zu sehen. Am nächsten Tag war er schon sehr früh im Sattel, ritt an den Flußufern entlang und wartete auf die Informationen, die ihm eine Handvoll Polen bringen sollte. Man hatte sie als Spähtrupp an beiden Ufern ausgeschickt. Inzwischen stießen die als Vorhut eingeteilten Murat und Ney in Krasnoje auf eine von Newerowski befehligte russische Division, die dort als Wachposten aufgestellt war, um Smolensk vor einem möglichen Angriff zu sichern.

Die Russen, die der Ansturm der französischen Kavallerie überraschte, wurden nur durch einige Kosakenschwadronen unterstützt, doch das Gelände wirkte sich zu ihrem Vorteil aus. Eine Schlucht, die ohne Brücke für die Artillerie unüberwindlich war, trennte sie von den Franzosen. Die von Murat geführte Kavallerie stürmte die steilen Abhänge hinunter und konnte an der anderen Seite wieder hinaufreiten. Sie nahm die Verfolgung der Russen auf, denen aber genug Zeit geblieben war, sich zu einem einzigen riesigen Karree zu formieren. Sie leisteten hartnäckigen Widerstand und kämpften um jeden Fußbreit Boden, bevor sie ihn aufgaben. Die Kavalleristen konnten noch so energisch angreifen, die zusammengedrängten russischen Infanteristen formierten sich immer wieder neu, ohne sich zu zerstreuen. Ségur berichtet, daß es den Pferden nur zweimal gelang, in diese Masse einzudringen, und sie blieben »in der dichten und unnachgiebigen Menge gleichsam stecken«.[3] Viele Franzosen, die zum ersten Mal gegen die Russen kämpften, waren von deren Widerstand beeindruckt. Während die Kolonnenspitze vorrückte, machten die letzten Reihen kehrt und hielten stand. Sie schossen schlecht, manchmal sogar in die Luft, dies aber aus solcher Nähe, daß »der Rauch, die Feuerblitze und das Getöse so vieler Schüsse die Pferde erschreckten und sie in wildem Durcheinander umwarfen«.[4] Erst als die Artillerie endlich eintraf, konnten deren Kanonen eine Bresche in »diese lebende Festung« schießen. Newerowskis erbitterte Abwehr bei diesem »Rückzug eines Löwen« nötigte Bewunderung ab. General Griois stellte überdies fest, wie sehr sich der russische Bauernsoldat von seinen eigenen Leuten unterschied: »Ich entdeckte vier russische Soldaten, die meine Artillerie außer Gefecht gesetzt hatte; allen waren ein Arm oder ein Bein abgerissen, aber sie lebten noch, und anstatt zu klagen oder um Hilfe zu flehen, wiesen sie diese im Gegenteil zurück und schienen entschlossen, dort zu sterben, wo sie waren. Ich machte mir keinerlei Vorstellung von einem solchen schicksalsergebenen Mut, wie ich ihn danach hundertmal bei den Soldaten dieser Nation bemerkt habe. Er kommt, wie ich meine, von ihrer Unwissenheit und ihrem krassen Aberglauben: denn beim Sterben umarmen sie das Bild des heiligen Nikolaus, das sie immer bei sich tragen, und sie glauben, geradewegs in den Himmel zu kommen, und segnen beinahe den Schuß, der sie dorthin schickt.«[5] Eine andere Erklärung für diese Schicksalsergebenheit bestand darin, daß es die Russen gewohnt waren, gegen die Türken zu kämpfen, die ihre Gefangenen abschlachteten. Jedenfalls äußerte sich die Gefügigkeit, ja sogar Trägheit dieser Männer, die sich blindlings an die erhaltenen Befehle hielten, in einer unerschütterlichen und anscheinend furchtlosen Hartnäckigkeit. Als Friedrich der Große diese unglaubliche Standhaftigkeit der moskowitischen Infanteristen feststellte, hatte er einst zu seinen Generälen gesagt: »Man muß sie zuerst töten und sie dann noch umstoßen, damit sie fallen.« Lieber starben sie, als daß sie sich ergaben. Die den Franzosen aufgezwungene Verzögerung ermöglichte es, selbst wenn sie nur sechs Stunden betrug, Bagration zu alarmieren, der sich überstürzt nach Smolensk wandte. Der Überraschungseffekt war danach verloren.

Seit der Proklamation des Kaiserreichs war der 15. August, der Geburtstag Napoleons, der mit Mariä Himmelfahrt zusammenfiel, so etwas wie ein Nationalfeiertag geworden, der gewiß in bescheidenem Rahmen blieb (im zweiten Kaiserreich würde er viel größere Bedeutung gewinnen), doch er wurde in ganz Frankreich mit vielen Reden und Illuminationen gefeiert. Dem Kaiser war es sogar gelungen, daß der Vatikan einen neuen Heiligen kanonisierte, den Kardinal Caprara zuvorkommenderweise entdeckt hatte, einen römischen Märtyrer namens Neopolis, der in Sankt Napoleon umgetauft wurde. An den Ufern des Dnjepr waren die Marschälle bestrebt, diesen neuen Brauch zu befolgen. Sie alle kamen mit ihrem Stab, um ihren Herrn zu beglückwünschen, und gaben Kanonenschüsse ab. Napoleon murrte und wies sie ganz zu Recht darauf hin, daß es absurd sei, solcherart Munition zu verschwenden, doch man entgegnete, das benutzte Pulver habe man bei den

Russen erbeutet. Da fand er seine gute Laune wieder und nahm die Hochrufe seiner Armee mit einem Lächeln entgegen. Dann marschierten alle nach Smolensk.

V

Dieses Hundeland

Smolensk, August 1812

Am 16. August rückte Ney an der Spitze der Vorhut auf Smolensk vor, und da er überzeugt war, daß die Stadt nur von den Resten der Division Newerowski besetzt war, versuchte er, sie im Handstreich zu nehmen, mußte aber bald eine Enttäuschung erleben. Es kam zu heftigen Zusammenstößen. Sie wurden von ungefähr hundert Kosaken attackiert, die aus einer hinter Buschwerk verborgenen Geländemulde auftauchten. Eine matte Kugel streifte den Hals des Marschalls, wurde jedoch von den Schnüren, die seinen Kragen schmückten, zurückgehalten. Ohne sich beeindrucken zu lassen, schickte er Spähtrupps aus, um den Umkreis der Stadt zu erkunden. Dabei stellte er fest, daß Smolensk bei weitem nicht aufgegeben war, sondern sich auf die Verteidigung vorbereitete. Es waren bereits Verstärkungen eingetroffen, und noch weitere kamen hinzu. Von den Anhöhen über der Stadt konnte man sie sehen. Man hatte es vor Augen: Beträchtliche russische Streitkräfte strömten in die Stadt. Sie waren in Eilmärschen am anderen Ufer des Dnjepr vorgerückt. Daraufhin beschloß Ney, auf Napoleon zu warten. Dieser kam um die Mittagszeit an.

Smolensk erhebt sich an beiden Flußseiten. Der älteste Teil der Stadt ist umgeben von einer mit Zinnen versehenen, an der Basis fünfzehn Fuß dicken und fünfundzwanzig Fuß hohen, von neunundzwanzig großen, weiß gekalkten Türmen überragten Backsteinmauer, deren Verbindungen aus Kaponnieren* bestehen. Diese Mauer wurde von einem Graben mit einem gedeckten Weg und einem Glacis geschützt. Sie befand sich am linken Ufer, an dem die Franzosen eintrafen. Eine sehr tiefe Schlucht bildete einen zusätzlichen natürlichen Schutz. Eine Brücke verband diesen Teil

---

* Eine Kaponniere ist ein in einem Graben angelegter Weg, der es ermöglicht, von einem Festungswerk zum nächsten zu kommen.

mit der Neustadt, in der die russischen Kolonnen ausschwärmten. Offenbar wollten die Russen diese heilige Stadt verteidigen, diese Grenzfestung Moskowiens, die im Lauf der Jahrhunderte oft hart umkämpft war. Selbst die Befürworter eines konsequenten Rückzugs erkannten an, daß es unmöglich war, Smolensk kampflos aufzugeben. Schmach und Schande hätten vernichtend gewirkt. Seit einigen Tagen wußten die Einwohner vor Sorgen nicht mehr aus und ein. Seitdem die Polen im Jahre 1654 die Stadt abtreten mußten, hatte sich die Bevölkerung vor allen ausländischen Bedrohungen sicher gefühlt. Als man erfahren hatte, daß sich der Feind in Orscha am Dnjepr befand, weniger als achtzig Kilometer entfernt, machten sich alle Familien, die ein Fahrzeug hatten, auf den Weg, und die anderen bemühten sich, Wagen aufzutreiben. Auf den sonnigen Straßen jammerten Frauen, die zu arm waren, um fliehen zu können. Tolstoi hat nichts erfunden, wenn er schildert, wie sehr Fürst Andrei seinen Vater und seine Schwester drängte, ihr nahe bei der Stadt liegendes Gut zu verlassen.

Napoleon verglich den Krieg oft mit einem Schachspiel. In diesem Fall hatte er recht. Sorgfältig wurden die möglichen Bewegungen des Gegners vorausberechnet, bevor der Kampf begann. Den Franzosen boten sich zwei Möglichkeiten an: Entweder griff man frontal an, um die Stadt einzunehmen, oder Napoleon unternahm einen Scheinangriff, bewegte sich weiter am Dnjepr entlang und überquerte ihn flußaufwärts. In diesem Fall umging er die Russen, unterbrach ihre Verbindungswege nach Moskau sowie nach Sankt Petersburg und gewann den Krieg. Die Sache hatte nur einen Haken: Er wußte nicht, wie tief der Fluß war und wo sich Furten befanden. Napoleon konnte sich nicht auf eine solche Operation einlassen, ohne sicher zu sein, mühelos über den Fluß zu kommen. Eine schnelle Geländeerkundung lieferte ihm nicht die Informationen, die für eine Entscheidung notwendig waren. Sie bedeutete im übrigen ein Wagnis: Wenn sich die Armee nach Norden bewegte, blieb ja die Gefahr bestehen, daß man die Russen drängte, aus Smolensk auszubrechen und die französische Verbindungslinie zu blockieren. Ségur berichtet, daß es eine Meile oberhalb der Stadt eine breite und bequeme Furt gab, aber die Franzosen fanden sie nicht. Die Russen konnten von dieser schlechten Geländekenntnis nicht wissen. Aus Vorsicht teilten sie darum ihre Streitkräfte. Barclay sollte Smolensk unter sehr ungünstigen Bedingungen verteidigen, da die französische Artillerie die Stadt beherrschte, und Bagration sollte flußaufwärts gehen, um die Furten zu überwachen und gegebenenfalls die Straße nach Moskau zu sperren.

Die Lage stellte sich folgendermaßen dar: 140 000 Franzosen hielten die Höhen am linken Ufer des Dnjepr besetzt (35 000 Mann unter dem Kommando des Fürsten Eugène und Junots befanden sich einige Kilometer weiter hinten), während 130 000 Russen auf den Anhöhen des rechten Ufers und in der Stadt standen. Die Feinde waren einander so nahe, daß sie sich sehen konnten, und die Franzosen konnten auf die Stadt und die Brücke hinunterblicken, über die die russischen Truppen marschierten. Sie erkannten deutlich, daß manche Einheiten die Stadt verließen, konnten jedoch nicht wissen, daß sie am Ufer des Dnjepr lagern wollten, um ihnen möglicherweise den Zugang zu verwehren. War dies der Beginn eines neuen Rückzugs? Sollte man noch einmal erleben, daß sich der Feind einen Tag vor der Schlacht absetzte?

Napoleon beschloß daraufhin, die Stadt zu stürmen, ohne länger zu warten. Der Angriff wurde von mehreren Seiten zugleich vorgetragen. Die Angreifer mußten das Feuer der Befestigungswerke und das der auf den Anhöhen stationierten Batterien über sich ergehen lassen. Die Kavallerie unternahm heftige und mörderische Vorstöße, doch schließlich mußten sich die Russen zurückziehen und konnten nicht alle die sichere Zitadelle erreichen. Mit dem Rücken an der Mauer hielten sie einer heftigen Kanonade stand, die General Griois befohlen hatte. Murat zeigte »seine Zufriedenheit mit den Kanonieren, indem er ihnen mit seinem gaskognischen Akzent zurief: ›Bravo, meine Kinder, werft dieses Hundepack über den Haufen; ihr schießt wie Engel‹ [...]. Seine Kleidung, die ganz und gar wie ein Bühnenkostüm wirkte, hätte jeden anderen lächerlich gemacht, doch ihm schien sie genau zu passen, und sie entsprach vollkommen der hervorragenden Tapferkeit, die ihm allein vorbehalten war. Seine recht langen und anmutig braunen Haare fielen in Locken auf seine Schultern herab. Er trug einen hochgekrempten, mit Federn und Federbüschen geschmückten Hut [anstelle seiner] polnischen, von einem großen Panasch überragten Mütze, dazu ein gemsfarbenes Oberwams, eine hochrote Hose und

gelbe Halbstiefel. Ein goldbestickter, kurzer und grüner Samtmantel oder ein eleganter, mit goldenen Schnüren und Kordeln verzierter Pelz lag ihm auf den Schultern [...]. Er war das schöne Idealbild
des Mutes.«[1] Murats kühne Reiterkunststücke hatten ihm bei Napoleon den Spitznamen »Franconi« eingebracht. (Franconi war ein
Zirkusartist, der sich mit seinen akrobatischen Reiterdarbietungen
einen großen Ruf erworben hatte.) Doch wenn er mit dem Degen
in der Hand als erster in die Reihen der feindlichen Kavalleristen
hineinstürmte, flößte er einen Mut ein, der sich bis zur Todesverachtung steigerte.

Vor allem in den Vororten kam es zu einem allseitigen heftigen
Kampf. Die erbitterte Abwehr der Verteidiger zwang die Franzosen,
um jeden Fußbreit zu kämpfen. Sie konnten in die mit Apfelbäumen bepflanzten Schluchten vordringen, die die Stadt umgaben,
doch nach einem mehr als sechsstündigen Kampf hielt die Umfassungsmauer immer noch stand. Die Kanonenkugeln bohrten sich
in die alte Backsteinmauer, ein von Boris Godunow im 16. Jahrhundert angelegtes Festungswerk, blieben jedoch völlig wirkungslos. (In seiner ganzen Herrschaftszeit beklagte sich Napoleon über
die wenig widerstandsfähigen modernen Bauwerke, die ungeheuer
viel kosteten und nichts nützten, während sich die mittelalterlichen
Mauern so gut bewährten.[2]) Man mußte mit den Kanonen über
die Umfassungsmauer schießen. Es läßt sich leicht vorstellen, wie
die Häuser verwüstet und die Verteidiger massakriert wurden, die
in den engen Straßen zusammengedrängt waren. Die Bewohner
flüchteten in die Keller oder suchten eilig Schutz in den Kirchen.
Eine Abteilung ging in die Kathedrale und nahm die wundertätige
Heilige Jungfrau mit, eine der heiligsten Ikonen von ganz Rußland.
Obwohl es den Franzosen immer noch nicht gelang, die Mauer zu
durchbrechen und damit die Stadt einzunehmen, wagten es andererseits die Russen nicht mehr, hervorzustürmen und die Angreifer zu attackieren. Alle Versuche scheiterten, und nach und nach
hörten sie auf.

Die Sonne ging unter. Auf beiden Seiten gerieten die Männer
ins Wanken. In der unheimlichen Stille, im Schutz dicker schwarzer Rauchsäulen befahlen die russischen Offiziere ihren Männern,
den Ort zu räumen. Sie flohen in alle Richtungen, nicht ohne zuvor ihre Tornister mit Mehl und Sonnenblumenkernen gefüllt zu

haben. Sie ließen Tausende toter Kameraden zurück. Ein merk-
würdiges Detail beeindruckte den jungen Offizier Paul de Bourgoing, als er sich der Zitadelle näherte: Die Feldflaschen der in
den Vororten mit ihren vielen Obstgärten getöteten russischen
Grenadiere waren leer, aber ihre Taschen mit grünen Äpfeln gefüllt. Die französischen Scharfschützen, die den ganzen Tag unter
einer bleiernen Sonne gekämpft hatten, bemächtigten sich dieser
sonderbaren Beute und verschlangen die Früchte, um ihren Durst
zu stillen.

Die erschöpften Männer kamen wieder zu Atem. Noch war der
Augenblick nicht da, in die Stadt einzudringen. Außerdem brannte Smolensk, während die Kanoniere weiter Granaten über die
Mauern schickten. In der Dunkelheit sah man plötzlich Flammen-
und Rauchsäulen hervorquellen. Da begriff man, daß die Russen
schließlich diese heilige Stadt opferten, die sie gerade erst so viel
Blut gekostet hatte. »Die Armee stand auf den Höhen und wurde von diesem außerordentlichen Schauspiel lebhaft beeindruckt,
das einem Ausbruch des Vesuvs in einer schönen Sommernacht
glich. Bei diesem Anblick ahnte man die ganze Wut voraus, die
den gegenwärtigen Krieg prägen würde.«[3] Jeder wiederholte bis
zum Überdruß, daß dieses Schauspiel an einen Vulkanausbruch
erinnerte; das tat selbst Napoleon in dem Bulletin, das er nach der
Schlacht verfaßte, und der Vergleich ließ sich in dem Sinne rechtfertigen, daß die Mauern mit den riesigen Zinnen aus rotem Back-
stein, die die Stadt umgaben, an die Hölle gemahnten, während das
Feuer auch das Smolensk umgebende ruhige Land wie mitten am
Tag erhellte und das sanfte Wehen der Luft in einer schönen Sommernacht an Italien denken ließ. Napoleon kam mit Berthier und
Bessières aus seinem Zelt, um dieses emporschlagende Flammenmeer anzusehen. Sie gingen zu Caulaincourt, der vor Ermüdung
und Aufregung zitterte und sich am Feuer wärmte, das vor den
kaiserlichen Quartieren während der ganzen Nacht unterhalten
wurde.

»›Das ist ein Vesuvausbruch‹, rief der Kaiser und klopfte mir auf
die Schulter […]. ›Ist das nicht ein schönes Schauspiel, Herr Großstallmeister?‹

›Schauderhaft, Sire.‹

›Ach was‹, entgegnete der Kaiser, ›erinnern Sie sich, meine Her-

ren, an diesen Ausspruch eines römischen Kaisers: Der Körper eines toten Feindes riecht immer gut.‹

Diese Bemerkung nahm allen den Atem.«[4]

Seit Smolensk wurden sich Soldaten und Offiziere bewußt, daß sie
es mit einer neuen Art von Krieg zu tun hatten. Sie waren daran
gewöhnt, daß eine Armee die Bevölkerung ihres eigenen Landes
beschützte oder es wenigstens versuchte. In Smolensk entdeckten sie eine Grausamkeit, die die unglücklichen Einwohner nicht
verschonte. Napoleon sollte wie Karl XII. vor ihm (und wie Hitler
später) feststellen, daß der Vormarsch über Smolensk hinaus den
Charakter des Krieges veränderte. Die Verteidigung der Russen
verhärtete sich, die Verbindungslinien wurden unsicherer, und
die Politik der verbrannten Erde galt nun uneingeschränkt. Keiner
der drei Eroberer konnte trotz seiner Vorwärtsstrategie und seiner
Schnelligkeit die Russen vor Smolensk entscheidend schlagen –
das Land war zu weit, und es gab zu schlechte Straßen. Sobald sie
ins eigentliche Rußland vorgedrungen waren, wurden sie vom Widerstand der gesamten Bevölkerung aus der Fassung gebracht und
aufgehalten.

Philippe de Ségur kam deshalb zu der bitteren Schlußfolgerung:
»[Die Russen] schließen sich von uns durch Hunger, Feuer und
Wüste ab […]. Das war kein Krieg der Könige mehr, den man fortsetzen mußte, sondern ein Krieg der Klassen, ein Parteienkrieg,
ein Religionskrieg, ein nationaler Krieg, alle Kriege auf einmal
[…]. Solange [der Kaiser] nur auf Könige gestoßen ist […], waren ihre Niederlagen für ihn nur ein Spiel; doch die Könige sind
besiegt, und er hat es nun mit den Völkern zu tun. Er findet ein
zweites Spanien, aber in weiter Ferne, unfruchtbar und endlos,
und das auch noch am anderen Ende Europas. Darüber gerät er
ins Staunen.«[5]

Wenn die Franzosen nämlich zunächst glaubten, sie selbst seien
für den Brand verantwortlich, begriffen sie doch sehr schnell, daß
die Russen die Stadt angesteckt hatten, als sie sich zurückzogen.
Diese gewaltigen Explosionen, diese Feuergarben, diese Rauchsäulen rührten nicht von Granaten her, sondern kamen von einer
Brandstiftung. Bisher hatte die Zerstörung von ärmlichen Siedlun-
gen, elenden Isba-Hütten und schmutzigen Baracken die Soldaten

nicht beeindruckt, zumal derartige Brände nicht zum Tod von
Menschen führten. Der Untergang von Smolensk gehörte zu einer
anderen Kategorie. So steckten die Russen denn die Futterspeicher
in Brand, dazu die Holzgebäude in der Zitadelle und – noch grauenhafter – einen riesigen Schuppen, der als Feldlazarett diente. Es
gab keinen Befehl, die Verwundeten fortzuschaffen, bevor man
Feuer legte. Die Unglücklichen kamen alle um. Sie verbrannten
bei lebendigem Leibe.[6] Die Hellsichtigsten unter den Franzosen
fürchteten sich vor der Zeit, wo sich diese Brutalität gegen sie richten würde. Daß sich die Russen weigerten, nicht nur den Besitz,
sondern auch das Leben ihrer eigenen Leute zu schonen, ließ das
Schicksal vorausahnen, das sie ihren Feinden zugedacht hatten.

Am nächsten Tag marschierte die Armee in ihrer üblichen Ordnung, mit Militärmusik und der gewohnten Prachtentfaltung in
die Stadt ein. Die einzelnen Maßnahmen sind die gleichen, und
der Ablauf ähnelt allen siegreichen Einmärschen, doch die Grande
Armée hat nur sich selbst als Zeugen ihres Ruhms. »Ein Schauspiel
ohne Zuschauer, ein beinahe nutzloser Sieg, ein blutiger Ruhm, für
den der uns umgebende Rauch, der unsere einzige Eroberung zu
sein schien, ein nur allzu treues Sinnbild war.«[7] Den Siegern bot
sich ein entsetzlicher Anblick, der von der riesigen Zahl der in den
Schluchten und dem Graben um die Stadt übereinanderliegen-
den russischen, französischen und polnischen Toten angekündigt
wurde. Die Sanitäter brachten rasch ihre eigenen Leute fort, um
diejenigen, die noch atmeten, zu versorgen und um den Soldaten
die Leichen ihrer Kameraden, die sie den Hunden und Schweinen
entrissen, aus den Augen zu schaffen. Doktor Larrey erklärte, dieser Angriff sei einer der blutigsten, den er jemals erlebt habe: »Die
Türöffnungen, die Mauerbreschen und die Hauptstraßen lagen
voller Toter und Sterbender, fast alles Russen [...]. Hier wie in Witebsk fehlte uns alles mögliche Material, um die Verwundeten zu
versorgen. Wie bei sehr vielen anderen Gelegenheiten mußte ich
mir Ersatzlösungen für das einfallen lassen, was uns fehlte: So etwa
verwendete ich anstelle des Verbandszeugs, das wir schon in den
ersten Tagen vollständig verbraucht hatten, nicht nur die Wäsche
der verwundeten Soldaten, sondern auch Papier, das wir in dem
Archiv fanden, dessen Gebäude als Lazarett benutzt wurde. Die

Pergamente dienten als Bruchschienen und Binden; Birkenwerg und -flaum ersetzten die Scharpie, und Papier bot überdies noch den Vorteil, als Lagerstatt der Kranken zu dienen.«[8] Berichtet wird der Fall eines Arztes, der den Mut verlor, weil es ihm unmöglich war, für die primitivsten Bedürfnisse seiner Kranken zu sorgen, und der sich die Kehle mit einem Skalpell durchschnitt.[9]

Die Artilleristen sammelten zunächst einmal die auf dem Boden verstreuten Waffen. Nun blieben die Pferde und die Russen übrig. General Dumonceau war entsetzt, als er all diese Leichen sah, die schon ungeheuer aufgebläht waren. Das schrieb er der Hitze zu, die schnell unerträglich wurde. Der Gestank nahm pestilenzialische Ausmaße an, und man erteilte den Befehl, die Toten so schnell wie möglich zu begraben. (Allerdings erläuterte Berthier zwei Tage später, daß »gegenwärtig zwar sechshundert Männer damit beschäftigt sind, die Leichen zu begraben, doch diese Arbeit ist bei weitem noch nicht abgeschlossen.«[10]) Man konnte keinen Schritt machen, ohne auf einen Körper zu treten. An manchen Stellen hatten die Munitionswagen der Artillerie bei ihrer Durchfahrt alles zerquetscht, und Dumonceau erblickte entsetzt ein von seinem Schädel getrenntes Gesicht, das wie ein Handschuh auf dem Schlamm dahintrieb. Dieser Mann, dessen Beruf es war, Krieg zu führen, und der seit 1792 so viele Schlachtfelder besichtigt hatte, sagte sich zum ersten Mal, daß sich all diese Greuel vielleicht rechtfertigen ließen, wenn sie zu einem Sieg und zum Ende des Feldzugs geführt hätten, doch er wußte genau, daß die Einnahme von Smolensk unter diesen Bedingungen keinerlei Bedeutung hatte. Ein anderer Offizier, Louis-Guillaume Puybusque, der mit den Verpflegungsdiensten im Hinterland geblieben war, begriff bei diesem Anblick die Nutzlosigkeit dieses falschen Sieges: »Hier beschränkt sich alles darauf, eine gute Position einzunehmen. Wohin soll das führen? Höchstens zu neuen Positionen, die wir durch neue Opfer an Menschen und Tagen ebenso erkaufen müssen. [...] Wir haben uns in einem Land, das wir nicht kennen, beinahe verirrt [...], alles wird dem blinden Geschick überlassen [...]. Welches Verhängnis treibt uns denn in diesen Krieg? Was haben uns die Russen getan, denen wir am Ende Europas nachjagen? Wie kann man sich einbilden, ein maßvolles, kräftiges und beinahe bedürfnisloses Volk zu unterwer-

fen, dem unsere Sitten und unsere Sprache fremd sind, das gegen
alle Verlockungen einer von ihm unverstandenen Freiheit immun
und auf dem Boden des größten europäischen Reiches verstreut
ist?«[11]

Alle Holzhäuser waren in Flammen aufgegangen. Von den acht-
zehntausend Einwohnern waren annähernd fünfzehntausend geflohen. Zurückgeblieben waren die Ärmsten, die Unglücklichsten,
die Mittellosesten. Die meisten hatten Schutz in den Steinkirchen
gesucht, die als einzige Gebäude den Flammen standhielten. Als
ein italienischer Offizier die Kathedrale betritt, macht die Szene,
die sich seinen Blicken bietet, auf ihn einen niederschmetternden
Eindruck:»Die Kathedrale war voll von Toten, Sterbenden, Verwundeten, Gesunden, erwachsenen Männern, Greisen, Frauen
und Kindern. Ganze in Lumpen gehüllte Familien, mit Tränen in
den Augen, kauerten erschöpft, entkräftet und ausgehungert auf
den Steinplatten rund um die Altäre. Alle zitterten, als wir näher
kamen. Es fehlte nicht viel, und die armen Leute hätten bei unserem Anblick Entsetzensschreie ausgestoßen.«[12] Ségur, beeindruckt
von diesem Mißtrauen, das so tief eingewurzelt war, daß es diesen
Unglücklichen verbot, die geringste Hilfe anzunehmen, meinte,
darin den Einfluß der Popen zu sehen: Sie hätten diese armen Bauern überzeugt, daß die Franzosen»Heerscharen von Teufeln unter der Führung des Antichrist seien, Höllengeister, deren Anblick
schrecklich wirkte: Unsere Berührung hätte sie beschmutzt.«[13] Es
fanden sich keine Honoratioren oder Grundbesitzer, mit denen
man eine Nothilfe hätte organisieren können.

Überall hörte man es murren. Selbst die höheren Offiziere kri-
tisierten nun die Führung des Feldzugs. Montesquiou hob hervor,
wie sehr sich die Stimmung in der Armee verändert hatte. »Mehrere von den Generälen, die, wie wir feststellen konnten, früher
den Befehlen des Kaisers so gefügig gehorcht, solches Vertrauen in
seine Erfolge gezeigt und seinen Ruhm verehrt hatten, griffen uns
mit beinahe unanständigen Äußerungen an, sobald sie sahen, daß
Offiziere zu ihnen kamen, die ihnen Befehle überbrachten. – ›Nun
ja, vorwärts, nicht wahr?‹ sagten sie voller Ironie. ›Vorwärts, vorwärts, immer weiter vorwärts? Ist es nicht schon genug damit? Bekommt er davon nie genug? Was zum Teufel haben wir in diesem
Hundeland zu suchen? In Frankreich ist jetzt bestimmt schönes

Wetter [...], und es muß Brot geben. Haben wir welches bis zum
Ende? Man lebt nicht vom Ruhm allein. Ruhmestaten sind Hirngespinste, und sie steigen zu Kopf.«»[14]

Diese Mutlosigkeit rührte daher, daß es vollständig unmöglich
war, aus einer Zwangslage herauszukommen: Eine Armee, die
eine andere verfolgt, kann sich nur mit zwei Methoden versorgen – indem sie der verfolgten Armee die Vorratslager abnimmt
oder indem sie sich weiter aufteilt und auf Kosten der Einwohner
lebt. Doch im Jahre 1812 ließ sich dieses System nicht anwenden.
Die Russen verbrannten ihre Lager, und das Land war zu gering
bevölkert, als daß es die Bedürfnisse von Hunderttausenden Soldaten hätte befriedigen können, so daß es nicht die geringste Hilfe
bedeutete. Wie sollte man sich außerdem in einem Gebiet weiter-
bewegen, wo es nur vereinzelte Dörfer gab und Wege so selten waren, während die sich zurückziehende Armee die Brücken zerstört
und die Wegweiser mit den Werstangaben, die dem Eindringling
ein ausgezeichnetes Orientierungsmittel boten, umgestürzt hatte?
Eine weitere, ebenso unüberwindliche Schwierigkeit bestand darin, sich Wasser zu beschaffen. Selbst die russische Nachhut mußte
feststellen, daß alle Brunnen versiegt waren und sich das Wasser
der kleinen Bäche nicht mehr trinken ließ.

Napoleon war militärisch zu erfahren, als daß er die Nutzlosigkeit seiner Eroberung nicht bemerkt hätte. Wieder einmal
entwischte ihm die russische Armee. Sie hatte mindestens einen,
wenn nicht zwei Tage Vorsprung – entweder auf der Moskauer
oder der Petersburger Straße, denn es ließ sich unmöglich ermitteln, welche Richtung sie genommen hatte. Er war daher »dieses
Krieges, dessen Ende er nicht erkennen konnte, überdrüssig und
von ihm angewidert«, als er sein Quartier in einem Haus an der
Ecke des städtischen Hauptplatzes nahm. »Dieser Krieg, in dem
man sich gegenseitig vernichtete, ohne daß dabei etwas anderes
als ein Geländegewinn herauskam, worum man sich wenig kümmerte, stimmte den Kaiser sehr nachdenklich und bestärkte ihn
in seinem Verlangen, nicht weiter vorzurücken und sich um die
Eröffnung von Verhandlungen zu bemühen.«[15]

Deshalb entschied er, in Smolensk zu bleiben, und schickte zugleich Truppen aus, um die Russen zu verfolgen und sich etwas
mehr Raum zu sichern. Ein Teil der Russen war auf der Straße nach

Moskau abgezogen, und ein anderer hatte die Straße nach Norden, nach Sankt Petersburg, genommen; diese Truppen schwenkten jedoch ab und vereinigten sich wieder mit ihren Kameraden. Man schloß daraus, daß sich das gesamte feindliche Heer nach Moskau wandte. Das äußerst blutige Gefecht bei Walutina Gora hielt die Franzosen fest und ließ den Russen die Zeit, die sie brauchten, um ihren Rückzug zu sichern, ohne ihre Geschütze, ihren Troß und ihre Verwundeten aufzugeben. Die Franzosen errangen wieder einmal die Kontrolle über ein nutzloses Gelände.

In Smolensk war Napoleon eifrig bemüht, aus der Stadt ein Vorratslager und einen militärischen Stützpunkt zu machen. Er ließ also Kanonen auf den Festungswällen aufstellen, die Befestigungsanlagen reparieren und Lazarette einrichten, und er bemühte sich, Bekleidungs-, Proviant- und Artillerievorräte zu schaffen. Lauriston, sein Botschafter, den man in Sankt Petersburg zurückgehalten hatte, wurde unterdessen freigelassen und traf ein, um wieder seine Aufgabe als Flügeladjutant Napoleons zu übernehmen. Wie der Sekretär Napoleons verzeichnet, führten die beiden Männer ein langes Gespräch ohne Zeugen. Seit Beginn der Invasion stand Lauriston in seinem Petersburger Palais unter Hausarrest. Ihm war überhaupt nichts von den Beratungen des russischen Kabinetts bekannt, doch vielleicht konnte er etwas Wesentliches zu der Frage beitragen, die Napoleon zwanghaft beschäftigte: Was taten die Russen, und was wollten sie? – Ob sie es selbst wußten?

Gehen wir einige Tage zurück. Der Zar hatte Moskau nach seinem Besuch, der die Einwohner aufmuntern sollte, verlassen. Er brauchte vier Tage, um nach Sankt Petersburg zurückzukehren, wo er am 3. August eintraf. In der Stadt herrschte Panik, und die Nachricht, daß die Zarenwitwe ihren Schmuck zusammensuchte, trug dazu bei, die Panik zu verstärken. Nicht nur ganze Familien flüchteten in die Provinz, wenn sie es konnten, sondern die Verwalter verfrachteten auch noch Gold, Silber und Kunstwerke nach London. Selbst der Schatz des Zaren wurde in Sicherheit gebracht. Seine Schwester hielt es für klug, das Weite zu suchen, obwohl sie, wenigstens in ihren Äußerungen, so energisch war. Die Zarin und die Zarenwitwe hätten gern das gleiche getan, doch sie glaubten, ungebührlich zu handeln, wenn sie Alexander im Stich ließen. Für

ihn blieb das dringlichste Problem, das er lösen mußte, das des
Oberkommandos der Armee.

Unübersehbar war die Unzufriedenheit des Offizierskorps. Ein
Adjutant des Zaren gab ihm einen Brief zu lesen, den Schuwalow,
ein hochgeachteter Generalleutnant, an ihn gerichtet hatte. Er
schilderte den entsetzlichen Zustand einer demoralisierten, grol-
lenden Armee, die unter weitgehender Desorganisation litt, und er
empfahl, so bald wie möglich einen neuen Oberbefehlshaber zu er-
nennen. Man machte die sie kommandierenden Ausländer für alle
Mißgeschicke der russischen Armee verantwortlich. Ein widersin-
niger Vorwurf, denn Barclay war nur dem Namen nach ein Ausländer. Er stammte aus Livland und hatte seit seiner frühesten Jugend
in der russischen Armee gedient. Doch er konnte sich auf deutsch
besser als auf russisch ausdrücken, und Oberstleutnant Wolzogen,
sein engster Berater, war Preuße. Alexander gab nun dem Druck
seiner Umgebung nach. Der Rückzug war nicht nur demütigend,
sondern auch sehr kostspielig, wie Joseph de Maistre dem König
von Sardinien berichtete: »Die französische Lava […] hat sich über
zwölf Provinzen ergossen und dort die Steuern versiegen lassen,
die vollständig vom Adel bezahlt werden. Die Fürstin Golizyn
hatte dreizehntausend Bauern im Gouvernement Smolensk, das
heißt Einkünfte von ungefähr dreißigtausend Dukaten. All das ist
im Handumdrehen verschwunden. Ihr Schloß wurde bis auf die
Grundmauern zerstört, man hat ihre Möbel zertrümmert oder gestohlen und ihre Bauern in alle Richtungen zerstreut.«[16] Alexander
rang sich also zu dem Entschluß durch, Barclay abzulösen. Aber
wen sollte er an dessen Stelle setzen?

Bagration, dessen streitsüchtiges Temperament bekannt war, genoß kaum die Wertschätzung des Zaren. Er hatte kein Vertrauen zu
Bagrations Feldherrentalent. Bennigsen erinnerte ihn zu eindring-
lich an die Ermordung seines Vaters, an der er sich selbst beteiligt
hatte. Tatsächlich kursierte in den Salons und politischen Kreisen
hartnäckig ein anderer Name: der Kutusows, der, wie es hieß, ein
neuer Suworow sei, ein Mann, der das Vertrauen der Truppen wie-
derbeleben könne, eine rein russische Führerpersönlichkeit. Daß
Kutusow lieber Französisch als Russisch sprach, schien niemanden
zu stören. Daß er beinahe siebzig und körperlich geschwächt war,
daß seine Sehkraft stark nachgelassen hatte, daß er sich nicht lange

im Sattel halten oder überhaupt kaum ein Pferd besteigen konnte, wenn ihm nicht zwei oder drei andere halfen, daß er es nicht vermochte, bis weit in die Nacht wach zu bleiben und während der Beratungen nicht einzuschlafen, minderte nicht die Begeisterung seiner Anhänger.

Alexander hingegen mochte ihn nicht, und obwohl Kutusow im Mai 1812 als Sieger über die Türken heimgekehrt war, hatte man ihn nicht als Helden empfangen; anstatt ihm ein neues Kommando zu geben, übertrug man ihm die Verantwortung für die Ausbildung der aus Leibeigenen bestehenden Landwehr. Der Lebenswandel des schwergewichtigen Generals, der dem eines Sultans glich, mißfiel Alexander. Außerdem war dieser Mann schlau und käuflich, das ganze Gegenteil Barclays, der sich in Geldangelegenheiten äußerst gewissenhaft verhielt und ein anspruchsloses Leben führte. Sir Robert Wilson, ein englischer Kommissar, der dem russischen Generalstab beigegeben war, urteilte objektiver und sah in ihm »einen Lebemann von vollendeter Höflichkeit und Schläue, einen Griechen der Spätantike, der europäische Bildung mit dem geschmeidigen Verstand der Orientalen verband und dem diplomatische Erfolge lieber als die Gefahren des Einsatzes bei Schlachten waren, von denen ihn außerdem sein Alter und seine Gebrechen abhielten […]. Er hatte einige Zeit in Paris gelebt und bewahrte eine besondere Vorliebe für die Franzosen; er mißtraute Napoleon, doch er empfand ihm gegenüber keine persönliche Abneigung.«[17] Und Clausewitz,* obwohl er Kutusows Feldherrentalent nicht schätzte, erkannte an: Er war »an der Spitze des Ganzen viel mehr wert als jener [Barclay]. Schlaue Klugheit pflegt den Menschen auch im höchsten Alter nicht zu verlassen, und diese war auch dem Fürsten Kutusow geblieben, mit ihr überblickte er sein Verhältnis und das seines Gegners besser als Barclay mit seiner beschränkten Einsicht. […] Er kannte die Russen und verstand sie zu behandeln.«[18] Außerdem war er höchst populär.

Gleichzeitig kam ihm die nachdrückliche Unterstützung Sir Robert Wilsons zugute. Wilsons Ansichten stimmten paradoxerweise stärker mit dem Nationalgefühl überein, wie es sich in den

---

* Carl von Clausewitz, der berühmte preußische Militärtheoretiker, nahm als Oberstleutnant in der russischen Armee am ganzen Feldzug von 1812 teil.

Salons und den politischen Kreisen der beiden Hauptstädte äußerte, als die des russischen Herrschers. Als er bei seiner Rückkehr von Alexander empfangen wurde, sprach er freimütig mit ihm, und sein energischer Ton schockierte den Zaren, der nicht an solche Manieren gewöhnt war. Doch er versicherte dem Engländer, er werde niemals um Frieden bitten, »solange ein Franzose auf russischem Boden bleibt«, und er wolle sich eher »den Bart bis zum Gürtel wachsen lassen und Kartoffeln in Sibirien essen«,[19] als mit Napoleon zu verhandeln. Eigentlich hatte er den unangenehmen Eindruck, man habe ihm eine Entscheidung aufgezwungen. Einem ihm vertrauten Fürsten sagte er, wegen der kommenden Ereignisse »wasche er seine Hände in Unschuld«! Dennoch gab er ein erstes Zeichen, daß Kutusow wieder in Gunst stand, als er ihn in den Fürstenstand erhob. Noch Bedeutsameres sollte folgen.

Kutusow wurde am 17. August, also kurz vor der Schlacht von Smolensk, in das Landhaus des Zaren auf der Kamenny-Insel bestellt. Der Zar teilte ihm mit, daß er ihm das Oberkommando aller russischen Streitkräfte übertrage, ihm freie Hand bei der Kampfführung lasse, aber die Aufnahme von Verhandlungen mit Napoleon strikt untersage. Kutusow, der »unverwüstliche« Kutusow, dessen Schädel zweimal von einer Kugel durchschlagen worden war, versprach seinem Herrscher, daß der Feind über seinen Körper steigen müsse, um in Moskau eindringen zu können. Und er gestand ihm auf französisch, daß er »keinen Sou für die Reise« habe. Mit zehntausend Rubeln machte er sich zwei Tage später auf den Weg zum Heer. Beim ersten Pferdewechsel erfuhr er, daß Smolensk gefallen war.

Alexander hingegen reiste nach Finnland ab, um sich mit Bernadotte, seinem neuen Verbündeten, zu treffen. Die napoleonfeindliche Haltung des einen war nur mit der des anderen zu vergleichen. Sie verständigten sich rasch, und Alexander konnte unverzüglich drei neue Divisionen an der Front einsetzen, die in Finnland nicht mehr gebraucht wurden. Als er nach Sankt Petersburg zurückkehrte, bedrückte ihn die pessimistische Stimmung, die die Nachricht über den Fall von Smolensk hervorgerufen hatte. Während der Abwesenheit des Zaren verkündete überall dessen Bruder Konstantin, der Thronerbe, den die russische Niederlage in Friedland zutiefst schockiert hatte und der ganz von Napoleons Unbesiegbarkeit

überzeugt war, wie Joseph de Maistre berichtet,[20] daß es notwendig
sei, den Krieg einzustellen, den man überdies wegen des Zustandes
der russischen Armee unmöglich fortsetzen könne, wie er meinte.
Aber Konstantin war nicht der Zar – zum Unglück für Napoleon.

Außerdem konnte Napoleon überhaupt nicht wissen, was am
Hof seines Gegners vor sich ging. Weil er den Aussagen eines gefangenen Kosaken vertraute, glaubte er kurze Zeit, daß Alexander
zu den Armeen zurückgekehrt war. Er versuchte wieder, Friedens-
gespräche über die Vermittlung eines russischen Offiziers anzuknüpfen, der sich in Napoleons Generalstab gemeldet hatte, um
sich nach dem Schicksal des Generals Tutschkow zu erkundigen,
der in die Hände der Franzosen gefallen war. Auch diese Initiative
Napoleons blieb ohne den geringsten Erfolg.

Von Witebsk aus war er hundert Kilometer vorgerückt, um
erneut vor demselben Dilemma zu stehen: Sollte man nach dem
zweifelhaften Sieg von Smolensk stehenbleiben, sich mit diesem
erstaunlichen Vormarsch im Feindesland zufriedengeben, seine
Eroberungen organisieren, wobei man sie im nächsten Jahr weiterführen oder den Vormarsch auf Moskau oder auch Sankt Petersburg fortsetzen könnte? Das waren komplizierte Fragen, über die
alle Tag und Nacht nachgrübelten und die bewiesen, daß das Risi-
ko dieses Krieges weitaus mehr im Unternehmen selbst als in der
einen oder anderen Art der Kriegführung bestand. Wie in Witebsk
setzten sich der soldatische Instinkt und die Leidenschaft des obersten Feldherrn durch. Er war nicht in Witebsk stehengeblieben,
warum sollte er ein nun noch viel näheres Ziel aufgeben? Napoleons Strategie hatte stets darin bestanden, die feindliche Armee zu
verfolgen. Daran würde er vierhundertfünfzig Kilometer vor Moskau nichts ändern, während ihm die russische Armee offenkundig
nicht standhalten und ihn nicht abwehren konnte, wenn er ihr im
Herzen des russischen Reiches den Todesstoß versetzen würde, der
es ihm ermöglichen sollte, nach dem Sieg die Friedensbedingungen
zu diktieren. Napoleon, der überzeugt war, daß der Zar dem Feind
nicht die schönste und reichste Stadt seines Imperiums ausliefern
wollte und könnte, ohne entweder Verhandlungen anzuknüpfen
oder zu kämpfen, kündigte dem verzweifelten Caulaincourt seinen
Entschluß an: Noch vor Ablauf eines Monats werde man in Moskau sein und in sechs Monaten den Frieden geschlossen haben.

Caulaincourts Verzweiflung war leicht zu verstehen. Auch er hatte die *Geschichte Karls XII.* gelesen und befürchtete das Schlimmste.

Murat inmitten seiner Kavallerie und Davout an der Spitze seiner Infanterie jagten also der russischen Armee nach, die sich auf der Straße nach Moskau zurückzog. Napoleon hingegen blieb in Smolensk, das, so stellte er es sich vor, auf jeden Fall als Vorratslager und zugleich als militärischer Stützpunkt dienen sollte. Man mußte also die Kirchen und Klöster in Vorratslager verwandeln und sie nutzen, indem man Bekleidungs-, Proviant- und Munitionsreserven aus dem Hinterland und den benachbarten, vom Krieg wenig betroffenen Kleinstädten dort hinschickte, und man mußte die Mauern und Befestigungswerke wieder instand setzen. Die Lazarette waren in fünfzehn großen, vom Feuer verschonten Backsteingebäuden untergebracht. Weitere dringende Aufgaben bestanden darin, die Korrespondenz mit Paris zu erledigen, die seit zwei Wochen mehr oder weniger liegengeblieben war, eine Siegesmeldung über Smolensk und Walutina Gora zu verfassen und für die Sicherheit aller Poststationen zu sorgen. Ungefährdete, schnelle und bequeme Verbindungen mit Frankreich waren von allergrößter Bedeutung: Napoleon wollte, daß man alle Poststationen mit Schießscharten und Verschanzungen versah und dort stets Pferde bereithielt, daß jeweils eine Kompanie sie bewachte und daß man dort ein Geschütz aufstellte. (Das waren beruhigende, aber zwecklose Vorsichtsmaßnahmen, denn die Partisanen brauchten ja nur, wenn sie einen Kurier in ihre Gewalt bekommen wollten, ihm auf der Straße aufzulauern, auf dieser flachen, geraden und gefährlich ungedeckten Straße.) Schließlich unterhielt Napoleon einen engen und ständigen Kontakt mit seiner Vorhut. Davout und Murat schickten ihm mehrmals täglich Kuriere, die widersprüchliche Berichte überbrachten.

Sie waren bis vor Dorogobusch vorgedrungen, indem sie den Russen etwa fünfzig Kilometer nachsetzten, eine Verfolgungsjagd, die die Kavallerie viele Opfer kostete, denn Murat hetzte sie, ohne sie zu schonen, auf Erkundungsritte und in mörderische Gefechte. Das versetzte Davout in Wut, weil er sehr darauf bedacht war, das Leben seiner Männer zu schützen. Murat versicherte, daß die Russen »demoralisiert seien und daß man sie, sobald man sie erreichen

könne, nur anzugreifen brauche, um sie zu überwältigen, daß es
also genüge, schnell vorzurücken, um unterwegs die Gelegenheit
zu einem schönen Triumph zu finden. Marschall Davout behauptete entschieden das Gegenteil und erklärte, niemals habe er einen
besser organisierten Rückzug gesehen, bei dem es weniger leicht
sei, den Sieg zu erringen, indem man die Spuren des Feindes im
Galopp verfolge. Er glaubte, daß die Russen nach einer günstigen
Position suchten, wo sie sich bis zum Äußersten verteidigen würden, und wenn man eine Schlacht liefern wolle, wäre es gut, mit
vernünftig geschonten Streitkräften dorthin zu gelangen.«[21] Vor
Dorogobusch waren sie übereinstimmend der Ansicht, daß man
mit einer Schlacht rechnen müsse. Sie schickten einen Eilkurier,
um Napoleon zu benachrichtigen. (Murat und Davout hatten drei
Tage gebraucht, um die Strecke von Smolensk bis Dorogobusch zu
bewältigen, doch ein Reiter benötigte nur ein paar Stunden.)

Der Kaiser beschloß, mit seiner ganzen Streitmacht dorthin zu
marschieren. Darum brach er am Abend des 24. auf, nachdem er
noch am Morgen seine Garde losgeschickt hatte. Er sorgte dafür,
daß Saint-Cyr und Macdonald, die die Dwina im Nordwesten be-
wachten, und auch Schwarzenberg, der sein Hinterland im Süden
beschützte, benachrichtigt wurden. Er gab Anweisung, daß die
Witebsker Garnison nach Smolensk verlegt werden sollte, und
schließlich befahl er Ney und dem Fürsten Eugène, ebenfalls nach
Dorogobusch zu kommen, um sich mit Davout zu vereinen. Doch
am 25. waren die Russen verschwunden. Die Soldaten und die
Einwohner der Kleinstadt hatten sich so überstürzt aus dem Staub
gemacht, »daß sie eine große Menge an Proviant und selbst ihre
Kleidung zurückließen […]. Wir waren überrascht«, notierte Roman Soltyk, ein Offizier der kaiserlichen Suite, »daß wir gemachte
Betten fanden, was uns sehr gelegen kam.«[22]

Davon sollten sie nicht lange profitieren. Wie Davout entdeckte Napoleon in »diesen Marschpausen, denen plötzliche Rück-
züge folgten, nicht die Unentschlossenheit, sondern die tasten-
den Schritte einer Armee«,[23] die lediglich nach dem günstigsten
Gelände suchte. Es schien ihnen klar, daß man, wenn man den
Feind noch zwei oder drei Tage verfolgte, endlich auf die zu einer Schlacht bereite Armee stoßen werde. Da Napoleon schon die
drei Etappen, die Smolensk von Dorogobusch trennten, hinter sich

gelassen und die notwendigen Vorkehrungen getroffen hatte, um sein Hinterland zu schützen, zögerte er nicht, den Vormarsch nach Wjasma fortzusetzen.

Darum wurde die Verfolgung sogleich wieder aufgenommen, doch wurden die Transporte etwas verkleinert, indem man vor allem die Schiffe zurückließ, die zum Brückenbau benutzt wurden. Das Wasser hatte einen so niedrigen Stand und floß so langsam, daß Gerüstbrücken völlig genügten, um Flüsse zu überqueren. Napoleon äußerte großen Ärger über das Problem der persönlichen Fahrzeuge, die die Straßen unerträglich verstopften. Deshalb befahl er, all jene zu verbrennen, die man bei den Truppen entdeckte. Den Wagen des Generals Narbonne, seines Adjutanten, »sah er, als er vorbeikam, und vor den Augen dieses Generals ließ er ihn persönlich in Brand setzen, und zwar auf der Stelle, ohne zu gestatten, daß man ihn ausräumte [...]. Er selbst kümmerte sich darum, daß man vor ihm damit begann.«[24] Man steckte ein Strohbündel zwischen die vier Räder, und die Flammen ergriffen den schönen gelben Wagen. Der Kaiser galoppierte zufrieden davon. Ihm folgte General Narbonne, der, den Worten seines Freundes Montesquiou zufolge, viel weniger zufrieden war. Montesquiou setzte hinzu, daß man »Monsieur de Narbonne sehr bedauerte, und man tadelte die willkürliche Gewalt, die so grausam über ihren Nächsten herfiel«.[25] Sobald sich Napoleon entfernt hatte, rettete man allerdings die Karosse, und Montesquiou erkannte sie zu seiner Überraschung »gelb und wie goldbraun gebraten« in der Furt bei Wjasma wieder. Inzwischen hatte der Kaiser tausend Napoleondor an Narbonne schicken lassen, von dem er wußte, daß er nicht reich war. Duroc, der diesen Auftrag erledigen sollte, war so taktvoll, die Goldstücke in einer hübschen Schatulle zu schicken, in die das Wappen des Kaisers eingeprägt war, und ein paar schöne Bücher beizulegen. Narbonne verteilte das Geld an seine jungen Rekruten. Am nächsten Tag dankte er dem Kaiser und erzählte ihm, wofür er dessen Geschenk verwendet hatte. Er wies ihn darauf hin, daß sich zwei Texte Senecas – *Von den Wohltaten* und *Von der Seelenruhe* – besonders gut für diesen Feldzug eigneten. Napoleons Zornesausbrüche gegen seine nahen Mitarbeiter hielten nicht lange an, und er konnte ihre Nachwirkungen immer durch eine aufmerksame Geste beseitigen. Hierin bestand eine der sympathischsten Seiten

dieser Persönlichkeit. Ein militärischer Führer ist beinahe zwangsläufig hart, aber Napoleon verhielt sich nicht unmenschlich, vor
allem nicht den ihm nahestehenden Menschen gegenüber. So etwa
bekundete er seinem Stiefsohn eine überraschende Fürsorge, als er
ihm kurz nach dessen Heirat riet, sich eifriger um die eheliche Ge-
meinschaft zu kümmern: »In Ihrem Haus muß mehr Freundlich-
keit herrschen, das braucht Ihre Frau und Ihre eigene Gesundheit.
Eine junge Frau braucht Unterhaltung.«[26]

Ende August besserte sich die Moral der Truppen etwas. Trotz der
Feuer, die die geflohenen Bauern gelegt hatten, fanden diejenigen,
die als erste am Etappenziel eintrafen, Lebensmittel und Branntwein im Überfluß. Die Landgebiete hinter Smolensk schienen viel
reicher und fruchtbarer zu sein. Die Häuser waren verbrannt worden, doch in den Kellern und Nebengebäuden entdeckte ein pfiffi-
ger Soldat schnell, was er für sich und seine Kameraden brauchte.
Nur die Offiziere litten weiter Not, denn ihnen war das Requirieren verboten. Da sie verpflichtet waren, Vorbild zu sein, durften sie
nicht dieselben Ordnungswidrigkeiten begehen, und Caulaincourt
berichtet, daß »neben einem Soldatenbiwak, wo Hühner neben
Hammeln brieten, wo Schinken als schmackhafte Beilage zu Hun-
derten Eiern dienten, die man auf alle möglichen Arten zubereitete, manch ein General oder höherer Offizier Wasser trank und ein
Stück Schwarzbrot aß.«[27] Wenn sich die Soldaten den Bauch voll-
geschlagen hatten, schien es, als fänden sie etwas von ihrer Kraft
und ihrem Optimismus wieder, und trotzdem blieben die Verhältnisse außerordentlich hart.
    Die endlose, von der erdrückenden Sonne überstrahlte Ebene,
die lediglich von spärlichen Birkenwäldchen unterbrochen wurde, bot nicht das geringste Hindernis, und die Armee rückte »in
aller Eile« vor, »alle zugleich, querfeldein, mehrere Regimenter
nebeneinander, wobei jedes eine kurze und geschlossene Kolonne
bildete. Die sandige Landstraße überließ man der Artillerie, ihren Wagen und den ›fliegenden Lazaretten‹. Überall sah man den
Kaiser.«[28] Denn die Standhaftigkeit der Soldaten mußte gestärkt
werden, und der Anblick Napoleons erregte immer und unfehlbar
Begeisterung. Die Faszination, die der Kaiser auf seine Offiziere
ausübte, bewahrte sie vor jeder Insubordination, und das trotz

ihrer zunehmenden Vorbehalte; erstaunlicher war die herzliche Zuneigung, die die einfachen Soldaten für Napoleon empfanden, obwohl sie unglaubliche Leiden erdulden mußten und viele Kameraden vor Erschöpfung am Straßenrand starben. Ihre Treue beeindruckte schließlich die sie führenden Offiziere, während die im Hinterland – in den Garnisonen, die man eingerichtet hatte, um die Verbindungen mit Paris zu sichern – gebliebenen Militärs, die sich dieser Geisteshaltung kaum bewußt waren, weitaus pessimistischer und mutloser auftraten.

»Jeden Morgen [kam] der Kaiser durch die großen Massen, die sich auf der Landstraße bewegten. Diese Straße war sehr breit; sie ermöglichte unseren Truppen, in mehreren Kolonnen zu marschieren. Die Infanterie und die Kavallerie befanden sich rechts und links; die Artillerie und der Troß zogen in der Mitte. Wenn Napoleon einen Truppenteil erreichte, blieb dieser stehen und stellte sich unter Trommelwirbeln in Schlachtordnung auf. Auf den Feldern senkten sich die Adler der Grande Armée vor dem großen Mann: Nicht enden wollende Jubelrufe erklangen; freudig strahlten die Gesichter der Soldaten, die, wie es schien, all ihre Wünsche und Hoffnungen auf seine Person gerichtet hatten. Nur der Garde war es verboten, den Kaiser mit Hochrufen zu empfangen; da sie den Kaiser ständig eskortierte, hätte sich dieser Ruf zu oft wiederholt und wäre gewissermaßen banal geworden.«[29] Wie läßt sich diese Begeisterung erklären? Durch seine vertraulichen Umgangsformen? Durch die altbekannte, schon von Cäsar angewandte List, die darin bestand, die Männer bei ihrem Namen anzusprechen, sich an ihre Teilnahme bei anderen Feldzügen zu erinnern, sie am Ohr zu ziehen? Diese Erklärung wäre bequem und beinahe beleidigend. Man muß über sie hinausgehen.

Zunächst einmal gehörte Napoleon ganz und gar zur Armee und teilte ihre Bedrängnisse. Der einfache Soldat wußte, daß er Gefahren nicht fürchtete und niemals zögerte, sich ihnen während der Schlacht auszusetzen. Er wurde mehrmals verwundet, einmal sehr schwer am Fuß, doch er bemühte sich stets, diese Wunden zu verheimlichen oder zu verharmlosen, um nicht seinen Ruf, unbesiegbar zu sein, zu beeinträchtigen. Wenn er irgendwo lagerte, umgab ihn seine Garde. Oft sah man, wie er an einer Kolonne entlangmarschierte. Jeder wußte, daß er bei einem Feldzug keinerlei

Luxus verlangte. Er hatte uneingeschränktes Vertrauen zu seinen
Männern, was bei Herrschern selten zu finden war, und ging ohne
das geringste Zögern auf alle zu. Eine Anekdote, die viel später entstanden ist, denn sie stammt aus der Zeit, als er an Bord der *Bel-
lerophon* ging, jenes Schiffes, das ihn 1815 nach England brachte,
veranschaulicht seinen zwanglosen Umgang mit der Truppe. Der
Admiral schlug ihm auf der Brücke vor, den Befehl beim Exerzie-
ren der englischen Soldaten zu übernehmen. Da eine Bewegung
nicht so ausgeführt wurde, wie er wollte, »trat er lebhaft mitten
unter die Soldaten und schob die Bajonette mit beiden Händen
beiseite [...]. Da zeichnete sich auf den Gesichtern der Soldaten,
Offiziere und aller Zuschauer eine plötzliche und äußerst lebhafte
Regung ab; sie gab das Erstaunen wieder, daß man sah, wie sich der
Kaiser so mitten unter die englischen Bajonette wagte, von denen
manche seine Brust berührten.«[30] Die Engländer, die Napoleons
Vertrauen erschauern ließ, fragten nun Las Cases, ob er mit seinen
eigenen Soldaten oft so umgegangen sei. Sie hatten niemals erlebt,
daß Herrscher ein solches Verhalten zeigten.

Es stimmt, daß Napoleons Auftreten ungewöhnlich war. In den
Tuilerien oder an ausländischen Höfen konnte er den Kaiser her-
auskehren. In der Armee, in dem einfachen grauen Mantel, den
er bevorzugte, ließ sich noch der junge Revolutionsgeneral wie-
dererkennen. Am Hof redeten ihn seine alten Gefährten in der
dritten Person an, in der Armee durfte ihn ein einfacher Soldat
duzen, ohne daß er es übelnahm. Er ließ es sehr bereitwillig zu,
daß ihm der andere eine energische Antwort gab. Als er die Parade
eines Infanterieregiments abnahm, blieb er vor einem Sergeanten
stehen und fragte ihn, wie viele Verwundungen er habe. »Dreißig«,
antwortete der junge Mann. »Ich frage dich nicht nach deinem Alter, sondern nach der Zahl deiner Verwundungen«, entgegnete der
Kaiser. »Dreißig«, wiederholte der Sergeant. Napoleon drehte sich
zu dem Obristen um und sagte: »Dieser Mann versteht nichts.« –
»Sire«, erklärte der Oberst, »er versteht sehr gut. Er wurde dreißig-
mal verwundet.« – »Wie, und du hast nicht das Kreuz der Ehrenlegion?« rief Napoleon. Als er das gefragt hatte, bemerkte der Soldat,
daß der Riemen seiner Patronentasche die Auszeichnung verdeck-
te. Er zeigte dem Kaiser sein Kreuz und rief ihm zu: »Wohl habe
ich eines, aber zum Donnerwetter, eigentlich habe ich ein ganzes

Dutzend verdient.« Der Kaiser lächelte, zog ihn am Schnurrbart und sagte: »Ich mache dich zum Offizier.« – »In Ordnung, mein Kaiser, Sie konnten nichts Besseres tun«, antwortete der Mann.[31]

Napoleon reagierte unverzüglich auf das Verhalten der Männer bei Kampfhandlungen. Nichts stärkte seine Beliebtheit so sehr wie die Gewohnheit, die Belohnungen auf dem Schlachtfeld zu verteilen und die Tapfersten von ihren Kameraden nennen zu lassen. Das auf allen Ebenen wirkende Ruhmesverlangen hatte im Verlauf der Feldzüge nicht nachgelassen, und das um so mehr, als der Ruhm zwar nicht unbedingt Reichtum, wohl aber wenigstens die Hoffnung auf Geschenke oder Pensionen einbrachte, eine Hoffnung, in der sich niedrige Offiziere und einfache Soldaten oft enttäuscht sahen; doch das Kreuz der Ehrenlegion berechtigte unwiderruflich zu einer Pension, die, dem jeweiligen Dienstgrad entsprechend, zwischen zweihundertfünfzig und fünftausend Francs betrug.

Im Ancien régime hatte man den dritten Stand immer von militärischen Ehren ausgeschlossen. Bürgerliche durften nicht einmal zu den bescheidensten Dienstgraden aufsteigen. Selbst Napoleon konnte nur in die Militärschule von Brienne eintreten, »weil er seine adlige Ahnenreihe vervollständigte, was ihm die Entfernung und das unsichere Personenstandsregister des damaligen Korsikas ermöglichten«.[32] Als nach dem Ausbruch der Revolution alle ungehindert befördert werden konnten, zeigte sich in den Schichten des Volkes das heftige Verlangen, durch den Militärdienst aufzusteigen, und das konnte sich der Kaiser zunutze machen. Welche Ermutigung stellte doch die Maxime dar, die man ihm zugeschrieben hat: »Jeder Soldat trägt den Marschallstab in seinem Tornister.« Im Kaiserreich errang man gesellschaftlichen Aufstieg, Reichtum und Ansehen auf dem Schlachtfeld. In seiner Armee gab es zwar viele Offiziere aus der Zeit des Ancien régime – aber wie viele Söhne des Volkes wurden zu Generälen und Marschällen ernannt! Das Beispiel Murats, des Sohns eines Gastwirts, und Neys, des Sohns eines Böttchers, die sich in ihren prächtigen Uniformen hoch zu Roß unter ihnen tummelten, die reich, respektiert, unentbehrlich waren und denen man gehorchte, elektrisierte weiterhin die einfachen Soldaten. Selbst wenn sich die aufsehenerregenden Beförderungen der Revolutionsjahre und der ersten Feldzüge Napoleons nicht fortsetzten, selbst wenn die Anforderungen an Kultur und

Bildung die Absolventen der Militärschulen begünstigten, hofften
die einfachen Soldaten immer noch, daß ihnen ihr Mut und ihr
Dienstalter eine oder zwei Tressen einbringen würden.

Außerdem waren diese Männer von dem Gefühl erfüllt, daß ihr
Kaiser sie immer aus der Gefahr retten könnte, was gleichsam ein
Abbild der Hochachtung war, die ihre Vorgesetzten dem Kaiser
entgegenbrachten. Man bewunderte Napoleon; seine schwindeler-
regende Karriere wirkte erstaunlich. Einprägsam schildert Montesquiou diese Faszination durch die Macht seiner moralischen
Größe, »deren bloße Vorstellung die Herzen der schwärmerischen
Menge zutiefst entzückte, die sich drängte, wenn er vorbeikam,
um ihn zu sehen, zu betrachten und sich eines Tages rühmen zu
können, ihn gesehen zu haben.«[33] Sobald man ihn erblickte, erwachte das Vertrauen wieder. In Rußland kam es zwar zu immer
häufigeren Desertionen, doch dabei handelte es sich meistens um
junge Rekruten, Ausländer und einige Hitzköpfe. Stets blieb ein
unüberwindlicher, heldenhafter Kern furchtloser Soldaten bestehen, die nie zögerten, einen Sturmangriff zu unternehmen und
die Toten und Sterbenden zu ersetzen, die dem Kaiser selbst noch
zujubelten, wenn sie im Kampf fielen, Männer, die nicht wankten,
während sich selbst die Offiziere allmählich fragten, ob das ganze
Abenteuer einen vernünftigen Sinn habe.

Die Truppe hatte es gleichwohl sehr nötig, ermutigt zu werden, denn, wie Heinrich von Brandt berichtet, der Marsch von
Smolensk nach Gschatsk, der auf dem weichen Sandboden einer
wie die Champs-Élysées breiten Straße vom 24. August bis zum
3. September dauerte, war einer der beschwerlichsten. »Es herrschte schlimmste Hitze. Wütende Windstöße wirbelten derart dichte
Staubwolken hoch, daß wir die großen Bäume am Straßenrand
oft nicht mehr erkennen konnten [...]. Dieser glühende, ständige Staub war eine wirkliche Qual. Um sich vor ihm zu schützen,
fertigten sich viele Soldaten improvisierte Konservationsbrillen*
aus Glasscherben an. Andere marschierten mit dem Tschako unter dem Arm und hatten ein Taschentuch um den Kopf gebunden,
das nur eine Öffnung ließ, die gerade so groß war, daß man sich

---

* Schutzbrillen. Man stritt sich um sie, weil der Staub die Augen reizte und
  man sie nicht mit sauberem Wasser ausspülen konnte, so daß die Sehkraft
  schließlich beeinträchtigt wurde.

orientieren und atmen konnte. Wieder andere banden sich Girlanden aus Blättern: Seit damals bot die Armee deshalb einen zuweilen sonderbaren Anblick, doch sobald der kleinste Regenschauer niederging, verschwand jede Spur dieser Maskerade.«[34] Dabei erwähnte Brandt gar nicht die Mücken, schwarzen Fliegen, Flöhe, Wanzen und anderen Insekten, die die Pferde peinigten, die Männer zerstachen, jede Ruhepause vergifteten und Fieber und Infektionen hervorriefen.

Sie erreichten Wjasma, eine der reizvollsten und geschäftigsten Städte der Region, und konnten den Brand löschen, den die Russen gelegt hatten. So retteten sie einen Teil der Wohnhäuser, die meisten fielen jedoch den Flammen bald zum Opfer, weil die Franzosen, die es nicht erwarten konnten, ihr Brot in den lehmbedeckten Holzöfen zu backen, wie man sie in allen Häusern vorfand, das Feuer zu heftig anfachten, was die Öfen platzen ließ. Diese besonderen, sieben oder acht Fuß hohen und breiten Backöfen durften nur vorsichtig gefüllt werden. Die Soldaten stopften jedoch alles Brennbare – Türen, Fensterläden, Fußbänke – hinein, und eine Stunde danach standen sie vor den rauchenden Trümmern des Hauses.[35]

Alle Einwohner waren geflohen, außer dem vor Angst gestorbenen Erzbischof, dessen Leichnam man in der Sakristei der größten Kirche aufgebahrt hatte, wie Montesquiou erzählt, und ganz wenigen Bürgern, einem Perückenmacher aus Straßburg, der sich als Hauslehrer in der Stadt niedergelassen hatte, und einem sehr intelligenten Bäckerjungen, der erklärte, so Caulaincourt, daß die Kosaken der Nachhut Zündschnüre oder einfache Strohbündel vorbereitet und Feuer gelegt hätten, sobald der Feind in Sicht gekommen sei. Überall wiederholte sich das gleiche Bild. Man war so sehr daran gewöhnt, erzählt Castellane, daß man nur daran dachte, ob einen das Feuer bald erreichen könnte. Je näher der Feind kam, desto schneller suchten die Wohlhabenden unter der einheimischen Bevölkerung das Weite und ließen ihren Besitz zurück, und die Ärmeren, die an Ort und Stelle blieben, verbrannten und zerstörten, was die Reichen nicht mitnehmen konnten. »Ganz Rußland wich vor uns zurück. Der Kaiser spürte, daß ihm eine der wichtigsten Ressourcen seiner Eroberung mit dieser Bevölkerung entglitt.«[36] Er gab sich den Anschein, darüber zu lachen und sich

»über diese Leute« lustig zu machen, »die, wie er sagte, ihre Häuser verbrannten, um uns daran zu hindern, eine Nacht in ihnen zu schlafen«.[37] Doch er konnte nicht verbergen, wie sehr ihn diese unbegreifliche, undurchschaubare, unlogische Politik beunruhigte. Warum »sollte man sich selbst schlimmeres Unheil zufügen, als der Feind einem bereiten könnte, wenn er gesiegt hätte [...]? Man hat Armeen und Soldaten, um zu kämpfen. Es ist Wahnsinn, soviel Geld zu vergeuden, wenn man keinen Nutzen daraus zieht.«[38] Ein Volk, das bereitwillig, ohne zu murren oder sich zu sträuben, so schwere Opfer brachte, war ein ungewöhnlicher Feind, ein gefährlicher Feind.

Dieser nicht zu fassende Gegner zog ihn immer weiter ins Land. Lange hatte er die Vor- und Nachteile der beiden Möglichkeiten erwogen, für die er sich entscheiden konnte. Und es schien, als wäre der endgültige Entschluß nicht von ihm, sondern für ihn getroffen worden: Ein oder zwei weitere Märsche sollten ihn nicht davon abhalten, die Entscheidungsschlacht zu suchen. Die allmähliche Zermürbung bewog ihn zu diesem Entschluß. Auf der Straße nach Gschatsk machte man zwei Gefangene, die einen zumindest überraschenden Eindruck hervorriefen. Caulaincourt hat diesen Zwischenfall geschildert. Die Vorhut faßte einen Kosaken, dessen Pferd man kurz zuvor getötet hatte, und einen Schwarzen, der – vielleicht zu Recht – behauptete, er sei der Koch des Hetmans Platow, des Anführers der Donkosaken. Murat schickte die beiden zum Kaiser, der Wert darauf legte, ihrem von seinem Dolmetscher durchgeführten Verhör beizuwohnen. Man mußte dem Kosaken ein Pferd und ein paar Goldstücke versprechen, um sein Vertrauen zu gewinnen und ihn gesprächig zu machen. Und er begann höchst bereitwillig zu reden, sobald er festgestellt hatte, daß sein neues Pferd prächtig aussah. Ein Kosak ohne Pferd bewegte sich gleichsam in einem unbekannten Element, und es wirkte lächerlich, wenn er laufen mußte. Seine Beine waren weit auseinandergespreizt, weil er es gewohnt war, die Beine um die Flanken des Pferdes zu klammern, und sie ähnelten, wie Constant erklärt, den runden Griffen einer Zange.[39] Um ihn vollends heiter zu stimmen, gab man ihm außerdem Branntwein, den er wie reines Wasser hinuntergoß, und er streckte sein Glas vor, um es sich höchst liebenswürdig wieder füllen zu lassen. Das zugleich ernste und geistreiche

Gesicht des jungen Mannes nahm Napoleon für ihn ein. Der Junge
teilte nun eine wichtige Neuigkeit mit: Kutusow sei bei der Armee
eingetroffen, um an die Stelle Barclays zu treten. Ob er ihn gesehen
habe? Nein, aber einen Tag zuvor sei ein junger Offizier gekommen, um mit dem Kosakenkommandeur zu sprechen, und er habe
es ihm gesagt, wobei er hinzufügte, der Adel habe Alexander zu
diesem Entschluß genötigt, und die Armee freue sich sehr über
diesen Wechsel. Der Schwarze hingegen war eine unerschöpfliche
Informationsquelle über die Tafelgewohnheiten seines Hetmans.
Doch von den Bewegungen der Armee wußte er nichts. Er trat ungeniert und zutraulich auf; er stellte mehr Fragen, als er beantwortete, und er wollte wissen, mit wem er sprach. Man konnte ihn nicht
überzeugen, daß ihn Kaiser Napoleon, der Zar der Franzosen, ver-
hörte. Dafür gab es einen einfachen Grund: Er hielt es für unmöglich, daß sich der Zar so dicht bei der Vorhut befand und damit
dem Feind so nahe war. »Selbst Platow bleibt nie bei der Vorhut,
und die russischen Generäle kommen nie zu uns, den Kosaken.
Wenn die Russen in die Vorhut zu den Kosaken kämen, stünden
die Franzosen nicht vor den Toren von Gschatsk, denn es gibt viel
mehr Russen und Kosaken als Franzosen, und die Kosaken haben
keine Angst vor den Franzosen«, erklärte er. Danach zeigte er die
komischsten Grimassen und Verrenkungen, bevor er zu Murat zu-
rückgeschickt wurde, weil er ihm als Führer dienen sollte, denn er
hatte behauptet, daß er die Gegend genau kenne. Doch der Kaiser
hörte weiter dem Kosaken zu, der sich einfach und vernünftig äußerte: »Gäbe es Kosaken in Napoleons Heer, wäre er schon lange
Kaiser von China. Man läßt nur die Kosaken kämpfen; sie sind jeden Tag an der Reihe. Während die Russen schlafen, wachen die
Kosaken […]. Die russischen Generäle lieben ihre Bequemlichkeit
viel zu sehr; sie schlafen viel zu gern. Sie brauchen Kissen, ihren
ganzen Komfort; sie denken nur an sich selbst und kümmern sich
überhaupt nicht um die Soldaten. Die Franzosen schlagen sich gut,
aber sie nehmen sich nicht in acht. Sie plündern gern; sie entfernen
sich von der Armee, um die Häuser zu durchsuchen, und das nutzen die Kosaken, um täglich sehr viele gefangenzunehmen. Ohne
die Kosaken wären die Franzosen schon in Moskau, in Petersburg
und selbst in Kasan.«[40] Napoleon ließ ihn gehen. Er dachte bereits
über den unvermeidlichen Zusammenstoß mit Kutusow nach und

freute sich, seinem alten Gegner entgegenzutreten, so daß »Kaiser Alexander in zwei Wochen keine Hauptstadt und keine Armee mehr haben würde«.[41]

Die Strecke von Wjasma nach Gschatsk wurde recht schnell in einem langen Tagesmarsch zurückgelegt, so daß genug Zeit blieb, die Kleinstadt vor den Flammen zu retten. Diese Aufgabe wurde von den Wolkenbrüchen erleichtert, die seit dem 1. September auf die ganze Gegend niedergingen. Der heftig wütende Regen führte schon am nächsten Tag zu unlösbaren Problemen. Der Staub hatte sich in dichten, schlüpfrigen Schlamm verwandelt, in dem Männer und Pferde einsanken. Die Artillerie kam nicht mehr voran, und die Troßpferde stürzten, ohne wieder aufstehen zu können. Daraufhin beschloß Napoleon, einen Halt von mehreren Tagen einzulegen.

Da auch ihn der äußerst schlechte Zustand der Armee erschreckte, mußte er einsehen, daß eine Ruhezeit unbedingt notwendig war, bevor er die Armee in die von ihm erwartete Entscheidungsschlacht schicken konnte. Eine oft schwer zu erreichende Ruhe: Die Offiziere, die in den wenigen stehengebliebenen Holzhäusern einquartiert waren, konnten nicht schlafen, so sehr wurden sie von Wanzen gepeinigt. Die Truppenstärke hatte sich weiterhin entsetzlich verringert. Man darf nicht vergessen, daß die ständigen Scharmützel zwischen der Vorhut der einen Armee und der Nachhut der anderen viele Opfer kosteten. Der Württemberger Christian Wilhelm von Faber du Faur erläuterte, daß nach der Neuformierung ihrer Truppenteile, die wegen der großen Verluste unerläßlich war, ihre drei Brigaden nur noch drei Bataillone bildeten. Nun umfaßt eine Brigade aber sechs Bataillone von achthundertvierzig Mann. Das württembergische Kontingent war also auf ein Sechstel seines Bestandes zusammengeschmolzen. Zwei portugiesische Regimenter, die zu ihrem Armeekorps gehörten, hatten mehr als drei Viertel ihrer Männer eingebüßt. Da sie schlecht ausgebildet waren und sich den Bedingungen nicht anpassen konnten, hatten sie mehr als andere unter dem Klima und den Entbehrungen gelitten. Was bei diesen letzten Märschen am meisten erschreckte, waren nicht die Verluste, die man bei den Kämpfen in Smolensk und Walutina Gora erlitten hatte, sondern diejenigen – mehr als 10 000 Mann, schätzte man –, die entweder bei den Märschen vor Erschöpfung gestorben oder beim Requirieren gefangengenommen worden waren.

Das Schicksal dieser Gefangenen rief Entsetzen hervor, weil die Grausamkeit, mit der die Russen über ihre Opfer herfielen, weiter zunahm.

Dawydow, ein russischer Offizier und Befehlshaber einer Truppe, die aus ungefähr fünfzig Husaren und achtzig Kosaken bestand, stellte in seinen Memoiren das von ihm praktizierte System dar.[42] Er und seine Männer wichen zusammen mit der russischen Armee zurück, kehrten aber später um, wobei sie Waldpfade fern von der Landstraße benutzten. Sie gingen also den Franzosen aus dem Weg und drangen zu Dörfern vor, die so weitab lagen, daß ihre Einwohner sie nicht verlassen hatten, und die reich genug waren, um die Furageure der Armee anzulocken. Die Einheimischen mißtrauten allen Ortsfremden, und Dawydow schildert den äußerst unfreundlichen Empfang durch die Dorfbewohner. Die Männer hatten sich mit Spießen, Sensen, Gabeln und Äxten bewaffnet und drängten sich vor ihnen zusammen, um ihnen den Durchgang zu versperren. Er mußte sich ihnen allein nähern und mit dem Popen oder dem Dorfvorsteher verhandeln. Dawydow stellte fest, daß seine Uniform die Bauern erschreckte. Für sie war jede Uniform französisch. Außerdem verstanden sie nicht immer Russisch. Man mußte sie also beruhigen. Schließlich verzichtete Dawydow auf die Uniform, zog einen Bauernkittel über und hängte sich eine Ikone des heiligen Nikolaus anstelle seines Sankt-Annen-Ordens um den Hals. Dies ermöglichte es ihm und seinen Männern, die Dörfer mühelos zu betreten, sich dort zu verstecken und die Ankunft der auf Proviantsuche ausgezogenen Franzosen zu erwarten. Die Überraschung trug dazu bei, daß sie oft hundert Männer auf einmal überwältigten. Und Dawydow lag nicht als einziger auf der Lauer. Gleichermaßen verhielten sich kleine Kosakentruppen in der ganzen Umgebung. Das Schicksal der Gefangenen war grauenhaft: Zuerst wurden sie von den Dörflern mißhandelt, geschlagen, mit Steinen und Stöcken verletzt und hierauf von den Kosaken ergriffen. Dann schleppte man sie wie Vieh durch Rußland bis nach Archangelsk.

Napoleon schickte einen Brief und einen Befehl nach dem anderen, um »einen Zustand zu beenden, der die Vernichtung der

Armee heraufbeschwört [...]. Die Zahl der vom Feind gemachten Gefangenen beträgt täglich mehrere hundert [...]. Bei Androhung der strengsten Strafen muß man den Soldaten verbieten, sich von der Truppe zu entfernen [...]. Es ist unbedingt notwendig, daß die Furageure von der Kavallerie vollständig geschützt werden.«[43] Doch als die entkräfteten, vom heftigen Regen durchnäßten Pferde in Gschatsk eingetroffen waren, konnte man mit ihnen diese Aufgabe nicht zufriedenstellend erfüllen, und die Biwaks, die seit dem Einsetzen des Regens kalt und unangenehm geworden waren, schwächten die Männer dermaßen, daß man für das Furagieren keine Verstärkungen mehr fand. Schon seit einigen Tagen wurde es allmählich kalt, sobald die Sonne untergegangen war.

Die Tage wurden kürzer. In der Abenddämmerung nahm man ein sonderbares Geräusch wahr, so etwas wie ein dumpfes Beben, und man erkannte weiße Gestalten, die sich vom grauen Himmel abhoben. »Die Schwäne fliegen fort«, erklärte ein Pole. »Sie fürchten sich vor dem Eis, und das Geräusch, das ihr hört, ist ihr Schnabelklappern.« Nach dreitägigen Wolkenbrüchen sah man, daß Rauhreif die Erde bedeckte. Dann setzte der Regen wieder ein. Das schlechte Wetter war so schrecklich und unerträglich für die Männer und zerstörte die Wege so sehr, daß der Kaiser beinahe seinen Vormarsch abgebrochen hätte und nach Smolensk zurückgekehrt wäre, um dort seine Winterquartiere zu beziehen. Doch das Schicksal entschied anders. Am 4. September schien die Sonne, eine hell leuchtende Sonne, die innerhalb weniger Stunden die Stiefel, die Kleidung und die Straßen trocknete. Napoleon befahl Murat und Davout, sich gegen Mittag in Marsch zu setzen. Man öffnete die Absperrung aus spanischen Reitern, die die Straße nach Borodino schützte. Die übrige Armee folgte ihnen und zog an dem sonderbaren Wachhäuschen vorbei, das mit einem schwarzweißen Schachbrettmuster bemalt war und wo in Friedenszeiten ein Posten die Hinein- und Herauskommenden überwachte. Hinter sich ließen sie eine in Flammen stehende Stadt: Da die Soldaten schleunigst abmarschieren wollten, kümmerten sie sich nicht darum, die Feuer zu löschen, die angefacht wurden, sobald der Regen aufgehört hatte, und wieder einmal hatten sie die Öfen so vollgestopft, daß diese nacheinander platzten. Die kleine Stadt, deren Häuser weiß gestrichen waren und azurblaue Simse hatten, die sauber und elegant aussah, was, wie Brandt berichtet, bei den russischen Städten sehr selten war, wurde vollständig zerstört.[44]

Tatsächlich hatte der Zufall nicht alle diese Brände verursacht. Nach Smolensk, dem Punkt, wo nach der Vorstellung des französischen Soldaten das frühere polnische Staatsgebiet endete und das Rußlands begann, erlegte sich die Truppe keine Zurückhaltung mehr gegenüber dem Land und seinen Bewohnern auf, und die Vorgesetzten ergriffen außerdem keinerlei Maßnahmen, um die einheimischen Ressourcen zu schützen. Die Truppe genoß das Vergnügen, Schaden anzurichten oder sich brutal an den Einwohnern für die Übel zu rächen, die sie zu ertragen hatte. Da Ausschreitungen nicht bestraft wurden, ließ sich der Soldat zu ihnen verleiten, als wären sie erlaubt. Er verschonte nicht einmal die geweihten Stätten: Pferde, Männer und Troß wurden dort durcheinander untergebracht. Diese Kirchenschändungen trugen dazu bei, die Bauern zu überzeugen, daß Napoleon einen Vernichtungskrieg führte. Derartige Überlegungen wurden nicht von den Russen, sondern von einem französischen General, dem Comte de Chambray, geäußert.[45] Seit Smolensk hatte der Marsch auf Moskau schließlich den Charakter einer Invasion nach Art der Barbarenstürme angenommen. Die Städte – Smolensk, Wjasma oder Gschatsk – litten nicht als einzige; auf einem etwa sechzig Kilometer breiten Landstreifen wurden alle Schlösser und Dörfer verwüstet. Das war kein nach europäischen Regeln geführter Krieg mehr.

Um Moskau zu erreichen, mußte man noch hundertzwanzig Kilometer zurücklegen.

VI
Ein Schlachtfeld voller Toter

Napoleon wußte nun, daß Kutusow an Barclays Stelle getreten
war, und freute sich, daß der neue Oberbefehlshaber nicht auf
eine Schlacht verzichten konnte, um ihm den Weg nach Moskau
zu versperren. Die Strategie, den Feind vernichtend zu schlagen
und dann gegen dessen Hauptstadt vorzurücken, war für ihn stets
erfolgreich gewesen.* Allerdings mußte er eine Gelegenheit zum
Kampf bekommen. Und tatsächlich war Kutusow zwar überzeugt,
daß ein solcher Kampf hohe Verluste bringen und erfolglos enden
würde, doch durfte er es sich nicht erlauben, sich über die Befehle des Zaren hinwegzusetzen, noch weiter zurückzuweichen und
die Einnahme Moskaus ohne Gegenwehr hinzunehmen. Als er in
dem einige Meilen von Gschatsk entfernten Zarewo Saimischtsche
eintraf, gab das den Truppen Auftrieb und stärkte die Moral der
Offiziere. Wie immer spielte er die Rolle eines einfachen Mannes:
Umgeben von seinen Generälen, saß er auf einer Bank vor einer
Isba-Hütte und beobachtete die Soldaten, die, sobald sie ihn bemerkten, damit begannen, ihre Waffen zu reinigen, ihre Uniformen auszubessern und ihre Ausrüstung in Ordnung zu bringen.

Da er den Soldaten zu gefallen wußte, erklärte er ihnen freundlich, er wolle sich vergewissern, daß es ihnen gutgehe. Ein Soldat
müsse sich auf den Sieg vorbereiten, indem er etwas ausruhe, eine
Schale Kascha esse und einen tüchtigen Schluck Wodka trinke,[1]
sagte er. Solche Worte waren charakteristisch für Kutusow, der
entschlossen war, das schreckliche Los der Soldaten durch diese
vorgetäuschte Fürsorge erträglicher zu machen. Diesen Mann, der
dermaßen dick war, daß er nicht mehr laufen konnte und sogar
aufs Schlachtfeld in einem kleinen, von vier Pferden gezogenen of-

---

* Außer in Spanien, aber dort war die Lage anders. Der König und sein Sohn
  hatten zugunsten von Joseph Bonaparte auf den Thron verzichtet, und dort
  führte Napoleon außerdem nicht persönlich die Operationen. Wäre er 1809
  nach Spanien zurückgekehrt, so hätte er wahrscheinlich den Aufstand unterdrückt.

fenen Wagen fuhr, hatte eine schreckliche Wunde vollständig entstellt: Eine Kugel hatte seinen Kopf durchbohrt und war aus einer Augenhöhle ausgetreten. Kutusow hatte sein Augenlicht beinahe ganz eingebüßt und war nicht in der Lage, an der Spitze seiner Truppen zu reiten. Tolstoi stellte ihn sich vor, wie er »schwerfällig zusammengesunken und hin und her schwankend auf seinem munteren Pferdchen saß, das sich unter der Last krümmte«,[2] doch er wirkte unwiderstehlich und wurde von seinen Soldaten wie von seinen Offizieren abgöttisch verehrt.

Einer seiner Generalstabsoffiziere sagte über ihn: »Kutusow sprach nicht einfach wie andere, sondern spielte mit den Worten. Er war wie ein zweiter Mozart, wie ein zweiter Rossini, der die Ohren mit der Melodie seiner Unterhaltung bezauberte [...]. Niemand konnte charmanter und wohlwollender als er wirken, wenn er jemanden verführen oder täuschen wollte. Dieser scharfsinnige Politiker teilte den Ruhm nicht gern [...]. Wie der Wurm in der Frucht untergrub er unauffällig die Position all jener, von denen er glaubte, daß sie ihm einen Teil seines Ruhmes nehmen wollten.«[3] Kutusow ließ sich vor die Regimenter tragen, nahm ihre Parade ab und rief: »Wie sollte es möglich sein, sich mit solchen Prachtkerlen aus dem Kampf zurückzuziehen?« Danach gab er den Rückzugsbefehl. Er wollte das geeignete Gelände auswählen, um seine große Schlacht zu liefern, und hielt das von Barclay ausgesuchte für ungeeignet.

Er entschied sich für eine Stellung, die in der Nähe des Dorfes Borodino lag. Es war in Rußland nicht leicht, eine gute taktische Position zu finden, wie Clausewitz kommentiert: »Da, wo es noch große Moräste gibt, ist das Land so bewaldet, daß man Mühe hat, Platz zur Aufstellung einer bedeutenden Truppenzahl zu finden; wo die Wälder gelichtet sind, [...] ist der Boden flach, ohne bestimmt ausgesprochene Bergrücken, ohne tief eingeschnittene Täler, [...] folglich überall zu passieren, die Dörfer von Holz, zur Verteidigung nicht geeignet. Dazu kommt, daß man doch auch in diesen Gegenden selten eine freie Umsicht hat, weil sich überall kleinere Waldpartien befinden. Man hat also keine große Wahl unter den Stellungen. Wenn nun, wie dies mit Kutusow der Fall war, ein Feldherr sich ohne Zeitverlust schlagen, folglich innerhalb einiger Märsche die Gelegenheit dazu finden soll, so sieht man wohl ein, daß er mit wenigen Möglichkeiten vorliebnehmen muß.«[4] Er machte also

in Borodino halt, da sich keine bessere Möglichkeit bot. Man mag
sich fragen, warum er es nicht vorzog, noch weiter zurückzuweichen – denn wie Barclay vertrat er die Ansicht, der Rückzug bleibe
die beste Strategie gegen die Franzosen – und Moskau zu verteidigen, selbst wenn er dort einer Belagerung standhalten müßte. Das
erklärte sich in erster Linie damit, daß die verhältnismäßig niedrige Lage einer Stadt mitten in einem Tal, wie dies für Moskau zutraf,
sich kaum für diese Taktik eignete. Zudem hatte die Schlacht von
Smolensk die Stabilität der russischen Mauern (die Festungswerke
des Kremls schienen wie die von Smolensk unüberwindlich) und
zugleich die Feuerkraft der feindlichen Artillerie bewiesen, die, da
sie die Mauern nicht zerstören konnte, ihre Kugeln über die Befestigungsanlagen geschossen und die Stadt selbst in Brand gesteckt
hatte. Nun wollte aber der Zar genausowenig wie Kutusow, daß
Moskau zerstört wurde. Die beste Lösung bestand also darin, die
Schlacht vor der Hauptstadt in Borodino zu schlagen.

Die russische Armee hielt ein ungeheuer weites Gelände besetzt:
Es dehnte sich von einem Flügelende zum anderen auf mehr als
zehn Kilometern aus. Ihr rechter Flügel, an der Moskwa gelegen,
die an dieser Stelle durch keine Furt überwindbar war, ließ keinen
feindlichen Angriff zu; ihrem linken Flügel drohte weitaus größere Gefahr, denn die Straße nach Moskau, die an diesem Punkt einen Winkel bildete, schloß sie gewissermaßen ein. Clausewitz, der
damals einen zu unbedeutenden Rang hatte, um seine Meinung
laut zu äußern, urteilte höchst zutreffend: »Ferner ist schon jede
Aufstellung an einem Punkt, wo wie hier die Straße einen starken
Winkel macht, eine sehr schlimme Sache, denn das Umgehen ist
von seiten des Feindes mit dem bloßen Vorrücken schon halb geschehen, die Rückzugslinie ist von Hause aus stark bedroht und
dadurch der Widerstand in einem hohen Grade gelähmt.«[5] Das
gab dem Angreifer von vornherein einen Vorteil, weil seine Aufstellung dann eine konkave, das heißt umschließende Form hatte, während die des Verteidigers konvex war. Wenn die Franzosen vorrückten, konnten sie ihre Kanonade geballt auf den Feind
richten, was ihnen eine größere Feuerkraft verschaffte. Dann blieb
noch das Zentrum. Es erstreckte sich über ein Gebiet, das wenig
Schutz bot.

Die wenigen Tage Vorsprung, die die Russen hatten – der Regen hielt die Franzosen fest, so daß sie nicht über Gschatsk hinauskamen –, wurden von ihnen für Befestigungsarbeiten genutzt, um die ungünstigen natürlichen Verteidigungsstellungen in diesem äußerst flachen und offenen Gelände zu sichern. Das russische Zentrum wurde mit einer kleinen Schanze gedeckt, die man weit vor der eigentlichen Stellung aufgeworfen hatte und die man ›Schewardino-Redoute‹ nannte. Weiter hinten errichtete man rasch drei zusätzliche Schanzen. Diese Feldschanzen dienten als kleine Zitadellen, die mit Geschützen bestückt und von Gräben umgeben, mit Palisaden verstärkt und mit gefällten Bäumen versperrt waren, um sie gegen jeden Durchbruchsversuch zu verteidigen und die Artilleristen, die sie besetzt hielten, zu schützen. Manchmal hob man zusätzlich noch Löcher in der näheren Umgebung aus, damit die Angreifer hineinstürzten. Man hatte diese Schanzen in aller Hast auf Sandboden errichtet, und sie wären außerordentlich leicht zu überwinden gewesen, wenn ihre Verteidiger nicht unglaublich hartnäckig standgehalten hätten. Die größte, die eine V-Form besaß (und von den Russen als ›Rajewski-Schanze‹ bezeichnet wurde, nach dem Namen des Artilleriegenerals, der sie verteidigen sollte, während die Franzosen sie einfach ›Große Redoute‹ nannten) und als einzige von wirksamer Stärke war, bildete den Kern der gesamten Verteidigungsstellung. Der ganze Raum vor der Batterie wurde vom Kreuzfeuer der Kanonen verteidigt; über eine Länge von einhundertfünfzig Metern hatte man eine Reihe von Wolfsfallen verteilt und große Baumstämme eingerammt, deren scharfe Spitzen auf die Kavallerie gerichtet waren, und man hatte die ›Kehle‹, also die hintere Öffnung, mit einer doppelten Palisade geschlossen.

Kutusow wollte auch seine Truppenstärke erhöhen. Man konnte ihm nur die Moskauer Landwehr schicken, 10 000 Mann, die mit Piken bewaffnet und kaum imstande waren, irgend etwas auszurichten. Sein Heer umfaßte annähernd 140 000 Mann, wovon 15 000 zur Reserve gehörten. Die Franzosen schickten 100 000 Infanteristen und 30 000 Kavalleristen in den Kampf. Es standen sich also etwa gleich große Truppen gegenüber, nur daß sich die russischen Pferde in einem weitaus besseren Zustand befanden.

Die Franzosen verließen Gschatsk am 4. September und marschierten auf einer Strecke, die noch schlimmer verwüstet war als

all jene, die sie zuvor durchquert hatten. Wie General Dumonceau
berichtet, hatten die Russen alles Weideland gemäht, alle Bäume
gefällt und alle Dörfer verbrannt. »Wir hatten nichts zu essen, kein
Futter für die Pferde und nichts, wo wir uns am Marschziel un-
terstellen oder aufwärmen konnten.«[6] Am folgenden Tag zog die
riesige Kolonne weiter, deren Ende selbst Dumonceau, der zur
Vorhut gehörte, nicht zu erkennen vermochte. Sie kamen am großen Kloster von Kolotskoi vorüber, einem gewaltigen, mit weißen
Mauern und Gräben umgebenen, befestigten Gebäude, dessen mit
Ziegeln in allen Farben gedecktes Dach über dem Staub erglänzte,
den die Soldaten und Pferde aufgewirbelt hatten. Die Mönche hatten es verlassen, und es sollte schon am nächsten Tag als Lazarett
dienen. Der Kaiser, der an mehreren Armeekorps vorbeigaloppier-
te, holte die Vorhut ein und hielt drei Kilometer vor Borodino. Er
besichtigte die Ebene, die sich jenseits einer Bodenwelle erstreckte.
Dort sollte es zur Entscheidungsschlacht kommen.

In dem Gebiet vor seiner Armee lief ein kleiner, halb ausgetrockneter Fluß, die Kolotscha, in gerader Linie nach Osten. Vor
dem Dorf Borodino wandte er sich nach Norden und floß an
sehr steil ansteigenden Hügeln entlang, bevor er in die Moskwa
mündete. An dieser Linie wartete die russische Armee. Im Süden
waren die Abhänge der Hügel weniger steil. An ihrem Fuß zogen
sich Schluchten entlang. Das Ganze machte einen so verworrenen
Eindruck, daß nicht sofort zu erkennen war, wie sich daraus ein
Vorteil ziehen ließe. Die Russen hatten diese Seite mit großen Erd-
aufschüttungen und einigen Befestigungen verstärkt. Napoleon
sah auf den ersten Blick, daß man die Stellung auf dieser Seite angreifen mußte, um nicht den Fluß überqueren zu müssen, dessen
schlammiges Bett verhängnisvoll für die Artillerie gewesen wäre.
Die Redouten des Zentrums stellten zwar ein ernstzunehmendes
Hindernis dar, doch nicht ernst genug, um ihn zögern zu lassen.

Hingegen mußte er, um sich in diesem Teil der Ebene festzu-
setzen, unverzüglich die Feldschanze in seine Gewalt bringen, die
weiter vorgeschoben als die übrigen und auf einem rundlichen
Hügel in der Nähe des Dorfes Schewardino errichtet war. Die Redoute war mit zwanzig Kanonen bestückt und von Hängen und
Palisaden geschützt. Dort befand sich die russische Nachhut, um
den Zugang nach Borodino zu verteidigen. Es war schon fünf Uhr

am Nachmittag, als Murat und Compans, der eine Infanteriedivision kommandierte, den Befehl Napoleons erhielten, die Schanze unverzüglich zu stürmen. Der Kampf dauerte nicht lange und ging für die Franzosen günstig aus, kostete jedoch entsetzlich viele Opfer. Vier- bis fünftausend Mann fielen auf französischer Seite und mehr als sieben- oder achttausend in den russischen Reihen. Ein Regiment verlor ein ganzes Bataillon. »Am nächsten Tag wollte der Kaiser all diese Tapferen auszeichnen, und er fragte den Obersten: ›Wo ist denn Ihr drittes Bataillon?‹ – ›Sire‹, antwortete der Oberst traurig, ›es ist in der Redoute geblieben.‹«[7]

Dennoch konnte Napoleon seine Armee so aufstellen, wie er es wünschte, und ihr eine eintägige Ruhepause gewähren. Währenddessen hatte er Zeit genug, das Gelände zu erkunden und der Nachhut zu ermöglichen, ihre Posten zu erreichen. Die Nachzügler erkannten nun, welch ein erbitterter Kampf getobt hatte, als sie in die Nähe des Dorfes kamen und die mit Leichen gefüllten Gräben sahen, aus denen Arme und Beine hervorragten, die Reste der Amputationen, die von Larrey und seiner Chirurgengruppe zurückgelassen worden waren. Sie begegneten Verwundeten, die den Kopf mit Binden umwickelt hatten oder einen Arm in der Schlinge trugen und zum Kloster zogen. Wieder einmal hatten sie alle Hunger. Anstelle von Brot erhielten die Männer ihren Sold. Doch was nützte diese lächerliche Geldverteilung? Es gab ja nichts zu kaufen; alle hatten Angst, diese Geldstücke zu verlieren, die ihr Marschgepäck noch schwerer machten. Zudem teilte man den Offizieren mit, ihre Wagen seien requiriert und alles, was sie enthielten, weggeworfen, weil sie am nächsten Tag für den Abtransport der Verwundeten benutzt werden sollten.

Am 6. September bestiegen Napoleon, Berthier, Fürst Eugène und drei Offiziere noch vor dem Sonnenaufgang die Pferde, um die russischen Stellungen aus möglichst großer Nähe zu beobachten. Sie erkannten zwei, wenn nicht sogar drei sehr dichte Truppenlinien und waren sich einig, daß ein Frontalangriff außergewöhnlich große Verluste kosten würde. Davout empfahl nun folgendes Manöver: Warum sollte man nicht den Feind umgehen, indem man während der Nacht durch die Wälder vorrückte? Er hatte sie gerade mit der ihn bezeichnenden Gründlichkeit erkundet. Die-

ses Manöver würde es ihm ermöglichen, den Russen am nächsten
Morgen um acht Uhr mit vierzigtausend Mann in die Flanke zu
fallen. So könnte er den Feind zum Zentrum zurückdrängen und
in dem von der Straße gezeichneten Winkel überrennen. Der Vorschlag schien verlockend, doch wenn man Davout vierzigtausend
Mann – von den besten Truppen – gegeben hätte, wäre die Folge
gewesen, den Hauptangriff zu schwächen. Es fehlte an Soldaten.
Eine bittere Feststellung für den Eroberer, der den Njemen an der
Spitze von mehr als 400 000 Soldaten überquert hatte. Selbst die
Streitkräfte, über die er – sechs Wochen zuvor – in Witebsk verfügte, hätten genügt. Nun hatte er die zahlenmäßige Überlegenheit
über seinen Feind eingebüßt, und er wagte es nicht, eine solche
Operation zu riskieren. Ein weiterer Grund spielte in seinen Überlegungen eine Rolle: Würden die Russen nicht an Flucht denken,
wenn sie das Manöver durchschauten? Doch die Vorstellung, die
Gelegenheit zu diesem Kampf zu verpassen, schien Napoleon unerträglich.

Während des ganzen Tages gingen die Erkundungen weiter.
Rapp kam den russischen Linien so nahe, daß man auf ihn schoß.
Fürst Eugène befahl seinem Kartographen Eugène Labaume, die
ganze Stellung zu besichtigen und die am Vortag hergestellte Karte
so genau wie möglich zu korrigieren. Trotz aller Bemühungen würde Labaume nicht den Standort aller russischen Redouten ermitteln. Um sich von der Lage zu überzeugen, ritt der Kaiser ohne die
geringste Nervosität voran, und das so weit, daß er plötzlich »einer
Patrouille von zwanzig Kosaken« gegenüberstand, »die vier Schritt
von uns entfernt waren«, berichtete General Lejeune, »und diese
Männer, die sich für überrumpelt hielten, machten schon kehrt,
als sie unsere kleine Zahl erkannten und sahen, daß wir ihnen im
Galopp entkommen wollten. Daraufhin verfolgten sie uns ein paar
hundert Schritt. Die Schnelligkeit unserer Pferde [...] befreite uns
aus dieser nicht ungefährlichen Situation.«[8] Der Kaiser kehrte in
sein Lager zurück, um sich mit seinem Chefkartographen Bacler
d'Albe zu besprechen. Der Plan, für den sich Napoleon schließlich
entschied, war einfach, fast primitiv: Er wollte die russischen Lini-
en frontal angreifen und hoffte so, sie an mehr als einer Stelle zu
durchbrechen, denn er hatte sich entschlossen, auf eine mögliche
Umschließung der Linken Kutusows zu verzichten. Er wollte of-

fenkundig schnell vorgehen und glaubte an die überlegene Feuerkraft seiner Armee.

Der 6. September verging mit Vorbereitungen. Vor allem legte man Schanzen an, die einhundertzwanzig Kanonen aufnehmen konnten und bei der Eröffnung der Schlacht die russischen Streitkräfte massiv bombardieren sollten. Diese Batterien wurden ungünstig aufgestellt, denn sie befanden sich zu weit von ihrem Ziel entfernt, und man mußte sie im letzten Moment in neue Stellungen bringen. Damit entzog man den Artilleristen den Schutz, den die Geschützfundamente geboten hätten. Dieser Fehler bewies, daß Napoleon nicht mehr seinen gefürchteten Scharfblick besaß oder daß er zu erschöpft war, um seine Positionen genau zu erkennen und zu überprüfen. Allerdings litt er unter einem starken Schnupfen und, noch schlimmer, unter akuten Harnbeschwerden, die es ihm zu einer Qual machten, sich lange im Sattel zu halten. Man bemerkte allgemein, daß ihm seine übliche Energie fehlte. Er zog sich in sein Zelt zurück, wo er ein kurzes Gespräch mit Rapp führte. »Glaubst du an den Sieg?« fragte er ihn. »Gewiß«, antwortete der General, »aber er wird blutig sein.« – »Das weiß ich«, entgegnete Napoleon, »ich werde zwanzigtausend Mann verlieren, aber in Moskau einziehen. Dort holen uns die Nachzügler ein, und dann sind wir stärker als vor der Schlacht.«

Die Nacht brach über die beiden sich gegenüberstehenden Armeen herein, die einander so nahe waren, daß sie sich gegenseitig hören und die Mündungen der Kanonenrohre sehen konnten, die tödliche Kugeln ausspeien würden, wenn der Kampf begann. (Eine Kanone heißt in der französischen Soldatensprache ›Die Brutale‹.) Ein kalter und durchdringender Regen setzte ein. Wieder einmal zog man los, um Holz für Biwakfeuer zu suchen; wieder einmal organisierte man Furagiertrupps. Von den Märschen, die nun schon drei oder vier Monaten andauerten, waren die Männer erschöpft, bis zum äußersten erschöpft. Setzt man den Feldzug vom 24. Juni mit dem Übergang über den Njemen an, dann läßt man außer acht, daß die Regimenter aus Spanien, Italien, Deutschland oder Frankreich kamen. Sie waren seit langem zu Fuß unterwegs. Sie hatten entsetzlich unter der Hitze gelitten; an diesem Abend hatten sie einen leeren Magen und zitterten vor Kälte. Es fehlte der

Schnaps, der am Vorabend einer Schlacht so stärkend wirkte. Sie
glaubten stets an ihre zahlenmäßige Überlegenheit und wußten,
daß sie durch ihre unvergleichliche Kriegserfahrung ihren Gegnern gegenüber theoretisch im Vorteil waren, doch sie zweifelten
an ihren Kräften, da sie so viele Entbehrungen ertragen hatten.
Immer wieder siegreiche alte Kämpfer wollten gegen Herausforde-
rer antreten, die zwar weniger erfahren, aber ausgeruhter und vor
allem entschlossen waren, auf dem Schlachtfeld zu sterben, wenn
es sein mußte. Doktor Roos meint, daß die Moral der Franzosen
zwar unter der Nutzlosigkeit ihrer bisherigen Anstrengungen gelitten hatte, sie sich jedoch für schwächer hielten, als sie es wirklich
waren. Machten sie sich klar, was bei der Schlacht auf dem Spiel
stand, bei dieser Schlacht, auf die man so lange gehofft hatte? Das
galt vielleicht für die Soldaten, wenigstens die umsichtigsten, und
ganz sicher für die Offiziere.

General Boulart, der Sohn des Kantors der Kathedrale von
Reims, der sich zu einem der brillantesten Artillerieoffiziere entwickelt hatte, wird von Sorgen gequält, wenn er sich die ungeheuren Gefahren vorstellt, die achthundert Meilen vom Vaterland entfernt eine Niederlage mit sich bringen würde. Wie viele von dieser
gewaltigen Truppe werden Frankreich in einem solchen Fall wie-
dersehen? Und was gewinnen sie eigentlich, wenn sie gewinnen?
Das beunruhigt ihn, weil er es für unwahrscheinlich hält, daß die
Russen in ihrer tiefen Erbitterung bereit wären, schnell Frieden
zu schließen. Girod de l'Ain, ein Adjutant des Generals Desaix,
kommt nach einem langen Erkundungsmarsch ins Biwak zurück
und bittet Major Fanfette, seinen Kameraden, ihm das Schachspiel
beizubringen. Fanfette, ein passionierter Schachspieler, trug immer ein kleines Schachspiel aus Pappe bei sich, das sich achtmal
zusammenfalten ließ und das er mit viel Phantasie selbst hergestellt hatte. Alle versuchen, sich zu beruhigen und sich die Zeit zu
vertreiben. Fezensac (der am nächsten Tag zum Obristen ernannt
wird) ist von der Kaltblütigkeit der Grenadiere der Alten Garde
beeindruckt. Man hat ihnen befohlen, Galauniform anzulegen,
eine Paradeuniform wie für ein Fest, und ihr Gesicht zeigt weder
Unruhe noch Begeisterung. Eine Schlacht bedeutet einen weiteren
Sieg und nichts weiter.

Die Soldaten beschäftigen sich. Die gewissenhaftesten und erfahrensten kümmern sich mit großer Sorgfalt um ihre Waffen, das heißt um ihr Gewehr, ein Gewehr, das anderthalb Meter lang ist und fast viereinhalb Kilo wiegt. Bis auf einhundertfünfzig Meter schießt es genau, und es erzielt eine Wirkung bis zu einer Entfernung von dreihundert Metern, vorausgesetzt, daß es tadellos gepflegt ist. An jedem Etappenort muß man also den Lauf abnehmen, ihn reinigen und trocknen, das Schloß – den Teil, auf den der Feuerstein schlägt – abwischen, mit einem fettigen Tuch alle Metallteile abreiben. Man muß sich vergewissern, daß man einen ausreichenden Vorrat an Feuersteinen hat. Da ein solcher Stein nach ungefähr vierzig Schlägen unbrauchbar wird, ist also eine kleine Reserve anzulegen. Sind diese Steine einmal aufgebraucht, durchsucht man die Taschen der Toten. Mit einem guten Stein kann man wertvolle Zeit gewinnen. Die besten sind in der Umgebung des Dörfchens Meusnes, im Tal des Flusses Cher, zu finden. Früher hatte man sie exportiert. Die Revolution verbot diesen Handel. Das Kaiserreich führte ihn nicht wieder ein und vergrößerte die Zahl der Feuersteinschneider – der Handwerker, die diese Steine vorbereiteten – in der Armee.

Die vorsichtigsten Soldaten halten Tücher bereit, die sie für eine mögliche Verwundung bei sich haben, andere diktieren ihr Testament, und wer schreiben kann, verfaßt einen letzten Brief, die Unbekümmerten schließlich singen oder schlafen. Oberleutnant Vossler, ein Preuße, ging durchs Lager und fand die Stimmung zuversichtlich. Die Männer sahen zwar blaß und abgespannt aus, was von den hinter ihnen liegenden Strapazen herrührte, aber sie waren eifrig beschäftigt und schienen gutgelaunt. »Viele Soldaten legten sich auf die feuchte Erde, ohne daran zu denken, daß diese Nacht durchaus ihre letzte sein könnte«, schrieb er, »doch sie wußten ebensogut wie wir, die Offiziere, daß die Dinge nicht so weitergehen konnten, und obwohl sich unsere Streitkräfte beachtlich verringert hatten, zählten die immer noch sehr beträchtlichen Truppen, die noch kämpfen konnten, zu den geübtesten und erfahrensten, und ihre stolze und unerschrockene Miene schien den Sieg zu verheißen.«[9]

In den wenigen Regimentern, deren Marodeure beutebeladen zurückkamen, dachte man eher ans Schlemmen als ans Schlafen. Dort herrschte eine ganz andere Stimmung. So etwa erzählt Gene-

ral Griois, daß seine Männer »in die Umgebung geschickt wurden
und mit Eiern und Butter als Proviant zurückgekommen waren.
Wir aßen auf alle mögliche Arten zubereitete Eier, und es fehlte
nur noch Wein für ein richtiges Fest. Im übrigen kann man sich
schwer vorstellen, wie unser Lager in der Nacht damals aussah. Es
herrschte laute Freude, die der Gedanke an die Schlacht hervorrief, deren Ausgang keiner von uns in Frage stellte. Überall hörte
man Soldaten, die sich etwas zuriefen, und lautes Gelächter, das
von den dreistesten lustigen Geschichten und ihren grotesk phi-
losophischen Überlegungen über die Wagnisse erregt wurde, denen sich jeder am nächsten Tag aussetzen müßte. Zahllose Feuer,
die auf unserer Seite ziemlich wild und auf der russischen Seite an
ihren Verschanzungen aufgereiht loderten, erleuchteten den Horizont und ließen an eine großartige Illumination und ein wahres
Fest denken.«[10]

Im Generalstab blieb die Furcht vor einem plötzlichen Rückzug
der Russen die vorherrschende Sorge. Murat glaubte, im feindlichen Lager eine ungewöhnliche Bewegung auszumachen, und be-
nachrichtigte Napoleon, doch dieser beruhigte sich, als er mit dem
Fernglas große Artilleriekolonnen erkannte, die die feindlichen
Reihen verstärkten. Er bemerkte noch etwas anderes, das wie eine
Prozession aussah. Tatsächlich liefen die Popen singend und be-
tend zwischen den Reihen umher. Auf einem Gerüst trugen sie die
große Ikone der wundertätigen Heiligen Jungfrau der Kathedrale
von Smolensk. Die russischen Soldaten riefen Hurra, bevor sie niederknieten, wenn sie an ihnen vorbeikam, und selbst Kutusow fiel
auf die Knie nieder. (Vier Männer mußten ihm beim Aufstehen
helfen.) »Niemals haben die Russen so inbrünstig wie heute gebe-
tet«, schrieb wenig später Oberleutnant Glinka. »In diesen Stunden hielten die Herzen und Seelen der Russen heimliche Zwispra-
che mit Gott. [...] Mit ruhigem Gewissen schlummern die Russen
um ihre Biwakfeuer. [...] Am wolkenbedeckten Himmel leuchten
hin und wieder Sterne auf.«[11] General Soltyk meinte als guter Pole,
der russische Soldat könne »keinen Patriotismus« haben, »denn er
lebte ja unter einer tyrannischen Regierung, und dabei [war] es
sein Schicksal, dahinzuvegetieren. Er hat nur Mühsal und Elend
zu erwarten.«[12] Rapp, der den Kaiser begleitete, hatte eine zyni-

schere Erklärung für die Stimmung des Feindes: Nichts sei besser als etwas angeheiterte Soldaten, und Kutusow habe großzügig Wodka ausgeschenkt. Da sei es nicht verwunderlich, daß die Kosaken solche Begeisterung zeigten. Bei den Franzosen gibt es keinen Schnaps, keine Priester oder Kapläne, doch statt einer Ikone hat der Baron de Bausset, der Präfekt des Kaiserpalastes, nach einer siebenunddreißigtägigen Fahrt das von François Gérard gemalte Porträt des Königs von Rom aus Paris hergebracht. »Es drängte [den Kaiser], einen seinem Herzen so teuren Anblick zu genießen, und er befahl mir«, schrieb Bausset, »das Bild sofort in sein Zelt bringen zu lassen. Ich kann gar nicht wiedergeben, welche Freude er bei diesem Anblick empfand [...]. Er selbst rief alle Würdenträger seines Hofstaats und die Generäle, die in einiger Entfernung auf seine Befehle warteten, um sie an den Gefühlen teilhaben zu lassen, die sein Herz erfüllten. ›Meine Herren‹, sagte er zu ihnen, ›Sie dürfen mir glauben, wenn mein Sohn fünfzehn Jahre alt wäre, befände er sich nicht nur als Bild inmitten so vieler Tapferer.‹ Er läßt das Bild vor seinem Zelt auf einen Stuhl stellen, damit es all diese mutigen Offiziere und die Soldaten seiner Garde sehen und neuen Mut schöpfen können.«[13]

Die Nacht vom 6. zum 7. September war kurz. Einige Truppenteile erhielten den Befehl, ihre Stellung zu wechseln. Sie mußten jedoch die Dunkelheit abwarten, um nicht von den Russen bemerkt zu werden. »Meine Artillerie«, notierte Griois, »erreichte erst sehr spät die neue Position, obwohl die Strecke kaum eine halbe Meile betrug: Doch die steilen und morastigen Schluchten, die man – bald in tiefster Dunkelheit, bald inmitten der Biwakfeuer, die uns blendeten und jede Orientierung verlieren ließen – ohne Führer durchqueren mußte, machten den Marsch sehr langwierig und mühsam.«[14] Die Militärärzte hatten noch keinen Befehl über den Abtransport der Verwundeten erhalten, vielmehr suchten sie in der Nähe nach einem Ort, an dem sie ihre Aufgabe erfüllen konnten. Roos entschied sich für einen Graben, in dem ein leicht zu überschreitender, kleiner Bach floß und dessen Ufer hier und da mit Gebüsch bewachsen war. Dort brachte er seine Gehilfen und Pferde unter. Man hatte den Sanitätern durch einen Sonderbefehl verboten, die Verwundeten während der schlimmsten Kampfhandlungen zu bergen, damit die Truppenbewegungen nicht behindert wurden und man auch die Soldaten nicht verleitete, das Schlachtfeld unter dem Vorwand zu verlassen, ihren Kameraden zu helfen.

Im ersten Tageslicht standen die Männer auf, als das Trommelsignal ertönte. Es war kalt, sehr kalt, und man fachte die Feuer wieder an. Die Offiziere riefen »zu den Waffen!«, was sofort ausgeführt wurde, und jeder Hauptmann verlas die folgende Proklamation: »Soldaten, das ist die Schlacht, die ihr so sehr gewünscht habt! Kämpft wie bei Austerlitz, Friedland, Witebsk und Smolensk! Möge die fernste Zukunft euren Einsatz und Eifer an diesem Tag rühmen; möge man von euch sagen: Er war in dieser großen Schlacht unter den Mauern Moskaus dabei.« Diese Worte wurden mit lebhaftem Jubel aufgenommen. »Alle unsere Truppen trugen Paradeuniformen«, notierte Soltyk, »und die Befehlshaber hatten ihre Galauniform angelegt, was bei den französischen Armeen stets üblich war, wenn eine große Schlacht bevorstand: Die Generäle sollten wie in den Tuilerien erscheinen, und ich halte diese Maßnahme für sehr klug; wenn nämlich die prächtigen Uniformen unserer Generäle sie mehr in Gefahr brachten, so ermutigte ihr Anblick andererseits die Soldaten und gab ihnen die Gewißheit, daß die Träger dieser Uniformen würdig waren, sie zu kommandieren.«[15] Um sechs Uhr kündigte ein Kanonenschuß den Beginn der Schlacht an. Roos hörte, daß sich ein gewaltiges Geschrei erhob, »das trotz dem Donner des schweren Geschützes und Kleingewehrfeuers so laut und deutlich ertönte, als ob alle Stimmen und Sprachen Europas sich auf einmal erhoben hätten. [...] Dieses dauerte etwa fünfzehn Minuten, und es wurde still, ganz still.«[16] Tatsächlich setzte der dröhnende Kanonendonner sehr bald wieder ein und wurde während dieser langen Schlacht so entsetzlich, daß er sich, wie es heißt, eher wie Breitseiten von Kriegsschiffen als wie Artilleriefeuer zu Lande anhörte.

Der Sturmangriff der Franzosen begann erfolgreich. Sie rückten gegen Kutusows rechten Flügel vor und nahmen das Dorf Borodino ein, während sie im Zentrum versuchten, sich der großen russischen Redoute und der drei Fleschen zu bemächtigen, das waren kleine Pfeilschanzen, die aus zwei Facen (dem Angreifer zugekehrten Seiten) bestanden und einen mehr oder weniger vorspringenden Winkel bildeten, die die Redoute noch weiter verstärkten. Der erbitterte und blutige Kampf um diese Befestigungen prägte die Schlacht. »Man schlug sich nicht mehr in den heiß umkämpften Schanzen, die zu eng waren, um als Schlachtfeld zu dienen, sondern rechts, links und vor ihnen, wobei man es manchmal mit Bajonettangriffen und dann wieder mit Musketenfeuer versuchte«,[17] und das geschah mit der bei einem Nahkampf üblichen Grausamkeit. Die Verwundeten strömten in immer größerer Zahl zu den Lazaretten. »Es waren meistenteils Kavalleristen, mit schweren Wunden und zerschmetterten Gliedern. [...] Manche von diesen Verwundeten blieben als Leichen da. Für die Verbundenen wurden Wagen herbeigebracht, sie wegzubringen. Die vom Regimente wurden auf unsern Lagerplatz gebracht, andere führte man nach dem nicht weit hinter dem Schlachtfelde gelegenen Kloster; wieder andere hatten Befehl, ihre Blessierten auf nahe Dörfer zu bringen. Es war hier nicht, wie früher in andern Feldzügen, wo uns Ärzten schon vor den Schlachten der Sammelplatz der Verwundeten angewiesen worden war.«[18]

Es kam ein Augenblick, in dem die französischen Soldaten innehielten und beinahe geflohen wären. Napoleon schickte Murat. Dieser »stieg vom Pferd ab, sammelte die Männer und führte sie wieder nach vorn. Nachdem er sie in Linie aufgestellt hatte, ließ er sie die russischen Kürassiere aus großer Nähe mit äußerst vernichtendem Feuer belegen [...], und er konnte das Gelände säubern. Nun ließ er zum Angriff blasen, und mit dem Degen in der Hand führte er selbst die Soldaten in die geräumte Schanze.« Als die Fleschen und die Redoute um zehn Uhr morgens endlich erobert waren, erreichten die Franzosen unter größten Anstrengungen einen erhöhten Punkt, der eine Vertiefung in den russischen Linien bildete. Von dort aus konnten sie nicht nur die einzelnen Armeekorps, sondern auch die Geschützparks und den Troß erkennen. Ney und Murat schickten General Belliard als Boten zu Napoleon. Er befand sich in der Redoute, die in der tiefer gelegenen Ebene stand und die man zwei Tage zuvor eingenommen hatte. Ney und Murat erbaten von ihm alle verfügbaren Verstärkungen. Die beiden hielten es für sicher, daß der Sieg – ein endgültiger Sieg – zum Greifen nahe war. Ein Mann wie der Artillerieoberst Griois, der nicht denselben Überblick wie die beiden großen Heerführer hatte, meinte ebenfalls, wenn man den begeisterten Schwung der

Truppen zu dem Zeitpunkt, als die große Redoute fiel, genutzt hätte, wäre vor zehn Uhr morgens ein endgültiger Erfolg erreichbar gewesen, »doch hierfür war die Anwesenheit des Kaisers notwendig: Nun blieb er aber ständig an ein und demselben Punkt an der rechten Seite, mit einem Fernglas in der Hand.«[19] Auf einem so weiten Schlachtfeld war es gewiß von Vorteil, wenn er an einer Stelle blieb, damit jeder wußte, wo man ihn finden konnte. Was die Offiziere allerdings überraschte, waren die Niedergeschlagenheit, »die schwerfällige Ruhe« und eine gewisse Untätigkeit, die der Kaiser zeigte. Belliard schilderte seine »leidende und niedergedrückte Miene, die erschlafften Gesichtszüge, den düsteren Blick«.[20] Napoleon lehnte es ab, so früh am Morgen seine Reserven einzusetzen. Er war der Meinung, statt dessen müsse man mit Artillerieunterstützung handeln, und das Geschützfeuer werde den Gegner vernichten.

Die Russen gaben sich nicht geschlagen. Barclay und Bagration erhielten zusätzliche Truppenteile von Kutusow, um die in den Verteidigungslinien entstandenen Lücken zu füllen. Unmenschliche Schreie kündigten an, daß es ihnen gelungen war, die Redoute zurückzuerobern, und schrecklicher Feuerhagel zermalmte die Massen der französischen Infanterie, die versuchten, sie den Russen zu entreißen. Im Kampfgetümmel erhielt Bagration eine tödliche Verwundung.* Griois führte den Gegenangriff an der Spitze seines Artillerieregiments, dem Kavalleriereserven folgten, und er begann, den Feind pausenlos unter Beschuß zu nehmen. Er beschrieb eine höllische Szene: »Die Gewehr- und Kanonenkugeln, die Granaten und Kartätschen regneten von allen Seiten auf uns herab und rissen breite Breschen in unsere Kavallerie, die mehrere Stunden lang dem Feuer ausgesetzt blieb und nicht von der Stelle wich« [sie war an einem Ort blockiert, den man wegen der Geländebeschaffenheit nicht verlassen konnte]. »In der Ebene wimmelte es von Verwundeten, die zu den Verbandsplätzen unterwegs waren, und von herrenlosen Pferden, die in wildem Galopp dahinstürmten. In meiner Nähe entdeckte ich ein württembergisches Kürassierregiment, das, wie es schien, vornehmlich von den

---

* Bagration starb nicht sofort. Zuerst brachte man ihn in einer Sänfte nach Moskau und dann unter dem Schutz einer Grenadierabteilung ins Landesinnere. Er starb am 24. September auf der Straße nach Wladimir.

Kanonenkugeln getroffen wurde; Stücke von Helmen und Kürassen flogen in allen Reihen umher.«[21] Die russische Infanterie rückte in dichtgedrängten Massen vor und kümmerte sich anscheinend überhaupt nicht um die Breschen, die die feindliche Artillerie schlug. »Ganze Einheiten fielen wie niedergemäht; man sah, wie ihre Soldaten versuchten, sich unter diesem schrecklichen Feuer wieder zu sammeln. In jedem Augenblick lichtete der Tod ihre Reihen, aber sie formierten sich neu und trampelten über die Toten.«[22] Die Kanonade dauerte bis drei Uhr nachmittags, als Murat eintraf. Griois und seine Männer waren erleichtert, weil sie dachten, daß er eine ebenso mörderische wie unnütze Kanonade gewiß beenden und vor allem über so viele, an einem Punkt massierte Truppen würde bestimmen können. Zu allem Unglück stürzte General Montbrun, der den Angriff führte, gerade in diesem Augenblick vom Pferd. Ihn hatte eine Kanonenkugel getroffen, die die Hüfte zertrümmerte und die Wirbelsäule brach. Man brachte ihn zu dem Graben, wo Larrey sich Doktor Roos angeschlossen hatte. Doch man konnte nichts mehr für Montbrun tun; man legte ihn lediglich auf eine Trage, die man mit Birkenzweigen umsteckte, damit sich der Sterbende im Schatten befand. Das taten seine Männer mit solch behutsamer Fürsorge, daß es den württembergischen Arzt rührte. Montbrun starb wenige Stunden später.

Montbrun war ein ungewöhnlich beherzter Offizier. Sein Verlust brachte für kurze Zeit das von ihm kommandierte Kavalleriekorps aus der Fassung, zumal ihn Napoleon unverzüglich durch Auguste de Caulaincourt ersetzte, den Oberbefehlshaber des kaiserlichen Hauptquartiers und einen Veteranen des Spanienkrieges, einen Mann, der bei den Truppen wenig bekannt war und sich kaum eignete, ihnen die notwendige Zuversicht und Begeisterung unverzüglich zurückzugeben. Nun kehrte Murat zurück. Er nahm sich die Zeit, das Hindernis durch die Rauchschleier zu prüfen, und stellte fest, daß das Artilleriefeuer die Brustwehren zerstört hatte. Murat war ein spontan handelnder Mann, der sich oft unnützen Risiken aussetzte. Napoleon beschuldigte ihn, daß er kämpfe, ohne die Karte zu studieren, doch als Führernatur war er unvergleichlich. Leitete er einen Angriff, konnte er die Furchtsamsten mit seinem Mut anstecken. So kam er nun auf den Einfall, die Redoute nicht durch die Infanterie einnehmen zu lassen, was ein

klassisches Manöver gewesen wäre, sondern durch einen Kavallerieangriff.

Caulaincourt zögerte nicht. »Meine Herren«, soll er gesagt haben, bevor er sich an die Spitze dieses Angriffs stellte, »weinen Sie
nicht mehr um Montbrun. Wir werden ihn rächen.« Die zahlreichen Kavalleristen formierten sich zu Kolonnen. Vorn sprengten
die Kürassiere des 2. Korps, stahlgepanzerte, mit über einen Meter
langen Säbeln bewaffnete Kolosse, im Galopp davon. Sie über-
rannten alles, was sich vor ihnen befand, umgingen die Redoute
und drangen von der Rückseite und an den Stellen ein, wo die
in den Graben abgerutschte Erde den Zugang erleichterte. Baron
Fain, der Sekretär Napoleons, der die Operation mit dem Fernglas verfolgte, sah sie in einem Abgrund aus Staub und Rauch
verschwinden. Die Redoute spuckte Feuer wie ein Vulkan, und
ihre Lava ließ Hunderte Toter an ihren Seiten niedersinken. »Jeder von uns«, schrieb Griois, »hätte dieser Kavallerie, die man im
Kugelhagel Gräben überwinden und Festungswerke erklimmen
sah, gern mit den eigenen Armen geholfen.«[23] – »Währenddessen
griff Fürst Eugène mit seiner Infanterie die Redoute von links an.
Murat, der von weitem an seinem weißen Federbusch zu erkennen
war, schien überall zugleich zu sein«, notierte Montesquiou, »mit
dem Donnergrollen seiner Artillerie und der ungeheuren Pulver-
wolke, in der er manchmal ganz verschwand, und dann wieder
ragte seine große Gestalt über sie hinaus, so daß er wie einer der
schrecklichsten Götter des Olymps aussah.«[24] General Dedem van
den Gelder verglich ihn hingegen mit dem ungestümen Achilles,
während »Ney, der ganz seelenruhig Tabak schnupfte, auf seinem
Schimmel der alte Nestor war [...], der jeden mit seinem Beispiel
ermutigte und die besten Ratschläge und die trefflichsten Befehle
erteilte«.[25]

Plötzlich hörte das Feuer auf; der Vulkan erlosch unverzüglich,
und tiefes Schweigen trat ein. In dem Rauch, der sich nach und
nach auflöste, erkannten die Infanteristen die Helme und Kürasse
ihrer Kameraden. Die Redoute war eingenommen. Überall ertönten begeisterte Rufe. Aber Auguste de Caulaincourt, der aus den
Ruinen hervortauchte, um den Feind zu verfolgen, der sich in einiger Entfernung gesammelt hatte, wurde von einer Kugel getötet,
die über dem Herzen eindrang. Vier Kürassiere hoben ihn auf, und

die Überlebenden präsentierten für ihn das Gewehr. »Das Innere
der Redoute bot einen entsetzlichen Anblick; die Leichen waren
übereinandergeschichtet, und zwischen ihnen gab es viele Verwundete, deren Schreie ungehört verhallten; auf dem Boden sah
man alle möglichen Waffen verstreut; alle Schießscharten der halb-
zerstörten Brustwehren waren niedergerissen, und man erkannte
die Maueröffnungen nur noch an den Kanonen, doch die meisten
Geschütze waren umgeworfen und von ihren zerbrochenen Lafetten getrennt.«[26]

Die Eroberung der Redoute konnte über den Ausgang des
Kampfes entscheiden. Deshalb stürmten zahlreiche Kolonnen
dorthin, um das gewonnene Gelände zu sichern und die beiden
anderen Schanzen einzunehmen, weil man versuchen wollte, die
russische Armee zu teilen. Der heftige und oft blindlings geführte
Kampf ging weiter. Der Staub, den so viele Männer und Pferde auf-
wirbelten, und der Rauch von Tausenden Kanonenschüssen ver-
schleierten das Bild. Die Russen hatten 40 000 und die französische
Artillerie 60 000 Kanonenkugeln verschossen. Die Infanterie hatte
zwei Millionen Patronen abgefeuert. Das Schießpulver, das zu drei
Vierteln aus Salpeter und zu einem Viertel aus Kohle und Schwefel
bestand, verbreitete einen beißenden, schwarzen, undurchdringli-
chen Rauch, so daß es unmöglich wurde, die Position des Feindes
einzuschätzen. Die Infanteristen – vom Lärm betäubt, mit brennenden Augen und ausgetrockneter Kehle, mit Gesicht und Haa-
ren, die vom Funkenflug versengt waren, während ihnen der Rück-
stoß des Gewehrs beinahe die Schulter ausgerenkt hatte – konnten
nicht mehr ständig nachladen und pausenlos schießen. Zu Beginn
der Schlacht konnten die Geübtesten drei bis vier Schüsse in der
Minute abgeben – ein beachtliches Tempo, wenn man bedenkt,
wie kompliziert der Gebrauch des damaligen Gewehres war. Man
mußte die Patrone mit der Kugel und der Pulverladung aus der
Patronentasche herausnehmen, sie mit den Zähnen aufreißen, danach einen Teil des Pulvers auf die Zündpfanne und den Rest in
den Lauf schütten und es mit dem Ladestock des Gewehrs stopfen.
Schließlich mußte man den Hahn spannen, und all das inmitten
des fürchterlichsten Durcheinanders. Nach fünfzig oder sechzig
Schüssen war der Lauf zu säubern und manchmal abzukühlen.
Wenn die Erschöpfung spürbar wurde, die Gewehre eine Lade-

hemmung bekamen und die Besten immer langsamer schossen,
hörten die Männer auf zu schießen und kämpften mit der ›Gabel‹,
dem Bajonett mit der dreikantigen Klinge, das auf das Gewehr auf-
gepflanzt war. Keiner gab auf. Die Kanonen- und Gewehrschüsse
verstummten nicht.

General Rapp bekannte, daß er niemals ein solches Gemetzel
erlebt habe: Infanterie und Kavallerie griffen einander von einem
Ende der Linie zum anderen verbissen an. Ein russischer Offizier
der von der Artillerie vernichteten Division Newerowski wurde losgeschickt, um Pulver zu holen, »aber«, sagte er, »es fiel mir
schwer, auf der Straße und selbst querfeldein voranzukommen, wo
sich verletzte Männer und Pferde zusammendrängten. Ich bin unfähig, diese Greuel zu beschreiben [...]; als ich in die Wälder kam,
erlebte ich eine unerhörte, entsetzliche Szene. Die Infanteristen der
verschiedenen Regimenter vermischten sich mit den abgeworfenen
Kavalleristen und den Artilleristen ohne Geschütze. Jeder kämpfte
so gut, wie er konnte, mit dem Säbel oder dem Bajonett, andere
gebrauchten ihre Fäuste oder dicke Knüppel.«[27]

Um den errungenen Vorteil zu sichern, warf Fürst Eugène seine
Kavallerie nach vorn, aber er konnte seinen Stoß gegen die russische Kavallerie nicht weiterführen, denn diese befand sich in einem viel besseren Zustand als seine eigene. Napoleons Stiefsohn
hatte sich im Kampf nie sonderlich ausgezeichnet, doch in Borodino zeigte er, wie mutig er war. Unermüdlich und keine Gefahr
scheuend, ritt er über das Schlachtfeld und setzte sich dem Kar-
tätschen- und Kanonenkugelhagel aus. So gewann er die Achtung
seiner Offiziere. Doch das Feuer ließ immer noch nicht nach. Nun
erbat er die Unterstützung der Garde. Napoleon lehnte ab. Davout,
der dem Fürsten helfen wollte, erhielt zwar auch nicht die Garde,
aber wenigstens achtzig Kanonen der Reserveartillerie, so daß er
nun den russischen Vorstoß aufhalten konnte. Ein weiterer Vor-
fall endete günstig für die Franzosen: Poniatowski konnte endlich
den russischen linken Flügel durchbrechen, der gegen sechs Uhr
abends allmählich zurückwich. Weit entfernt in der Ebene erkannte General Lejeune »König Murat, der sein Pferd inmitten der berittenen Scharfschützen tänzeln ließ, weitaus weniger von seinen
Truppen umgeben war und sich auch weitaus weniger um seine
Kavallerie als um die vielen Kosaken kümmerte, die ihn an seinem

Federbusch, seiner Verwegenheit und dem kleinen Kosakenmantel aus langem Ziegenhaar erkannten, den er wie sie trug. Die Kosaken, die sich glücklich wie bei einem Fest fühlten, umringten ihn in der Hoffnung, ihn zu überwältigen, und dazu schrien sie: ›Hurra! Hurra! Murat!‹ Doch keiner wagte es, selbst mit vorgestreckter Lanze den anzugreifen, dessen blitzschneller Säbel geschickt die Gefahr abwehrte und den Kühnsten den Tod brachte.«[28]

Ringsum schlugen Kanonen- und Gewehrkugeln immer weiter ein. Die Russen zogen sich zwar offenbar zurück, doch dabei kämpften sie hartnäckig um jede Handbreit Boden, während ihre eigenen Kolonnen im Trommelfeuer der Artillerie lagen. Napoleon schien gleichwohl entschlossen, ihnen die letzten Befestigungen zu entreißen, aber Berthier und Murat, der zu ihm zurückgekehrt war, wiesen darauf hin, daß »die Truppen zu Fuß ohne Kommandeure waren, daß fast alle Divisionen der Armee und mehrere Regimenter gleichfalls die ihrigen verloren hatten, weil sie getötet oder verwundet waren, daß die Kavallerie- und Infanterieregimenter, wie er sehen konnte, äußerst zusammengeschrumpft waren, daß es spät war. Man konnte nur erfolgreich sein, wenn man die Garde einsetzte, [doch] so, wie die Dinge lagen, würde ein um diesen Preis erreichter Erfolg ein Mißerfolg sein, und ein Mißlingen müßte eine solche Niederlage bedeuten, daß sie den Erfolg der ganzen Schlacht in Frage stellen würde; daß man schließlich nicht das einzige Korps gefährden durfte, das noch vollständig war und das man für andere Gelegenheiten aufsparen mußte.«[29]

Barclay, der sich der Schwäche der russischen Armee vollkommen bewußt war, befürchtete, daß es zu ihrer restlosen Vernichtung führen müßte, wenn man die Schlacht fortsetzte. Ein letzter Angriff konnte mit einem Todesstoß enden. Darum beschloß er, Kutusow um Anweisungen zu bitten. Er schickte einen seiner Generäle, den Preußen Wolzogen, zum Befehlsstand und empfahl ihm, eine schriftliche Antwort mitzubringen, denn, warnte er ihn, bei Kutusow sei Mißtrauen angebracht. Wolzogen gab eine sarkastische Schilderung seines Auftrags: »Ich fand [den Generalissimus] mehr als eine halbe Stunde hinter der Armee. Ihn umgab ein großes Gefolge junger Adliger, die sich anscheinend weniger um die Ereignisse als um ihre persönliche Bequemlichkeit kümmerten. Ich teilte ihm mit, daß alle wichtigen Stellungen verlorenge-

gangen seien, daß sich die erschöpften Regimenter auflösten. Seine
Reaktion verwirrte mich. Er beschimpfte mich und erklärte mit
lauter Stimme, er kenne besser als jeder andere den Zustand der
Armee, man habe alle Angriffe zurückgeworfen, und am nächsten
Tag werde er sich an die Spitze seiner Truppen stellen. Keiner in
seiner Umgebung widersprach ihm. Da begriff ich, daß er sich den
Sieg zuschreiben würde, weil die Franzosen nicht die Kraft hatten,
ihn zu verfolgen. Er ließ Barclay wissen, daß er am nächsten Tag
angreifen werde, ohne daß er nähere Angaben machte.«[30] Mehr
verlangte Barclay nicht, und wieder einmal organisierte er den
Rückzug.

Erst mit Einbruch der Dunkelheit endeten die Kämpfe, die mehr
als zwölf Stunden zuvor begonnen hatten. Die Chirurgen arbeiteten unablässig bis weit in die dunstige Nacht hinein, in der immer wieder Windstöße wehten. »Nur mit großer Mühe«, berichtete Larrey, »konnte man während der Nacht erreichen, daß eine
Wachsfackel neben mir weiterbrannte; außerdem hatte ich sie nur
unbedingt nötig, um Arterien abzubinden.«[31]

Die erschöpften Franzosen schliefen an Ort und Stelle ein. Unmöglich konnte man den Russen nachsetzen, die sich in Richtung
auf Moskau zurückzogen. Als die Offiziere und die alten Soldaten
das weite, überall von Kanonenkugeln durchfurchte, mit Toten,
Verwundeten und Pferdeleichen bedeckte, mit Waffen- und Ge-
schützresten übersäte Gelände betrachteten, empfanden sie keine
Freude, denn sie wußten ganz genau, daß ihnen nur ein paar Kilometer verwüsteten Landes zugefallen waren und daß sie den Krieg
immer noch nicht gewonnen hatten. Die Soldaten wunderten sich
über die unglaublich vielen Toten und Verwundeten, während es
nur so wenige Gefangene gab; nun berechnete man aber den Erfolg anhand der Zahl der Gefangenen. Die Toten, so formulierte
es Ségur, bewiesen eher den Mut der Besiegten als den Sieg. Und
überhaupt, welche Bedeutung hatte für die Russen die Zahl ihrer Toten, konnten sie doch Ersatz viel leichter als die Franzosen
mobilisieren? »Wenige gewonnene Schlachten übten eine solche
außerordentliche Wirkung auf die Stimmung der Truppen aus;
sie schienen zutiefst bestürzt. Nachdem sie so viele Leiden, Entbehrungen und Strapazen ertragen hatten, um den Feind zu einer
Schlacht zu zwingen, und nachdem sie so mutig gekämpft hatten,

stellten sie fest, daß alles nur zu einem entsetzlichen Massaker geführt hatte.«[32]

Inzwischen besichtigte Napoleon, seiner Gewohnheit gemäß, ebenfalls das Schlachtfeld, das grauenhafter und unheilvoller als jedes andere war. Im kalten Regen, dem durchdringenden Wind ausgesetzt, bewegte er sich schweigend, wobei er nicht immer einer Leiche oder, noch schlimmer, einem Verwundeten auswich. Die Erde war so dicht mit Toten bedeckt, daß es schien, als gäbe es dort mehr zu Boden geworfene Sieger als auf den eigenen Füßen stehende. Die Leichen lagen in Haufen, wenn sie nicht von den auf sie gestürzten Pferden zerquetscht waren. Das Wiehern der Tiere übertönte die Schreie der Menschen. Überall lagen Reste von Waffen, Lanzen, Helmen und Kürassen verstreut. Man konnte nicht immer in die eroberten Befestigungen eindringen, weil sie mit so vielen Leichen vollgestopft waren. In einem bestimmten Moment bemerkte Brandt, daß der Kaiser einem Offizier etwas befahl, der »in die Redoute ging, zusammen mit Jägern, die er im Karree aufstellte, um einen Raum abzugrenzen, in dem man die Toten zählte. Der gleiche Befehl wurde an unterschiedlichen Punkten wiederholt, und [er begriff], daß man mit einer solchen mathematischen Operation die Zahl der Opfer annähernd feststellen wollte.«[33]

Ségur, der dem unerschütterlichen, aber ungewöhnlich blassen Kaiser folgte, berichtet, daß dieser plötzlich das Schweigen brach: Als sein Pferd auf einen noch lebenden Mann getreten war, äußerte sich Napoleon wütend und befahl schreiend, daß man den Unglücklichen versorgen solle. Jemand, der ihn beruhigen wollte, wies ihn darauf hin, daß es nur ein Russe sei, doch er rief heftig, »daß es nach dem Sieg keine Feinde mehr gebe, sondern nur noch Menschen«. Er ließ die ihn umgebenden Offiziere ausschwärmen, damit sie bei der Bergung dieser Unglücklichen halfen. Während der Nacht konnte man nicht viel tun. Die meisten Wohnhäuser in der Nähe waren verbrannt, und der Sanitätsdienst mußte im Freien arbeiten. Napoleon setzte trotzdem seine Besichtigung des Schlachtfelds fort, aus der er wie immer aufschlußreiche Informationen gewann: »Die Stellungen jedes Truppenteils, die Operationen, die sie ausgeführt hatten, die Schwierigkeiten, die zu überwinden waren. Er ließ sich Bericht über das Gelände und bis in die kleinste Einzelheit über alles erstatten, was sich zugetragen hatte;

er lobte und ermutigte, und er wurde von den Truppen mit der gewohnten Begeisterung empfangen.«[34]

Erst am nächsten Tag begann man tatsächlich mit der qualvollen Arbeit, den Verletzten zu helfen. Nun stieg man in die Schluchten hinab. Viele Franzosen waren während des Schlachtgetümmels abgestürzt oder hatten sich dorthin geflüchtet, als sie verwundet wurden und dem Feuer entkommen wollten. Diese Unglücklichen, die übereinanderlagen, in einer Mischung aus Blut und Schlamm erstickten und schreckliche Klagelaute ausstießen, boten einen entsetzlichen Anblick. Mehr als zwanzigtausend Mann lagen auf der Erde und atmeten noch. Man mußte sie ins Hinterland tragen, in das acht Kilometer entfernte Kloster von Kolotskoi, wo Larrey und seine Gehilfen ihren Posten einrichteten. Sie operierten ununterbrochen, das heißt, man amputierte wie am laufenden Band – drei Minuten für ein Bein, zwei für einen Arm, denn man hatte keine andere Möglichkeit gegen den Wundbrand. Die bedauernswerten Opfer hatten kein Strohlager und keine andere Nahrung als eine erbärmliche Suppe aus Kohlschnitzeln, ausgekeimten Kartoffeln und Stücken von Pferdefleisch. Selbstverständlich fehlte es an Scharpie und Verbandsmaterial. Larrey mußte das Leinenzeug, das man zum Verbinden benutzt hatte, auswaschen lassen, um die Verbände jeden Tag erneuern zu können.

Er erkannte unter den Männern viele höhere Offiziere wieder, mit denen er manchmal seit Ägypten bekannt war, wie etwa General Pajol, dessen linker Arm an zwei Stellen zersplittert war. Larrey hatte ihn zu oft gesehen, als daß er ihm zur Amputation geraten hätte. Er wußte, daß dieser Veteran von Valmy eine beinahe unmenschliche Widerstandskraft besaß. (1813 explodierte eine Granate an der Brust seines Pferdes und schleuderte ihn, wie es hieß, zwanzig Fuß in die Luft. Er kam mit ein paar gebrochenen Rippen davon und nahm zwei Monate später seinen Dienst wieder auf.) Larrey erweiterte die Wunde, säuberte sie von Knochensplittern und stellte den Arm in einem von ihm erfundenen Fixierverband ruhig. Pajol stieg unverzüglich wieder aufs Pferd. Davout, der von seinem unter ihm getöteten Pferd unglücklich gestürzt war, verlor das Bewußtsein. Als man ihn wieder zu sich gebracht hatte, übernahm er erneut sein Kommando, ebenso wie Grouchy, obwohl dieser einen schlimmen Kartätschenschuß in die Brust erhalten hatte.

Wenn die russischen Soldaten die Hilfe des Feindes im allgemeinen ablehnten, so begaben sich die höheren Offiziere selbst zum Verbandsplatz. Sie – alle Aristokraten – sprachen ausnahmslos ein äußerst gepflegtes Französisch. Dort zeigten sie erstaunlichen Mut bei den schmerzhaftesten Operationen, wie Larrey berichtet. Die meisten Wunden erwiesen sich als besonders ernst, weil sie beinahe alle eine Folge des Artilleriefeuers waren, und wenn sie von Gewehrkugeln stammten, hatten diese aus nächster Nähe getroffen. Außerdem rissen die Kugeln der Russen, die ein größeres Kaliber als die der Franzosen hatten, tiefere Wunden. Während sich die Sanitäter und Chirurgen allen gegenüber bewundernswert fürsorglich verhielten, schienen die Überlebenden schon abzustumpfen und auf jedes Mitgefühl für andere zu verzichten.

Wenn man unter Toten biwakierte, förderte das keine sentimentale Stimmung. Castellane erwähnt, ohne überflüssige Phrasen zu machen, wie er lagerte: »Am Abend der Schlacht war es kalt. Rings um das Biwak lagen zwar russische Tote, doch es war nicht sehr gemütlich: Man legte zwei von ihren Leichen übereinander, um sie als Sitz am Feuer zu benutzen.«[35] Solches Verhalten läßt bereits an die Barbarei des Rückzugs denken. Brandt erinnert daran, daß seine Kameraden, die von Toten umgeben waren, die Tornister der Russen auspackten, die mit Grütze und Schnapsflaschen gefüllt waren. Und dann brieten sie Pferdefleisch auf kleinen, kaum ausreichenden Feuern, die mit Gewehrkolben und den Resten einiger Trainwagen unterhalten wurden. »Aber nun kommt das Schrecklichste. Bei jedem Licht, das in der Finsternis aufleuchtete, waren die Verwundeten und Sterbenden bald zahlreicher als wir selbst. Man sah, daß sie sich von überallher wie Gespenster im Halbdunkel bewegten, daß sie sich weiterschleppten und zum Lichtkreis der Feuerstelle krochen. Die einen, die entsetzlich verstümmelt waren, hatten durch diese äußerste Anstrengung alles verbraucht, was ihnen an Kräften geblieben war: Sie röchelten und starben, die Augen fest auf die Flamme gerichtet, deren Hilfe sie noch zu erflehen schienen. Die anderen, die noch etwas Kraft besaßen, wirkten wie die Schatten der Toten.«[36]

Die Schlacht von Borodino oder vielmehr an der Moskwa, um ihr den Namen zu geben, den Napoleon gewählt hatte, damit er die Nähe zu Moskau besser verdeutlichen konnte, war die blutigste

des Kaiserreichs. Seit der Revolution und dem allgemeinen Volks-
aufgebot von 1793 war ein Menschenleben nichts wert, und die
Zeit war vorbei, als sich die Heeresführung gegen unnütze Opfer
sträubte, die sie teuer zu stehen kamen. Napoleon hatte das furchtbare Geschenk der Rekrutenaushebung von der Revolution ge-
erbt. Ihm stand also ein Überangebot an kostenlosen Soldaten zur
Verfügung. Doch seine gewöhnliche Taktik führte nicht zwangsläufig zu ungeheuren Verlusten in seinen Reihen. Sein Ziel hatte
stets darin bestanden, die feindliche Armee zu vernichten, und er
war bestrebt, seine eigene zu bewahren. Meistens schloß er einen
Flügel der feindlichen Armee ein und zwang den Gegner dazu,
sich entweder rasch zurückzuziehen oder kehrtzumachen und die
Schlacht in einer ungünstigen Position zu beginnen, was ihm zum
Sieg verhalf. Seine Trümpfe waren stets die Schnelligkeit und Aggressivität seiner Manöver. Doch wie man gesehen hat, glaubte er
nicht an den Erfolg des Vorschlags, den Davout gemacht hatte, und
entschied sich für einen Frontalangriff. Da die Russen auch über
menschliche Reserven verfügten und nicht zögerten, sie zu opfern,
führte das zu einem großen Zusammenstoß, in dem man Menschen
verheizte, ohne sich um Zahlen zu kümmern. An der Moskwa fand
eine Schlacht statt, bei der die Artillerie mehr als zwölf Stunden
lang ununterbrochen schoß und nicht gegen eine Festung, sondern
gegen Kolonnen von Infanteristen wütete. Alle Zeugen erklärten,
daß es so schien, als gehörte das Schlachtfeld mehr den Toten als
den Lebenden. Sie übertrieben nicht. Zahlenangaben sind unter
solchen Umständen nicht immer genau, doch die zuverlässigsten
Militärhistoriker erklären, daß die Zahl der französischen Gefal-
lenen 30000 Mann betrug, also 22 % der Gesamtstreitkräfte, und
bei den Russen waren es 44000 Mann (36 % ihres Heeres). Um einen Vergleich anzugeben: In Austerlitz verloren die Franzosen nur
12 % ihrer Truppen (9000 Tote), während es bei den Streitkräften
der feindlichen Koalition 32 % (15000 Tote) waren. (Ein weiteres
Drittel des Heeres der Verbündeten wurde gefangengenommen.)
In Jena verlor Napoleon nur 5000 Tote (5 %), während die Verluste
der Preußen 25000 Tote betrugen, das heißt annähernd die Hälfte
ihrer Truppenstärke.[37]
    An der Moskwa erlitten die Franzosen nicht nur beträchtliche,
sondern auch unersetzbare Verluste, weil sehr viele, außergewöhn-

lich begabte Offiziere getötet wurden. Siebenundvierzig Generäle, zweiunddreißig Generalstabsoffiziere, sechsundachtzig Adjutanten und siebenunddreißig Regimentsobristen ließen sich, 2 500 Kilometer von Paris entfernt, nicht ersetzen, wenn man den Verlust derart kampferprobter Männer überhaupt ausgleichen könnte.

Napoleon wußte besser als jeder andere, daß diese äußerst verlustreiche und blutige Schlacht vergeblich gewesen war. Nur eine vernichtende Niederlage hätte die Russen zu Verhandlungen veranlassen können, selbst wenn auch das nicht sicher war. Nach Austerlitz hatte er Berthier erklärt: »Im Krieg ist nichts wirklich abgeschlossen, solange noch etwas zu tun übrigbleibt; ein Sieg ist nicht vollständig, solange man mehr tun kann.« Im Jahre 1812 blieb ihm noch übrig, Moskau einzunehmen. Man hat sich über die Gründe eines für den Kaiser derart enttäuschenden Ergebnisses oft mißbilligend geäußert. Die Entscheidung, dem Rat Davouts nicht zu folgen, die Weigerung, im ausschlaggebenden Moment die Garde einzusetzen, und der allzu weiträumige Frontalangriff, anstatt seine Kräfte am verletzlichen linken Flügel Kutusows zu konzentrieren, all das wurde, vielleicht zu Recht, kritisiert, obwohl sich Napoleons Gründe vollkommen rechtfertigen ließen. Wir haben schon davon gesprochen, daß er sich nicht von zu vielen seiner Männer trennen wollte, um das von Davout befürwortete Umgehungsmanöver auszuführen. Es wäre verantwortungslos gewesen, wenn er sich keine unversehrten und kampffähigen Truppen bewahrt hätte, während er sich mehr als zweitausend Kilometer von Frankreich entfernt befand und es den Russen so leicht fiel, neue Truppen auszuheben. Und außerdem erklärt sein schlechter Gesundheitszustand vieles, vor allem seine mangelnde Tatkraft während dieses ganzen Kampftages. Gesundheit sei unentbehrlich, wenn man Krieg führe, meinte er oft. Sein vorübergehendes Unwohlsein hat durchaus etwas mit der für seine sonstigen Reaktionen so wenig bezeichnenden Bedächtigkeit und Langsamkeit zu tun. Schließlich muß man die Russen gerecht beurteilen, die sich mit einer solchen Entschlossenheit, Tapferkeit und Hartnäckigkeit schlugen, daß die Ergebnisse nicht ausblieben. Napoleon selbst hatte zu Berthier und Caulaincourt gesagt, als er sah, daß er keine Gefangenen gemacht hatte: »Diese Russen lassen sich wie Maschinen töten; man nimmt keine gefangen. Das hilft uns keineswegs weiter. Sie sind wie Zitadellen,

die man mit Kanonenschüssen zertrümmern muß.«[38] Sich an Ort
und Stelle töten zu lassen, anstatt einen Fußbreit Boden preiszugeben, so etwas reichte nicht aus, um die Franzosen zu besiegen, doch
damit konnte man sie um einen entscheidenden Vorteil bringen,
und es ermöglichte den Russen, den Zusammenbruch zu vermeiden. Auf Sankt Helena äußerte Napoleon: »Die an der Moskwa war
eine [von den Schlachten], bei denen man die größten Verdienste
erworben und die geringsten Ergebnisse erzielt hatte.«[39]

Trotz alledem war nun der Weg nach Moskau frei. Und obwohl
die Einnahme der Stadt ganz offensichtlich nicht den Feldzug beenden würde, wenn sie nicht mit der Vernichtung des russischen
Heeres einherging, erklärte der Kaiser mehrmals: »Der Friede ist in
Moskau. Wenn die russischen Großgrundbesitzer sehen, daß wir
die Herren ihrer Hauptstadt sind, werden sie es sich zweimal überlegen. Wenn ich den Bauern die Freiheit gäbe, wären diese großen
Vermögen verloren. Die Schlacht wird meinem Bruder Alexander
die Augen öffnen, und das gleiche wird mit seinem Senat bei der
Einnahme von Moskau geschehen.«[40]

VII
Moskau, offene Stadt

September 1812

›Wir haben eine Schlacht, aber nicht den Krieg verloren‹, hätte Kutusow in seinem Bericht an den Zaren erklären können. Er zog es vor, dem Kaiser eine Siegesmeldung zu schicken. Ihre Verlesung in der St.-Alexander-Kathedrale versetzte die Hauptstadt in Ekstase. Als sich die Neuigkeit verbreitete, hörte sich der Erfolg von Stunde zu Stunde glanzvoller an. Illuminationen, Artilleriesalven und Tedeums folgten aufeinander. Man schmückte die Flußufer mit bunten Lampions und stellte Kerzen auf die Fensterbretter. In der hellen Sommernacht promenierte eine fröhliche Menge auf den Straßen. Alexander verlieh Kutusow den Marschallstab und gewährte ihm eine Gratifikation von hunderttausend Rubeln, obwohl er sich von der Meldung nicht täuschen ließ. Er wußte genau, daß man sich hütete, ihm schlechte Neuigkeiten allzu brutal mitzuteilen. Er selbst ließ übrigens bei der Veröffentlichung des Textes die Tatsache unerwähnt, daß sich die Armee trotz dieses großen Erfolgs hinter Moschaisk zurückgezogen hatte, das heißt bis an die Tore Moskaus. Die Begeisterung flaute von selbst ab, sobald die aus Moskau eintreffenden Informationen allmählich durchsickerten.

Kutusow konnte seine zuversichtliche Haltung im Grunde rechtfertigen: Zwar hatte er auf dem Schlachtfeld nicht gewonnen, aber er hatte auch nie geglaubt, daß er einen Sieg erreichen könnte. Er hatte ja seine Truppen nur widerwillig in den Kampf geschickt und trotzdem dem Feind empfindliche Verluste zufügen können. Nach seiner Vorstellung war es ihm gelungen, größeren Schaden zu verhindern, und er war überzeugt, weitere 80 000 »bis an die Zähne bewaffnete« Rekruten ausheben zu können, denn Rostoptschin, der Gouverneur Moskaus, hatte ihm zugesichert, daß er über eine solche Reserve verfüge. Mit dieser Verstärkung würde sich die Armee in kurzer Zeit neu formieren. Zum Unglück für Kutusow (und für die Moskauer) war Rostoptschin kein zuverlässiger Mann.

Man hatte den Grafen Rostoptschin zu Beginn des Feldzugs von
1812 zum Gouverneur ernannt. Er ersetzte den alten Marschall
Gudowitsch, einen großen Freund des Wodkas und willfährigen
Anhänger des allgemeinen Schlendrians. Diese Entscheidung
Alexanders wirkte eigenartig, denn damit nahm er einen ehemaligen Günstling seines Vaters wieder in Gnaden auf, den er bisher
stets von sich ferngehalten hatte und dessen störrischer und lau-
nenhafter Charakter alle erboste. Auf seine absurden, stets französisch vorgetragenen Erklärungen reagierte man lediglich mit
Achselzucken. Nach seiner Ansicht »starb die Hälfte der Engländer
vor Langeweile und die andere Hälfte an Hunger«, die Deutschen
»füllten sich ständig den Bauch mit Fleisch, die Blase mit Bier und
den Kopf mit abstrakten Ideen«, und die Franzosen »waren alle
Schufte, Schelme und Spitzbuben«.[1] A. F. de Beauchamp, ein in
Moskau lebender preußischer Emigrant hugenottischer Herkunft,
schrieb ihm paradoxerweise außerordentliche gesellschaftliche
Talente zu: Er meinte, Rostoptschin sei imstande, allein eine ganze Runde zu unterhalten, doch er beurteilte ihn als unbeständig
und unfähig, sich mit ernsthaften Studien zu beschäftigen. Rostoptschin hatte sich tatsächlich nie bemüht, gründliche Kenntnisse zu
erwerben. Zu dieser überraschenden Wahl Rostoptschins wurde
der Zar von seiner Schwester, der Großfürstin Katharina, veranlaßt. Seiner jüngeren Schwester bekundete er eine tiefe Zuneigung,
die seine Gattin für maßlos hielt, und er gestand dieser Frau, deren
Ehrgeiz und Tatkraft, wenn nicht Intelligenz an seine Großmutter
Katharina die Große erinnerten, einen ungeheuer großen Einfluß
zu. Die junge Frau glaubte – zu Unrecht –, daß Rostoptschin den
Moskauer Adel mitreißen könnte. Er sei ja nicht einmal Militär,
entgegnete der Zar, und ein Gouverneur müsse Epauletten tragen.
Das sei Sache eines Schneiders, gab sie zurück. Sie erreichte, was
sie wollte.

Die Tätigkeit des neuen Gouverneurs bestand darin, einige
Leute zu verhaften, vor allem den Postdirektor und einen gewissen Wereschtschagin; dieser hatte es gewagt, einen Artikel zu verbreiten, der in einer Hamburger Zeitung erschienen war und in
dem man berichtete, Napoleon habe sich gerühmt, er werde die
beiden russischen Hauptstädte Moskau und Sankt Petersburg besetzen. Rostoptschin ließ außerdem Plakate an den Hausmauern

der Stadt anschlagen, deren Ton zuweilen unangenehm scherzhaft war. Auf einem solchen Zettel forderte er die Damen des Adels und die Kaufmannsfrauen auf, aus der Stadt zu verschwinden, um schädliches Geschwätz zu vermeiden. Andererseits hatte er verboten, Pässe an die Männer auszugeben. Auf einem weiteren Zettel garantierte er seinen Mitbürgern, daß »der Schurke nicht nach Moskau kommen wird, dafür verbürge ich mich mit meinem Kopf«. Ein drittes Plakat forderte die Einwohner auf, sich reichlich mit Waffen aus dem Zeughaus zu versehen, was tatsächliche Panik verriet, denn Rußland lebte nicht unter einer Regierung, die das Volk ermutigte, sich zu bewaffnen. Solche Initiativen brachten ihm nicht die Unterstützung des Moskauer Adels ein. Allerdings waren die meisten adligen Familien schon nicht mehr da; seit dem Sommeranfang hatten sie sich wie üblich zu ihren Landhäusern begeben. Die Stimmung in der Stadt wurde unangenehm. Die Leute aus dem Volk beschimpften diejenigen Einwohner, die – trotz der Anweisungen des Gouverneurs – versuchten, Moskau zu verlassen, indem sie sich mit Haufen von Umschlagtüchern und Hüten ungeschickt als Frauen verkleidet hatten. All das roch ein wenig nach Revolution, was Rostoptschin so sehr in Schrecken versetzte, daß er die Bewegungsfreiheit der Einwohner wiederherstellte. Die Ruhe kehrte zurück.

Sodann konzentrierte der Gouverneur seine Aufmerksamkeit auf die französische Kolonie der Stadt. Sie sammelte sich um die Sankt-Ludwigs-Kirche-der-Franzosen, deren Pfarrer, der Abbé Surrugues, klammheimlich die Konversion der Gräfin Rostoptschina, der Gattin des Gouverneurs, zum Katholizismus vorbereitete. Die ›Wirtschaftsexilanten‹ gehörten nicht eigentlich dazu: die zahlreichen Hauslehrer, oft Emigranten oder Söhne von Emigranten, Gesellschafterinnen, Gouvernanten, Architekten, Friseure oder Köche. Sie waren an eine bestimmte Familie gebunden, deren Leben und Schicksal sie teilten. Sie fühlten sich überglücklich, ein Eldorado gefunden zu haben, in dem sich der Adel mit französischen Lehrern umgeben wollte. Die meisten aristokratischen und wohlhabenden Emigranten, die vor der Revolution geflohen waren, wohnten in Sankt Petersburg. Nur einige wenige Edelleute hatten es vorgezogen, sich in Moskau niederzulassen.

Die Franzosen, die als Selbständige und mit freien Berufen in der

Stadt lebten, waren hauptsächlich Schauspieler, Sänger und Kaufleute, die seit langen Jahren ihren Wohnsitz in dieser Hauptstadt
hatten. Sie genossen einen ausgezeichneten Ruf, und man schätzte ihre Talente und ihren Gewerbefleiß so sehr, daß die eleganten
Moskauer nicht mehr auf sie verzichten konnten. So hätte etwa
kein Aristokrat eine russische Komödie besucht. Nur das französische Theater zählte. Mademoiselle Georges kam regelmäßig auf
einer Gastspielreise hierher. Madame Vigée Lebrun hatte sich in
Frankreich zu sehr kompromittiert, weil sie die Gunst Marie-Antoi-
nettes genossen hatte, und konnte nicht darauf verzichten, das
Land während der Schreckenszeit zu verlassen. Sie hielt sich einige
Zeit in Moskau auf. Der Adel öffnete ihr bereitwillig die Türen,
und »nach zehn oder zwölf Tagen«, würde sie erzählen, »hatte ich
schon sechs Porträts begonnen«.[2] Die hübschen Läden der Parfü-
meure, die Schaufenster der Putzmacherinnen, die Werkstätten der
Schneiderinnen, die Buch- oder Likörhändler gaben der Stadt eine
charmante und elegante Note. Manche Geschäfte befanden sich im
Erdgeschoß großer Paläste. Niemand wäre auf die Idee gekommen,
diese Handwerker für Spione zu halten. Außer Rostoptschin.

Ende August versammelte er sie und dazu ein paar Deutsche
und eine Gruppe Juden. (Der Abbé Surrugues wurde in Ruhe gelassen.) Er setzte sie auf einen Flußkahn, der das über dreihundert
Kilometer östlich von Moskau gelegene Nischni Nowgorod erreichen sollte. Bevor er den Kahn abfahren ließ, hielt er eine sarkastische Ansprache an die Unglücklichen, die er mit der Ermahnung
abschloß: »Geht an Bord des Kahns, haltet Einkehr in euch selbst
und macht aus ihm keinen Kahn Charons.« Hierauf gab er das große Warenlager zur Plünderung frei, das Madame Aubert-Chalmé
gehörte, der berühmtesten Händlerin der Stadt, die sich im Gegensatz zu ihrem Mann verstecken und in Moskau bleiben konnte.
Rostoptschin versäumte nicht, bei dieser Gelegenheit einige Gegenstände für seinen persönlichen Gebrauch an sich zu nehmen.

Die Prahlereien des Gouverneurs klangen hohl: »Wir werden
schon allein mit dem Banditen fertig [...]. Jeder, der mit einem
Spieß oder einem Beil erscheint, ist willkommen; doch eine drei-
zackige Heugabel ist noch besser zu gebrauchen: Denn so ein Franzose ist nicht schwerer als eine Roggengarbe.«[3] Es kam zu noch
eigenartigeren Episoden. Eines Tages wurde die Bevölkerung be-

nachrichtigt, daß sie sich nicht mehr zu beunruhigen brauche. Der Gouverneur verfüge über eine Maschine, mit der man den Feind vernichten könne. Vorläufig dürfe er nicht genau verraten, was es mit diesem Apparat auf sich habe, außer daß es sich um einen Aerostaten handele, mit dem fünfzig Männer ganz nach Belieben mit dem Wind oder gegen ihn fliegen könnten.

Denn er hatte sein ganzes Vertrauen Franz Leppich geschenkt, einem Mann, der am Rhein geboren war und früher als Hauptmann in der englischen Armee gedient hatte. Er war der Erfinder des *Panmelodicons*, eines Musikinstruments, das kaum Anhänger fand. Als sich diese merkwürdige Person auf der Durchreise in Paris befand, schlug sie Napoleon vor, einen Ballon zu bauen, der mit Sprengstoff beladen werden sollte und eine ganze Armee vernichten könnte. Man wies Leppich ab, und daraufhin bot er Rußland seine Dienste an. Da er als Mechaniker einen ausgezeichneten Ruf in Deutschland genoß, wurde er dem Zaren vom Grafen Ferdinand Zeppelin, dem württembergischen Gesandten und Großvater des Luftschiffkonstrukteurs, empfohlen. Alexander empfing ihn freundlich und schickte ihn zu Rostoptschin, wobei er ihm dringend zu strengster Geheimhaltung riet.

Der Gouverneur, der für Mysterien schwärmte, brachte den Erfinder zusammen mit hundert deutschen Handwerkern in einer Werkstatt unter, die etwa zehn Kilometer von Moskau entfernt auf dem Gut eines Fürsten Repnin lag, finanzierte ihn großzügig und sandte begeisterte Berichte an den Zaren: Diese Erfindung »wird den Krieg beseitigen, das Menschengeschlecht von seinem höllischen Vernichter befreien und den Zaren zum Schiedsrichter der Könige und Wohltäter der Menschheit machen«.[4] Er rekrutierte die fünfzig Mann starke Besatzung, die für die Bedienung des Ballons erforderlich war. Die optimistischsten Berichte überzeugten bis zum 10. September Alexander und selbst den skeptischen Kutusow von dem zu erwartenden Erfolg. Doch gerade an dem Tag, als sich Kutusow bemühte, seine Truppen nach Borodino neu zu formieren, gab Rostoptschin klein bei und teilte mit, daß Leppich ein Scharlatan und Verrückter sei und daß man nicht mit der Wunderwaffe rechnen könne.

Rostoptschin hatte also mehrere entscheidende Tage verstreichen lassen, in denen er Moskau auf die unvermeidliche Invasi-

on hätte vorbereiten können. Man hatte ihm befohlen, zahlreiche
Kostbarkeiten in Sicherheit zu bringen, die in den Kirchen und
Klöstern aufbewahrt wurden, und er hatte sich nicht darum gekümmert. Er hätte den Abtransport der Verwundeten organisieren
müssen, und er hatte sie in behelfsmäßigen Unterkünften dahinve-
getieren lassen, denn die überfüllten Krankenhäuser konnten niemanden mehr aufnehmen. (Man hatte bereits alle transportfähigen
Verwundeten aus Smolensk auf den Weg nach Moskau gebracht.)
Doch die Ereignisse überstürzten sich. Gehen wir ein paar Tage
zurück, um ein Bild von den Reaktionen zu vermitteln, zu denen es
in Moskau während dieser ausschlaggebenden Woche kam.

Als die Schlacht von Borodino am 7. September begann, wurde dies Rostoptschin durch einen Kurier mitgeteilt. Ohne einen
Augenblick zu verlieren (es hätte defätistisch gewirkt, auf weitere
Nachrichten zu warten), ließ er ein Tedeum in der Mariä-Him-
melfahrts-Kathedrale auf dem Kreml zelebrieren. Am nächsten
Tag zogen sich die Russen nach Moschaisk zurück, das weniger als
zehn Kilometer von Borodino entfernt war; es war ihnen gelungen,
Tausende von Verwundeten nicht im Stich zu lassen, indem sie von
den Bauern Fuhrwerke oder im ungünstigsten Fall Schubkarren
ausliehen und alle möglichen Anstrengungen unternahmen, um
die am wenigsten Versehrten zu unterstützen, doch ganz offensichtlich konnten diese Unglücklichen nicht hoffen, Moskau ohne
eine viel umfangreichere Bereitstellung von Transportmitteln zu
erreichen. Kutusow richtete einen Appell an Rostoptschin, einen
sehr dringenden Appell. Er benötigte Wagen, Pferde und Waffen.
Er erhielt nichts. Der plötzlich verängstigte Rostoptschin beschäftigte sich nun damit, ohne sich um etwas anderes zu kümmern,
die Schätze des Kremls, der drei Kathedralen, mehrerer Kirchen
und Klöster sowie Tonnen von Archivdokumenten in Sicherheit
zu bringen, indem er sie nach Kolomna, Wladimir und sogar nach
Nischni Nowgorod schickte. Er hatte alle in der Stadt verfügbaren Fahrzeuge requiriert und wollte kein einziges abgeben. Darum
sahen sich die Militärs am 8. September gezwungen, ihre Schwer-
verwundeten in Moschaisk zurückzulassen. Am nächsten Tag erreichten die Franzosen diese Stadt.

Sie kamen am Morgen dort an. Die Russen machten sich bereit,
Moschaisk zu verlassen, aber die Franzosen wollten nicht auf deren

Abmarsch warten und griffen die Stadt an, die sie nach einem äußerst verlustreichen Gefecht einnahmen, denn es endete mit einer
schweren Kanonade. Die Russen fielen reihenweise. Viele französische Offiziere verloren ihr Leben. Der Sohn des Generals Lariboisière, des Kommandeurs der französischen Artillerie, wurde tödlich verwundet. Sein Vater mußte ihn in seinem Todeskampf allein
lassen. Er wurde von seinen Dienstpflichten beansprucht. Doktor
Roos war entsetzt über den schrecklichen Tod eines französischen
Ingenieurobersten, dem eine Granate den Kopf abriß und dessen
Rumpf noch einige Augenblicke in gerader Richtung zu Pferde sitzen blieb, während das Blut wie bei einem Enthaupteten sehr hoch
spritzte.[5] Die Granaten und Kanonenkugeln hatten mehrere Häuser in Brand gesteckt, und die vielen Männer, die dorthin stürzten
und sich über die großen Wein- und Schnapsvorräte hermachten,
verursachten ein furchtbares Chaos, das noch durch die Menge
der russischen Verwundeten verschlimmert wurde; diese lagen auf
den Straßen und konnten sich nicht von der Stelle rühren und einen Unterschlupf suchen.

Napoleon befahl, sie zu sammeln und so gut wie möglich zu versorgen. Man mußte außerdem die Leichen fortschaffen, die sich auf
den Höfen und in den Häusern häuften, und die Berge von Armen
und Beinen beiseite räumen, die man in solcher Eile abschnitt,
daß man sich nicht die Mühe gemacht hatte, die Schuhe von den
amputierten Füßen abzuziehen. Nun erst begann der Wettkampf
um Unterkünfte für die Offiziere. General Lejeune betrat den Hof
eines Gebäudes: Er konnte kaum hineingelangen. Eine Masse verwundeter Pferde, die nicht wieder aufstehen konnten, drängte sich
dort zusammen und ließ jämmerliche Klagelaute hören. Die Tiere
wälzten sich zur Seite und versuchten, auf die Füße zu kommen,
um dann schwerfällig zurückzusinken. Der General bahnte sich
einen Weg und stieg in den ersten Stock, um sein Zimmer in Besitz
zu nehmen. Als er eine Stunde später wieder hinabstieg, wurde er
von einem noch entsetzlicheren Anblick überwältigt. Die Pferde
waren alle zerstückelt, nur ihre Gerippe lagen auf dem Boden verstreut. Dort aßen seine Männer rohen Kohl und gebratene Fetzen
Pferdefleisch.

Man fand eine Unterkunft für den Kaiser. Ein neues, gerade
erst fertiggestelltes Haus. Ohne Türen, aber die Fenster ließen sich

schließen. Ein entscheidender Vorzug: mehrere schon angeheizte
Öfen. Napoleon richtete sich im ersten Stock ein. Er litt unter einer schrecklichen Influenza und völliger Heiserkeit. Ohne einen
Augenblick zu verlieren, begann er nun, Notizen in seiner flüchti-
gen und unleserlichen Schrift zu machen. Seine Sekretäre Fain und
Méneval, sein Kartograph Bacler d'Albe und Oberst du Ponthon –
sein Ordonnanzoffizier, ein Veteran aus Ägypten – bemühten sich
danach, diese lesbar abzuschreiben, um sie an die Adjutanten weiterzugeben. Selbst Daru und Berthier – dieser war untröstlich, weil
Fürst Visconti, der Sohn seiner vergötterten Geliebten, gestorben
war – beteiligten sich an der Aufgabe, die sich häufenden Notizen
abzuarbeiten, die der Kaiser in aller Eile kritzelte. Napoleon blieb
bis zum 11. in Moschaisk, damit er sich erholen konnte. Inzwischen rückte Kutusow langsam auf der Straße nach Moskau vor,
und seine Botschaften an Rostoptschin wurden immer dringlicher.
Er verlangte stets dasselbe: Männer, Pferde, Wagen, Munition,
Waffen, Äxte und Schaufeln. Selbstverständlich blieben seine Botschaften erfolglos, obwohl ihr Ton immer nachdrücklicher wurde.

Dem Gouverneur fiel am 12. September als einziges ein, die
Moskauer aufzufordern, ihre Kruzifixe umzuhängen, sich mit
Hacken, Gabeln und Äxten zu bewaffnen und sich auf die jenseits
der Stadttore liegenden Sperlingsberge – jene Anhöhen, die die
Stadt im Westen überragten – zu begeben, um den Feind zurück-
zuwerfen. Eine große Menge setzte sich in Bewegung, stieg den
Hügel hinauf und wartete vergebens. Kein Feind, kein Kutusow,
kein Rostoptschin. Die enttäuschten Leute waren wütend, daß sie
sich den ganzen Tag nutzlos herumgetrieben hatten, sie kehrten
nach Hause zurück und erfuhren nun, daß der Gouverneur seine
Frau und seine drei Töchter* in einen Wagen gesetzt hatte, um sie
in Sicherheit zu bringen, und danach seelenruhig in seinen Palast
am Lubjanka-Platz, zwei Schritte vom Kreml entfernt, zurückgekehrt war. Rostoptschin geriet nun bei allen in Mißkredit. Handelte er unüberlegt? War er wahnsinnig? Jedenfalls erließ er eine letzte
Proklamation, in der er mitteilte, daß er sich am nächsten Tag zu

---

* Sophia, das vierte von seinen sieben Kindern, war damals fünfzehn Jahre
  alt. Einige Jahre später heiratete sie in Paris Eugène de Ségur, den Neffen des
  kaiserlichen Adjutanten, und wurde Comtesse de Ségur (eine Kinderbuch-
  autorin, deren Romane in der »Bibliothèque Rose« erschienen).

Kutusows Generalstab begeben werde, um eine Entscheidung her-
beizuführen, und daß er damit rechne, zur Zeit des Abendessens
zurückzukommen.

Am 13. September ritt also Rostoptschin am frühen Morgen zu
Kutusows Generalstab, der sich auf den Sperlingsbergen befand,
gerade dort, wo sich die Moskauer einen Tag zuvor versammelt
hatten. Als er eintraf, saß der alte General auf dem Klappstuhl,
den sein Diener, ein Kosak, immer unter dem Arm trug. Kutusow
wärmte sich an einem Biwakfeuer. Er hatte Rostoptschin früher
nie gesehen und stand auf, um ihn zu begrüßen. Zwischen beiden
Männern herrschte eine spürbar feindselige Stimmung. Kutusow
bereitete Rostoptschin einen eiskalten Empfang. Er verzieh ihm
nicht, daß er sich als unfähig erwiesen hatte, der schwer bedrängten
Armee auch nur die geringste Hilfe zu leisten. Wenn er sich eher
um den Abtransport der Kunstwerke und der städtischen Archive
gekümmert hätte, wäre er in der Lage gewesen, ihm die unbedingt
notwendigen Fahrzeuge zur Verfügung zu stellen. Rostoptschin
hingegen nahm Kutusow die Falschmeldung über den Sieg von
Borodino übel. Jedenfalls weihte ihn Kutusow nicht in seine Pläne
ein und entließ ihn rasch. Allerdings hatte der Gouverneur zuvor
noch Zeit gefunden, General Jermolow gegenüber eine sibyllini-
sche Erklärung abzugeben: »Warum sollte man sich solche Sorgen
um die Verteidigung Moskaus machen? Wenn der Feind in die
Stadt eindringt, wird er dort nichts finden. Ich habe alle Schätze
fortgeschafft. Wenn Sie sich auf dem Rückzug umdrehen, werden
Sie nur noch Flammen sehen.« Nachdem er sich entfernt hatte, begab sich Kutusow in das Dorf Fili.

Dort, in einer Isba, dem bequemen und geräumigen Haus des
Bauern Andrei Sawostjanow, dessen ganze Familie – Männer, Frau-
en und Kinder – sich in einen Schuppen zurückzog, rief Kutusow
seine Generäle zusammen, um Kriegsrat zu halten. Die Versammlung begann am späten Nachmittag, denn man mußte die Ankunft
Bennigsens abwarten, der den linken Flügel der Armee inspizierte.
Kutusow hatte sich schwerfällig auf seinen Klappstuhl fallen lassen,
gegenüber dem Tisch aus Tannenholz, auf dem die Landkarten,
Pläne, Papiere und Bleistifte lagen, und die Besprechung begann.

Nur Bennigsen befürwortete eine Schlacht an den Mauern der
Stadt, um Moskau nicht dem Feind preiszugeben, selbst wenn man

damit die Existenz der Armee aufs Spiel setzte. Kutusow entgegnete, daß es nicht um die Stadt und die Armee, sondern um den
Fortbestand des Staates selbst gehe. Danach ließ er die übrigen Generäle sprechen. Barclay hielt die Gefahr, daß die Armee vernichtet
würde, für zu hoch. Es sei besser, sich in das etwa zweihundert
Kilometer östlich gelegene Wladimir zurückzuziehen. Diese Position werde es dem Generalstab ermöglichen, seine Verbindungen
mit Sankt Petersburg, Kasan, Tula und Kiew aufrechtzuerhalten.
Die anderen Anwesenden unterstützten ihn. Kutusow sah diese
Lösung als die einzig vernünftige an. Er übernahm die ganze Verantwortung für diese Entscheidung und beschloß den Abbruch der
Besprechung, die sich endlos hinzuziehen drohte.

Sein Kopf, mochte er nun gut oder schlecht sein, konnte nur von
sich selbst Rat annehmen. Die Armee Napoleons gleiche einem
Sturzbach, und Moskau werde der Schwamm sein, der ihn auf-
sauge, schloß er auf französisch, womit er unerschütterlich seiner
Gewohnheit treu blieb, nicht Russisch zu sprechen. Und er machte
seinem Kosaken ein Zeichen, ihm beim Aufstehen zu helfen. Unverzüglich teilte man den Truppen die Neuigkeit mit. Viele Offiziere reagierten bestürzt auf die Aussicht, die alte Hauptstadt zu
opfern, und einer fragte Kutusow, wo sie haltmachen würden. »Das
ist meine Angelegenheit«, erklärte der Oberbefehlshaber, »aber ich
versichere Ihnen, daß die Franzosen schließlich noch Pferdefleisch
fressen.«

Er gab also den Befehl, sich nach Osten zurückzuziehen, doch
seinem Generalstab teilte er vertraulich mit, daß das südwestlich
gelegene Kaluga das endgültige Ziel sei. Er zog diesen großen Umweg einer direkteren Richtung vor, um sich gegen einen Angriff Napoleons zu schützen, der durchaus imstande war, von seiner Route
abzuschwenken, um die russische Armee zu vernichten, bevor er
in die Hauptstadt eindrang. Kutusow wußte nur zu gut, wie schnell
sein furchtbarer Gegner vorrücken konnte, wenn er sah, wie sich
eine strategische Chance nutzen ließ. Keine Vorsichtsmaßnahme
schien ihm übertrieben.

Kutusow war kein großer Stratege, doch seine Schläue und Geduld machten das wett. Indem er sich nach Osten wandte, nachdem er durch die Hauptstadt marschiert war, lockte er Napoleon
nach Moskau. So warf er ihm einen Knochen hin, einen großen

Knochen, um ihn abzuspeisen. Während die französische Armee damit beschäftigt wäre, ihren Hunger zu stillen, könnte er, Kutusow, ungestört nach Süden abbiegen. Wie man stets berücksichtigen muß, führten die großen Entfernungen und die geringe Bevölkerungsdichte dazu, daß sich die Armeen sehr schnell aus den Augen verloren und also frei manövrieren konnten, ohne sich zu gefährden.

Gegen Abend des 13. September tauchten die ersten russischen Soldaten und Offiziere in Moskau auf. Man hat in den Papieren des Fürsten Orlow, des späteren Botschafters in Paris, eine Schilderung der Stadt kurz vor der Ankunft der Franzosen gefunden. »Man sah unsere Krieger erscheinen. Sie hatten sonnengebräunte und staubbedeckte Gesichter. Sie machten einen mannhaften und mutigen Eindruck. Die Einheimischen und Kaufleute boten ihnen Wein, Obst und anderes Essen an. Diejenigen, die Geschenke ablehnten, ließ man so viel bezahlen, wie sie wollten. Die Straßen waren voll von mit Säbeln bewaffneten jungen Leuten im Gehrock. An ruhigen Orten hörte man das ferne Dröhnen der Kanonen. Am Abend erhellten die Biwakfeuer der Armee auf der einen Seite und die des Trosses auf der anderen die ganze Umgebung der Stadt. In dieser Stille zog sich ein Teil der Armee auf abgelegenen Straßen durch Moskau zurück. Man hatte einen Teil des Schießpulvers in den Depots beim Simonow-Kloster gesprengt; der andere Teil wurde auf Kähne geladen und zusammen mit den Bleivorräten in der Moskwa versenkt.«[6]

Bevor nun auch Rostoptschin die Stadt verließ, nahm er sich die Zeit, an den Zaren zu schreiben, um ihm zu versichern, daß jeder Wertgegenstand und jedes wichtige Dokument in Sicherheit gebracht waren. Diese Übertreibung kostete ihn keine große Mühe. Er befahl allen Einwohnern, Moskau binnen vierundzwanzig Stunden zu verlassen. Dann ließ er die Gefängnistore öffnen und befreite zahlreiche Gauner, Landstreicher und andere Übeltäter, die sich in die Kneipen stürzten, um die Tonnen mit Wodka anzustechen, was zum allgemeinen Durcheinander beträchtlich beitrug. Er forderte das gesamte Verwaltungspersonal und alle Polizeioffiziere auf, sich zu entfernen. Schließlich befahl er, die vierundsechzig städtischen Feuerspritzen zusammenzuholen, um sie wegzuschaffen und diejenigen zu zerstören, die man nicht mitnehmen konnte.

Nun hatte jeder begriffen, daß sich die Armee zurückzog und daß diejenigen Moskauer, die nicht fliehen konnten, der Willkür der Eindringlinge preisgegeben wären – und man hatte sich ja bemüht, ihnen diese Eindringlinge als blutdürstige Bestien zu schildern. Allerdings haben viele russische Zeugen berichtet, daß die allgemeine Panik eher durch den Anblick der freigelassenen Sträflinge und die Angst vor der schnell um sich greifenden Unordnung als durch die Furcht vor den Franzosen hervorgerufen wurde.

Außer den Kaufleuten und Adligen gab es in Moskau eine Mittelklasse, die aufgeklärt genug war, um zu wissen, daß Napoleon Wien oder Berlin nicht geplündert hatte, daß er die dortigen Einwohner nicht hatte massakrieren lassen und daß die Franzosen keine Blutsauger waren. Es gab auch Hausbesitzer, die in der Stadt bleiben und über die Sicherheit ihres Eigentums wachen wollten; aber eine Stadt ohne Polizei, die von ihrer Miliz und ihrem Ordnungsdienst verlassen war und deren Gefängnisse man geräumt hatte, wurde eine gefährliche Stadt, wo Unvorhersehbares geschehen konnte. Darum folgten die bürgerlichen Eigentümer dem Beispiel des Hochadels, doch im Gegensatz zu ihm verfügten sie nicht über eine ausreichende Dienerschaft, um ihr Haus in guter Obhut zurückzulassen.

Eine bedrohliche Menge scharte sich vor dem Palais des Gouverneurs. Man schrie, er habe die Bevölkerung getäuscht und es sei seine Pflicht, für einen ordnungsgemäßen Abzug zu sorgen, indem er sich an die Spitze des Zuges stelle. Rostoptschin spürte die Gefahr, daß man ihn daran hindern könnte, in seinen Wagen zu steigen und selbst die Flucht zu ergreifen. Da kam ihm der heimtückische Einfall, dem Volk ein Opfer auszuliefern. Er ließ Wereschtschagin holen, den jungen Mann, den man eingesperrt hatte, weil er einen ausländischen Artikel verbreitet hatte, und außerdem Mouton, einen Franzosen, den man wegen aufrührerischer Reden festgenommen hatte. »Das ist der Verräter, der seine Familie und sein Vaterland entehrt hat. Das ist der Verantwortliche für diese schreckliche Katastrophe«, rief der Gouverneur und zeigte auf den jungen Russen. »Er gehört euch.« Da die Menge nicht reagierte, befahl er einem Untergebenen, als erster zuzuschlagen. Der Elende brach zusammen, und die Menge riß ihn in Stücke. Der Franzose kam aus unerfindlichen Gründen mit dem Leben davon. Rostoptschin und sein Sohn machten sich diese widerwärtige Szene zunutze und entkamen durch eine Geheimtür, sprangen auf ihre Pferde und verließen in aller Eile das Stadtzentrum. Sie hielten an der Jausabrücke, die über einen Nebenfluß der Moskwa ging und die man überqueren mußte, um die Stadt zu verlassen.

Auch Kutusow ritt durch die Stadt, bat jedoch den Fürsten Golizyn, einen alten Moskauer, ihn so zu führen, daß er niemandem begegnete. Man hob ihn in den Sattel, und durch das Labyrinth der kleinen Gassen folgte er seinem Führer, der ihn schließlich zur Brücke brachte. »Dort herrschte eine unbeschreibliche Unordnung. Graf Rostoptschin hielt sich dort auf. Er trug einen Militärmantel mit Epauletten auf den Schultern, hatte eine Nagaika – eine aus Lederriemen geflochtene Peitsche – in der Hand und bemühte sich, alle zu vertreiben, um die Brücke zu räumen, die von den Einwohnern und einem Teil der Armee benutzt werden sollte. Die Begegnung verlief unfreundlich: Rostoptschin sprach Kutusow an, dieser antwortete ihm jedoch nichts und befahl, die Räumung der Brücke zu beschleunigen, damit die Truppen hinübergelangen konnten.«[7]

Denn mittlerweile strömte nun die ganze russische Armee nach Moskau hinein. Die Regimenter kamen im Westen der Stadt durch das Dorogomilow-Tor, wo die Straße von Smolensk endete, und dort würden auch die Franzosen eindringen. Die Soldaten marschierten von Westen nach Osten durch die Hauptstadt und zogen am Kreml vorbei, dessen von General Borosdin befehligte Garnison sich ihnen mit klingendem Spiel anschloß. General Miloradowitsch, der sich über diese unangebrachte Ablenkung entrüstete, machte Borosdin dafür verantwortlich. Dieser antwortete, den Gesetzesverordnungen Peters des Großen zufolge sei eine Garnison verpflichtet, eine Festung mit Musikbegleitung zu verlassen; doch er erklärte sich einverstanden, das Trommeln und Trompeten einzustellen. Es gab nicht nur die kampffähigen Truppen: Hunderte und Aberhunderte von Verwundeten, die aus Moschaisk gekommen waren, mühten sich, ihnen zu folgen, brachen aber oft auf der Straße zusammen. Man versuchte, sie in Sicherheit zu bringen, ohne den Marsch des schweigsamen und düsteren Zuges allzusehr aufzuhalten. Ihn umgab eine Flut von Fußgängern. Sie zogen oder schoben die unterschiedlichsten Fahrzeuge. Diese Menge

versperrte zuerst die Brücke und dann den Schlagbaum, der die
nach Südosten führende Rjasaner Straße freigab. Moskau hatte im
Winter dreihunderttausend Einwohner. Etwa fünfzigtausend waren seit Sommeranfang abgereist – die einen, die reichsten, weil es
Brauch war, die anderen aus Angst oder einfach, wie es Julja Kara-
gina in *Krieg und Frieden* bekannte, weil alle flohen. Man nimmt
übereinstimmend an, daß während der französischen Okkupation
dreißigtausend Menschen in der Stadt blieben, aus der sich innerhalb von sechsunddreißig Stunden mehr als zweihunderttausend
Einwohner davonmachten und über die Brücke entkommen konnten. Zu diesem Zeitpunkt begannen in der Stadt die ersten Plünderungen.

Eine beträchtliche Zahl von Soldaten machte sich den Aufenthalt und das Gewühl zunutze und kehrte um. Sie schlichen still
und heimlich zurück, kamen zum Roten Platz hinauf und drangen
durch alle Gänge in die großen Ladenreihen ein. Die Masse der
üblichen Kunden hatte unbewaffneten Soldaten in Uniform oder
Mantel weichen müssen. Sie traten ein, stellten sich den Kaufleuten
und Ladendienern entgegen, die ihren Laden schließen oder wenigstens ihre Vorräte verstecken wollten, und liefen dann wortlos
und beutebeladen nach draußen. Tolstoi hat beschrieben, wie es
den sich noch in der Stadt aufhaltenden Offizieren nicht gelang,
die Soldaten in Disziplin zu halten, und welch erschrockene Gesichter die Nachzügler machten, die befürchteten, daß die Brücke
für Zivilisten gesperrt würde, damit die letzten Truppenteile genug
Platz hätten.

Jenseits der Schlagbäume paßte die ganze Menge nicht mehr auf
die zu schmale Straße, und damit sich diese Flut einen Weg bahnen
konnte, ergoß sie sich über die Felder und in die Wälder. Da Pferde
fehlten, zogen die Männer selbst ihre Wagen, auf denen sich kleine
Kinder, kranke Frauen und gebrechliche alte Leute bemühten, das
bedrohte Gleichgewicht zu halten. Die zahlreichen erbärmlichen
Brücken in dieser von vielen Schluchten durchschnittenen Gegend
brachen unter dem Gewicht zusammen.

Die wenigen Adelsfamilien, die sich in der Stadt verspätet hatten – oft deshalb, weil sie etwas über einen im Krieg kämpfenden
Sohn oder Ehemann erfahren wollten oder weil sie sich bisher nicht
hatten entschließen können, die Stadt zu verlassen –, rannten nun

verzweifelt hin und her. Wer kann die Beschreibung des Hofes der
Rostows vergessen, die Tolstoi in *Krieg und Frieden* gibt? Dieser
Hof war mit den Fuhrwerken verstopft, die vom Landhaus der Familie kamen und die man mit Kisten vollgepackt hatte, aus denen
eine Unmenge Porzellan, Bilder und Teppiche hervorquoll. Wer
kann vergessen, wie der Zug von Verwundeten eintraf?[8] Die Panik
läßt den Preis der Pferde und Wagen jäh ansteigen. Die einfachste Schubkarre ist heiß begehrt. Hingegen erleben jene Kaufleute,
die mit wertvolleren Waren handeln – sie sind zum größten Teil
Ausländer und waren in der Stadt geblieben, weil sie Angst hatten,
ihren ganzen Besitz zu verlieren –, daß der Preis ihrer Vorräte an
Tuchen, Kunstgegenständen oder Möbeln ins Bodenlose sinkt.

Heillose Verwirrung überwältigte nun Sankt Petersburg. Ohne Be-
schönigungen berichtete Joseph de Maistre dem König von Sardinien von der Stimmung, die in der Hauptstadt herrschte: »Moskau
ist eingenommen […]. Hierfür gibt man ausgezeichnete Begründungen, doch eine derartige Begründung kann nicht die Tatsache
aus der Welt schaffen, daß es, wenn kein Wunder geschieht, kein
Rußland mehr gibt.«[9] Die Großfürstin Katharina allerdings, die
nichts dagegen hatte, sich in ihrem Zufluchtsort Jaroslawl als leidenschaftliche Kämpferin aufzuspielen, schrieb ihrem Bruder einen herrischen Brief: »Die Preisgabe Moskaus hat die Gemüter aufs
äußerste erbittert; die Unzufriedenheit hat den höchsten Punkt erreicht, und Ihre Person wird dabei durchaus nicht geschont. Wenn
sogar ich davon erfahre, können Sie beurteilen, wie es sonst steht
[…]. Nicht nur eine bestimmte Gruppe, sondern alle vereinen sich,
um Sie zu verunglimpfen […]. Der Gedanke, daß man Frieden
schließen müsse, ist glücklicherweise nicht allgemein verbreitet:
Das ganze Gegenteil trifft zu, denn das Gefühl der Schande, das auf
den Verlust Moskaus folgt, bringt den Vergeltungsdrang hervor.«[10]
Die Nachricht sorgte für Aufruhr in den europäischen Staats-
kanzleien: In einem Gespräch mit dem preußischen Minister Har-
denberg stellte Metternich fest, das Großreich habe seine europäische Existenz verloren, und er hoffe, sein Gebieter könne seinen
Schwiegersohn zur Mäßigung bewegen. Ein Artikel der Londoner
Times, der die Ansichten der Regierung wiedergab, lehnte die
Annahme ab, daß die Russen freiwillig Moskau verlassen hätten:

»Ein solcher Plan wäre der Gipfel des Wahnsinns und der Barba-
rei gewesen! Was denn! Die alte Hauptstadt Rußlands ohne einen
Schwertstreich aufzugeben! [...] Eine hochherzige Bevölkerung
zwecklos zu opfern, die, wie es heißt, ihrem Herrscher 80 000
Soldaten angeboten hatte! Allein diese Vorstellung ist schon eine
ganze Schmähschrift gegen Kaiser Alexander und seine Minister.
Wir sehen uns zu der Erklärung gezwungen, daß die Franzosen in
Moskau trotz aller Hindernisse eingedrungen sind, die ihnen die
Russen in den Weg stellen konnten. [Napoleon] hat der russischen
Größe unbestreitbar einen Schlag versetzt, von dem sich dieses
Reich nur mit großer Mühe wieder erholen wird.«[11]

In der Hauptstadt kam zur allgemeinen Bestürzung die Panik
hinzu. Man zweifelte nicht daran, daß sich Napoleon nun nach
Sankt Petersburg wenden würde. Alexander hatte schon an diese
Möglichkeit gedacht, und er hatte sogar verlangt, Vorbereitungen
zu treffen, um das Standbild Peters des Großen und sein eigenes
Holzhäuschen nach Kasan abzutransportieren, wohin die Zarenfamilie notfalls fliehen würde. Man brachte die Krondiamanten
in Sicherheit, doch für alles übrige fehlte die Zeit, und Alexander
erklärte schließlich seiner Schwester, er werde so lange in Sankt
Petersburg bleiben, wie er könne, ohne sich persönlich zu gefährden. Obendrein wurde er krank: Ein Erysipelanfall fesselte ihn ans
Bett.

Am Morgen des 14. September schickte Napoleon seinen Adjutanten Montesquiou zu Murat, der immer noch die Vorhut befehligte,
um den Einzug in Moskau vorzubereiten. Der junge Mann kam
zum König von Neapel und sah, daß er bereits »seine ganze rit-
terliche Galatracht angelegt hatte«.[12] Sie frühstückten gemeinsam,
und Murat sprach lange von Paris. Er hatte eine wunderliche Gewohnheit: »Immer, wenn ihm ein Einwand oder ein unerwarteter
Gedanke einfiel, war es seine Art, ihn zurückzuweisen und sich
dagegen zu verwahren, indem er rasch ein Kreuzeszeichen schlug.
Man konnte zuweilen zu ihm treten, ohne dieses Zeichen zu verstehen, so schnell wurde es ausgeführt, doch auf die Dauer war es
nicht mißzuverstehen.«[13] Sie gingen zusammen hinaus und stiegen auf einen kleinen Hügel, von wo aus man das ganze Panorama
Moskaus betrachten konnte.

Es war herrliches, warmes und trockenes Wetter. Sie gingen vorsichtig weiter, weil sie einen Hinterhalt befürchteten, als sie auf der Hügelspitze einen russischen Offizier auftauchen sahen, der ein weißes Taschentuch schwenkte. »Wo ist der König?« rief er gleich in dem Moment auf französisch, als er ihn an seiner extravaganten und prächtigen Uniform erkannte. »Was gibt es, Monsieur?« fragte Murat zurück. Nun übergab ihm der Offizier einen kurzen Brief des Oberbefehlshabers, in dem er anbot, alle Kämpfe einzustellen, wenn der Einmarsch in Moskau erfolgte, um so die schlimmsten Straßenkämpfe zwischen der russischen Nachhut und der französischen Vorhut zu vermeiden. Die Russen wollten außerdem die Zusicherung erhalten, daß die Verwundeten, für deren Abtransport sie keine Mittel oder keine Zeit hatten, menschlich behandelt würden. Wenn die Franzosen diese Waffenruhe nicht akzeptierten, würden die Moskauer ihre Häuser in Brand stecken. Murat nahm diese Bedingungen an, die er außerdem unverzüglich Napoleon übermitteln ließ. Es wurde vereinbart, daß die französischen Truppen nicht schneller als die Russen vorrücken würden, denen man bis Mitternacht Zeit gab, die Stadt zu verlassen.

Diese Vereinbarung begünstigte eindeutig die Russen, doch ihre Drohung, Moskau in Brand zu stecken, wirkte so erschreckend, und die Erinnerung an Smolensk war bei allen noch so lebendig, daß Napoleon die Bedingungen Kutusows ohne Zögern annahm. Handelte es sich auch dabei um eine Kriegslist, und plante die russische Armee, Napoleon zu täuschen und seine Beute in Schutt und Asche zu legen? Clausewitz äußert sich kategorisch: In diesen letzten Tagen zeigte das Armeekommando große Sorgfalt, Moskau zu erhalten. Niemand wollte die Tragödie von Smolensk erneuern. Und als man am 14. den Rauch entdeckte, der aus den Randbezirken aufstieg, in denen die Kosaken hausten, fiel Clausewitz als erstes ein, daß diese sich von ihrer während des Feldzugs angenommenen Gewohnheit hinreißen ließen, alle Häuser, die sie dem Feind räumen mußten, vorher auszuplündern und dann anzustecken. Tatsächlich gab es keinen Zweifel, daß die Franzosen großen Wert darauf legten, eine Stadt und keinen Trümmerhaufen zu besetzen; und er hielt es für nicht weniger klar, daß die Regierung, das heißt der Zar, niemals einen derartigen, nicht wiedergutzumachenden Befehl gegeben hätte, und Rostoptschin rühmte sich trotz

all seiner vorherigen Erklärungen in diesen ersten Tagen, in denen
er in den Reihen des Heeres blieb, nicht, daß diese Brände auf seine Anstiftung gelegt worden seien. Daher war Clausewitz, der ge-
wissenhafteste und besonnenste Beobachter, lange überzeugt, daß
ein Zufall zu dem Brand geführt habe. Erst später – und darauf
ist noch zurückzukommen – hielt er die Rolle, die Rostoptschin
gespielt hatte, für ausschlaggebend.

Die Stadt entvölkerte sich also immer mehr, langsam, so langsam,
daß die französische Vorhut der russischen Nachhut auf den Fersen folgte. Es schien, als gehörten beide Gruppen zu demselben
Heer, zumal sich ihre Beziehungen durch die Waffenruhe verändert hatten. »Offiziere und Soldaten näherten sich, boten sich die
Hände, auch die Schnapsflaschen, und unterhielten sich, so gut sie
konnten.«[14] Die Franzosen machten halt, um die Nachzügler oder
die Fuhrwerke, die wegen ihrer Fracht langsamer fahren mußten,
vorbeizulassen. Die Offiziere grüßten sich, und Murat freute sich,
daß ihn die Kosaken im Kreis umschwärmten und bewunderten.
Er wollte den Befehlshaber der Nachhut treffen. Er streckte ihm die
Hand entgegen und fragte, ob er wisse, wer er sei. Der alte Offizier,
der einen Langhaarmantel trug, begrüßte ihn ebenfalls und ließ
von einem jungen Mann die Antwort übersetzen, man habe ihn
im Feuer oft genug gesehen, um ihn zu erkennen. Da Murat den
Mantel des anderen bewunderte, zog er ihn sich von den Schultern
und hielt ihn Murat hin. Der König von Neapel nahm ihn gern an
und schenkte ihm dafür eine schöne Uhr. Und die Männer marschierten weiter.

Inzwischen sammelte sich das Gros der französischen Armee
auf dem ›Verneigungshügel‹.* Sobald die Männer auf die Kuppe
des Hügels gelangten, erschien die riesige Stadt, die einen Umfang
von achtundvierzig Kilometern hatte, die in der strahlenden Sonne

---

* Der ›Verneigungshügel‹ (die ›Poklonnaja Gora‹), auf dem die Ankommen-
den nach altem Brauch die Stadt begrüßten, indem sie sich bekreuzigten
und niederknieten, gehört zu einer Reihe von Hügeln, die den Namen ›Sperlingsberge‹ tragen. Sie überragen die weite, anmutige und fruchtbare Ebene,
in der sich Moskau und das Bett der Moskwa befinden, die den Südwesten
der Stadt durchfließt und in einer großen Windung deren südlichen Teil
einschließt.

über und über glänzte und über der sich Hunderte goldener Kuppeln erhoben, in ihrem ganzen Zauber. Sie stießen begeisterte Rufe aus, die ihre unten gebliebenen Kameraden anspornten. Bald kam es zu einem heftigen Gedränge. Man schrie »Moskau, Moskau«, wie Seeleute, die eine lange und gefährliche Überfahrt hinter sich gebracht haben und »Land, Land« schreien. Aus der Höhe erkannte man deutlich das Stadtinnere, die breiten und schnurgeraden Straßen, die Häuser – die so sorgfältig mit Gips verputzt waren, daß man sich nicht vorstellen konnte, daß sie aus Holz waren – und die großen Paläste, und man staunte, wie ausgedehnt die Gärten, Parks und Wälder waren.

Damals reiste man nur selten nach Rußland, und europäische Augenzeugenberichte waren rar, doch im Gefolge des Kaisers wußte man, daß die alte Hauptstadt reich und riesig war. Alle Reisenden hatten das weitflächige und malerische Ensemble aus Kirchen und Palästen hervorgehoben, mit ihren Gärten und Nebengebäuden, die sich mit hübschen Holzhäusern und sogar Strohhütten vermischten und über mehrere Quadratmeilen eines abwechslungsreichen, mit Wäldern und Seen übersäten Geländes verstreut waren. Bedeutsamer erschien zunächst der Ruf, den Moskau als Hort des Reichtums und Stadt mit asiatischen Basaren genoß, wo sich die vielfältigsten und zugkräftigsten Waren häuften. Sankt Petersburg war eine künstliche Stadt, die Peter der Große 1703 gegründet und als politische und Verwaltungshauptstadt des Reichs angelegt hatte. Gewiß kam ihr die Nähe zur Ostsee für den Warenaustausch mit Europa zugute, doch Handel und Gewerbe hatten ihre wahre Hauptstadt weiter in Moskau, dem großen Mittelpunkt für Nahrungsmittel aller Art. Obst und Gemüse kamen aus dem Süden, die Wolga lieferte ungeheure Mengen Fisch, den man räucherte oder trocknete, und Sibirien versorgte jene Kaufleute, die mit allen möglichen Pelzen handelten. Aus China, Indien oder Persien trafen regelmäßig Händler ein. Ihre Wagen quollen über von Teppichen, Edelmetallen, seltenen Pflanzen, duftenden Teesorten. An Markttagen bot Moskau unerschöpfliche Schätze.

Schließlich erschien Napoleon, und die Erregung erreichte ihren Höhepunkt. Der Stern des Kaisers, dieses Glück, das ihn immer begünstigt hatte, erstrahlte aufs neue. Er hatte das ferne, märchenhafte, geheimnisvolle Moskau erreicht. Chateaubriand stellte es

sich wie eine europäische Prinzessin vor, die, prangend in allen
Reichtümern Asiens, an die Grenzen ihres Reichs geführt worden
wäre, um sich Napoleon zu vermählen.[15]

Alle sonnten sich in seinem Ruhm.»Gefahren, Leiden, alles war
vergessen. Hätte man das herrliche Glück zu teuer erkaufen können, daß man sein ganzes Leben sagen konnte: ›Ich war bei der
Moskauer Armee [...].‹ Seit der großen Schlacht [an der Moskwa]
hatten sich die unzufriedenen Marschälle von ihm zurückgezogen;
doch beim Anblick des besiegten Moskau [...] waren sie von einem
solch großen Erfolg beeindruckt, ließen sich ganz vom Enthusias-
mus des Ruhms berauschen und vergaßen ihre Beschwerden. Man
sah, daß sich alle um den Kaiser drängten und seinem Glück hul-
digten.«[16] Die Erleichterung, das Ziel erreicht zu haben, ließ sich
in ihrer Größe nur mit den Leiden vergleichen, die man ertragen
hatte, um dort hinzugelangen.

Napoleon selbst hatte nach dem Alptraum an der Moskwa ge-
rufen:»Acht Tage Moskau, und man wird nichts mehr davon mer-
ken.« Dieser Ausruf verriet die Hoffnung, daß die Einnahme der
Metropole endlich den siegreichen und zugleich katastrophalen
Marsch beenden würde, der am 23. Juni, zweieinhalb Monate zuvor, am Njemen begonnen hatte. Er war siegreich, weil er sich einen Weg durch ganz Europa gebahnt hatte, und katastrophal, weil
sich der Zustand seiner Armee aufs äußerste verschlechtert hatte
und es so viele Tote oder Vermißte gab. Soldaten und Pferde waren
erschöpft von den unablässigen Märschen, den härtesten Strapazen und Entbehrungen. Das Schuhwerk hielt nicht mehr durch.
Und, so gab General Chambray genauer an, die Armee schleppte die schwere Bürde vieler Verwundeter und Kranker hinter sich
her, die die Schwierigkeiten der letzten Etappen noch vergrößer-
ten.»So, wie die Dinge lagen [...], wünschte man inbrünstig, nach
Moskau zu kommen.«[17] Und das aus gutem Grund.

Mir liegt eine graphische Darstellung der aufeinanderfolgenden
Verluste der Armee während des russischen Feldzugs vor: Diese
optische Wiedergabe der Zahlen bietet ein brutales Bild, und die
Offiziere, die beauftragt waren, die jeweilige Stärke der Streitkräfte
festzustellen, reagierten darauf mit Angst und Schrecken. Allgemein bekannt ist, daß die Armee während des Rückzugs zusam-
menschrumpfte, doch seltener schätzt man die Katastrophe rich-

tig ein, die der Marsch nach Moskau bedeutete. 422 000 Soldaten drangen in Rußland ein. 72 000 blieben in Weißrußland zurück, um die Verbindungslinien zu sichern. Nehmen wir auch noch an, daß 50 000 Mann an den Straßen stationiert waren, um die Poststationen, Lazarette und Waffenlager zu schützen. Aber nur 100 000 Mann erreichten Moskau. Man hatte also 223 000 Mann verloren, und von ihnen waren lediglich 50 000 bei regulären Kämpfen gefallen.

Wie gewöhnlich verlor der Kaiser keine Zeit. Er stellte seine Armee so auf, daß sie die Stadt einschloß. Davout postierte sich im Südwesten, Poniatowski im Südosten und Ney im Osten. Fürst Eugène erhielt den Befehl, nach links vorzurücken, also nach Norden, in Richtung auf die Straße nach Sankt Petersburg, um die Flanke der Armee zu decken und die leichten Truppen zurückzudrängen, die dort auftauchen konnten. Er verlegte seine Position, ohne auf den geringsten Widerstand zu stoßen, und bezog Stellung vor dem ungefähr anderthalb Meilen von Moskau entfernten Schloß Petrowskoje. General Griois hatte genug Zeit, um seine Eindrücke zu notieren. Die unmittelbare Umgebung Moskaus hatte ein zivilisiertes Aussehen bewahrt, das sich von dem der verwüsteten Regionen unterschied, die man durchquert hatte, um dorthin zu gelangen. Landhäuser, die von Küchengärten voller Obst und Gemüse umgeben waren, lagen am Straßenrand. Griois zeigte sich gerührt, als er ein Kloster besuchte, das mit hohen, zinnenbewehrten Mauern und Zugbrücken umgeben war* und Reste einstigen Glanzes bewahrte, darunter eine Porträtsammlung der früheren Großfürsten Moskowiens, deren »Kleidung und [Haartracht] so unterschiedlich wie die Jahrhunderte waren, in denen sie gelebt hatten und miteinander an Pracht und Einzigartigkeit wetteiferten. Die langen Bärte, mit denen all diese Gesichter versehen waren, gaben mehreren von ihnen ein wahrhaft ungewöhnliches Aussehen.«[18] Die Gesichter der wenigen Mönche, die dageblieben waren, bekundeten hingegen Haß und Verzweiflung. »Lange blaue Gewänder verhüllten ihre ganze Gestalt und ließen sie wahrhaftig wie Gespenster aussehen. Sie zogen sich zurück, wenn sie uns sahen, sie wichen in die

---

* Sechs befestigte Klöster bildeten einen Kreis um Moskau und hatten oft als sehr wirksame Verteidigungsstellungen gedient.

verborgensten Winkel ihres Klosters aus, und wenn sie uns nicht
aus dem Weg gehen konnten, bekamen wir als Antwort auf unsere
Fragen nur vollständiges Schweigen oder ein Kopfschütteln.«[19]

Napoleon, den seine Garde umgab, blieb, wo er war, ließ sich
sein langes Fernglas bringen, das er auf die Schulter des von seinem Auftrag zurückgekehrten Montesquiou legte, und beobachtete die wichtigsten Punkte der Stadt. Ein großer Plan Moskaus war
vor ihm auf der Erde ausgebreitet, und er verlangte Erklärungen
von denen, die die Stadt kannten. Noch verlor er nicht die Geduld:
Der Stadtgouverneur oder wenigstens eine Abordnung von Nota-
beln mußte ihm bald als Zeichen der Unterwerfung die Schlüssel
der Stadt überbringen.

Das Warten zog sich in die Länge, und die Stimmung veränderte
sich spürbar. Die erste Begeisterung hatte sich gelegt, die notwendigen Befehle waren erteilt. Was ging da vor sich? »Was halten Sie
davon, Caulaincourt?« fragte der Kaiser seinen Großstallmeister.
Dieser antwortete widerstrebend und erstaunlich kurz. In einer
schockierend schlechten Laune, konnte man Montesquiou zufolge sogar sagen.»Die traurigsten Vorahnungen verließen ihn nicht;
und er sah bei weitem keinen Erfolg in dem, was uns wie ein glän-
zender Triumph erschien.«[20]

Der Abzug der russischen Armee ging seinem Ende entgegen.
Graf Durosnel kehrte nun mit einer kleinen Truppe von Gendar-
men um und begab sich zum Kreml. Die Nachzügler und Spitzbuben, die sich die Unordnung zunutze gemacht hatten, um zu desertieren und in die Stadt zurückzukommen, weil sie sich die Taschen
füllen wollten, ergriffen die Flucht, als er sich näherte. Darum stellte
er fest, daß es unvorsichtig wäre, den Kaiser in die Stadt einziehen
zu lassen, bevor er die Häuser durchsuchen und einen Patrouil-
lendienst einrichten konnte. Er begegnete bewaffneten Männern,
die scheinbar halb wild und offenkundig betrunken waren. Sie
schleppten alles aufs Geratewohl mit und mißhandelten die letzten
Kaufleute, die noch ihre Läden schließen mußten. Durosnel beeilte
sich, Napoleon diese Informationen zu übermitteln, und er setzte
hinzu, der Gouverneur sowie alle Verwaltungseinrichtungen und
Zivilbehörden hätten die Stadt verlassen. Er hatte den Eindruck,
daß nur die ärmsten Einwohner nicht geflohen waren. Deshalb riet
er nachdrücklich, noch zu warten, zumal es nicht leicht sein wer-

de, Führer oder intelligente Verbindungsleute zu finden. Doktor
Roos sah den Kaiser in seinem grauen Mantel vorüberreiten. Dieser hielt an, um die von den Russen errichteten Verschanzungen
zu prüfen. An seiner linken Seite ging ein polnischer Jude in seiner
langen Tracht und beantwortete Napoleons Fragen, indem er ihm
bestimmte Stadtviertel mit dem Finger zeigte.[21]

Napoleons Unschlüssigkeit, ein Gefühl, das bei ihm selten zu
bemerken war, beeindruckte Caulaincourt, der so sehr an die Un-
erschütterlichkeit seines Herrn gewöhnt war. Dieser konnte seine
Enttäuschung nicht verbergen, aber auch, daß ihm das Verhalten
des Feindes unbegreiflich blieb. »Vielleicht«, versuchte er eine Erklärung, »verstehen es die Einwohner nicht einmal, sich zu ergeben; denn hier ist alles neu, sie sind es für uns und wir für sie.«[22]
Eine beispiellose Situation. Doch auch andere Nachrichten trafen
weiter ein.

Einige Franzosen tauchten auf, weil die Anwesenheit ihrer
Landsleute sie ermutigt hatte. Sie bestätigten, daß Kutusow die
Niederlage in der Schlacht und seinen Marsch nach Moskau bis
zum Vortag verheimlicht hatte und daß alle Einwohner und Behörden geflohen waren. Napoleon beruhigte sich ein wenig. Die
Unkenntnis der wirklichen Sachlage konnte erklären, daß er keinen Vorschlag des Zaren erhalten hatte. Doch es blieb die Tatsache,
daß er die Preisgabe so vieler Paläste und so vieler offensichtlicher
Schätze für unsinnig hielt. Ein weiteres Mysterium war, in welche
Richtung die russische Armee abzog. Warum wandte sie sich denn
dem ganz östlich gelegenen Kasan zu?

Napoleon bereitete sich also darauf vor, in »einem schlechten
Wirtshaus« zu übernachten, das in einem Vorort lag, als man
ihm mitteilte, daß der Basar – ein großer, von Backsteingalerien
mit vielen kleinen Läden umgebener Platz in dem ›Kitai Gorod‹
(›Chinesenstadt‹) genannten Geschäftsviertel – brannte. Durosnel
begab sich mit seinen Leuten dorthin, aber sie waren zu wenige,
um den Brand zu löschen. Außerdem waren sie auf so etwas nicht
vorbereitet, hatten keine Hilfsmittel zur Verfügung und konnten
die russischen Plünderer nicht daran hindern, das Durcheinander
auszunutzen und sich den Rettungsbemühungen zu widersetzen.
Das Feuer ließ nach, doch es entstanden andere kleine Brandherde. Man schrieb sie der Unvorsichtigkeit einiger neu eingerichteter

Biwaks zu und maß der Sache keine Bedeutung bei. Am nächsten Morgen wurde Marschall Mortier, der Kommandeur der Jungen Garde, zum Gouverneur Moskaus ernannt. Und am Mittag des 15. September begab sich der Kaiser in den Kreml.

VIII
Moskau brennt

15.-18. September 1812

»Man würde sich sehr irren, wenn man meinte, daß man unsere Lage mit bekannten Ereignissen vergleichen könnte«, stellte Montesquiou fest. Im Gefolge des Kaisers bewegte er sich durch die beunruhigend verödete Stadt, deren Straßen noch einen Tag zuvor mit versprengten Soldaten und erschöpften Familien überfüllt gewesen waren, die weinende Kinder und Greise mitschleppten. Nur das Stampfen der Pferdehufe durchbrach die Stille. Niemand war zu sehen. Keine bedeutende Persönlichkeit kam, wie es Brauch war, um die Milde des Siegers für diese große Stadt zu erbitten. Kein Neugieriger, kein Schlaukopf bot sich an, um die Eindringlinge durch diese unbekannten Straßen zu führen. Durosnel hatte ein zweifelhaftes Individuum geschickt, das als Führer dienen sollte, obwohl es offenbar überhaupt nichts vom Russisch des Dolmetschers verstand. Die Franzosen konnten nicht die Straßennamen an den Kreuzungen entziffern, was die sonderbare Stimmung noch verstärkte. Nie hatten sie etwas Derartiges erlebt. In Ägypten, in Theben oder Memphis, befand sich die Armee inmitten von Ruinen; daß sie menschenleer waren, durfte kaum überraschen. Als sie durch Rußland marschierten, war die Armee durch viele verlassene Städte gekommen, doch sie waren klein, und die laute und turbulente Truppe füllte sie sehr schnell mit Leben. Moskau hingegen dehnte sich maßlos aus: Seine langen Prospekte erlaubten, weit in die Ferne zu blicken. Die Herrenhäuser und Paläste mit den geschlossenen Fensterläden und den abgesperrten Höfen wirkten wie eine Theaterdekoration, die man dort aufgestellt hatte und die auf die Schauspieler wartete.

Plötzlich tauchte aus einem dieser großen Gebäude, das dem Mineralogiemuseum als Magazin diente, ein Mann auf. Er sprach Italienisch. Er bezog sich auf die Scharmützel, die Durosnel beunruhigt hatten – die Schußwechsel mit Nachzüglern und Kosaken, die sich in der Stadt herumtrieben –, und teilte mit: »*Adesso tutto è pacificato, la commedia è finita.*«* Er bestätigte das Offensichtliche: das heißt, daß die ganze russische Bevölkerung seit dem Vortag verschwunden war. Und mit einer Handbewegung zeigte er auf die von Ausländern bewohnten Stadtviertel. Seine Erklärungen zu den Ereignissen stimmten mit den Hinweisen überein, die Durosnel und Murat gesammelt hatten. Napoleon hielt es für äußerst wichtig, daß Kutusow das Ausmaß seiner Niederlage bis zum letzten Augenblick verheimlicht hatte. Er schloß daraus, daß man ihm ohne jeden Zweifel bald Friedensvorschläge unterbreiten würde. Das versetzte ihn wieder, wie Caulaincourt berichtet, in heitere Stimmung. »Unser Russe«, erzählte Montesquiou, »versicherte uns zu unserer großen Überraschung auch, daß uns der Führer tatsächlich zum Kreml brachte.«

Der Gebäudekomplex des Kremls bildete eine Festung, die von zinnenbewehrten Mauern und Wassergräben umgeben und auf zwei von drei Seiten von der Moskwa und einem Nebenfluß, der Neglinaja, geschützt war. Napoleon besichtigte die Befestigungsanlagen des Kremls, das heißt des befestigten Zentrums Moskaus, bevor er das Innere betrat. Der Eingang, durch den man den Kreml von der Stadtseite aus erreichte, bestand aus mehreren langen Gewölben, die von Schlagbäumen und Toren abgesperrt waren, über die Pechnasen hinausragten. Merkwürdigerweise haben die Franzosen, die so gerne zur Feder greifen, diese Stadt in der Stadt nicht im einzelnen beschrieben. Selbst Griois und Montesquiou wagten sich nicht an diese Aufgabe. War diese weiße, rote und goldene innere Stadt mit den zahlreichen Palästen, dem imposanten Zeughaus und den vielen Kirchen, in denen sich italienische Anklänge mit dem mittelalterlichen russischen Stil vermischten, zu reich, zu ungewöhnlich und zu märchenhaft? Nur Doktor Larrey äußerte sich ausführlich über ihr Aussehen, wobei er besonders den Reichtum der Kirche bestaunte, in der sich die Gräber der Zaren befanden und deren Wände mit vergoldeten Silberplatten bedeckt waren, auf denen die alt- und neutestamentliche Geschichte im Relief dargestellt war. Er wurde es nicht müde, die Lüster und Kandelaber aus massivem Silber zu

---

* »Jetzt ist alles ruhig, die Komödie ist zu Ende.«

betrachten, die durch ihre außerordentliche Größe beeindruckend
wirkten.[1]

Im Mittelpunkt des weiträumigen, vom Anfang des 14. Jahrhunderts stammenden Hauptplatzes erhob sich die Mariä-Himmel-
fahrts-Kathedrale (Uspenskij Sobor), die Iwan III. – der ›Große‹* –
erbaut hatte. Sie wurde von der gewaltigen, achtzig Meter hohen
Goldkuppel des aus weißem Stein erbauten Glockenturms Iwans
des Großen (Kolokol Iwan Welikij) überragt, den man im Jahre
1600, unter der Herrschaft Boris Godunows, vollendet hatte. Der
italienische Baumeister Aristotele Fioravanti errichtete die Mariä-
Himmelfahrts-Kathedrale innerhalb von vier Jahren und stellte sie
1479 fertig. Iwan III. war so sehr mit Fioravantis Arbeit zufrieden,
daß er, als dieser ihn bat, nach Bologna heimkehren zu dürfen, den
Baumeister einsperren ließ, damit er sicher sein konnte, ihn in seiner Gewalt zu behalten. Der Unglückliche starb in der Haft. Der Ve-
nezianer Alevisio Novi errichtete, ebenfalls im Auftrag Iwans III.,
die Erzengel-Michael-Kathedrale (Archangelskij Sobor), in der alle
Zaren bis 1696 beigesetzt wurden. Sehr erstaunlich wirkt auch die
Mariä-Verkündigungs-Kathedrale (Blagoweschtschenskij Sobor),
die auf den Fundamenten einer uralten Kultstätte erbaut worden
war. Als Besonderheit hatte sie an einem Eingang eine Vorhalle, die
nach der vierten Heirat Iwans des Schrecklichen** eingebaut wurde.
Tatsächlich erlaubt die orthodoxe Kirche nur drei Ehen. Der fürch-
terliche Zar hatte daher nicht mehr das Recht, die heilige Stätte
zu betreten, und er mußte sich damit begnügen, dem Gottesdienst
von der Vorhalle aus zu folgen. Diese Kirchen waren die bedeu-
tendsten und ältesten. Auf einem anderen Platz stand das Zeughaus. Den Hof, in dem es sich befand, schmückten militärische
Trophäen, Kanonen und Haubitzen von kolossalen Ausmaßen, die
auf riesige Lafetten montiert waren. Manche von ihnen hatte man
bei den Türken in früheren Kriegen erbeutet und andere an Ort
und Stelle gebaut. Andrei Tschochow, ein großartiger Handwerks-
meister, arbeitete in Moskau, am Ufer der Neglinaja, während der
Herrschaft Iwans des Schrecklichen und seines Sohns, Fjodors

---

* Iwan III., der Große, herrschte von 1462 bis 1505. Er war mit der Nichte
  des letzten byzantinischen Kaisers verheiratet und machte aus Moskau eine
  orthodoxe Hauptstadt.
** Iwan IV., der Schreckliche, herrschte als Zar von 1547 bis 1584.

des Schwachsinnigen. Man schreibt ihm die Herstellung von 1600
Kanonen zu. Dazu gehört ein unglaubliches, vierzig Tonnen schweres Exemplar, die Zar Puschka oder Kaiserin der Kanonen – aus ihr
wurde nie ein Schuß abgegeben, doch sie blieb als furchterregen-
des Sinnbild der Zarenmacht vor dem Zeughaus stehen, wo sie alle
Blicke auf sich zog. Damals gab es zwei Paläste: den Facettenpalast
und den Terem, das älteste Gebäude des Kremls, das als kaiserliche
Residenz bis zu der Zeit diente, als Peter der Große den Hof nach
Sankt Petersburg verlegte. Auch später wohnten dort die Zaren,
wenn sie Moskau besuchten. Sein von Türmchen und Glocken-
türmen überragter Bau, den Neuankömmlinge für bizarr hielten,
hatte etwas Großartiges und Eindrucksvolles. Selbstverständlich
quartierte sich Napoleon gerade dort ein.

Er stieg die Stufen der großen Steintreppe hinauf, die ihn zu
den – sehr einfach eingerichteten – Gemächern des Zaren führte.
Im Schlafzimmer befanden sich ein Bett, ein schöner dreiteiliger
Kaminschirm sowie ein Schreibtisch. Nichts war in Unordnung.
»Alle Pendeluhren liefen, als wären die Eigentümer anwesend.«[2]
Um seine Besitznahme deutlich zu bekunden, ließ Napoleon das
Porträt des Königs von Rom an die Wand hängen.

Wenn Moskau verödet und still dalag, so wurde der Kreml rasch
zu einem Ort voller Betriebsamkeit. Unverzüglich stellte man
mehrere Höfe mit den Kanonen und Munitionswagen der Artillerie voll. Ein Garderegiment übernahm die Kontrolle der Plätze
und Gebäude. Zur großen Erleichterung Caulaincourts konnte
man die Pferde des Kaisers in schönen Ställen unterbringen. Die
Köche heizten die Öfen der riesigen Küchen an. Die in der Stadt
ansässigen Franzosen zeigten sich nun in größerer Zahl, weil sie
neugierig waren und sich danach sehnten, ihre Landsleute zu sehen. Madame Fusil, eine berühmte Schauspielerin, und die bereits
erwähnte Madame Aubert-Chalmé, die Eigentümerin des größten
Modekaufhauses, kamen und unterhielten sich mit den Offizieren
des kaiserlichen Gefolges. Man berichtete Napoleon, was man den
Behauptungen dieser unzuverlässigen – um das mindeste zu sagen – Informationsquellen entnommen hatte: »Kutusow habe angeblich den Petersburger Hof wie auch die Öffentlichkeit und den
Gouverneur von Moskau getäuscht. Man halte ihn für den Sieger.
Die überstürzte Räumung dieser Stadt ruiniere den russischen

Adel und werde die Regierung zum Friedensschluß zwingen. Der Adel sei erbost auf Kutusow und Rostoptschin, die ihn in falscher Sicherheit gewiegt hätten.«[3]

Hocherfreut und redselig öffnete Madame Aubert-Chalmé ihre Türen, und auf ihre Bitte quartierten sich einige junge Herren der Eskorte, darunter Montesquiou, bei ihr ein. In der vertraulichen Atmosphäre ihres Hauses äußerte sie sich etwas anders und warnte ihre Gäste vor dem ›großen Coup‹, den die Russen vorbereitet hätten. »Ich weiß nicht, von wem das ausgeht, doch seit einiger Zeit waren alle ihre Erklärungen mit vagen und mysteriösen Drohungen vermischt. Sie behaupteten, sie würden irgendeinen Luftballon herstellen, der plötzlich explodieren und in einem einzigen Augenblick die ganze französische Armee vernichten sollte. Rostoptschin hat ihnen Anweisungen gegeben. Sie haben die Feuerspritzen mitgenommen, sie werden alles verbrennen. Das ist ein wildes Volk [...]. Machen Sie sich auf alles gefaßt.«[4]

Unterdessen schwärmte die Armee in der Stadt aus. Die einen, wie etwa das Korps, dem Doktor Roos zugeteilt war, sahen sie lediglich auf ihrem Durchmarsch, die anderen, vor allem die Junge und die Alte Garde, bereiteten sich darauf vor, hier Quartier zu beziehen. Da einige Brücken unter dem Gewicht der aufeinanderfolgenden Menschenströme zusammengebrochen waren, zogen die polnischen Husaren, die preußischen Ulanen und die württembergischen Jäger zu Pferde durch den Fluß, ohne darauf zu warten, daß die Pontoniers die Brücken reparierten. Ihnen folgten bald andere Divisionen. »Das Wasser reichte bis zur Achse der Kanonen und bis über die Knie unserer Pferde«, notierte Roos. Als man weiter vorrückte, wunderte er sich, daß sie nur sehr wenige Einheimische sahen. Manchmal stand jemand auf dem Balkon eines dieser hübschen Stein- und Holzhäuser; bei den Palästen zeigten sich nur Leute, die wie Dienerschaft aussahen; sie begegneten auch erschöpften russischen Soldaten, Nachzüglern, die sich von Deserteuren schwer unterscheiden ließen und auf stehengelassenen Bagagewagen eingeschlafen waren; hin und wieder blockierten Schlachtochsen – Tiere, die sie seit langem nicht mehr gesehen hatten – den Weg. Die Eroberer kamen in den Straßen nur langsam voran.

Die im Überfluß vorhandenen Kirchen, ihre fremdartige Bauweise mit den vielen, reich verzierten Zwiebeltürmen, die schönen,

von Gärten umgebenen Paläste zogen die Aufmerksamkeit auf
sich. »Wir kamen über einen Marktplatz, fanden dessen hölzerne
Buden offen, die Waren in Unordnung zerstreut und auf der Straße
herumliegend, als ob Plünderer vor uns da gehaust hätten. Unser
Zug ging sehr langsam vorwärts; öfters wurde halt gemacht, und
während solchem bemerkten und witterten die Unsrigen, daß die
in den Straßen liegenden, nachgebliebenen und schlafenden Russen Branntwein in ihren Feldflaschen hatten. Da sie nicht abstei-
gen durften, so wußten sie mit den Spitzen ihrer Säbel die Riemen,
mit denen dieselben an die Tornister befestigt waren, abzuschneiden und die Blechflasche mit den an den Säbelspitzen eingefeilten
Häkchen zu sich aufs Pferd zu bringen.«[5] Branntwein war seit ge-
raumer Zeit eine große Seltenheit. Roos selbst ließ sich von einem
schönen, herrenlosen Säbel reizen, über den sein Pferd beinahe
gestolpert wäre. Es war niemand da, um ihn hochzureichen, und
er konnte ihn unmöglich auf die Art bekommen, wie die Soldaten
die Feldflaschen zu sich heraufholten. Trotz des ausdrücklichen
Verbots sprang Roos vom Pferd, nahm den Säbel an sich und war
so im Besitz »eines hübschen Andenkens an Moskau«. Der Marsch
durch die Stadt dauerte drei Stunden.

Das Verhalten des Artillerieobristen Augustin Pion des Loches
veranschaulicht die Reaktionen der Armee angesichts dieser Schätze im Überfluß bietenden Stadt, in der man keinen Menschen entdeckte. »Ich folgte der Infanterie durch die Straßen und riesigen
Stadtviertel. Suchend blickte ich auf die Hausfenster, ob sich dahinter Einwohner verbargen, und da ich nirgends eine lebende Seele
gewahrte, erstarrte ich vor Entsetzen […]. Es war beinahe schon
Nacht, als ich von einem Mann angesprochen wurde, der sich als
Franzose auswies und mir und meinen Offizieren sehr höflich seine
Gastfreundschaft anbot […]. Ich nahm an […]. Wir waren in einem
Haus, wir unterhielten uns auf französisch; seit fast drei Monaten
hatten wir etwas so Angenehmes nicht mehr erlebt. Man bewirtete
uns mit einer Nudelsuppe, einer dicken Ochsenrippe, Makkaroni
und einigen ausgezeichneten Flaschen Bordeaux. Vielleicht habe
ich in meinem ganzen Leben keine bessere Mahlzeit genossen.«[6]
Was tut nun Pion des Loches, um seinem Gastgeber zu danken?
Er befiehlt, in seinem Trainwagen eine Tonne unterzubringen, die
mit zweihundertfünfzig Flaschen Madeira gefüllt wird, dazu einige

Sack Mehl und gesalzenen Fisch. Wenn sich ein Oberst so begierig zeigt, sich einen kleinen Schatz zusammenzuraffen, kann man sich vorstellen, wozu die Truppen imstande sind. Inzwischen suchen die höheren Offiziere nach einem Quartier.

Sie haben nur die Qual der Wahl, denn am 14. September wirken sich die unbedeutenden Brände nicht auf das Stadtzentrum aus. Einige wenig beunruhigende Brandherde glühen hier und da auf. Stendhal, der die Stadt im Gefolge seines Cousins und einflußreichen Gönners Pierre Daru gerade betreten hat, sieht sich das an, um »sich die Langeweile zu vertreiben«. Er gehörte zum Verwaltungsdienst und hatte den Vorzug genossen, daß er kein »polnisches Pferd besteigen« mußte und mit anderen Beamten auf einem Bankwagen reiste. Als man in Moskau ankam, sah das Fahrzeug ziemlich ramponiert aus, doch Stendhals hübsche himmelblaue Uniform mit scharlachrotem Kragen und Ärmelaufschlägen von der gleichen Farbe hatte nicht allzu schlimm gelitten. Daru hatte ihm die Aufgabe übertragen, ein Haus für sie beide zu finden. Er entdeckte ein hübsches, ganz weißes von angenehmer Größe. »Es sah so aus, als hätte es ein reicher, kunstliebender Mann bewohnt. Es war bequem aufgeteilt und voller kleiner Statuen und Bilder. Dort gab es schöne Bücher, vor allem Buffon, Voltaire, der hier überall zu finden ist, und die Galerie des Palais-Royal.«[7] Er richtet sich ein und beginnt unverzüglich, in der Bibliothek herumzustöbern. In Moskau gab es ausgezeichnete – sowohl klassische als auch dem Mittelalter gewidmete – Bibliotheken, von denen Joseph de Maistre voller Bewunderung sprach. Einer der Fürsten Golizyn besaß den Psalter Ludwigs des Heiligen. Er blieb von den Flammen verschont, und der Fürst schenkte ihn Ludwig XVIII. während der Restaurationszeit.

Andere Franzosen hatten weniger künstlerische Interessen, so etwa der zur Jungen Garde gehörende Sergeant Bourgogne.* Am Montag, dem 14. September, zog die Garde mit klingendem Spiel in Moskau ein; sie marschierte im Gleichschritt, zugweise und in geschlossenen Kolonnen. Anders als die übrigen Augenzeugen beschreibt Bourgogne nicht von vornherein verödete Straßen, weil

---

* Alle Mitglieder der Garde blieben seit dem 14. September in Moskau. Danach quartierten sich dort auch andere Truppeneinheiten – Schweizer, Bayern, Sachsen und Polen – ein.

er und seine Kameraden schon am Stadtrand an eine Gruppe von
Elendsgestalten gerieten. Manche waren aus dem Gefängnis entkommen und die anderen, zumeist Nachzügler, schienen zu einem
Schußwechsel bereit. »Sie alle hatten grauenhafte Gesichter und
waren mit Gewehren, Lanzen und Gabeln bewaffnet. [Wir hatten gerade erst die Moskwa überquert, als] ein Kerl, der unter der
Brücke hervorgekommen war, dem Regiment entgegenlief: Er war
in einen Schaffellmantel gehüllt, umspannt von einem Ledergür-
tel; lange, graue Haare fielen ihm auf die Schultern, sein dichter,
weißer Bart reichte bis zum Gürtel. Er war mit einer dreizackigen
Forke bewaffnet, so wie man eigentlich den aus dem Wasser stei-
genden Neptun beschreibt. In dieser Aufmachung ging er stolz auf
den Tambourmajor los und sah ganz so aus, als wollte er ihm einen
Hieb versetzen. Da er festgestellt hatte, daß der andere prächtig
ausstaffiert war und Tressen hatte, hielt er ihn vielleicht für einen
General. Er versetzte ihm einen gewaltigen Hieb mit seiner Forke, dem der Tambourmajor zu seinem großen Glück ausweichen
konnte. Er entriß dem Angreifer die mörderische Waffe, packte ihn
an den Schultern und beförderte ihn mit einem kräftigen Fußtritt
in den Hintern die Brücke hinab, so daß er in das Wasser zurück-
sank, aus dem er einen Augenblick früher hervorgekommen war.
Diesmal jedoch tauchte er nicht wieder auf, denn er wurde von der
Strömung mitgerissen, und man entdeckte ihn nur noch undeutlich und in Abständen; dann sah man ihn überhaupt nicht mehr.
Wir setzten unseren Marsch auf einer großen und schönen Straße
fort. Erstaunlich war, daß wir niemanden erblickten, nicht einmal
eine Dame, um unserer Musik zu lauschen, denn man spielte die
Melodie *Der Sieg gehört uns!* Wir wußten nicht, worauf wir das
Verstummen aller Geräusche zurückführen sollten. Wir stellten
uns vor, daß es die Einheimischen nicht wagten, sich zu zeigen,
und uns durch die Jalousien ihrer Fenster beobachteten. Hier und
da sah man lediglich einige livrierte Diener und ein paar russische
Soldaten. [Nach einem mehr als einstündigen Marsch] stellte sich
[das Regiment] vor dem Palais Rostoptschins auf. Hierauf teilte
man uns mit, daß sich das gesamte Regiment in Bereitschaft halten
müsse und daß sich niemand unter irgendeinem Vorwand entfernen dürfe. Trotzdem war der ganze Platz eine Stunde später mit
allem bedeckt, was man sich wünschen kann, Weine aller Arten,

Liköre, kandierte Früchte und eine erstaunliche Menge Zuckerhüte, etwas Mehl, aber kein Brot. Man betrat die am Platz liegenden
Häuser, um nach Getränken und Essen zu verlangen, und da niemand zu finden war, versorgte man sich schließlich selbst. Darum
fühlte man sich so wohl.«[8] Das Plündern wurde unvermeidlich,
wie Brandt erklärt, weil es hier nicht jene Scharen von Angehörigen der unteren Klassen gab, die es in den deutschen oder italienischen Städten übernahmen, Lebensmittel aufzutreiben, um das
Wohlwollen ihrer Eroberer zu gewinnen. Die sich selbst überlassenen Soldaten suchten nach Quartieren, nach Lebensmitteln und
Getränken und brachen aus diesem Grund in sehr viele Häuser
und geschlossene und verlassene Läden ein.

Aber wenn man allein war, Geld und etwas Erfahrung hatte,
konnte man sich an diesem ersten Tag noch derartige, beinahe
vergessene Leckereien beschaffen, ohne sie zu stehlen. Griois, der
ja nördlich der Stadt biwakierte, betrat sie am 14., um dort spazierenzugehen und sich umzusehen. Ein Italiener zeigte ihm ein
»recht häßliches« Café, wo man ihm einen köstlichen Kaffee servierte. Doch eigentlich wollte er Wein. Er nutzte die Informationen
eines Kameraden und ging in einen von einem Russen geführten
Laden, der sich in einem weiten, mit Tonnen gefüllten unterirdischen Gewölbe befand. Als erstes ließ er sich eine Flasche trockenen und köstlichen Madeira geben, die er mit seinem Burschen
teilte, danach bezahlte er mit einer hohen Summe ein halbes Dutzend weiterer Flaschen, die er in sein Biwak mitnehmen wollte. Bei
diesem ersten Spaziergang trat er in mehrere Paläste, in denen sich
manche ihm bekannte Offiziere einquartiert hatten, und er staunte
über den Luxus dieser Häuser und ihr herrliches Mobiliar. In der
Einsamkeit ringsum wirkten diese kleinen Inseln des Überflusses
wie Oasen in der Wüste. »Dort fanden sich viele Bibliotheken, die
vor allem zahlreiche Luxusausgaben enthielten, Bildergalerien,
Gärten, Gewächshäuser, große Gemächer, die dem Klima wenig
angemessen schienen, in denen man jedoch die gewünschte Temperatur mit Hilfe von kunstvoll angeordneten Heizungsrohren
hält. Fast alle Eigentümer hatten diese Paläste verlassen, als wir
uns Moskau näherten. In manchen waren noch der Verwalter, der
Hausmeister oder vertrauenswürdige Diener zurückgeblieben, die
bald ebenfalls flohen.«[9] Prächtige Ballsäle und Privattheater, die so

groß wie öffentliche Festsäle waren, erstaunten die Sieger. Von den zahlreichen französischen Büchern und Gemälden im Geschmack Watteaus oder Bouchers ging eine eigentümliche französische Stimmung in einem Land aus, mit dem die Franzosen einen solch brutalen Krieg führten. »Diese Stadt war in Europa unbekannt: Es gab sechs- bis achthundert Paläste, wie es nicht einen in Paris gibt. Alles war dort für den reinsten Sinnengenuß hergerichtet. Da gab es Stuck und die frischesten Farben, die schönsten englischen Möbel, die elegantesten Stehspiegel. Entzückende Betten, Kanapees in tausend sinnreichen Formen [...], und vollkommene Bequemlichkeit vereinte sich mit der glanzvollsten Eleganz.«[10]

Die Stadt bot eine Überfülle an Kontrasten: Man hätte sagen können, es handelte sich um ein ländliches Gebiet, in dem sich hier und da Paläste erhoben. Je länger die Besatzungssoldaten in der Stadt umherliefen, desto klarer zeigte sie ihren Aufbau. Moskau bestand aus mehreren konzentrischen Städten – ein bißchen wie diese ineinanderverschachtelten russischen Puppen: Zuerst war da direkt im Zentrum, auf einer Anhöhe, der von Mauern und uralten Türmen umgebene Kreml; am Fuß des Kremls, gewissermaßen unter seinem Schutz, die Altstadt, die ›Chinesenstadt‹ (Kitai-Gorod), wo die alte und wahre russische Geschäftswelt – der Orienthandel – zu Hause war; die Altstadt umgab ringsum eine andere, weite und geräumige Stadt mit prächtigen Palästen, die ›Weiße Stadt‹ (Belij Gorod); und schließlich umfaßte die ›Erdstadt‹ (Semljanoj Gorod) alle drei anderen Städte, sie bestand aus einer Mischung aus Dörfern, Wäldchen, neuen und imposanten Gebäuden und wurde von einem Erdwall umgrenzt. Und überall gab es Kirchen, Hunderte Kirchen. Den Franzosen blieb kaum genug Zeit, ihre Eroberung vollständig zu entdecken.

Schon am Tag nach ihrer Ankunft, also am 15. September, hatte sich alles verändert. Es kam nicht mehr in Frage, sich untätig in der Gegend umzusehen. Griois und seine Freunde hatten ihre Diener in die Stadt geschickt, wo sie Kaffee, Zucker und Wein auftreiben sollten, also alles, was ihnen in den letzten Monaten so sehr gefehlt hatte. Doch die Männer konnten sich in der Stadt nicht frei bewegen und waren nicht in der Lage, Kaufleute ausfindig zu machen. Die wenigen zurückgebliebenen Einwohner versteckten sich. Es war unmöglich, eine Mittelsperson zu entdecken.

Denn einen Tag zuvor, am späten Nachmittag, war ein gefährlicher Brand ausgebrochen. Sergeant Bourgogne erinnerte sich, vom Platz des Gouverneurspalastes aus habe er dichten Rauch und danach Flammenwirbel gesehen. Das Feuer brenne, so hieß es, im Basar, dem Handelsviertel. Da sich Bourgogne gerade sein Abendessen schmecken ließ, kümmerte er sich nicht übermäßig darum, weil er überzeugt war, schuld daran seien lediglich ein paar Plünderer; aber um sieben Uhr abends rückte das Feuer näher und bedrohte die Rückfront des Gouverneurspalastes. Man befahl, daß eine aus fünfzehn Mann bestehende Patrouille aufbrechen und versuchen sollte, den Brand zu bekämpfen. Bourgogne gehörte dazu. Sie waren gerade abmarschiert, als sie überraschend Schüsse hörten. Da sie zunächst glaubten, daß es sich um betrunkene Soldaten handelte, achteten sie kaum darauf, doch sehr bald wurde klar, daß eine Gruppe von Russen – »neun große, mit Lanzen und Gewehren bewaffnete Spitzbuben«, die scheußlich und widerwärtig wie Zuchthäusler aussahen und mit alten Schaffellen bekleidet waren – gegen sie losstürmte. Der Branntwein, dem sie reichlich zugesprochen hatten, flößte ihnen die Leidenschaft und Gefährlichkeit von Fanatikern ein, aber die Franzosen waren ihnen an Zahl, Waffen und Erfahrung überlegen. Sie wurden rasch mit den Angreifern fertig, doch es drohte weiter unmittelbare Gefahr, denn da man keine Feuerspritzen und nicht einmal Eimer hatte, ließ sich der Brand unmöglich löschen. Die meisten Brunnenseile waren abgeschnitten. Außerdem stellten sie zu ihrer großen Überraschung fest, daß sie nicht zu ihrem Lagerplatz zurückkehren konnten: »Von der Rechten bis zur Linken bildeten die Flammen nur noch ein einziges Gewölbe, das wir hätten überwinden müssen, was ausgeschlossen war, denn der Wind blies kräftig, und die ersten Dächer brachen schon zusammen.« Deshalb wandten sie sich in eine andere Richtung, verirrten sich sofort und waren so neugierig, unterwegs einen Palast zu betreten, ohne daß sie mehrere Männer, die mit brennenden Fackeln in der Hand davonrannten, an der Flucht hinderten. Nun beginnen die unwahrscheinlichen und absonderlichen Szenen bei dieser Besetzung Moskaus.

Das Stadtviertel steht in Flammen. Männer mit langen Bärten und unheimlichen Gesichtern werden vom Licht der Brandfackeln erhellt, die sie in der Hand halten. Sie schwärmen in alle Richtungen aus, ohne daß man daran denkt, sie nach ihrem Treiben zu befragen. Bourgogne, dem seine Kameraden folgen, irrt in den prunkvollen Gemächern eines verlassenen Palastes umher und gerät vor den Möbeln und Gemälden in Verzückung.* Nie hatten sie etwas derart Wunderbares erblickt: »Unsere Aufmerksamkeit zog am meisten eine große Kiste an, die mit wunderschönen Waffen gefüllt war und die wir in Stücke schlugen. Ich nahm mir ein Paar Sattelpistolen, deren Taschen mit Perlen und Edelsteinen geschmückt waren […]. Wir waren ungefähr eine Stunde durch die geräumigen und prächtigen, für uns ganz neuartigen Gemächer gelaufen, als eine schreckliche Detonation ertönte […]. Die Erschütterung war so gewaltig, daß wir glaubten, unter den Trümmern des Palastes erschlagen zu werden […]. Bevor wir uns entfernten, wollten wir erfahren, was uns so sehr erschreckt hatte; wir sahen, daß die Decke eines großen Speisesaals heruntergestürzt und ein großer Kristallüster in tausend Stücke zerbrochen war. All das kam daher, daß man absichtlich Granaten in einen großen Kachelofen gesteckt hatte.«[11] Als die Männer hinausliefen, begriffen sie immer noch nicht, was vor sich ging. Auf der Straße begegneten sie Jägern der Garde.

Nun erfuhren sie, daß die Russen selbst die Stadt anzündeten. »Einen Augenblick später ertappten wir drei von diesen Elenden, die einen griechischen Tempel in Brand steckten […]. Zur gleichen Zeit begegneten wir einer Patrouille von Füsilier-Jägern, die sich wie wir verirrt hatte. Der sie führende Sergeant erzählte mir, sie seien auf Zuchthäusler gestoßen, die mehrere Häuser in Brand steckten. Er habe einen entdeckt, dessen Handgelenk er mit einem Säbelhieb abschlagen mußte, damit er die Fackel losließ. Als diese zu Boden gefallen sei, habe er sie mit der linken Hand wieder aufgehoben, um weiter Feuer zu legen: Sie hätten sich gezwungen gesehen, ihn zu töten.«[12] Schließlich gelangten Bourgogne und seine Gruppe zum Platz des Gouverneurspalastes – der Seite gegenüber, von der sie einen Tag zuvor um sieben Uhr abends weggegangen waren. Es war zwei Uhr morgens.

Da bot sich ihnen ein phantastischer Anblick. »Es schien mir,

---

* Bourgogne war der Sohn eines recht wohlhabenden Tuchhändlers aus Nordfrankreich. Gewiß hatte er genug bürgerliche Interieurs gesehen, um eine Vorstellung zu haben, wie wertvoll das war, was er hier sah.

als sähe ich eine Versammlung aller Völker der Welt, denn unsere
Soldaten waren als Kalmücken, Chinesen, Kosaken, Tataren, Perser oder Türken gekleidet, und andere hatten sich prächtige Pelze
umgehängt. Manche waren sogar in französischer Hoftracht kostümiert und trugen Degen an der Seite, deren Griff aus Stahl war
und wie Diamanten glänzte. Man stelle sich außerdem vor, daß der
Platz mit allen Delikatessen, die man sich wünschen kann, bedeckt
war, mit Wein und Likör in großen Mengen, vielen Schinken und
dicken Fischen.«[13] Die Plünderungen hatten begonnen. Bald wurden die von der Disziplin auferlegten Dämme durchbrochen, und
es kam zu gewaltsamen, schamlosen, mörderischen und allgemeinen Räubereien.

Der Chevalier d'Ysarn, ein französischer Emigrant, war in der
Stadt geblieben. Ihn hatte der Strom derer, die vor der Katastrophe
flohen, zu sehr abgeschreckt, als daß er sich dieser Menge angeschlossen hätte. Er hatte aus seiner Erfahrung als Vaterlandsloser
gelernt, daß »derjenige, der das Spiel aufgibt, es schon verloren
hat. Das war nicht der richtige Moment, um Schreckensgeschich-
ten anzuhören oder seinen eigenen Vorteil zu bedenken. Mein
Platz war hier, und ich bin hiergeblieben.«[14] Am Montag, dem 14.,
machte er zu Fuß mehrere Einkäufe, um Vorräte anzulegen, weil
er ganz zu Recht vermutete, daß die Straßen immer gefährlicher
wurden. Er entdeckte zahlreiche Brandherde, die sich in der Nacht
ausgebreitet hatten, und schilderte das sonderbare Verhalten der
Russen: »Mit einer Unempfindlichkeit, die nur der Fatalismus ein-
flößen kann, sahen die Einwohner zu, wie ihre Häuser brannten.
Manche holten die Bilder [das heißt die Ikonen] heraus, stellten
sie vor die Tür und gingen fort. Wenn man andere fragte, warum
sie sich nicht gegen das um sich greifende Feuer wehrten, antwor-
teten sie, daß sie Angst hätten, von den Franzosen massakriert zu
werden, wenn sie das Feuer löschten, oder auch, daß Gott es so
wolle. Man kann sich wohl vorstellen, daß bei einer solchen Stimmung nur die ruhige Luft und der fehlende Wind die allgemeine
Feuersbrunst in der Stadt etwas verzögern konnten. Die Franzosen
hingegen sahen, daß sich die Einwohner nicht darum kümmerten,
ihre Häuser zu retten, und darum gaben sie sich nicht die geringste
Mühe, das Feuer rasch zu ersticken, so daß sich die Brände immer

weiter ausbreiteten. Man sprach darüber in den von der Katastrophe entfernten Vierteln, wie man in Sankt Petersburg über einen Brand in Stockholm reden würde [...]. Diejenigen Einwohner, die Schutzwachen* für ihre Häuser haben wollten, hatten sie mühelos erhalten. Bisher war es nicht zu Unruhen gekommen.«[15]

Lag es an der Gleichgültigkeit der Einwohner oder daran, daß sie in den vergangenen Monaten so viele Brände erlebt hatten, am Regen des Vortags oder an der Windstille? Jedenfalls schien sich niemand übermäßig zu beunruhigen. Am 15. gab es während des Tages noch keine Brände in der Umgebung des Kremls, und die Männer um den Kaiser dachten am Abend nur daran, sich schlafen zu legen, und vor allem in Betten. Napoleon zog sich früh zurück und schlief sogleich ein, da er doch seit mehreren Wochen kaum hatte Schlaf finden können. Montesquiou nahm bereitwillig die Gastfreundschaft eines Malers an, den er bei Madame Aubert-Chalmé kennengelernt hatte. Seit Wilna hatte er nicht mehr in einem Bett geschlafen. Die kleine, saubere und gepflegte Zwischengeschoßwohnung machte auf ihn einen sehr angenehmen Eindruck. »Daß ich mich zwischen Bettüchern ausstrecken konnte, war für mich ein uneingeschränkter Genuß und ein ganz neues Gefühl, das nur einen Augenblick dauerte, denn ich schlief sofort ein.«[16] Castellane nahm zwei Toilettentischdecken als Bettücher in einem mit guten Vorräten, ausgezeichneten Konfitüren und köstlichen Weinen versorgten Quartier. Nur der unermüdliche Bourgogne blieb wach.

Von zwei Kameraden begleitet, beginnt er, als der Abend kommt, einen Gang durch die Stadt. Die drei Männer ziehen los. Sie nutzen die schwache nächtliche Helligkeit und werden hier und da von den Bränden angestrahlt. Sie verirren sich sofort und rekrutieren »einen Juden, der sich Bart und Haare ausraufte, als er sah, daß seine Synagoge brannte, das Gotteshaus, dessen Rabbiner er war«. Sie unterhalten sich in einem radebrechenden Deutsch und bemühen sich, »das Kind Israels zu trösten«, während sie zugleich von ihm verlangen, sie zum Kreml zu führen. Unterwegs durchsuchen sie einige Keller, wo sie Wein, Zucker und viele kandierte Früchte finden, was sie ihrem Führer aufladen. Sie kommen zum Kreml,

---

* Das heißt von der französischen Armee gestellte Wachen.

begegnen Freunden und setzen sich zu Tisch, stopfen sich mit gutem Fleisch voll und trinken ziemlich viel ausgezeichneten Wein,
so daß sie gar nicht auf die Flammen achten, die die Nacht zum
hellichten Tag machen. Man hätte einige isolierte Brände unter
Kontrolle bringen können, doch die Männer wollen entweder aus
Trägheit oder Gleichgültigkeit ihr Festmahl nicht unterbrechen.

Inzwischen kam Wind auf, ein schrecklicher Wind der Herbst-
Tagundnachtgleiche, der so heftig war, wie er für einen flachen
Landstrich typisch ist, wo kein Hindernis ihn abzuschwächen vermag. Man hatte Mühe, sich auf den Beinen zu halten. Der Brand
verbreitete sich nun erschreckend schnell, zumal der Wind unablässig von Nordwest nach Südwest drehte. Kein Stadtviertel war
vor diesen plötzlichen Windstößen sicher. Außerdem brachen un-
erwartet hier und da Feuer aus, die von Zündschnüren ausgelöst
wurden. Eine Straße, die für kurze Zeit verschont geblieben war,
fiel innerhalb weniger Minuten den Flammen zum Opfer, wenn
ein Windstoß brennende Trümmer in ihre Richtung schleuderte. Der Chevalier d'Ysarn, der zu aufgeregt war, um schlafen zu
können, sah, daß die Feuersbrunst »jenseits des Flusses« [also im
Süden] »ausbrach und sich allmählich, in gewissen Abständen, mit
dem Wind immer weiter ausbreitete, so daß sie in einer Stunde zu
zehn verschiedenen Orten gelangte und die ganze mit Häusern bedeckte Ebene im gesamten Gebiet jenseits des Flusses nur noch ein
Flammenmeer war, dessen Wellen durch die Luft schwebten und
überallhin Zerstörung und Schrecken brachten […]. Daß es an so
vielen Stellen brannte, machte jede Rettung unmöglich.«[17]

Im Zarenpalast herrschte Ruhe. In den Salons war nur das
Schnarchen der diensthabenden Adjutanten zu hören, die auf
Sessel oder Kanapees gesunken waren. Der von der Erschöpfung
überwältigte Caulaincourt lag seit etwas über einer Stunde in tie-
fem Schlaf, als ihn sein Diener wachrüttelte und ihm mitteilte, daß
die Stadt – die ganze Stadt – brannte. Er sprang aus dem Bett und
stellte entsetzt fest, daß »der Brand eine solche Helligkeit verbreitete, daß man an der hinteren Wand seines Zimmers ohne anderes
Licht hätte lesen können«. Er ließ Duroc benachrichtigen, und die
beiden Männer entschieden, Napoleon noch schlafen zu lassen, da
der Kreml – vorläufig – nicht unmittelbar bedroht schien. Es war
zehn Uhr abends. Caulaincourt beschaffte sich schnell ein Pferd,

um Erkundigungen einzuziehen. Wie er feststellte, blies ein so
kräftiger Wind, daß sich die einzelnen Brände unverzüglich verei-
nen würden. Die Flammen schlugen derart heftig empor, daß sie
Angst und Schrecken einflößten. Gegen vier Uhr morgens hatte
sich die vom Sturm geschürte Feuersbrunst überall ausgebreitet.
»Das war ein unermeßlicher Feuerkreis, dessen Mittelpunkt der
Kreml bildete. Er zog sich immer mehr zusammen und rückte zum
Kreml vor.«[18] Nun mußte man den Kaiser wecken.

Die Truppen waren alarmiert. Diejenigen Einwohner, die noch
dageblieben waren, flohen aus ihren Häusern und suchten Schutz
in den Kirchen. Man entdeckte einige wenige Feuerspritzen, die
alle unbrauchbar gemacht waren. Während der Nacht konnte man
ein paar reparieren. Man führte nun einige Polizisten und sogar
Bauern vor, die man ertappt hatte, als sie vorbereitete Zündschnüre in den Häusern anbrennen wollten. Manche Polen behaupteten, diese Männer hätten ihnen gestanden, vom Gouverneur sei
der Befehl ausgegeben worden, in der Nacht die ganze Stadt anzuzünden. Man schickte rasch Patrouillen aus und ordnete eine
verstärkte Überwachung an. Der Kaiser konnte und wollte nicht
glauben, daß es sich um Brandstiftung handelte. Ein solches Opfer, eine solche Entscheidung schienen ihm gänzlich unvorstellbar.
Doch er mußte sich den Tatsachen beugen. Als er auf den Hof des
Kremls hinausgetreten war, führte man ihm zwei Brandstifter vor,
die man auf frischer Tat ertappt hatte. Sie wurden in seinem Bei-
sein verhört. Man übersetzte ihre Antworten, und bald gab es keinen Zweifel mehr. Man nahm sie in Gewahrsam, richtete ein Dutzend Übeltäter hin, die man mit der Fackel in der Hand erwischt
hatte, und dann wandte man sich der dringendsten Aufgabe zu:
Man versuchte, diese Feuersbrunst zu löschen, die von selbst genug
Nahrung fand und immer weiter wütete.

Es brauchte Mut und unerhörte Widerstandskraft, um nicht von
der Stelle zu weichen. Man konnte allenfalls gegen die Flammen
kämpfen; gegen den Wind ließ sich nichts ausrichten. Nun trieb
aber der Wind »riesige brennende Stücke vor sich her, die dann
hundert Klafter und mehr von den brennenden Häusern entfernt
wie ein Feuerregen herabsanken«. Man hätte es als ein verhäng-
nisvolles Bockspringen bezeichnen können. Die brennenden Tan-
nenholzstücke explodierten und führten zu einem weiteren Brand.

Die Soldaten griffen nun zu Eimern und Besen, um gegen die Katastrophe anzukämpfen. In manchen Fällen brach man die Dächer der Häuser, die man schützen wollte, an fünf oder sechs Stellen auf und stellte dort wie auf Kanzeln Gardegrenadiere auf, die die Funken mit kräftigen Stangenschlägen erstickten. Der Abbé Surrugues würdigte den Mut dieser Männer und schrieb ihnen die Rettung des Ausländerviertels zu. Im Innern des Kremls unternahm man große Anstrengungen. Die Männer stiegen auf die Küchendächer, solange sie es dort aushalten konnten, um die sie bedeckenden Blechplatten zu begießen und die brennenden Reste mit Stöcken zu löschen. Dann griff der Brand auf die Palastställe über. Caulaincourt eilte dorthin, um die Rettungsmaßnahmen zu leiten. Er war der Verantwortliche, und er wäre eher gestorben, als daß er die Pferde des Kaisers hätte umkommen lassen.

Dank der Tatkraft und Unerschrockenheit der Stallmeister und Pferdeknechte – von denen manche auf die Dächer kletterten, um die brennenden Holzstücke hinunterzuwerfen, während andere die reparierten Feuerspritzen in Gang setzten und wieder andere die verängstigten Tiere beruhigen konnten – wurden die Pferde Napoleons und sogar die Krönungskutschen der Zaren gerettet. Am späten Vormittag wurde ein Turm in der Nähe des Zeughauses von den Flammen erfaßt. Mehrere Funken fielen sogar im Hof des Zeughauses auf Werghaufen, die man für die russischen Munitionswagen benutzt hatte. Dort befanden sich nun die Munitionswagen der französischen Artillerie. Es war schnell zu handeln. Der Palast des Fürsten Golizyn befand sich ganz nahe. Caulaincourt ließ den Palast sowie die angrenzenden Häuser schützen und würdigte die Einsatzbereitschaft der Bediensteten des Fürsten, »die große Verbundenheit mit ihrem Herrn zeigten [...]. Jeder tat sein Bestes, um diesen verheerenden Feuersturm einzudämmen, doch die Luft selbst schien zu glühen. Man atmete Feuer ein.«[19] Die Holzbrücke, die unmittelbar südlich des Kremls über die Moskwa führte, geriet ständig in Brand, obwohl es Garde und Sappeure als ihre Ehrensache ansahen, die Brücke zu erhalten. »Ich blieb dort«, sagt Caulaincourt, »zusammen mit einigen Generälen der Garde und Adjutanten des Kaisers, und wir mußten mit anpacken und in diesem Feuerhagel ausharren, um den Eifer der Arbeitenden wachzuhalten, die ganz versengt waren. Man konnte nicht länger

als eine Minute an derselben Stelle bleiben. Das Fell der Mützen
verbrannte auf dem Kopf der Grenadiere.«[20]
   Und Napoleon? Er lief im Kreml hin und her, doch seine Anwesenheit beunruhigte die Gardesoldaten, die es erschreckte, wenn
sie sahen, daß er sich dermaßen der Gefahr aussetzte. Schließlich
bat ihn General de Lariboisière inständig, sich aus Moskau zu entfernen. Als ihn Berthier darauf hinwies, daß er bald keine Möglichkeit mehr haben würde, die Verbindung mit den Armeekorps
außerhalb der Stadt aufrechtzuerhalten, konnte er ihn überzeugen,
den Kreml zu verlassen und Schutz im Norden zu suchen. Er schlug
vor, das Hauptquartier im Schloß Petrowskoje an der Straße nach
Sankt Petersburg einzurichten. (Dieses Schloß liegt ebenso nahe
bei Moskau wie Neuilly bei Paris.) Bevor Napoleon den Kreml verließ, wollte er den Turm Iwans des Großen besteigen, den höchsten
Turm der Festungsmauer. Ihm folgten Caulaincourt, Berthier und
Montesquiou.»Das ist unbegreiflich«, sagte der Kaiser, »diese Bar-
baren, diese Wilden, ihre eigene Stadt zu verbrennen! Was könnten Feinde Schlimmeres tun? Sie ziehen die Verwünschungen der
Nachwelt auf sich.«[21]
   An der Turmspitze angelangt, »konnte er das unglaubliche Bild
der Flammen betrachten, die [sie] von allen Seiten einschlossen
[…]. Da er sich mit eigenen Augen überzeugt hatte, begriff er, daß
der Aufbruch notwendig war.«[22] Sie stiegen wieder hinab. Am Fuß
des Turms wartete das Pferd Napoleons.
   Die kleine Gruppe überquerte die Holzbrücke, die man unter
unsäglichen Mühen gerettet hatte, und gelangte zum anderen Ufer.
Caulaincourt hatte entschieden, daß man die Stadt so schnell wie
möglich, das heißt in südwestlicher Richtung, verlassen sollte, indem man die Straßen benutzte, auf denen man einen Tag zuvor
in umgekehrter Richtung geritten war. Man ließ nur ein einziges
Bataillon im Kreml zurück, das die Festung vor der Feuersbrunst
rettete. Sie mußten jedoch durch ein riesiges, vollständig in Brand
geratenes Viertel reiten, bevor sie die Vororte erreichten. Obwohl
sie eine breite Straße benutzten, »vereinten sich die Flammen«,
sagt Montesquiou, »über unseren Köpfen wie ein Gewölbe. Wir
mußten unsere Gesichter, Hände und Augen mit unseren Taschen-
tüchern, Hüten und Uniformschößen schützen. Die extreme Hitze trieb unsere Pferde dermaßen an, daß wir Mühe hatten, sie im

Schritt laufen zu lassen.«[23] Die Angst erreichte ihren Höhepunkt, als sie eine Artilleriekolonne überholen mußten, die Schießpulver-kisten beförderte und sich langsam und vorsichtig bewegte. Die befürchtete Explosion blieb aus. Sie konnten die Stadt verlassen und einen Teil von ihr – vom Tor an der Smolensker Straße bis zu dem an der Petersburger Straße – umgehen. Als es Nacht wurde, kamen sie im Schloß an, jenem Lustschloß, wo sich die Zaren et-was ausruhen, bevor sie an ihrem Krönungstag ihren feierlichen Einzug in Moskau halten.

Der Ort war schön und in den Augen der Franzosen recht unge-wöhnlich. Mit seinen Backsteinmauern und den sie flankierenden Türmen in griechischem Stil sei er ganz märchenhaft, meinte Ca-stellane. Nach Ansicht Montesquious war es ein typisch maurischer Bau. Er freute sich besonders, daß er so gut erhalten war. Dreißig Jahre später sprach Custine von einem »schwerfälligen Palast aus Rohziegeln, [...] in einem bizarren Stil erbaut, [der] der Gotik ähnelt, doch das ist keine reine Gotik, sondern lediglich extrava-gant«.[24] Napoleon, den die gerade überstandene kritische Situation erschöpft hatte, zog sich nach einem Gespräch mit Berthier zurück. Oder vielmehr war es, worauf Montesquiou hinwies, ein Monolog, bei dem Napoleon so freundlich war, einen Zuhörer zuzulassen, und dieser Zuhörer war sehr stolz, daß die Wahl ihn getroffen hatte, und blieb seinem ehrerbietigen Schweigen uneingeschränkt treu.[25] Eine unerwartete Besucherin, Madame Aubert-Chalmé, die in das Lager des Fürsten Eugène, also in die Nähe von Petrowskoje, geflüchtet war, durfte vorsprechen. Eugène ließ Napoleon wissen, daß sie sich bei ihm befand, und der Kaiser verlangte, sie zu sehen. Er unterhielt sich mehr als eine Stunde mit ihr, denn er wollte ihre Meinung über die Aussichten bei einer Aufhebung der Leibeigen-schaft erfahren. Sie antwortete freimütig und vernünftig, daß nur ein Drittel der Leibeigenen diese Entscheidung begreifen könnte, die übrigen jedoch nicht in der Lage sein würden, die Vorstellung der Freiheit überhaupt zu verstehen. Die Grundherren würden es nicht versäumen, diese Idee als gottlos hinzustellen, und die sich daraus ergebenden Unruhen könnten den Franzosen schaden. Na-poleon behielt ihren Rat im Gedächtnis. Man brachte dieses Pro-blem nie wieder zur Sprache.

Die Alte Garde quartierte sich rund um das Schloß ein. Alle
jungen Leute, die Adjutanten des Kaisers oder Berthiers, trafen
allmählich ein, nachdem sie die Stadt unter großen Schwierigkeiten durchquert hatten. Daru erschien und berichtete, er habe fünf-
mal an diesem Tag sein Quartier wechseln müssen, da er ständig
von dem immer näher rückenden Feuer bedroht wurde. Stendhal
hingegen sah sich gezwungen, die Stadt zu Fuß zu verlassen, denn
sein Wagen war mit den von seinen Bedienten zusammengeraub-
ten Gegenständen vollgestopft. Er selbst hatte sich lediglich ein Exemplar der *Fazetien* Voltaires in die Tasche gesteckt. Er vermißte
seine Diener nicht, die »wie die aller anderen betrunken und imstande waren, mitten auf einer brennenden Straße einzuschlafen«.
Zwei Wochen später schilderte er einem Freund sein Abenteuer in
spöttischem Ton: »Wir verließen die Stadt, die von der schönsten
Feuersbrunst der Welt erleuchtet wurde. Diese bildete eine riesige
Pyramide, deren Basis sich wie bei den Gebeten der Gläubigen auf
der Erde befand und deren Spitze in den Himmel ragte. Der Mond
erschien, wie ich glaube, über dem Feuermeer. Es war ein großartiger Anblick, doch um ihn zu genießen, hätte man allein oder
von geistvollen Leuten umgeben sein müssen [...]. Schließlich kamen wir zu einem Biwak, das der Stadt gegenüberlag. Sehr deutlich
nahmen wir die riesige Pyramide wahr, die von den Klavieren und
Kanapees Moskaus gebildet wurde. Ohne die Wahnsinnstat der
Brandstifter hätten sie uns höchste Freude bereitet.«[26]

Montesquiou, den der Anblick so vieler Schrecken und Zerstö-
rungen deprimiert hatte, wollte ein paar Augenblicke ausruhen und
stellte sich in eine Fensternische. »Doch sobald ich einen Vorhang
zuziehen wollte, spürte ich unter der Hand, in den Falten des Stoffs,
einen starken Widerstand. Wie groß war meine Überraschung, als
ich einen russischen Soldaten entdeckte, der in diesem Vorhang
wie in einem Schilderhaus stand! Ich erschauderte, als ich an die
Viertelstunde dachte, die der Kaiser soeben hier verbracht hatte
und diesem Mann ausgeliefert war. Aber bald erkannte ich, daß
der unglückliche Verwundete, der fast nackt und schreckensstarr
war, auf der Flucht nur diesen Vorhang als Unterschlupf gefunden
hatte. Obwohl er ein riesiger Kerl war, vergoß er Tränen und fiel
vor mir auf die Knie [...]. Diese Entdeckung diente als Warnung.
Man nahm eine gründlichere Durchsuchung vor und fand in Pe-

trowskoje noch ein halbes Dutzend Feinde, die sich in ihrer Angst hier verstreut hatten.«[27]

Niemand schlief in dieser Nacht, obwohl alle erschöpft waren. Es war unmöglich, sich der Faszination des Feuers zu entziehen. »Da die Nacht vollständig angebrochen war, fehlte dieser Szene nichts mehr. Es schien, als müßte der Brand gleichermaßen Himmel und Erde verschlingen, denn der Widerschein in den Wolken sah derart kräftig aus, daß man keinen Unterschied zwischen Wirklichkeit und Abbild entdeckte, und so führte eine außergewöhnliche Erscheinung dazu, daß nun die Erde den Himmel mit Licht versorgte. Jeden Augenblick veränderte diese Szenerie ihre Form, Ausdehnung und Farbe. Nachdem große Gebäude zusammengebrochen waren, stiegen gewaltige, ganz undurchsichtige schwarze Wirbel empor und unterbrachen die Flammen mit breiten und langen, schrägen Einschnitten. Darüber sah man Vulkane, deren unberechenbare Strahlen nur im Himmel ihre Grenzen fanden […]. Als wollten die Flammen über ihr Verbrechen hinwegtäuschen, schlugen sie oft ein wenig auseinander und teilten sich, so daß sie uns nicht nur Paläste, sondern auch palastartige Amphitheater entdecken ließen, die uns in dem Augenblick, wenn sie von den Flammen verschlungen wurden, in einem zauberhaften Glanz erschienen, um der Welt zum letzten Mal Lebewohl zu sagen.«[28] Von Petrowskoje und den Landgebieten der Umgebung aus sah man hohe Flammensäulen, die überall emporschlugen, und hörte sogar das Prasseln des Feuers, ein schreckenerregendes Brausen und donnernde Explosionen, zu denen es kam, wenn sich Schießpulver, Salpeter, Öl und die übervollen Branntweinschuppen und -lager entzündeten, und dazu gehörte besonders das Getöse der zusammenbrechenden Gebäude. Was man allerdings weder sehen noch hören konnte, war die entsetzliche Geräuschkulisse der Plünderung Moskaus.

Napoleon hatte Mortier befohlen, als er ihn zum Gouverneur der Stadt ernannte: »Keine Plünderungen.« Dafür sollte er ihm mit seinem Kopf haften. Man hatte das Furagieren zwangsläufig zugelassen: Man mußte ja essen. Plünderungen aber waren verboten, und das nicht aus Achtung vor dem Eigentum. (Napoleon hatte aus dem Krieg eine einträgliche Tätigkeit gemacht. Die durch die Er-

oberungen angehäuften Schätze waren unermeßlich groß, und die
ungeheuren Schenkungen, die er seinen hohen Offizieren machte,
kamen aus den besiegten Ländern.) Vielmehr war er bestrebt, die
Disziplin in der Armee aufrechtzuerhalten. Eine plündernde Armee wird sehr schnell unkontrollierbar. Während aller Feldzüge
hielten sich die Soldaten einigermaßen an diese Regel. Man konnte
hingerichtet werden, weil man eine Uhr gestohlen hatte, und das
wußten die Männer genau. Wie Napoleon erklärt hat, »stimmt die
Politik mit der Moral vollkommen überein, wenn sie sich gegen
Plünderungen wendet. Ich habe über dieses Thema viel nachge-
dacht [...]. Man hat mich oft in die Lage versetzt, meinen Soldaten
eine solche Gelegenheit zu bieten; ich hätte es getan, wenn ich einen Vorteil darin gesehen hätte. [...] Pavia war der einzige Ort, den
[ich] jemals zur Plünderung freigegeben [hatte]: Das hatte [ich]
meinen Soldaten für vierundzwanzig Stunden versprochen; doch
nach drei Stunden konnte ich es nicht mehr ertragen und befahl,
damit aufzuhören.«[29]
   Aber die Lage in Moskau war ganz beispiellos. Wie es Sergeant
Bourgogne unbefangen zugab, ist man ja in einem verlassenen
Haus gezwungen, sich selbst zu bedienen. Der Brand begünstigte
außerdem ein derartiges Verhalten. War es denn nicht vernünftig,
Dinge dem Feuer zu entreißen, zumal man nun wußte, daß die
Russen entscheidend dazu beigetragen hatten, den Brand zu legen?
Am 16., nach dem Rückzug Napoleons, dem sein Generalstab und
die meisten Generäle gefolgt waren, verlor die Armee alle Hem-
mungen, als sie einen Teil ihrer Führung eingebüßt und den unmöglich zu erfüllenden Auftrag erhalten hatte, eine Feuersbrunst
einzudämmen, die nur an einer Seite aufhörte, um an der anderen
neu aufzuflammen.
   Bourgognes Zeugenbericht zeigt überdies anschaulich, daß sich
seine Kompanie mehr aufs Plündern und Furagieren als auf die
Brandbekämpfung konzentrierte, und demzufolge bemühte sie
sich weniger darum, das Feuer zu löschen, als ihm auszuweichen.
Die Brandstifter trieben weiter schamlos ihr Unwesen. Sie versuchten gar nicht, sich zu verstecken, und manche spazierten mit
einem Korb am Arm umher, der mit Schwefelschnüren gefüllt
war; andere drangen ohne Zögern in Wohnstätten ein. Man er-
schoß sie auf der Stelle, man hängte ihre Leichen an die verkohl-

ten Baumstämme der Alleen, doch sogleich trieben andere ihr
Unwesen.

Wir haben Bourgogne im Kreml zurückgelassen, als er sich in
der Nacht des 15. mit seinen Kameraden dort befand. Am 16. verließ er die Festung mit ihnen sowie ihrem Juden und folgte dem
Weg, den der Kaiser genommen hatte. Dann bogen sie zur Seite ab,
weil sie ihr Biwak wiederfinden wollten. Sie bewegten sich in völlig
ausgebrannten Straßen und schützten sich mit großen Blechplatten, die von den Dächern gefallen waren. Sie kamen durch rest-
los eingeäscherte Viertel und verloren ihren Rabbiner, als sie das
Judenviertel erreichten, wo alle Häuser bis auf die Grundmauern
niedergebrannt waren und wo der Unglückliche aus Verzweiflung
in Ohnmacht fiel. Ein anderer Führer bot sich an, und schließlich
fanden sie ihr Regiment wieder.

Nach ein paar Ruhestunden zog Bourgogne mit ungefähr zwanzig Mann unter dem Vorwand wieder los, Proviant zu suchen. Sie
hielten das erste Mal an einem Lebensmittelladen. »Nichts war in
dem Haus durcheinandergeworfen [...]. Auf dem Tisch lag noch
gebratenes Fleisch; mehrere Säcke voller dicker Münzen befanden
sich auf einem Schrank [...]. Wir entdeckten reichlich Mehl, Butter
und Zucker, dazu Kaffee sowie eine große Tonne. Sie war mit Eiern
gefüllt, die man in mehreren Schichten zwischen Haferstroh gelegt hatte. Wir suchten uns inzwischen aus, was wir wollten, ohne
daß wir um den Preis streiten mußten, denn wir meinten, daß wir
über alles verfügen konnten, weil man es im Stich gelassen hatte
und es jeden Augenblick den Flammen zum Opfer fallen konnte.«[30] Ihren zweiten Halt legten sie, was recht vernünftig war, bei
einem Wagenbauer ein, wo sie sich zwei hübsche kleine und sehr
bequeme Kutschen aussuchten, um ihre Beute zu befördern. Ihre
Rückkehr gestaltete sich dramatisch: Sie waren vom Feuer einge-
schlossen. Mauerstücke stürzten auf ihre *Britschkas** und ihre Eier,
und deren Verlust bedauerten sie noch mehr als den der Kutschen.
Dann entdeckten sie jedoch ein Haus, in dem sich der Laden eines
italienischen Zuckerbäckers befand und das bisher vom Feuer verschont geblieben war: Wieder einmal trugen sie reichlich kandierte
Früchte, Mehl, Liköre und Zucker zusammen und waren entzückt,

---

* (Russ.) Leichte, offene Reisewagen.

weil sie Senftöpfe entdeckten, die aus der Nr. 13 der Rue Saint-
André-des-Arts in Paris kamen.

Endlich trafen sie den Rest ihrer Kompanie wieder und quartierten sich an einer schönen Straße ein, in einem großen Café nahe
beim Kreml. In einem Saal standen zwei Billardtische. Die Soldaten nahmen sie schnell auseinander, um mehr Platz zu haben. Sie
zerschnitten den Stoff, der ihnen zu ausgezeichneten Mänteln verhelfen konnte. Die Unteroffiziere zogen in ein benachbartes Haus
ein. In den Kellern fand sich eine große Menge Wein, außerdem
Jamaika-Rum, Bier der besten Sorte, das in eisbedeckten Tonnen
gelagert war, und fünfzehn Kisten Champagner. In einer ungeheuer großen Silbervase, die der Eigentümer vergessen hatte, brauen
sie nun allabendlich Punsch, und dazu rauchen sie erstklassigen
Tabak in schönen Pfeifen, die ebenfalls liegengeblieben waren.
All das macht in Bourgognes Augen einen recht gemütlichen Eindruck. General Griois hat eine trübere Vorstellung von dem, was
die Soldaten als ›Moskauer Jahrmarkt‹ bezeichneten.

»Ich war drei- oder viermal in Moskau, um dort Proviant und
alle möglichen Dinge zu holen. Diejenigen Straßen, die der Brand
noch verschont hatte, wirkten wie ein wahrer Jahrmarkt, auf dem
alle Beteiligten, Händler und Käufer, Militärs waren, denn man
sah keinen einzigen Einheimischen mehr, und je näher die Flammen an diesen Markt heranrückten, desto weiter entfernt wurde
er eingerichtet. Soldaten aller Waffengattungen und Truppenteile
wurden von der Hoffnung auf Beute und auch von der Not ange-
lockt. Sie verließen ihr Lager« [sie waren rund um die Hauptstadt
einquartiert] »und strömten trotz aller Verbote nach Moskau [...].
Hierauf wurden sie zu Händlern, und die Offiziere aller Dienst-
grade kamen zu ihnen, um sich für Geld mit allen möglichen Lebensmitteln zu versorgen.«[31] Die Furagiere, die nicht wußten, was
sie mit all den Dingen tun sollten, die sie sich angeeignet hatten,
kehrten in die abgebrannten Straßen zurück – diese waren als einzige sicher, denn das Feuer konnte dort nichts mehr vernichten –,
um beinahe feste Läden und sogar Kneipen auf den rauchenden
Trümmern der Stadt einzurichten. Dort verkaufte man alles: Möbel, Wertgegenstände, Kleidung, Stiefel, Liköre und Lebensmittel.

»Sehr viele [Soldaten], denen die herrenlosen Keller eine leichte Gelegenheit zum Plündern boten, lagen betrunken und halbtot

inmitten von Flaschenscherben, die alle Straßen verstopften. Das
führte zu Schlägereien, bei denen oft Blut floß. Ich wurde Zeuge
einer derartigen Szene. Eines Tages sah ich mit Flaschen beladene
Soldaten an der Tür eines Herrenhauses. Ich ging zu ihnen, um
Wein zu kaufen. Sie verließen den Keller durch eine recht schmale
Falltür und auf einer Leiter. Von unten hörte man das schreckliche
Getöse eines Streits oder vielmehr Kampfes zwischen den Plünderern. Sie brachten sich gegenseitig im Dunkeln um! Bald tauchte
ein bleicher, mit Blut und Wein bedeckter Dragoner an der Falltür
auf. Er machte ein paar Schritte und stürzte, als er kaum die Straße
erreicht hatte. Er starb inmitten der Flaschen, die er festhielt und
die er erst bei seinem Tod losließ. Im Handgemenge hatte er einen tiefen Säbelhieb abbekommen. In diesem Augenblick [...] erschien General Mathieu Dumas, der Generalintendant. Er ergreift
den Degen und schlägt nach links und rechts um sich. Er erreicht
die Falltür und packt den ersten Kopf, der sich zeigt, an den Haa-
ren. Er erkennt ... seinen Koch, der gerade mit Flaschen beladen
und halbbetrunken hinaufstieg. Seine weiße Jacke war mit Wein
und Blut beschmutzt. Man kann sich kaum etwas Komischeres als
das Erstaunen, den Zorn und Ärger des Generals vorstellen, als er
seinen Diener inmitten des schallenden Gelächters der Soldaten
herauskriechen sah. Er versetzte ihm keine Degenhiebe, sondern
Fußtritte und ging fort, weil er verzweifelte und erkannt hatte, daß
sich die Unordnung nicht mehr beherrschen ließ und daß sich alle
damit abgaben.«[32]

Im Laufe des Tages wurde die Schatzsuche immer erfolgreicher,
denn die wenigen Einheimischen, die sich noch sehen ließen, beteiligten sich aktiv daran, wie Abbé Surrugues berichtet. Sie zeigten den französischen Soldaten, um mit ihnen die Beute zu teilen,
die geheimsten Keller. Die Untreue der Hausdiener, von denen die
meisten ihre Herren verrieten, reizte und förderte den Vandalis-
mus.

Griois verschont mit seiner Kritik auch nicht die höheren Offiziere. Er wies darauf hin, daß sich viele Generäle an diesen Beutezügen beteiligten. In einem Stadtviertel nahe am Fluß hatten
große, mit Wagen vollgestellte Remisen dem Feuer widerstanden.
Man nahm sich die Kutschen und Karossen, ohne mit irgendeiner Strafe rechnen zu müssen. General Lejeune beschlagnahmte

fünf Wagen für sein persönliches Gepäck. Selbst ein Divisionsgeneral, der Graf Compans, beteiligte sich an diesem Jahrmarkt. In
einem von den Russen abgefangenen Brief an seine Frau schilderte
er ausführlich seine Beutestücke: »Ein Fuchspelz, schwarz und rot
gestreift, ein anderer mit blauen und roten Streifen, wie es der Lan-
desmode entspricht, neu und sehr schön; ein großer silbergrau-
er Fuchskragen, ein schwarzer Fuchskragen, Zobel, ein großer,
schwarzgrauer, aus erstklassigen Fuchspelzstücken gearbeiteter
Muff [...]. Man braucht sehr viele Fuchspelze, viel Sorgfalt und
Arbeit, um einen solchen Muff herzustellen. All das, meine liebe
Louise, wird in einem Koffer untergebracht, und ich will die erste
Gelegenheit nutzen, um ihn Dir zu schicken. Vorläufig darf man
nicht daran denken.«

Labaume beschrieb noch gewalttätigere Szenen: »Die Soldaten,
die Marketender und die Zuchthäusler, die sich auf den Straßen herumtrieben, drangen in die verlassenen Paläste ein und rissen dort
alles ab, was ihre Habgier befriedigen konnte. Die einen bedeckten
sich mit gold- und seidedurchwirkten Stoffen, andere hängten sich,
ohne zu unterscheiden, die kostbarsten Pelze über die Schultern;
viele hüllten sich in Pelzmäntel für Frauen oder Kinder, und selbst
die Zuchthäusler verbargen ihre Lumpen unter Hoftrachten. Die
übrigen strömten in Massen zu den Kellern, brachen die Türen auf,
tranken die erlesensten Weine und schleppten ihre unermeßliche
Beute mit schwankenden Schritten davon [...]. Man bemerkte auch
die Brandraketen, die die Verbrecher von den Spitzen der Glocken-
türme aus abschossen; sie stießen durch Rauchwolken, und von
weitem glichen sie Sternschnuppen [...]. Als die ganze Stadt nur
noch einen einzigen riesigen Scheiterhaufen bildete [...], erkannte man die Orte, an denen Häuser gestanden hatten, lediglich an
einigen versengten oder geschwärzten Steinsäulen. Der heftig we-
hende Wind ließ ein Brüllen hören, das dem eines aufgewühlten
Meeres glich. Mit entsetzlichem Getöse schleuderte er auf uns die
riesigen Blechplatten herab, die die Palastdächer bedeckten [...].
Das Feuer griff um sich, als würde es von einer unsichtbaren Macht
entfacht; ungeheuer große Stadtviertel fingen Feuer, verbrannten
und verschwanden auf einmal.

Durch einen dichten Rauchvorhang zeigte sich eine lange Reihe
von Wagen, die alle mit Beute beladen waren; wegen des Gedrän-

ges mußten sie immer wieder stehenbleiben, und man hörte das
Geschrei der Fahrer, die befürchteten, verbrannt zu werden, und
schreckliche Verwünschungen ausstießen, um sich durchzudrän-
gen. Überall sah man nur noch Bewaffnete, die sich zwar entfernten, aber die Türen aufbrachen, weil sie Angst hatten, ein Haus
unbeschädigt zurückzulassen; und wenn neue Wertgegenstände
besser als die waren, die sie schon hatten, ließen sie die ersten
liegen und nahmen die neueste Beute. Viele hatten sogar schon
vollbeladene Wagen und schleppten noch den Rest ihrer Beute auf
den Schultern. Da der Brand aber die Fahrt durch die Hauptstraßen versperrte, mußten sie umkehren; so irrten sie von Viertel zu
Viertel und suchten in einer ihnen unbekannten Riesenstadt einen
günstigen Ausweg, um aus einem flammenden Labyrinth heraus-
kommen zu können. So starb manch einer an seiner Habgier. Von
ihren Beutezügen erregt, stürzten sie sich in den glühenden Dunst
hinein, [bis] die unerträgliche Hitze sie endlich zwang, sich in ihr
Lager zu retten.«[33]

Herr de Beauchamp, der Preuße mit den weit zurückreichenden
französischen Ahnen, registrierte die zunehmende Brutalität auf
diesen Straßen, die einem wahnwitzigen Wüten ausgeliefert waren:
Die Plünderer lösten einander ab und sammelten das ein, was ihre
Vorgänger verschmäht und auf die ausgeglühten Straßen geworfen
hatten. »Man hätte sagen können, daß bei diesem großen Unglück
alles Gemeineigentum geworden war und man sich nur noch die
Mühe machen mußte, es an sich zu nehmen [...]. Als ich heimkehrte, verlangte ein Franzose, der mir kein Militär zu sein schien,
frech meinen Reisemantel. Als Antwort hob ich meinen Stock. Er
ließ sich einschüchtern, [zumal] ein paar Offiziere über die Straße kamen. [Andere hatten weniger Glück]; manche, die verstört
dreinblickten, standen dort im Hemd und barfuß da [...]. Hier sah
man einen gut gekleideten vornehmen Herrn, der jedoch Rinden-
schuhe wie die russischen Bauern trug, weil seine Stiefel einem
Franzosen gefallen hatten. Da manche ihre ganze Garderobe eingebüßt hatten, waren sie gezwungen, Frauenkleider zu tragen. Man
sah Männer, die elegante Feder- oder Blumenhüte trugen, wenn sie
den Laden einer Galanteriehändlerin verließen; sie hatten sich die
Schultern mit einem Pelzumhang bedeckt, und die Füße waren in
enge Damenschuhe gezwängt.

Sogar die französischen Offiziere beteiligten sich an dieser lächerlichen Maskerade. Es wurde allmählich kalt, und die pelzbesetzten Atlasmäntel eigneten sich sehr gut, um sich vor der Kälte zu schützen. Selbst im Sattel trug man diese weiblichen Kleidungsstücke über der Uniform und der militärischen Ausrüstung.

Ich muß der Wahrheit die Ehre geben und sagen, daß von allen Völkern, aus denen sich die Invasionsarmee zusammensetzte, die Franzosen offensichtlich am wenigsten auf Plünderungen versessen waren. Allein die Gerechtigkeit nötigt mich zu diesem Bekenntnis; denn während des Siebenjährigen Krieges habe ich den Haß auf die Franzosen mit der Muttermilch eingesogen, und ich konnte sie nie ausstehen [...]. Sie nahmen meistens kein Gold oder Silber, keinen Schmuck, nicht einmal Uhren, wenn sie nicht von der Not dazu gedrängt wurden. Anders war es bei den Bayern oder Polen, die nichts zurückließen.«[34]

Im Kreml, der gleichwohl unter der Kontrolle der Garde – dieses Elitekorps – stand, war die Lage noch skandalöser. Hier ging es nicht mehr um Plünderungen, sondern um organisierte Korruption. Wie der Baron de Bausset erklärt, »betraten ihn die Infanteristen, weil sie alle möglichen Vorräte suchten, die er im Überfluß enthielt. Jeder von ihnen mußte nun, wenn er den Innenhof verließ, den Grenadieren fünf Francs bezahlen oder auf seine Beute verzichten.«[35] Die Grenadiere hatten sich mit Moskauer Pelzmänteln herausgeputzt, die sie in der Taille mit Kaschmirschals zusammenschnürten. Neben sich hatten sie vier Fuß hohe Töpfe aus Opalglas gestellt, die mit den begehrtesten kandierten Früchten gefüllt waren und aus denen man mit großen hölzernen Suppenlöffeln schöpfte; rund um diese Gefäße häuften sich ungeheuer viele Fläschchen und Flaschen, denen man den Hals abbrach, um ihren Inhalt schneller ausgießen zu können; manche Soldaten hatten ihre großen Fellmützen abgesetzt und sich mit Moskauer Feder-, Blumen- oder Pelzhüten geschmückt. »Sie alle waren mehr oder weniger betrunken, sie hatten die Waffen beiseite gelegt, und sie versahen ihren Wachdienst wahrhaftig mit ihren Topflöffeln in der Hand«, berichtete Hauptmann Mailly-Nesle, der mit dem diensthabenden Offizier verhandeln mußte, um eintreten zu dürfen. Dieser Mann, der älteste Soldat der ganzen Gruppe, war noch grotesker als die übrigen gekleidet. Er setzte in seinem Rausch eine

wichtige Amtsmiene auf und hielt einen Kriegsrat ab, wobei er von
Flaschen umgeben war und auf Konfitüretöpfen saß. »›Mein Ka-
merad‹, sagte er zu mir, ›auf Befehl des Kaisers von China kommt
man hier nicht durch, ohne einen Schluck zu trinken‹ …, und
nachdem wir herzlich angestoßen hatten, tranken wir die Flasche
leer, ohne Atem zu holen.«[36]

Die unglücklichen Einwohner, die sich außerhalb der Mauern
befanden, mußten mit den Soldaten fertig werden, die in ihrem
Rausch aufs äußerste erregt waren und auf den geringsten Widerstand wütend reagierten. Die auf den Plätzen abgesondert stehenden Kirchen hatten das Feuer oft besser überstanden, weil sie nicht
in jedem Fall von den Flammen aus den benachbarten Häusern
erreicht wurden. Nicht selten wurden sie geschändet. Der Koch
der Alten Garde und seine Gehilfen arbeiteten eifrig hinter dem
Altar der großen Kathedrale. Man benutzte Priestergewänder, um
die Pferde zuzudecken. Dem Abbé Surrugues gelang es durchzusetzen, daß man seine Kirche respektierte. Sie war von einem recht
großen Gelände umgeben, auf dem kleine Holzhäuser standen, in
die sich die übriggebliebenen Frauen, Kinder und Alten geflüchtet
hatten. Als Soldaten in das Gotteshaus eindrangen, ließ der Abbé
die Türen öffnen, und in seiner Priesterkleidung, mit dem Kruzifix
in der Hand, trat er selbstsicher diesen Berserkern entgegen, die
ehrerbietig zurückwichen.

Das Durcheinander und die skandalösen Gewalttätigkeiten
gingen weiter, bis das Feuer, das riesige Stadtviertel verschlungen
hatte, keine Nahrung mehr fand. Der Wind ließ nach, und am 18.
September stieg der Kaiser aufs Pferd und kehrte in die Hauptstadt
zurück. Es regnete.

IX
Der Herbst der Stagnation

Noch bevor er das düstere Bild einer zu drei Vierteln verbrannten Stadt zu sehen bekam, erhielt Napoleon einen Vorgeschmack,
wie entsetzlich seine Armee entartet war. Denn er mußte die Lager passieren, die man rund um Moskau eingerichtet hatte und
von denen aus die Soldaten ›auf den Jahrmarkt‹ gegangen waren, ohne sich um die brennende Stadt zu kümmern. Der Kaiser
konnte sehen, daß »mitten auf den Feldern, in dickem und kaltem
Schlamm, große Feuer brannten, die mit Mahagonimöbeln, Fenstern und vergoldeten Türen unterhalten wurden. Um diese Feuer
erblickte man auf einer feuchten Strohschütte […] die Soldaten
und ihre Offiziere, sie alle schlammbespritzt und rauchgeschwärzt,
die in Sesseln saßen oder sich auf seidenbezogenen Kanapees re-
kelten. Zu ihren Füßen lagen ausgebreitet oder aufgehäuft Kaschmirschals, die seltensten sibirischen Pelze, persische Goldstoffe
und Silberschüsseln, in denen sie nur einen schwarzen, in der
Asche gebackenen Teig und halbgebratene, noch blutige Pferde-
fleischstücke zu essen hatten.«[1] Im Lager der Italiener wurde musi-
ziert und gesungen. Manche waren als Frauen kostümiert, andere
als Popen oder Paschas, und ihr Gesang wurde von ›Musikern‹
begleitet, die den Klavieren, Flöten, Geigen und Gitarren die selt-
samsten Töne entlockten. Dieses karnevalistische Katzenkonzert
wirkte herzzerreißend.

In den Vororten der Stadt taumelten die spärlich mit Lumpen
bekleideten Einwohner mit starrem Blick aus den Ruinen hervor.
Man hätte sie für Gespenster halten können. Vom Durst gequälte
Hunde streunten heulend umher. Innerhalb der Stadtmauern begegnete der Zug wunderlich herausgeputzten Soldaten, von denen
manche Bauern vor sich her trieben, die sich unter dem Gewicht
der Beute ihrer Sieger krümmten oder sich mit einer Schubkarre
abmühten, die randvoll mit Wertgegenständen oder Lebensmitteln
beladen war. Um sich vor dem entsetzlichen Brand- und Verwe-
sungsgeruch zu schützen, bedeckte man sich Nase und Mund. Die

Straße war mit Tierkadavern und geschwärzten Leichen übersät. Tausende russischer Verwundeter, die nicht mehr aus den Lazaretten oder Häusern hatten fliehen können, in denen sie ein Obdach gefunden hatten, waren bei lebendigem Leibe verbrannt. Man konnte die Straßen nicht mehr erkennen. Eine Fassade, manchmal ein Eckpfeiler oder ein Baumstamm bezeichneten einen früheren Durchgang. Die hohen Schornsteine in der Ferne, die einzigen Überreste vieler Gebäude, sahen wie zerstörte Säulen aus. Ständig stolperte man über zertrümmerte Möbel, aufgeschlitzte Bilder, halbverbrannte Bücher, zerschlagenes Geschirr. Manchmal bückte man sich, um einen wertvollen herrenlosen Pelz aufzuheben. Hier und da, wie in einem Traum, war noch eine unzerstörte Kirche zu sehen, deren goldene Kuppeln durch den dichten, weiter auf der Stadt lastenden Rauch glänzten.

Die kräftigsten Überlebenden wollten sich nicht entmutigen lassen und bemühten sich eifrig, die von den Dächern herabgestürzten Bleche aufzuheben, um sie an den verschiedensten verbliebenen Resten – Mauerteilen, Pfosten, verkohlten und wackeligen Baumstämmen – zu befestigen und sich so einen Unterschlupf zu bauen. Da gab es andere, die zu schwach waren, um sich mit den Plünderern um die Lebensmittel zu streiten oder um in der Erde zu graben und Kartoffeln oder Möhren herauszuholen, um Kohlköpfe abzuschneiden, wie sie in allen Gärtchen wuchsen, oder um die Raben zu verjagen und einen Fleischfetzen aus einem Pferdekadaver zu reißen.

Was blieb von der märchenhaft schönen Stadt übrig? Nur wenig: der Kreml, ein benachbartes Viertel, das den Brand überstanden hatte, weil der Wind in eine andere Richtung blies, und das Findelhaus. Dieses riesige Gebäude, das in Europa nicht seinesgleichen hatte, war so berühmt, daß Napoleon es sehen wollte, als er am 14. in die Stadt einzog. Sobald es vom Brand bedroht wurde – das Gebäude stand am Ufer der Moskwa, unmittelbar östlich der Chinesenstadt, des ersten Viertels, das in Flammen aufging –, schickte er sofort ein Bataillon der Jungen Garde, um es zu schützen. Zu einem bestimmten Zeitpunkt schlossen die Flammen es von drei Seiten ein, aber die Soldaten rissen alle Holzhäuser in der Nähe ab und konnten so das Feuer eindämmen und das Gebäude retten. Von

den annähernd zweitausend Kirchen hatten ungefähr achthundert
standgehalten. Der Abbé Surrugues schätzte, daß vier Fünftel der
Stadt zerstört waren[2] und daß von den zehntausend Gebäuden und
Palästen aus Stein nur noch etwa zweitausend bewohnbar blieben.
Napoleon hatte den gleichen Eindruck.

Er fand seinen Raum im Kreml wieder. Dort trat sein Generalstab zusammen. In einem Brief an Marie-Louise beklagte er die
Zerstörung so vieler Paläste, die ebenso schön und prunkvoll wie
das Élysée gewesen seien, so vieler großartiger Hospitäler, die
Larrey zufolge der zivilisiertesten Nation der Welt würdig waren,
Tausender Bürgerhäuser, die wie Streichhölzer abgebrannt waren.
»Drei Viertel der Stadt sind verschwunden«, schrieb er ihr. Er hatte
gehofft, sich im Sommerpalais der Zarin einquartieren zu können,
einem sehr schönen Gebäudekomplex, der sich zehn Kilometer
südöstlich des Kremls an den Ufern der Moskwa befand, und am
Tag der Rückkehr Napoleons hatte man eine zweihundert Mann
starke Abteilung hingeschickt, um ihn zu schützen. Zu ihnen gehörte Sergeant Bourgogne. Er beschrieb einen großen Palast, den
er für ebenso bedeutend wie die Tuilerien hielt. Er bestand aus
Holz, war jedoch mit Stuck bedeckt, der ihn wie Marmor aussehen
ließ. »Das verschaffte mir die günstige Gelegenheit, dieses riesige Bauwerk zu besichtigen, das mit allem möbliert war, was Asien
und Europa an größten und glanzvollsten Schätzen hervorbringen.
An nichts war gespart worden, um ihn zu verschönern, und doch
brannte er in weniger als einer Stunde vollständig nieder, obwohl
gerade kurz zuvor alles vorbereitet worden war, um eine Brandstiftung zu verhindern. Einen Augenblick später wurde er doch angezündet, und das trotz aller Vorsichtsmaßnahmen, die man davor,
dahinter, rechts und links ergriffen hatte, und man erkannte nicht,
wer der Brandstifter war; schließlich schlug das Feuer an mehr als
zwölf Stellen zugleich empor. Man sah, daß Flammen aus allen
Fenstern des Dachbodens hervorzüngelten [...]. General [Keller-
mann] forderte sogleich Sappeure an, um das Feuer einzudämmen, doch das war unmöglich: Wir hatten keine Feuerspritzen,
ja nicht einmal Wasser. Einen Augenblick danach sahen wir, daß
unter der großen Treppe aus einem unterirdischen Gewölbe des
Schlosses mehrere Männer hervorkamen und seelenruhig fortgin-
gen, von denen manche Fackeln in der Hand trugen, die zum Teil

noch brannten [...]. Man stürzte sich auf sie und nahm sie fest.«[3] Das ganze benachbarte Viertel, das sehr groß war, wurde innerhalb weniger Stunden zerstört.

Maßnahmen wurden ergriffen, um für die Russen mit einer bestimmten gesellschaftlichen Position, die genug Selbstbewußtsein besaßen, sich an die Franzosen zu wenden, angemessene Unterkünfte zu finden. Caulaincourt ließ ungefähr achtzig im Palast des Fürsten Golizyn unterbringen. Dazu gehörten Nikolai Sagrjaski, ein ehemaliger Kammerherr Pauls I., der geglaubt hatte, er könnte sein Herrenhaus vor der Zerstörung bewahren, wenn er in Moskau bliebe, und ein alter General Katharinas der Großen. Es hatten genug Steinhäuser den Brand überstanden, in denen man die Offiziere einquartieren konnte, obwohl die Brandstifter weiter ihr Unwesen trieben und sie zwangen, ständig umzuziehen. »Bis zum Ende unseres Aufenthaltes ergriff man immer wieder einige von diesen Brandstiftern, von diesen Ungeheuern, die die Hölle auf diese unglückselige Stadt ausgespien hatten. Sie führten ihren Auftrag unverhohlen und mit der größten Unbefangenheit aus. Manche [versuchten nicht einmal, ihre] Schwefelschnüre oder andere Hilfsmittel [zu verstecken]. Die Geschicktesten, die sich am sorgfältigsten verbargen, hatten sich die Taschen damit vollgestopft. Sie hatten alles dabei, was sie brauchten, und so drangen sie nicht nur in die leeren Häuser, sondern auch in die mit den meisten Bewohnern ein.«[4] Sie schreckten nicht einmal davor zurück, selbst in den Schlafzimmern Feuer zu legen. General Grouchy erwischte einen und dann einen zweiten gerade in dem Augenblick, als er zu Bett gehen wollte.

Napoleons erste Sorge war, seine Armee gegen den abscheulichen Vorwurf in Schutz zu nehmen, sie hätte den Brand gelegt. Er wußte genau, daß ihm zwar die Zerstörung Moskaus schadete, es jedoch leicht wäre, ihn dafür verantwortlich zu machen, und daß er sich unverzüglich gegen eine voraussichtliche Beschuldigung wehren müßte. General Tutolmin, der Direktor des Findelhauses, würde sich nicht weigern, ihm als Zeuge zu dienen. Er bestellte ihn zu sich und führte mit ihm ein Gespräch, das sein Dolmetscher Lelorgne d'Ideville übersetzte. Tutolmin war so dankbar für die ihm gewährte Unterstützung und so erleichtert, daß er sein Gebäude schützen und die zweihundert in der Stadt verbliebenen Kin-

der* retten konnte, daß er sich höchst bereitwillig einverstanden
erklärte, der Zarenwitwe – der Schirmherrin des Hospizes – zu
schreiben und in dem Brief die von Napoleon ergriffenen Maßnahmen zu loben und ihr zu versichern, der innigste Wunsch Napoleons sei der Friede. Selbstverständlich blieb das Schreiben unbe-
antwortet, und Alexander ging nicht auf die Frage ein, wer für den
Brand Moskaus verantwortlich war. Doch diese Frage stellte sich.

Die Oberbefehlshaber beider Armeen waren sich wohlbewußt,
daß man die Stadt schützen und vor einer Zerstörung bewahren
mußte, und aus dieser Sorge erklärt sich die von Napoleon bewil-
ligte Waffenruhe. Die Franzosen legten natürlich Wert darauf, eine
unbeschädigte Stadt, eine lebensfähige Stadt zu übernehmen. Die
Russen waren zwar durch den Brand von Smolensk unempfind-
lich geworden, doch ihre alte Hauptstadt lag ihnen viel zu sehr am
Herzen, als daß sie beabsichtigt hätten, sie in Flammen aufgehen
zu lassen. Moskau war der religiöse Mittelpunkt des Landes, die
heilige Stadt, in der sich die Gräber der früheren Zaren, die ur-
alte Kathedrale und vor allem die in der orthodoxen Religion so
wichtigen Heiligenbilder befanden. Im Vergleich dazu war Sankt
Petersburg nur »ein großes Lusthaus, nicht mehr und sogar weniger russisch als vielmehr pariserisch«.[5] Der Brand wurde wie ein
großes Unglück, eine wahre Kalamität angesehen.[6] Wie sollte man
ihn erklären? Das Feuer war allerdings nach dem Einzug der Franzosen in Moskau ausgebrochen, doch jeder russische Offizier wußte, daß Napoleon derartiges nicht befohlen hatte. Waren dann die
russischen Behörden dafür verantwortlich? Wer also hatte Moskau
verbrannt?

»In jedem Fall ist es wohl eine der merkwürdigsten Erscheinun-
gen in der Geschichte, daß eine Tat, welche nach der Meinung der
Menschen von so ungeheurem Einfluß auf das Schicksal Rußlands
gewesen ist, wie eine Frucht verbotener Liebe vaterlos dasteht und
allem Anschein nach ewig mit einem Schleier bedeckt bleiben
wird«,[7] schrieb Clausewitz. Tatsächlich war die Ursache des Feuers nicht so rätselhaft. Clausewitz, der im allgemeinen klarsichtig
urteilte, wurde von der Haltung Rostoptschins, den er in den Ta-

---

* Diejenigen Kinder, die älter als 12 Jahre waren, hatte man nach Kasan evakuiert. Nur die Kleinen waren in Moskau geblieben.

gen nach der Aufgabe Moskaus mehrmals sehen konnte, verwirrt und beeinflußt. Der Gouverneur hatte sich dem russischen Oberkommando angeschlossen und teilte also das Leben der höheren Offiziere. Jeder konnte die Feuersbrunst beobachten, denn die Armee befand sich noch sehr nahe bei Moskau. Jeder war davon erschüttert, und unter diesen Umständen legte Rostoptschin keinen Wert darauf, sich zu rühmen, der Urheber dieses grauenhaften Zerstörungswerks zu sein. In diesen ersten Tagen behauptete er, die Ladenbesitzer der Chinesenstadt hätten das Feuer gelegt, weil sie lieber ihren Besitz vernichteten, als zuzulassen, daß sich Plünderer auf ihre Kosten bereicherten. Clausewitz und seine Kameraden sahen sich also genötigt, die Hypothese anzuerkennen, daß der Zufall, die Kosaken und die Unvorsichtigkeit der Soldaten zu der Katastrophe geführt hätten. Doch in seinem Briefwechsel mit dem Zaren hielt sich Rostoptschin nicht an seine ersten Erklärungen. Und diese voneinander abweichenden Äußerungen haben ein falsches Geheimnis genährt, das die Russen zu ihrem Vorteil ausbeuten konnten.

Als sich Rostoptschin bei der Armee aufhielt, verwahrte er sich äußerst nachdrücklich dagegen, die geringste Mitschuld an der Katastrophe zu haben. In seinen Briefen an den Zaren schlug er einen anderen Ton an: Er äußerte sich tief betrübt, daß Kutusow ihm gegenüber als Verräter gehandelt habe, denn da er die Stadt nicht habe halten können, habe er sie verbrannt. Einen Monat danach gab er genauer an: Wenn ihm Kutusow zwei Tage zuvor gesagt hätte, daß er Moskau aufgeben werde, hätte er die Stadt angesteckt.[8] Offensichtlich durfte Rostoptschin nicht zugeben, daß er den Befehl gegeben hatte, Moskau ohne das Einverständnis des Zaren zu verbrennen, und es ist kaum wahrscheinlich, daß Alexander fähig gewesen wäre, so etwas anzuordnen. Außerdem gab Alexander nach der Tat unentschiedene Erklärungen ab, wobei er die Katastrophe manchmal dem Opfermut der Moskauer und dann wieder der Niedertracht Napoleons zuschrieb. Beide Erklärungen dienten der russischen Sache, und die Russen verstanden es, sie geschickt auszunutzen. Der eigenwillige Rostoptschin äußerte sich weiterhin widersprüchlich, wie es zur jeweiligen Situation paßte, und viele Jahre lang setzte er dieses Spiel ganz unnützerweise fort.

Nachdem er die Armee in den Wochen der französischen Okkupation verlassen hatte und nach Sankt Petersburg gegangen war, setzte er auf die Karte des extremen Patriotismus und ließ sich die Verantwortung für den Brand zuschreiben, wobei er bis ins einzelne alle Maßnahmen angab, die er ergriffen hatte, um die Katastrophe auszulösen, und auch schilderte, wie er sein eigenes Landhaus in Brand gesteckt hatte. Er fügte sogar hinzu, er hätte von Sir Robert Wilson verlangt, sein Hochzeitsbett anzuzünden, während seine eigene Tochter bestritten hat, daß es ein derartiges Möbelstück überhaupt gab, »denn ihre Eltern wohnten in getrennten Zimmern und zogen kleine Betten ohne Vorhänge oder bestimmte Schlafsofas gewöhnlichen Betten vor«.[9] Im Oktober 1812, vor allem nach dem Abzug Napoleons, konnte man sich vorstellen, daß die Russen daran interessiert waren, die Stadt in Brand gesteckt und so zur Demütigung des Siegers beigetragen zu haben, doch die Umstände änderten sich zu Winteranfang, als die Einwohner Moskaus nach dem Abmarsch der Franzosen in großer Zahl zurückkehrten: Auf einmal erschien der Brandstifter nicht mehr als Held, sondern als Übeltäter. Als die Moskauer Adligen, Kaufleute und Handwerker ihre verwüstete Stadt, die Ruinen ihrer Häuser und ihre zerstörten Werkstätten erblickten, machten sie dem Gouverneur, den sie für verantwortlich hielten, heftige Vorwürfe. Der Zar griff ein, und Rostoptschin wurde bald nach dem Ende des Krieges seines Amtes enthoben. Daraufhin siedelte er nach Paris über, nachdem man ihn in Berlin wie in London gefeiert hatte, wo man seine Porträts überall mit dem Text *Der Brandstifter Moskaus* verkaufte.

Die Gesellschaft der Restaurationszeit nahm ihn freundlich auf. Man wurde nicht müde zuzuhören, wenn er alle Einzelheiten des Brandes ruhig und kaltblütig schilderte, als spräche er von einem Feuerwerk. Wie eine russische Dame der besten Gesellschaft berichtete, brachte er trotz »seiner scheußlichen Physiognomie und seiner grausamen Miene«[10] die Pariser dermaßen zum Lachen, daß sie Tränen vergossen, doch sie bekannte, daß manche ihrer Landsleute ihn verabscheuten. Dann, nahezu zehn Jahre später, im Jahre 1823, veröffentlichte er eine Gegendarstellung, stritt jede Verantwortung ab und beschuldigte Napoleon, ein sicheres Mittel gefunden zu haben, um in den Augen der Russen und denen Europas die ganze Verantwortung für diese Tat von seiner Person abzuwälzen und dem Gouverneur Moskaus zuzuschreiben. Die damaligen Zeitungen und Pamphlete wetteiferten darin, diese Beschuldigung zu wiederholen. Um die Angelegenheit noch weiter zu komplizieren, fanden sich Rostoptschins Kinder und Enkel niemals mit diesem Haltungswechsel ab. Graf Andrei, sein Sohn, und Anatole de Ségur, sein Enkel, versicherten, selbst wenn der Gouverneur nicht die direkte Anweisung gegeben hätte, den Brand zu legen, so habe er ihn doch »geplant, gewollt und vorbereitet«.[11]

Die Dokumente geben ihnen recht: Der sowjetische Historiker Eugen Tarlé hat den offiziellen Bericht angeführt, den der Polizeikommissar Woronenko an das Moskauer Gericht erstattete, als die russischen Behörden die Ursachen des Brandes untersuchten: »Am 2. September* um fünf Uhr morgens beauftragte mich Graf Rostoptschin, für den Fall, daß der Feind plötzlich in die Stadt eindränge, alles durch Feuer zu vernichten zu suchen; dies tat ich, bis zehn Uhr abends, in verschiedenen Gegenden, so gut ich es konnte, in Gegenwart des Feindes.«[12] Der Befehl, die Feuerspritzen wegzuschaffen, wurde ebenfalls wiedergefunden. Oberst Buturlin, ein Zeitgenosse Rostoptschins, schildert in seiner Geschichte des Jahres 1812 die Praktiken einer Truppe von besoldeten Brandstiftern, die von einigen Offizieren der alten Moskauer Polizei angeleitet wurden. Außerdem sollte man das Treiben der gewalttätigen und unbesonnenen Zuchthäusler nicht übersehen, die auf Beschluß des Gouverneurs freigelassen wurden und die man uneingeschränkt wüten ließ, indem man sie ermutigte, alles zu verbrennen und zu verwüsten, so daß sie sich ihrer Brutalität hemmungslos hingaben. Auch hierbei stimmen die Zeugenberichte der Franzosen und der in der Stadt gebliebenen Russen überein. Beide Seiten beschrieben schlagartig ausbrechende Feuersbrünste in scheinbar leeren Häusern. Beide Seiten wiesen auf die beträchtliche Zahl der Brandstifter hin.

Doch man muß auch andere Faktoren berücksichtigen, die sowohl von den Franzosen als auch von den Russen nicht bestritten wurden. Das betrifft insbesondere die Rolle der Tausende von Soldaten, die man in einer beinahe menschenleeren Stadt umherschweifen ließ. Der Memoirenautor Dmitri Swerbejew schreibt in seinen Erinnerungen: »Wie sollte man nicht anerkennen, daß es in

---

* Das heißt am 14. September nach dem Gregorianischen Kalender.

einem solch entsetzlichen Durcheinander schwerer gewesen wäre,
Moskau unbeschädigt zu erhalten, als es zu verbrennen? Erinnern
wir daran, daß es in der Stadt keine Verwaltung, keine Polizei und
keine Hilfsmittel gab, um den Brand zu löschen, und zur Auswei-
tung des Brandes trug am meisten bei, daß es in der feindlichen Armee überhaupt keine Disziplin gab.«[13] Griois, Montesquiou, Caulaincourt, Bourgogne und viele andere betonen die unheilvollen
Folgen der Fahrlässigkeit der französischen Soldaten, die nicht nur
ihre Biwakfeuer überall anzündeten, sondern auch mit einer Kerze
in der Hand verlassene Häuser und Läden betraten, die riesige Vorräte an Alkohol enthielten. Da man außerdem, so Griois, das Plündern»von brennenden Häusern« tolerierte, »war dies ein vordring-
licher Grund für die Soldaten, sich der Ausbreitung des Feuers nur
ungenügend zu widersetzen und es vielleicht sogar zu fördern«.[14]

Es bleibt ein unwägbarer Rest. Der stürmische Wind, der von
dem Brand selbst noch stärker angefacht wurde, blies vier Tage
lang ununterbrochen und bildete gefährliche Wirbel, die jeden Augenblick ihre Richtung änderten. In einem auf den 19. September
datierten Brief an den Zaren erwähnt General Tutolmin sogleich
diesen zur Katastrophe beitragenden Faktor: »Ich kann Ihnen die
Schrecken und die furchtbare Heftigkeit des Feuers am 16. September gar nicht beschreiben: ganz Moskau stand in Flammen, und der
außerordentlich starke Wind trug zur Ausbreitung des Unheils in
der der Zerstörung geweihten Stadt bei«,[15] schrieb er. Unleugbar
ist der Wind eine Hauptursache für Brände, die sich unmöglich
eindämmen lassen. Wenn vier Fünftel von London im Jahre 1666
verbrannten, nachdem ein Backofen in Flammen aufgegangen war,
so geschah das deshalb, weil fünf Tage lang ununterbrochen Wind
wehte. Wenn Chicago im Jahre 1871 innerhalb von zwei Tagen von
den Flammen zerstört wurde, so war auch das auf den Wind zurückzuführen. Nur der Regen kann derart gewaltige Feuermeere
auslöschen. Noch heute vermag man trotz außerordentlich wirkungsvoller Hilfsmittel nicht gegen einen Wind zu kämpfen, der
heftig genug ist, um Glut und brennende Trümmer über die Brand-
schneisen hinwegzuschleudern. Außerdem fehlte es in Moskau an
Männern, um den Brand unter Kontrolle zu bekommen. Gerettet
wurden nur diejenigen Viertel, in denen sich gut geführte Soldaten
in ausreichend großer Zahl befanden, um sie zu schützen.

Doch die ursprüngliche Verantwortung liegt weiter bei Rostoptschin, denn es geschah ja auf seine Anordnung, daß Brandstifter
in allen Richtungen durch die Stadt liefen. Wie oben erwähnt, haben sich die Russen beider Versionen der Ereignisse bedient. Die
am höchsten gebildeten und politisch am meisten interessierten
Russen – die sich unter den Moskauern, die soviel verloren hatten,
selten finden ließen – sahen in Rostoptschins Tat gern die Verkör-
perung der entschlossenen russischen Haltung. So etwa erklärte
General Jermolow: »Warum sollten wir auf den Ruhm verzichten, daß wir unsere Hauptstadt geopfert haben? [...] Das ganze
Volk hat sich gemeinsam hochherzig für das Gemeinwohl geopfert [...]. Hierin besteht das Vermächtnis einer Generation an die
Nachwelt.«[16] Diese Ansicht findet sich in zahlreichen Briefen der
damaligen Zeit wieder. Man muß hinzusetzen, daß viele Franzosen – sowohl in Paris als auch bei der Armee – von diesem Opfer
zutiefst beeindruckt waren. Es erinnerte einen Mann wie Griois
an die grauenerregenden Heldentaten des Altertums, die nur der
wilde Patriotismus der Moskowiter erneuern konnte.

Die französischen Emigranten äußerten sich hingegen sehr klar
über die Doppelzüngigkeit der Regierungskreise, die sich in ihren Augen überdies vollkommen rechtfertigen ließ. Alexandre de
Langeron, der freiwillig in der russischen Armee diente, schrieb
in seinen Memoiren: »Der Brand Moskaus, diese Heldentat, diese
schreckliche und erhabene Entscheidung, ist dem bewunderns-
wertesten Opfergeist und dem inbrünstigsten Patriotismus zu
verdanken. Moskau wurde von den Russen verbrannt, und zwar
auf Anordnung Rostoptschins. Er hat den Mut gehabt, diese Tat
zu vollbringen; er hat die Schuld und die Schwäche gehabt, sie zu
leugnen.«[17] Ganz offensichtlich, setzte er hinzu, wollte man das
Volk hierüber nicht aufklären, weil »der Rauch und die Asche
Moskaus noch zur Rache reizten. Die Bauern waren im höchsten
Maße erbittert [...]. Sie hatten sich mit ihren Frauen, Kindern und
Tieren in die Wälder zurückgezogen [...] und sich mit Äxten bewaffnet; sie lauerten den unglücklichen Franzosen auf, die sich von
der Straße entfernten, und massakrierten sie.«[18]

Joseph de Maistre erklärte, er habe »von der glaubwürdigsten
Autorität und unter dem Siegel der größten Verschwiegenheit«[19]
gehört, daß der Brand Moskaus ganz und gar das Werk der Russen

sei, daß man *trotzdem* die Losung ausgegeben habe, zu behaupten, »die Franzosen hätten das alles getan«.[20] Er fügte hinzu, er bezweifele sehr, daß sich vernünftige Leute von diesem »politischen Taschenspielertrick« täuschen ließen, andererseits sei es sicher, daß bei den bäuerlichen Schichten des Landes die Gewißheit, daß die Invasoren ihre heilige Stadt, Moskau, »unser Mütterchen Moskau«, wie die Leute aus dem Volk sagten, in Brand gesteckt hatten, viel dazu beitrug, sie zu fanatisieren; wie Clausewitz erklärt, schrieben sie den Brand, diese Greueltat, »dem Haß, dem Übermut und der Grausamkeit [des Eindringlings]« zu.[21] Niemand versuchte, sie von ihrer Meinung abzubringen, und das aus gutem Grund. Oberst Buturlin, der überzeugt war, daß die russischen Behörden den Brand vorbereitet hatten, betonte dennoch, da »das Feuer erst nach der Ankunft der Franzosen ausgebrochen war, konnte man den großen Haufen unschwer überzeugen, daß die Franzosen den Brand gelegt hatten. Diese Ansicht erbitterte das Volk auf dem Land, und sie gab dem nationalen Krieg einen deutlicher ausgeprägten Charakter.«[22] Diese Entwicklung beunruhigte allerdings manchen Vertrauten des Zaren: »Wird sich dieses bewaffnete Volk, das sich so hervorragend verhalten hat, friedlich mit seinem ursprünglichen Zustand abfinden? Wird es die Waffen niederlegen, wie es Grabscheit und Harke niedergelegt hatte? Werden diese Bauern, die in den Wäldern verstreut und ausgehungert sind, sich zu wahren Guerillas entwickelt haben und nicht mehr wissen, wen sie noch töten sollen, wieder zu gefügigen Leibeigenen? Ein weiteres, nicht weniger interessantes Problem.«[23]

Für Napoleon bestand das vordringlichste Problem darin, eine Möglichkeit zu finden, mit der russischen Regierung in Kontakt zu treten. Da er es eilig hatte, diese Aufgabe endlich zu lösen, suchte er nach einem Vermittler, der wirkungsvoller als Tutolmin auftreten konnte. Er schickte seinen Dolmetscher Lelorgne in die Hospitäler, wo er nach einem überlebenden höheren Offizier suchen sollte. Vergebens. Doch ein Bote stellte sich selbst vor: Iwan Jakowlew, ein vornehmer Herr und dermaßen chaotischer Mann, daß er Moskau nicht rechtzeitig hatte verlassen können. Während einer Frankreichreise hatte er Marschall Mortier in einer Freimaurerloge kennengelernt. Es gelang ihm, Verbindung zum Marschall aufzunehmen. Mortier erzählte es dem Kaiser, der Jakowlew unverzüglich zu sich rufen ließ. Dieser kannte die höfischen Umgangsformen (sein Bruder war russischer Gesandter in Kassel), doch er mußte zu seiner großen Beschämung im ramponierten Aufzug eines Überlebenden erscheinen. Napoleon übersah geflissentlich dessen Zweitagebart, das fleckige Hemd, das unter einem alten Jagdrock hervorsah, und die schlammverkrusteten Stiefel. Napoleon schlug vor, ihm einen Passierschein für ihn selbst und seine Familie auszustellen. Dafür sollte er einen Brief an den Zaren übermitteln. In dem Schreiben versicherte Napoleon, daß er dem Zaren gegenüber freundschaftliche Gefühle empfinde und wünsche, diesen Krieg zu beenden. Jakowlew wies ihn darauf hin – »respektvoll«, wie Caulaincourt sagt –, daß er an der Möglichkeit einer Verständigung stark zweifle, solange die Franzosen in Moskau seien, doch er willigte ein, sich mit seiner deutschen Lebensgefährtin, ihrem sechs Monate alten Säugling – der unter dem Namen Alexander Herzen berühmt werden sollte –, einer Amme und einem verwundeten Schwager auf den Weg zu machen. Eine Kavallerieabteilung begleitete die Gruppe, bis sie einer Kosakenpatrouille in die Hände fiel. Die Kosaken brachten nun die Reisenden zum Stab ihres Befehlshabers, des Generals Wintzingerode, der ihnen eine Eskorte von zwei Dragonern und einen guten Wagen gab.

Als Jakowlew in Sankt Petersburg eintraf, wo größte Verwirrung herrschte, wurde er einen Monat lang im Haus des Generals Araktschejew, des Vorsitzenden der kaiserlichen Kanzlei, festgehalten. Neue Nachrichten, vor allem die schlechten, verbreiteten sich so langsam, daß der Zar den Fall Moskaus erst am 18. durch einen Brief seiner Schwester erfahren hatte: »Moskau ist genommen [...]. Vergessen Sie nicht Ihre Entscheidung: Kein Frieden! Dann bewahren Sie die Hoffnung, Ihre Ehre wiederzugewinnen.«[24] Das teilte er niemandem mit. Kutusow hatte bis zum 16. September – das heißt, als die Aufgabe Moskaus schon zwei Tage zurücklag – gewartet, ehe er Oberst Michaud, einen aus Nizza* stammenden Adjutanten, der kein Russisch sprach, aber sich als Russe im Herzen und

---

* Nizza gehörte zu Savoyen bis 1792, als Stadt und Grafschaft an Frankreich angeschlossen wurden. 1814 fielen sie an das Piemont zurück. Michaud hatte nie der französischen Armee angehört. Er war von der piemontesischen Armee abkommandiert.

in der Seele bezeichnete, damit beauftragte, dem Zaren einen er-
läuternden Brief zu überbringen. Dieser Brief war in einem etwas
unklaren Ton gehalten; der General versicherte darin, daß man alle
Wertgegenstände und alle Waffen in Sicherheit gebracht habe und
daß die Besetzung Moskaus nicht die Unterwerfung Rußlands be-
deute. Michaud brauchte sechs Tage, bis er die Hauptstadt erreichte. John Quincy Adams, der nordamerikanische Gesandte in Rußland, registriert in seinen Memoiren, daß am 24. September, also
zehn Tage nach dem Ereignis, die Berichte allmählich an Glaubwürdigkeit gewannen, denen zufolge sich Moskau in der Hand der
Franzosen befand. Noch aber war keine offizielle Bekanntmachung
erfolgt. Neuigkeiten verbreiteten sich nicht nur langsam, sondern
waren meistens auch sehr phantasievoll ausgeschmückt.

Man ließ unwidersprochen, daß die Grande Armée zurückgeworfen sei und Napoleon eine tödliche Verwundung erhalten
habe, doch dem schenkten wenige Glauben. Zahllose pessimisti-
schere – und realistischere – Gerüchte zirkulierten, aber denen,
die sie weitererzählten, erging es übel. Manche, die man bei derartigen Kommentaren ertappt hatte, wurden dazu verurteilt, die
Straßen der Stadt zu fegen. Die Leute fürchteten sich zu Recht,
offen zu sprechen. Joseph de Maistre notierte, daß »die Achtung
der Obrigkeit überall zu finden ist, denn sie ist notwendig [...],
doch sie hat überall eine besondere Ausprägung. Hierzulande ist
sie stumm. Man kann den Souverän töten, man kann ihm nicht
widersprechen.«[25] Die Atmosphäre in der Hauptstadt wirkte sehr
gespannt. In der Umgebung der Zarin fürchtete man eine Erhe-
bung des ebenso erbitterten wie unruhigen Pöbels. Der Hauswirt
des amerikanischen Gesandten, den die Ereignisse zutiefst beunruhigt und gedemütigt hatten, schreckte offensichtlich davor zurück, die Besetzung Moskaus zu erwähnen. Kutusow, den man ein
paar Wochen zuvor noch in den Himmel gehoben hatte, wurde
von den meisten nur noch Übles nachgesagt.

Etwas schien sicher: Alle Ausländer waren sehr nervös, zu Unrecht, wie Adams meinte, der sehr zutreffend eingeschätzt hatte,
daß es Napoleon unmöglich war, nach Sankt Petersburg zu marschieren. Hingegen konnte er schlecht beurteilen, wie sehr die
Einwohner von der Geheimniskrämerei der Regierung beunruhigt
wurden. Die Engländer bereiteten sich darauf vor, das Land zu

verlassen, obwohl Lord Cathcart, ihr neuer Botschafter, in einer beruhigenden Geste einen dreijährigen Mietvertrag für seinen Palast unterzeichnet hatte. Die Engländer konnten wenigstens nach Hause zurückkehren. Anders verhielt es sich mit den französischen Emigranten, die sich zu Recht vor Repressalien Napoleons fürchteten.* Manch einer verlor keine Zeit, sich in Sicherheit zu bringen. Bereits am 14. September hatte Joseph de Maistre seine Vorkehrungen getroffen: »Ich habe alle wichtigen Papiere eingepackt und den ganzen Rest verbrannt. Man hat mir einen Platz auf einer Art Schoner angeboten, der mit Bronzestatuen, Bildern und Silbergeschirr beladen ist und, falls ein Unglück geschieht, über die dort vorhandenen Seen und Flüsse ins Landesinnere fahren soll.«[26] Er blieb in einer leeren Wohnung, wo er auf die kommenden Ereignisse wartete. Andere, vor allem einige von denen, die viel zu verlieren hatten, zögerten noch, ihre Abreise zu organisieren. Sie waren immer ›auf dem Sprung‹ und füllten ihre Ställe mit Pferden, um für einen raschen Aufbruch gerüstet zu sein.

Monsieur de Laval war zwar mit einer russischen Fürstin verheiratet, doch er wollte der Gefahr entgehen, die ihm in der Stadt drohte, falls sich der Hof entschloß, Sankt Petersburg zu verlassen. Er gab indes zu, daß die Entscheidungen der Zarenfamilie unter strengster Geheimhaltung getroffen wurden und daß er selbst zwar ein enger Freund des Zaren war, jedoch nicht das geringste von dem wußte, was man vorbereitete, und noch Ende September kannte er ebensowenig die Einzelheiten der Ereignisse, die in Moskau stattgefunden hatten. Um auf alle Möglichkeiten gefaßt zu sein, teilte er dem mit ihm befreundeten John Adams vertraulich mit, er trage sich mit der Absicht, nach Schweden zu fliehen, wobei er immer noch nach England weiterreisen könne, wenn sich die Lage verschlimmere. Dieser Mann, ein Vertrauter des Hofes, wußte merkwürdigerweise Ende September, zwei Wochen nach dem

---

* Die Affäre Wintzingerode veranschaulicht die Gefahr, mit der die Emigranten rechnen mußten. General Wintzingerode war nach Rußland emigriert und diente in der Armee des Zaren. Da er aus dem zum Rheinbund gehörenden Württemberg stammte, sah ihn Napoleon als seinen Untertan an. Als der General gefangengenommen wurde, wollte ihn Napoleon zum Tod durch den Strang verurteilen. Seinen Offizieren gelang es mit größter Mühe, ihn zu beruhigen und den Deutschen zu retten.

Brand, immer noch nicht, daß Moskau in Schutt und Asche lag. Er fand sich also damit ab, Rußland, in dem er seit zwanzig Jahren lebte, zu verlassen und einen der schönsten Paläste am Admiralitätskai aufzugeben, wo, wie sein Freund Adams berichtet, Pracht und Gastfreundschaft zusammengehörten, und eine herrliche Gemäldesammlung abzutransportieren, zu der ein Claude Lorrain – ›Der Wasserfall von Tivoli‹ – gehörte, der eine ganze Kutsche für sich allein beanspruchte, um auf der Fahrt nicht beschädigt zu werden. Schließlich beruhigte er sich und beschloß, trotz aller widersprüchlichen Neuigkeiten zu Hause zu bleiben.

Die Behörden versicherten öffentlich, daß Sankt Petersburg außer Gefahr sei, während alle mit eigenen Augen die mit Bildern, Büchern und wissenschaftlichen Sammlungen gefüllten Kisten sahen, die aus dem Eremitage-Palast und den Archiven der verschiedenen Ministerien kamen, die Kais überfüllten und bereitlagen, um auf Lastkähne verladen zu werden. General Araktschejew hatte sein ganzes Mobiliar, sein Geschirr und Silberzeug zum Ufer des Ladogasees geschafft. Er habe, wie es hieß, nur drei Löffel dabehalten. Der Innenminister hingegen hatte achtzehn riesige Koffer in das bei Twer gelegene Kloster von Tichwin transportieren lassen, und unter dem Gewicht dieser Koffer war der Boden der Sakristei eingebrochen. Minister und Privatleute vernichteten ihre sämtlichen Papiere. De Maistre beobachtete dieses ganze aufgeregte Treiben spöttisch, obwohl er ebenso gehandelt hätte: »Seit einem Monat hat man in Sankt Petersburg mehr Papier verbrannt, als man brauchen würde, um das gesamte Vieh der Ukraine zu braten.«[27] Schließlich hatten die kleinen Zöglinge des Lyzeums von Zarskoje Selo, zu denen auch Puschkin gehörte, den Besuch von – natürlich französischen – Schneidern erhalten, die ihnen Jacken aus gewendetem Schaffell mit chinesischem Kragen anfertigten, um ihre Evakuierung nach Osten vorzubereiten.[28] Die Stimmung in der Stadt blieb also gespannt. Und Zar Alexander äußerte sich immer noch nicht.

Allerdings hatte er den Jakowlew anvertrauten Brief empfangen und gelesen, in dem ihm Napoleon die schrecklichen Folgen des Brandes von Moskau schilderte und erklärte, man habe zwar die Feuerspritzen weggeschafft, aber sechzigtausend nagelneue Musketen und mehr als eine Million sechshunderttausend Patronen, riesige Mengen Schießpulver, Salpeter und Schwefel dagelassen (eine Information, die den Zaren kaum erfreuen konnte). Napoleon versicherte ihm wieder einmal, daß er den Krieg gegen ihn ohne Animosität führe und daß er, wenn sein Bruder Alexander auf seine Angebote eingegangen wäre, auf den Vorteil verzichtet hätte, in dessen zweite Hauptstadt einzumarschieren. Selbstverständlich antwortete ihm Bruder Alexander nicht. Er war zwar zutiefst verletzt, doch er begriff, daß ihm der gegenwärtige Zustand seiner Streitkräfte keinen energischen Widerspruch erlaubte und die Zeit für ihn arbeitete. Vorläufig blieb Schweigen die beste Waffe. Er hatte sich in sein Landhaus auf der Kamenny-Insel zurückgezogen und mied die Öffentlichkeit.

Dieses zurückgezogene Leben stärkte seine Entschlossenheit. Wenn er den Zustand seiner Armee und die Verwüstung seines Reichs mit eigenen Augen gesehen hätte und die katastrophalen Auswirkungen auf die Bevölkerung – sowohl auf die Grundbesitzer als auch auf die Bauern – hätte beurteilen können, so wäre er vielleicht in Versuchung geraten, Verhandlungen aufzunehmen. Joseph de Maistre, der sensibler auf die Öffentlichkeit reagierte, glaubte, er werde bald aufs neue dem Begräbnis einer Dynastie beiwohnen. Überall hörte man, wie er sagte, die Sprache der Angst, des Grolls und Unwillens. In dieser von Furcht und Warten beinahe gelähmten Stadt hatte man alle offiziellen Veranstaltungen abgesagt.

Eine Feierlichkeit konnte man allerdings nicht umgehen. Stets feierte man das Jubiläum des Krönungstages am 27. September mit großem Pomp. In diesem Jahr wurde es nicht besonders festlich begangen. Auf eine Teilnahme an der religiösen Zeremonie war jedoch nicht zu verzichten. Ein Ehrenfräulein der Zarin registrierte erstaunt, daß man dem Zaren nachdrücklich riet, nicht durch die Stadt zu reiten, sondern sich in der schützenden Kutsche der Zarin abzusondern. Das war ein vernünftiger Rat. Der Zug rückte inmitten einer großen, schweigenden Menge vor. Das Gefolge des Zaren erstarrte, als es so viele verschlossene Gesichter erblickte. Alexander stieg die Stufen zur Kathedrale zwischen zwei Reihen von Leuten aus dem Volk empor, die nicht den geringsten Beifall spendeten. »Ich spürte, daß meine Knie schwach wurden«,[29] schloß das junge Fräulein. Der Zar fuhr zu seiner Insel zurück, und offen-

bar datiert sein Mystizismus aus dieser Zeit. Sein einziger Trost
bestand in der tiefen Überzeugung, ein einfaches Werkzeug Gottes
zu sein, wie er seiner Schwester schrieb. In konkreterer Hinsicht
förderte er die Gründung eines Komitees, das in Deutschland eine
Propagandakampagne durchführen sollte, um ihn als Vorkämpfer
aller Gegner Napoleons zu präsentieren. Damit wollte man den
Boden vorbereiten, um im richtigen Augenblick einen Aufstand
auszulösen. Für die wenigen Leute, die ihm in seiner einsamen Zuflucht nahen durften, war es also offensichtlich, daß er sich nicht
darauf einstellte, nachzugeben und einen Friedensvertrag zu unterzeichnen. Doch er brach nicht sein Schweigen und ließ damit
Raum für alle möglichen Hypothesen. Der einzige Hinweis auf seinen Widerstandswillen bestand darin, daß er während eines Mit-
tagessens erklärte: »Nur ein Schurke kann gegenwärtig das Wort
›Frieden‹ aussprechen.«[30]

Am 1. Oktober sprach Laval schließlich über die Verwüstungen,
die eine entsetzliche, von den Franzosen in Moskau entfachte Feuersbrunst angerichtet habe. Offenbar sei die ganze Stadt verloren,
wie – der angeblich vom Polizeiminister informierte – Laval weiter
erklärte, was den Zaren in seinem Willen bestärken müßte, keine
Verhandlungen aufzunehmen. Tatsächlich lagen die Dinge nicht
so eindeutig, da es keine offizielle Proklamation gab. Die von Sir
Robert Wilson geförderte, für den Widerstand eintretende Partei
schöpfte erneut Hoffnung und betonte, die Lage Napoleons sei tatsächlich trotz seines Triumphs völlig verzweifelt und dies sei das
beste Argument, um nicht zu verhandeln. Zwar hätten sich die Generäle nicht gerade bewundernswert geschlagen, doch der zweite
Akt dieses Feldzugs habe ja gerade erst begonnen, und das werde
ein besonderer Krieg sein, den Napoleon nicht gewohnt und auf
den er nicht vorbereitet sei. Aber man behauptete auch, Murat hätte Friedensvorschläge unterbreitet, und das stärkte die Friedens-
partei. Fürst Wolkonski, ein Adjutant Alexanders, kam von einer
Inspektion der Armeen zurück, und sein Bericht unterschied sich
von dem Kutusows. Er hielt die materielle und moralische Lage der
Armee für katastrophal. General Dochturow schrieb seiner Frau,
in allen Einheiten finde er nur Unordnung und Anarchie. Adams
sah etwas als unbestreitbar an: Jede Information, über die er verfügte, war fragwürdig und jede Nachricht unsicher. Wenn schon

die aufgeklärtesten Petersburger und die ausländischen Diplomaten, die von den Beratungen des Zaren und seiner Minister ferngehalten wurden, sich nicht über die Bewegungen und die Stimmung
der Armeen informieren konnten und auf Hypothesen angewiesen
waren, läßt sich leicht vorstellen, wie schwer es Napoleon fiel, die
Absichten seines Feindes zu durchschauen.

Man hat wirklich den Eindruck, daß die zwei Kaiser im dunkeln
tappten. Keiner von beiden wußte, was er tun sollte. Jeder mußte sich auf Mutmaßungen einlassen. Das Schweigen Alexanders
zeugte eher von seiner Unentschlossenheit und Unkenntnis der
Situation als von einem entschiedenen strategischen Willen. Seine Generäle stritten miteinander und machten die Informationen
noch verworrener. Der räumliche Abstand erschwerte eine zutref-
fende Lagebeurteilung noch mehr. Napoleon war durch die aus-
bleibende Reaktion seines Gegners politisch verunsichert. Wieder
einmal schätzte er die Verhältnisse falsch ein. Wenn die Einnahme
einer Landeshauptstadt den krönenden Abschluß der tatsächlichen Besetzung des Landes bildete, so kam ihr große Bedeutung
zu, doch in diesem Fall hatte sich Napoleon nicht des westlichen
Teils Rußlands bemächtigt. Nur ein schmaler, sehr schmaler und
verwundbarer Landstreifen – der Weg, der Moskau mit der polnischen Grenze verband – stand unter seiner Kontrolle. In einem
riesigen Reich, wo sich die Armee in ein grenzenloses Hinterland
zurückziehen und sich dort erholen konnte, wo die öffentliche
Meinung nicht zählte und die Behörden gegenüber den Leiden der
Bevölkerung eine unbegreifliche Gleichgültigkeit zeigten, in einem
solchen Reich gab es keine Eile, und der Zar durfte es sich erlauben, die unabwendbare Verschlechterung der Lage abzuwarten.
Nun konnte aber Napoleon trotz seiner Genialität nicht begreifen,
daß die Einnahme und Zerstörung Moskaus keinen bedeutsamen
politischen Faktor darstellten, der zwangsläufig zu Verhandlungen
führte. Zu der Schwierigkeit, eine Entscheidung zu treffen, kam
seine Unsicherheit auf militärischem Gebiet hinzu, und sei es nur
deshalb gewesen, weil die Franzosen, die nach dem Brand wieder
in Moskau einzogen, nicht die geringste Vorstellung hatten, wo
sich die russische Armee befand.

Wie dies bei allen Phasen des Krieges festzustellen war, unterschied er sich von sämtlichen übrigen Feldzügen Napoleons, weil

das Land so unendlich groß war und der Kaiser dessen geogra-
phische Gegebenheiten nicht kannte. Die Invasoren wußten nicht,
wo sich die Ortschaften, Straßen und Flüsse genau befanden. Sie
waren nicht über den Lauf der Flüsse, die Lage der Furten oder
die Tiefe der Hohlwege informiert. Und das war noch nicht alles.
Die Bewegungen der Soldaten, ja die Marschrichtung der Armeen
ließen sich unmöglich feststellen, weil man keine Spione einsetzen
konnte. Seit Napoleons erstem Feldzug in Italien, als er noch einfacher General war, hatte er sich geradezu zwanghaft um strategische
und politische Aufklärung bemüht. Als er Kaiser wurde, machte
er aus seinen Botschaftern ›bestallte Spione‹ (man denke an Lauriston, der die Karten Rußlands entwendete) und schickte Agen-
tenscharen vor seinen Armeen her. Sie hatten den Auftrag, ihm
Position, Bewegungen und Stärke des Gegners zuverlässig anzugeben. Jede diplomatische Vertretung mußte ein Dokument auf dem
neuesten Stand halten, das ›allgemeine Statistik‹ genannt wurde:
Es ermöglichte, ausgehend von Angaben zur Bevölkerungsdichte
das militärische Potential des betreffenden Landes zu ermitteln. Zu
seinem Unglück war er in Rußland, vor allem nach dem Abmarsch
aus Witebsk, darauf angewiesen, die vom Feind verlassenen Lager zu untersuchen und die Spuren der gegnerischen Armee auf
schlammigen Wegen zu deuten. Die Polen, die als Informanten
hätten dienen können, verabscheuten solche notwendigen »unanständigen Machenschaften« und erwiesen sich außerdem als unfähig, zusammenhängende und zweckmäßige Berichte zu liefern;
darüber hinaus weigerten sie sich, Juden zu beschäftigen, und das
aus dem eigenartigen Grund, daß sie ihnen in ihrem alteingewur-
zelten Antisemitismus unterstellten, sie seien Anhänger der russischen Regierung.[31]

In Moskau stellte sich diese Frage nicht mehr: Weder Polen
noch Juden konnten hier irgendeine Hilfe leisten. »Nichts wurde
bekannt; kein Geheimagent wagte es, [hinter die russischen Lini-
en] vorzudringen. Alle direkten Verbindungen waren schwierig, ja
sogar unmöglich. Der polnische General Sokolnicki unternahm
einige Versuche, aber sie blieben ergebnislos, weil die Kundschaf-
ter entweder schöne Versprechungen machten, einen großen Vor-
schuß erhielten und verschwanden oder weil sie nur nichtssagende
Berichte lieferten. Eine hübsche Dame, die sich als deutsche Ba-

ronin ausgab, täuschte ihn vollständig: Sie besuchte den General mehrmals; da sie jedoch gewiß meinte, daß das Vergnügen, das ihr seine Gesellschaft bot, nicht dem gleichkam, das sie sich im moskowitischen Lager erhoffte, beschloß sie, zu ihren alten Bekannten zurückzukehren, und wollte sich ihre Reise von den Franzosen bezahlen lassen. Darum machte sie dem General phantastische Versprechungen über die bedeutenden Dienste für die Sache des Kaisers, zu denen sie sich berufen fühlte; sie beteuerte ihre große Opferbereitschaft und erhielt schließlich einen Passierschein und viertausend Francs für die Fahrtkosten. Sie versprach, Sokolnicki so oft wie möglich zu schreiben – ein Versprechen, auf dessen Erfüllung der General immer noch wartete, während die Baronin offen über seine Leichtgläubigkeit spottete.«[32] Die Wahrheit war, daß man weder für Gold noch Geld jemanden finden konnte, der nach Sankt Petersburg gehen oder in die Reihen der russischen Armee eindringen wollte.

Die Kosaken waren die einzigen Truppen, mit denen man in Berührung kam, und obwohl der Kaiser stets seinen Wunsch bekundete, einige Gefangene zu bekommen, um ein paar Informationen über die Armeen zu erhalten, konnte man bei den Scharmützeln keine Gefangenen machen. »Die einzige Aufklärung, die der Kaiser über Rußland erhielt, kam über Wilna aus Wien, Warschau und Berlin. So hatten diese Meldungen schon große Umwege hinter sich, bevor sie zu ihm gelangten.«[33] Napoleon konnte daher nur mit Murat als Informationsquelle rechnen, denn er als Befehlshaber der Vorhut hatte ständigen Kontakt zu der russischen Nachhut, das heißt zu den Kosaken. Nun war aber Murat ein wenig gewissenhafter und nicht sehr weitsichtiger Beobachter. Er ließ sich von dem unglaublichen Wohlwollen, das ihm der Feind zeigte, hinters Licht führen. Murat drang ohne weiteres in dessen Reihen ein und ließ seine Posten zurückweichen, wenn er meinte, daß sie über sein Gebiet hinaus vorgerückt waren. Dabei trat er mit soviel Autorität und Selbstsicherheit auf, daß man glauben konnte, er sei völlig im Recht. So hielt er sich für den Herrn der Lage.

Alfred de Noailles, den Napoleon geschickt hatte, damit er sich nach Neuigkeiten erkundigte, war verblüfft, als er sah, daß Murat »sich noch weiter als sonst vorwagte, über unsere Vorpostenlinie hinausging und sich zwischen ihr und den Kosaken höchst

ungeniert umherbewegte. Diese sahen ganz seelenruhig zu, wie er
vorüberritt, im Schritt und Galopp kam und ging.« Dabei müsse
man bedenken, setzte Noailles in einem Brief an seine Frau hinzu,
»daß der Raum zwischen der französischen und der feindlichen
Linie nur einhundertfünfzig Schritt beträgt. Bei diesem für mich
ganz neuartigen Spazierritt hörten wir, daß der Feind ein Schei-
benschießen in seinem Lager veranstaltete. Auf diesen Lärm folgte
ein Trommelwirbel. Der König wollte wissen, was es damit auf sich
hatte, und schickte einfach einen von seinen polnischen Offizieren,
um die Vorposten der Kosaken danach zu fragen. Einer antwortete, dieser Wirbel kündige die Wachablösung an, und er erklärte
weiter: ›Ist bei euch immer noch die Rede vom Frieden?‹ – ›Ja‹,
antwortete der polnische Offizier. – ›Möge Gott ihn uns geben‹,
sagte der Kosak, ›wir wünschen ihn alle von ganzem Herzen …‹.«[34]
Darüber verfaßt Murat einen Bericht, den er Noailles übergibt –
einen zwangsläufig optimistischen, wenn auch nicht zutreffenden
Bericht.

Am schwerwiegendsten wirkte sich auf die Kriegführung weiterhin aus, daß Murat überhaupt nichts von den Bewegungen Kutusows wußte. Wie man sich erinnern wird, hatte sich Kutusow,
als er Moskau am 14. September verließ, mit dem größten Teil seiner Armee nach Südosten auf der Rjasaner Straße zurückgezogen.
Man konnte sich unschwer die Stimmung der Truppen vorstellen,
deren Marsch von den Tausenden hinter ihnen herziehenden Familien behindert wurde. Die Soldaten fühlten sich niedergeschla-
gen und gedemütigt, weil sie Moskau preisgegeben hatten, und sie
waren überzeugt, daß die Regierung mangelnde Entschlossenheit
und Tatkraft gezeigt hatte. Sie wünschten, daß ein Vertrag ihre Leiden beendete. Clausewitz, der die Dinge aus unmittelbarer Nähe
beobachten konnte, registrierte, daß die Armee offensichtlich bedrückt und demoralisiert war, was sie hoffen ließ, daß bald Frieden
geschlossen würde. Während dieser ersten zwei Tage des Rückzugs
hatte sie nur eine kleine Strecke zurückgelegt, als der plötzliche
Anblick der brennenden, weniger als fünfzehn Kilometer entfernten Stadt sie erschütterte. Die Flammen erleuchteten die Nacht
taghell. Die von einem heißen Wind herübergetragene Asche bedeckte ihr Gesicht und ihre Schultern. Da trat Zorn an die Stelle
der Entmutigung. Diese Schmach elektrisierte die Truppen, und

sie schrieben die Untat instinktiv der Barbarei des Feindes, seinem Haß, seinem Übermut und seiner Grausamkeit zu. (In diesen Tagen konnte Clausewitz mehrmals hören, daß Rostoptschin seine Verantwortung für die Katastrophe leugnete.)

Schon am 16. September, das heißt, als der Brand am heftigsten wütete, veränderte Kutusow, der als sicher annahm, daß die Franzosen nun rund um Moskau gebunden waren, die Richtung und schwenkte nach Süden ab. Er erreichte Kaluga, wo er Stellung bezog. Wenn er bis nach Kolomna an der Oka weitermarschiert wäre, wie er es geplant hatte, »so hätte er allzu große Vorsicht gezeigt – eine außerdem überflüssige Vorsicht, denn die Franzosen waren ausschließlich damit beschäftigt, sich in den Ruinen Moskaus gewaltsam das Brot zu beschaffen, das sie brauchten, und sie waren gar nicht in der Lage, die russische Armee zu verfolgen und in Gefahr zu bringen.«[35] Kutusow begann also seine Schwenkung früher als vorgesehen. Er gab dem Kreis, auf dem er um Moskau marschieren wollte, einen Radius von vierzig Kilometern anstelle der zunächst geplanten Strecke von einhundertzwanzig Kilometern. Eine logische Maßnahme, denn sie versorgte ihn mit den Ressourcen der südlichen Provinzen, schützte das Waffenlager von Kaluga und die Gewehrfabriken von Tula und ermöglichte es ihm, die Verbindungen der Franzosen mit Smolensk zu bedrohen, indem er Truppenteile zur Straße von Moskau nach Smolensk schickte, um französische Posten und Transporte anzugreifen. Einem Kosakenkorps befahl er jedoch, in seiner ursprünglichen Stellung zu bleiben, so daß er Murat an einer klaren Lagebeurteilung hinderte. Diese Kriegslist gelang ausgezeichnet.

Murat, der stets wünschte, Napoleon gefällig zu sein, versicherte ihm, daß die Russen »in wilder Flucht davonzögen, völlig desorganisiert und entmutigt wären und daß die Kosaken kurz davorstünden, die Armee zu verlassen«.[36] Murat übertrieb, wie er es oft tat – Caulaincourt erklärte freimütig, daß man sich über den König von Neapel lustig machte. »Die Russen hielten den König mit diesen Äußerungen hin, mit ihrem zuvorkommenden Verhalten lähmten sie seine Operationen, und da die Vorhut lediglich Höflichkeiten mit ihnen austauschte, legte sie nur kurze Strecken zurück, was den Truppen um so mehr gefiel, als sie sich ungern von den Kellern Moskaus entfernten.«[37] Napoleon widersprach ihm nicht: Er mißtraute diesen Informationen – denn er war überzeugt, daß Kutusow nicht den nutzlosen Marsch nach Osten fortsetzen würde –; da er jedoch unbedingt gute Nachrichten verbreiten wollte, wies er nun auf die Möglichkeit hin, nach Sankt Petersburg zu marschieren, obwohl sich Fürst Eugène und die Marschälle weniger Illusionen über die angebliche Auflösung des russischen Heeres und über die Fähigkeit ihrer eigenen Truppen machten, wieder zum Angriff überzugehen. Glaubte er wirklich, daß ihm genug Zeit blieb, um diesen Vorstoß vor der großen Kälteperiode zu unternehmen? Meinte er, daß die Armee in der Lage wäre, ihn auszuführen? Wahrscheinlich nicht, aber mit solchen Äußerungen wollte er die in Moskau gebliebenen Russen erschrecken und seine Männer überzeugen, daß sie noch fähig waren, jedes Unternehmen zu vollbringen. Niemand nahm jedoch dieses Projekt allzu ernst. Kutusow dachte nicht daran, Streitkräfte an die Straße nach Sankt Petersburg zu verlegen. Ganz im Gegenteil.

»Unterdessen erfuhr man, daß ein Schwarm Kosaken zwei Marschschwadronen, die Munitionswagen von Smolensk nach Moskau begleiteten […], in der Umgebung von Moschaisk überfallen, umzingelt und zur Übergabe gezwungen hatte.«[38] Es war kein Zweifel mehr möglich: Kutusow hatte sich im Hinterland der französischen Armee, an der Straße nach Kaluga, verschanzt. Das war am 22. September. Napoleon reagierte unverzüglich, weil er die Anwesenheit eines Feindes fürchtete, der stark genug geblieben war, um an seinen Flanken zu operieren. Er schickte drei Korps, die sich fächerförmig von der Straße nach Tula bis zu der nach Smolensk aufstellten. Sie erhielten den Befehl, vorzurücken und das Gelände zu erkunden, bis sie den Feind erreicht hätten. Murat fühlte sich zutiefst getroffen und wegen seiner Blindheit beschämt. Aber er gewann seine Fassung wieder und überquerte den Fluß Pachra, um die russischen Flanken zu bedrohen.

Wieder einmal war sich das russische Oberkommando uneinig. Die Anhänger Bennigsens wollten über die Franzosen herfallen und sie vernichten, die Kutusows befürworteten eine vorsichtige Haltung. Nichts drängte zur Eile. Wenn die Franzosen nicht viel über die Zusammensetzung der russischen Armee wußten, so wußten die Russen auch nicht mehr über die Franzosen. Griff die ganze Armee an, oder war es nur eine Abteilung? Wer konnte das mit Gewißheit sagen? Kutusow hatte damals nicht mehr als 70 000 Mann, und es lag ihm schwerlich etwas daran, sich der Gefahr auszusetzen, einen großen Teil davon zu verlieren, zumal er Verstärkungen aus Kaluga und eine zusätzliche Kosakendivision erwartete. Außerdem rechnete er damit, daß die französische Armee in den kommenden Wochen von der schlechten Jahreszeit, dem Proviant- und Futtermangel sowie den von den Entfernungen hervorgerufenen Schwierigkeiten geschwächt würde. Darum beschloß er, keine Schlacht zu liefern und sich nach Tarutino zurückzuziehen, das achtzig Kilometer von Moskau entfernt liegt. Eine vernünftige Entscheidung. Warum sollte er die Existenz seiner Armee aufs Spiel setzen, die er trotz der riesigen Verluste in Borodino vor der Vernichtung bewahrt hatte? Er verschanzte sich auf der rechten Seite der Nara, eines Flusses, dessen rechtes Ufer so steil war, daß die Russen dort eine beinahe uneinnehmbare Stellung besetzt hielten. Als Bessières und Murat gegen sie stürmten, konnten sie tatsächlich nicht weiter vorankommen. Es war unmöglich, ohne einen ausdrücklichen Befehl des Kaisers anzugreifen.

Napoleon, der sich mit dem Abmarsch der Russen zufriedengab, hielt es jedoch nicht für vernünftig, sie mit noch geschwächten und schlecht berittenen Truppen zu verfolgen und eine zwangsläufig verlustreiche Schlacht zu liefern, ohne daß er im geringsten sicher sein konnte, den Feind außer Gefecht zu setzen.

Napoleon und Kutusow gingen von den gleichen Überlegungen aus, aber Kutusow konnte warten, wobei ihm außerdem keine andere Lösung blieb, während Napoleon nun entscheiden mußte, wie er den Winter verbringen würde. Der September ging zu Ende. Alexander hatte auf Napoleons Angebote immer noch nicht geantwortet. Er mußte sich entweder in Moskau festsetzen oder diese Hauptstadt verlassen, näher an seine Vorratslager und Verstärkungen herankommen und seine Verbindungswege verkürzen, das heißt: sich in Polen verschanzen. Die Berater des Kaisers konnten kaum glauben, daß er aus diesem Dilemma nicht herauskam.

Wie man sehen wird, war es nicht so, daß der Untergang Moskaus eine unmittelbare Gefahr für die Grande Armée darstellte, doch die Lage erschien zu unsicher, als daß man zulassen konnte, Tausende Kilometer von Frankreich entfernt hunderttausend er-

schöpfte Soldaten mit abgetriebenen Pferden* zu binden, wobei
sie in ihrem Hinterland von einer gleichstarken Armee bedroht,
von einem wütenden Volk eingekreist und gezwungen waren, sich
nach allen Seiten zu verteidigen, während sie nur über eine einzige Verbindungslinie verfügten. Die Russen konnten die Kälte ganz
sicher ausnutzen, um die Franzosen zu blockieren. Warum sollte
man also zögern, vor dem ersten Schnee und dem großen Kälte-
einbruch abzumarschieren? Der Grund war: Wenn sich Napoleon
entschloß, den Rückzug anzutreten, brauchte er einen Vertrag, um
seine Ehre zu retten.

Bisher war Napoleon nie besiegt worden. Die französischen
Streitkräfte waren zwar in Spanien unter Druck geraten, doch er,
Napoleon, hatte nicht den Oberbefehl. Eine Niederlage in Rußland, wo er sich an der Spitze seiner Hauptarmee befand, wo er
– und er allein – alle Entscheidungen getroffen hatte, mußte ganz
andere Auswirkungen haben. Dazu konnte er sich nicht entschließen. Noch nicht. Deshalb erklärte er»nachdrücklich, daß er seinen Entschluß gefaßt habe und seine Winterquartiere in Moskau
beziehen werde«, und er befahl, den Kreml und die umliegenden
Klöster verteidigungsbereit zu machen. Die erfahrensten Offiziere
waren entsetzt: Mehrere Wochen in Moskau würden den Zustand
der Armee unerträglich machen. Gehen wir zeitlich etwas zurück
und beschäftigen wir uns mit der»Erholung des Kriegers«.

---

* Die Versorgung mit Pferdefutter stellte ein beinahe unlösbares Problem dar.
  Es war unmöglich, Futter in der Umgebung der Stadt zu beschaffen. Selbst
  der Rückzug der russischen Armee löste das Problem nicht, weil die Kosaken unaufhörlich angriffen und den Begleitkommandos ständig Verluste
  zufügten.

X
Die Erholung des Kriegers

Es war eine Sache, die Stadt verteidigungsbereit zu halten, und eine andere, sie funktionsfähig zu machen. Moskau war nur noch dem Namen nach eine Stadt, obwohl Tausende Gebäude der Feuersbrunst entgangen waren. Überall glühten rötliche Brandherde, und die rauchgeschwängerte Luft ließ alle nur mühsam atmen. Die Einwohner kehrten nicht zurück. Es fehlte an den notwendigsten Dienstleistungen. Für die Überlebenden stellten sich beinahe unlösbare Probleme, wenn sie Essen suchen oder sich in der Stadt zurechtfinden wollten. Niemand erkannte die früher verkehrsreichsten Viertel wieder. Hin und wieder ließ sich das vertraute Traben eines angeschirrten Pferdes vernehmen: Das war ein französischer Offizier. Die unpassenden Klänge einer Militärmusik ertönten: Das war eine Soldateneskorte, die im Gleichschritt marschierte. Russen sah man nicht. Die Ärmsten verbargen sich und schlichen sich nur nachts aus ihrem Unterschlupf, um die Plünderer durch die Gassen und das Labyrinth der Keller zu führen. Die angesehensten Bürger hatten den Schutz der Franzosen erhalten und lebten abgesondert in den Kremlpalästen, die sie mit jenen teilten.

Gleich nach seiner Rückkehr versuchte Napoleon, die allgemeine Grabesruhe zu überwinden, indem er diese Ruinen einer Ordnung unterwarf. Außer der Militärverwaltung, die Marschall Mortier, dem Generalgouverneur, unterstand, hätte er gern eine aus Russen bestehende Zivilbehörde neu geschaffen. Aber kein geeigneter Freiwilliger bot sich an. Er versuchte es bei Tutolmin, der jedoch seine Arbeit im Hospiz vorschützte. Graf Sagrjaski, der ehemalige Kammerherr Pauls I., an den er sich hierauf wandte, führte sein hohes Alter ins Feld. Andere Russen von denen, die Caulaincourt aufgenommen und untergebracht hatte, lehnten ein solches Privileg ab, weil sie keinen standesgemäßen Anzug hätten – eine bequeme Ausrede für all jene, die keinen Wert darauf legten, sich mit den Okkupanten einzulassen. Nur ein Original, der aus Indien stammende Fürst Visapur, der mit der Tochter eines Zuckerhändlers verheiratet war, bot seine Dienste an. Er war zunächst geflohen und konnte dann der Versuchung nicht widerstehen, den Großen Mann, den unglaublichen Eroberer, aus der Nähe zu sehen. Deshalb war er zurückgekehrt und hatte um eine Unterredung gebeten, die ihm gewährt wurde. Er stellte sich in einer Phantasieuniform vor. Sein Gesicht war von langen schwarzen Locken eingerahmt. Noch auf der Türschwelle begann er damit, Verse zu deklamieren. Napoleon begriff sofort, daß er es mit einem Irren zu tun hatte. Er schickte ihn nach Paris, doch der Unglückliche wurde unterwegs von den Kosaken gefangengenommen und als Verräter erschossen.

Napoleon fand sich damit ab, daß es unmöglich war, irgendeinen Einheimischen zur Mitarbeit zu gewinnen. Er berief Barthélemy de Lesseps, den früheren Konsul in Sankt Petersburg, der fließend Russisch sprach, an die Spitze der neuen Stadtverwaltung. Lesseps befand sich damals nicht in Moskau, sondern auf einem Schiff, das ihn mit seiner Frau und seinen acht Kindern nach Frankreich zurückbringen sollte. Als das Schiff in Danzig einlief, übermittelte man ihm den unwiderruflichen Befehl, sich nach Moskau zu begeben. Gleich nach seiner Ankunft und ganz gegen seinen Willen ernannte ihn der Kaiser zum Intendanten der Stadt. Da man sich jedoch einem kaiserlichen Befehl nicht entziehen durfte, vor allem nicht in Kriegszeiten, begann er mit seiner Tätigkeit und stellte Mitarbeiter aus den Reihen der in der Stadt gebliebenen Ausländer – Franzosen, Deutsche oder Italiener – ein. Die Stadt wurde in zwanzig Bezirke eingeteilt; allerdings brachte das kein konkretes Ergebnis, außer daß Lesseps alle möglichen Anstrengungen unternahm, um jenen unglücklichen Russen zu helfen, deren Häuser man eingeäschert hatte.* Man konnte die regelmäßige Versorgung der Truppen nicht wieder in Gang bringen, trotz aller Bemühungen Lesseps', den Transport großer Mengen Kohl und Kartoffeln zu

---

* Barthélemy de Lesseps hatte den Russen gegenüber eine große Dankesschuld abzutragen. 1785 war er zum Teilnehmer an der Expedition La Pérouses ernannt worden und sollte als Dolmetscher dienen. Als er in Kamtschatka eingetroffen war, erhielt er die Anweisung, mit den Berichten der Forschungsreise auf dem Landweg nach Frankreich zurückzukehren. Er fuhr also durch ganz Rußland und sollte die Gastfreundschaft und Unterstützung nie vergessen, die ihm während einer oft sehr gefährlichen Reise zuteil wurden.

organisieren. Die Bauern ließen sich in keiner Weise überzeugen, Lebensmittel in die Stadt zu bringen, um die Märkte wiederzubeleben. Die ersten, die so etwas wagten, wurden von marodierenden Soldaten bestohlen und verprügelt, und deshalb kamen keine anderen. Die Soldaten und sogar die Offiziere hatten Geschmack an Raubzügen gefunden und waren kaum geneigt, auf ihr Treiben zu verzichten.

Napoleon wollte glauben – ein beunruhigender Beweis für seine Unfähigkeit, die Lage richtig zu beurteilen –, daß man sich wie in den anderen eroberten Städten mit Handelsunternehmen einigen könnte, die das Notwendige für Geld bereitstellen würden, aber es war ausgeschlossen, Lieferanten zu finden. Vorübergehend meinte er, daß die Russen, die beim Brand der Stadt alles verloren hatten, zustimmen würden, selbst in die Dörfer zu gehen, um auf Kosten der Franzosen einzukaufen, doch auch darauf ging keiner ein, so offensichtlich schien es, daß weder Kosaken noch Bauern die Einwohner Moskaus schonen würden, die mit dem Feind zusammenarbeiteten. Die Versorgung mit Viehfutter wurde nie wieder reorganisiert, und man mußte die diensthabenden Kavalleristen in die Umgebung schicken, um Furage zu suchen. Die Ausbeute war jämmerlich. Die Angriffe der Bauern und der Partisanen lichteten ihre Reihen dermaßen, daß sich die Kavallerie nie wieder von den Schlägen erholen konnte, die sie bei dem Vormarsch auf Moskau erlitten hatte.

Dem Militärgouverneur gelang es ebensowenig, der beschämenden Unordnung und der hemmungslosen Verschwendung ein Ende zu setzen. »Überall sah man, daß Gruppen von Soldaten und sogar von Zivilisten durch die Viertel der verbrannten Stadt liefen und in der Asche nach allen möglichen Gegenständen wühlten, die ihre Wünsche befriedigen konnten. [Auf den Straßen verkaufte man weiter Waren aller Art], und obwohl sich nur die Marketenderinnen und die der Armee folgenden Frauen offenkundig mit dem Verkauf beschäftigten, nahmen ziemlich viele Soldaten indirekt an diesem Handel teil.«[1] Da die einen bei ihren nächtlichen Streifzügen nur Wein und Schnaps, die anderen nur Tee, Kaffee und Süßigkeiten, wieder andere nur Räucherfisch entdeckt hatten, waren Tauschgeschäfte unbedingt notwendig. Das Ganze hatte etwas Widersinniges, denn man eignete sich nicht an, was man brauchte, sondern das, was man aufstöberte. So etwa brachte der Hauptmann eines Kürassierregiments seinen Leuten einen mit sechshundert Pfund Zucker und Kaffee vollgeladenen Wagen. Tag und Nacht tranken die Männer nun Kaffee, weil sie keine Tauschpartner fanden.

Jeder, Soldaten wie Offiziere, schien zwanghaft von dem Verlangen beherrscht, Lebensmittel, Getränke und selbstverständlich Pelze und alle Gegenstände aus Gold oder Silber zusammenzuraffen. Diese fieberhafte Schatzsuche, die auf den Straßen und in den Kellern besonders mit Schlägereien und Handgemenge einherging, schuf eine ständig sehr gewalttätige Atmosphäre, die von der Aggressivität der außerhalb der Stadt postierten Soldaten verstärkt wurde, denn diese konnten ja nicht jeden Tag die Stadt durchsuchen und beneideten deshalb zutiefst die ›Moskowiter‹. Griois notiert, daß man selbst im Generalstab nur von Pelzen sprach, womit keine Fellmäntel, mit denen man sich in den kommenden Monaten gegen die Kälte schützen konnte, sondern für die Ehefrauen und Freundinnen bestimmte Luxuspelze gemeint waren. Sogar Eugène de Beauharnais setzte alles daran, seiner Frau, der Tochter des bayrischen Königs, einen wertvollen Pelz zu kaufen. Er schickte ihn zusammen mit Teepaketen. Denn schwarzer Tee war in Frankreich noch selten und wurde ebenfalls von allen heiß begehrt. Auch der mit der Intendantur beauftragte Daru schickte seiner Frau chinesischen Tee und empfahl seiner Tochter Pauline in einem hübschen Brief, Peking auf der Landkarte zu suchen, damit sie sich eine Vorstellung machen konnte, wie weit Moskau von der Hauptstadt Chinas entfernt war.[2]

Nur der Kreml entging dem allgemeinen Chaos. Napoleon arbeitete mit seiner üblichen Sorgfalt und Pünktlichkeit. Die zwei Kerzen, die in der ganzen Nacht an seinem Fenster brannten, zeigten, daß er arbeitete, und imponierten den Soldaten. Caulaincourt zufolge trifft es zwar zu, daß er bis zum frühen Morgen las und diktierte, doch er schlief oft tagsüber. Daß die Kuriere zwischen Paris und Moskau regelmäßig verkehrten, beruhigte ihn, denn es gab ihm das Gefühl, daß er Frankreich und sein ganzes Reich von Moskau aus weiter regieren konnte. Diese Kuriere waren ein bedeutendes Verdienst Caulaincourts, der den Stafettendienst seit dem Beginn des Feldzugs organisiert und vervollkommnet hatte. Er hatte die

Relaisstationen nach und nach befestigen lassen, je weiter die Armeen vorrückten; sobald man in Rußland einmarschiert war, verständigte er sich mit dem Postdirektor, um die besten Kuriere zu erhalten. Die für diesen Dienst bestimmten Pferde wurden unter den widerstandsfähigsten ausgewählt. Jede Poststation mußte vier frische Pferde bereithalten, und diese Stationen wurden in Entfernungen von zwanzig bis fünfundzwanzig Kilometern eingerichtet. Schließlich funktionierte alles so gut, daß man ebenso leicht von Paris nach Marseille wie von Paris nach Moskau kam. Mit wahrhaft erstaunlicher Pünktlichkeit gelangte der Mantelsack, der die Depeschen für den Kaiser und sein Hauptquartier enthielt, jeden Tag regelmäßig von Paris in den Kreml, und das oft in weniger als zwei Wochen. Caulaincourt und das ganze Gefolge des Kaisers freuten sich über diese Glanzleistung, denn »das Portefeuille aus Paris, das Paket aus Warschau und das aus Wilna waren der Gradmesser der guten oder schlechten Laune des Kaisers«. »Das bestimmte auch unsere Laune«, setzte Caulaincourt hinzu, »weil das Glück und die Zufriedenheit jedes einzelnen von den Neuigkeiten abhing, die er aus Frankreich erhielt.«[3]

Eine alltägliche Beschäftigung des Kaisers bestand darin, die Parade der Truppen abzunehmen. Nicht das geringste entging ihm. Berthier war so unbesonnen, Oberst Lejeune, einen Regimentskommandeur, zu befördern, *bevor der Kaiser unterschrieben hatte*. Napoleon bemerkte es während einer feierlichen Übergabe von Kreuzen der Ehrenlegion, an der ein großes Publikum teilnahm, was sein phänomenales Gesichtsgedächtnis und seine genaue Kenntnis der einzelnen Offiziersränge beweist – er ließ den Betreffenden sofort degradieren. Mit diesem ganz unvergleichlichen Scharfblick setzte Napoleon bei seinen Streitkräften durch, daß sie ihre Uniform tadellos pflegten. Dies trug vielleicht dazu bei, ihn über den wirklichen Zustand derjenigen Truppenteile zu täuschen, die er nicht sah. Er bestritt die Ergebnisse der katastrophalen Zustandsberichte, die ihm Lobau vortrug; er weigerte sich, die Warnungen des Generals Belliard zu bedenken, der für die Verbindungen mit Murat verantwortlich war. Dieser bediente sich lieber einer Mittelsperson, als daß er selbst offen redete, und er hatte seinen Untergebenen inständig gebeten, Napoleon zu überzeugen, wie unsicher die Position der Vorhut war, die täglich zweihundert

Mann verlor und deren Pferde verhungerten. Als letzten Versuch
schickte Murat seinen Adjutanten, General Rossetti, in den Kreml,
um seine Sache zu vertreten. Die Kavallerie schmolz von Tag zu
Tag mehr zusammen. Der Kaiser antwortete, daß die Armee nach
einigen Ruhetagen neue Kräfte gesammelt habe und von den Russen nichts fürchte. Die vor ihm paradierenden Truppen bewiesen
tatsächlich ihre Einsatzbereitschaft – aber die übrigen?

Napoleon erkannte klar die Mißstimmung seiner vertrautesten
Offiziere, zumal sie kein Hehl aus ihrer Meinung machten, doch
er ließ sich nicht verunsichern, denn sobald er erschien, äußerte
sich die Begeisterung der Truppen ungebrochen, ja, die Übergabe
von Tausenden Kreuzen der Ehrenlegion und die Beförderungen,
die einen höheren Sold einbrachten, gaben ihr noch neuen Auf-
schwung. Man mußte vom Kaiser gesehen und beachtet werden,
um eine Belohnung zu erhalten. Die Abwesenden, selbst wenn
sie in einem Lazarettbett lagen, waren vergessen. Da ist es wenig
erstaunlich, daß der unbekannteste Soldat lauthals seine Begeisterung bekundete und mit allen Mitteln versuchte, auf sich aufmerksam zu machen.

Dazu war das Wetter schön, milder als in Fontainebleau im Oktober. Der Kaiser verstieg sich sogar zu der Behauptung, daß all
jene, die in Rußland gelebt hatten, ihm Märchen über das Klima
erzählt hätten. Tatsächlich litt bisher niemand unter der Kälte, vorausgesetzt, er konnte unter einem festen Dach schlafen. Aber die
Männer, die unter freiem Himmel kampierten, vor allem in den außerhalb der Stadt eingerichteten Biwaks, beklagten sich schon über
die niedrigen Temperaturen. »An Lagerstroh hatte man nur so viel,
als den Pferden zum Futter höchst nötig war«, notierte Roos. »Auf
dieses legte man sich nachts und warf es am Tage den Pferden vor.
Es gab so kalte Nächte, daß man sich unter dasselbe verbarg und
beim Erwachen es mit Tau und Reif so zusammengefroren fand,
daß man es beinahe brechen mußte. Die magern Pferde und das
Sattelzeug waren morgens dick mit Tau und Reif wie mit Schnee
bedeckt, bis die erquickende Sonne kam, jene erwärmte und diesen schmolz.«[4] Und man dachte nicht mehr daran …, besonders,
wenn man in einem Kremlpalast wohnte.

Napoleon stieg beinahe jeden Tag aufs Pferd. Er besuchte die
Klöster, die die Stadt umgaben und deren hohe Mauern die Ge-

bäude wie Zitadellen aussehen ließen. Sie dienten den Okkupanten ja auch als Kasernen. Dachte er an die Möglichkeit, wie man einer Belagerung standhalten konnte? Vielleicht. Das wußte niemand, aber Napoleons unglaubliche Selbstbeherrschung zwang alle in seiner Umgebung, Ruhe zu bewahren. In seinem Gefolge herrschten Ordnung und sogar eine gewisse Langeweile. Drei- oder viermal in der Woche richtete er im riesigen, ganz mit rotem Samt ausgeschlagenen Speisesaal des Kremls ein Galadiner aus. Ein großer Mittelpfeiler trug die Gewölbe und unterteilte den Saal in vier Räume. Bei der Mahlzeit gab er dem Gespräch »die ihm geeignet erscheinende Richtung und redete so über Politik, wie die Armee sie verstehen und wie sie argumentieren sollte«.[5] Die Gäste zeigten wenig Elan, und Eugène de Beauharnais schildert, wie sich diese Abende endlos ausdehnten.[6] Im Kreml gebe es nicht einmal einen Billardtisch, berichtet er verdrossen seiner Frau. Nach dem Diner spielte man Tarock, um die Zeit totzuschlagen. Hin und wieder bemühte sich ein italienischer Sänger, diese Herrschaften zu unterhalten, doch sie waren mit ihrem Geist und ihren Ohren anderswo.

Brandt, ein Offizier, der von einem weit entfernten Biwak kam, war betroffen, wie routinehaft ein Tag im Kreml verlief – eine Routine, die einen überaus scharfen Kontrast zur übrigen Stadt bildete. Brandt war an der Rjasaner Straße postiert, ungefähr dreißig Kilometer südöstlich von Moskau, und er kam in die Stadt, um Napoleon Depeschen zu überbringen. »Ich mußte brennende und vor allem oft noch rauchende Viertel durchqueren, was nicht ungefährlich war. An manchen Stellen war der Rauch so schwarz und beißend, daß man nicht atmen und nicht weiter als zwei Schritt sehen konnte. Ich wäre dort nicht so bald hinausgelangt, wenn mir nicht ein Russe geholfen hätte, der scheinbar völlig betrunken war, aber beim Anblick eines Rubels zu neuem Leben erwachte und mich zum Kremlplatz führte. Ich fand den Kaiser mit seiner üblichen Miene und in seiner üblichen Kleidung, als er auf einem Hof des Kremls die Parade der Alten Garde abnahm, genauso, wie er es in den Tuilerien getan hätte.«[7] Doch im Generalstab stellten ihm die Offiziere aufgeregt Fragen. Bezeichnend für den Niedergang der Armeeführung war, daß sie nicht wußten, wo sich sein Korps befand, und glaubten, es stehe im Süden, nahe bei Tula. Sie erkundigten sich auch besorgt nach der Haltung der Bauern, die sich zu bewaffneten Banden zusammengeschlossen hatten. Brandt gab ihnen in seiner Antwort so viele Einzelheiten wie möglich an. Danach suchte er ein Restaurant im Kremlgelände auf, um dort in aller Ruhe für acht Francs zu Mittag zu essen: ein Beefsteak mit Kartoffeln, eine Flasche Wein und einen Kaffee. Doch auf dem Rückweg verirrte er sich noch einmal in der Stadt und mußte sich mit der Pistole in der Hand einen Weg durch Gruppen von betrunkenen Plünderern bahnen. In wenigen Stunden war er von einer Welt in eine andere geraten. Sein kurzer Besuch erlaubte ihm allerdings nicht, den ganzen Gegensatz wahrzunehmen, der zwischen dem Kreml und den geretteten Stadtvierteln, den Vororten und schließlich den Biwaks bestand, wo die Soldaten unter Hunger und Kälte litten und vor allem weiter bei unbedeutenden, aber sehr verlustreichen Gefechten mit der russischen Nachhut oder bei der Proviantsuche in den Nachbardörfern starben.

In Moskau jedoch fand jeder trotz des jämmerlichen Zustands der Stadt eine bequeme Unterkunft entweder in den zum Kremlbereich gehörenden Palästen oder im Nachbarviertel, das den Brand überstanden hatte, und jeder konnte diese Atempause nutzen, um sich zu vergnügen. Montesquiou erklärte, er sei »wunderbar« untergebracht, »in einem von diesen Häusern, die wir doppelt, mit unseren Waffen und unserem praktischen Geschick, erobert hatten«.[8] Er und seine Kameraden stellten die Möbel wieder an ihren Platz, holten die Kunstgegenstände aus ihren Verstecken und versorgten sich vor allem, indem sie die Keller durchsuchten. So konnten sie sich eine höchst gemütliche Wohnung einrichten. Als eifriger Leser fühlte er sich besonders glücklich, daß er ihn interessierende Psychologieabhandlungen unter den französischen Büchern mit den prachtvollen Einbänden entdeckte. Graf Soltyk inspizierte ebenfalls die Keller seines Quartiers, und er entdeckte schöne Bilder, die die Eigentümer vor ihrer Flucht versteckt hatten. Man holte die Kunstwerke wieder nach oben, staubte sie ab und hängte sie an den Wänden seines Palastflügels auf. Für wenig Geld kaufte man Möbel, die man aus den Fürstenhäusern oder den Läden der Kunsttischler gerettet hatte. Caulaincourt genügten ein paar Napoleondor, um alle Porträts der Zarenfamilie zurückzuholen, die die Soldaten in ihren Biwaks für Unterstände verwendet hatten.

Außerhalb der Armee entstand ein sehr beschränktes gesellschaftliches Leben, das von den wenigen in Moskau gebliebenen ausländischen Kaufleuten angeregt wurde. »Einige liebenswürdige Frauen empfingen die französischen Offiziere in ihren Häusern, die dem Brand entgangen waren, und in Wohnungen, die immer noch einen glänzenden Luxus zeigten, der ihren Reichtum bewies. Der Kontrast, den diese Gesellschaften boten, wirkte beeindruckend. Die Damen waren elegant gekleidet, während unsere Offiziere immer noch die Felduniform trugen. Auf der einen Seite bemerkte man die ganze Liebenswürdigkeit des schönen Geschlechts, auf der anderen die militärische Ungezwungenheit des an das Lagerleben gewöhnten Soldaten.«[9] Soltyk kam zum Glück bei seinem Landsmann Kopsz unter, einem reichen Kaufmann der Hauptstadt, den jedoch die Feuersbrunst ruiniert hatte, denn die Flammen hatten seine schönen, mit Waren gefüllten Läden vernichtet. Dieser vortreffliche Mann, ein eifriger polnischer Patriot, genoß außerdem den Vorzug, mit einer anmutigen achtzehnjährigen Engländerin verheiratet zu sein. Sie war ein bezauberndes Wesen und, wie der junge Offizier behauptete, die hübscheste Frau Moskaus. Jeden Tag gab sie einen großen Nachmittagsempfang, bei dem man Tee in kostbaren Tassen servierte, die auf prächtigen Tabletts und Mahagonitischen standen; doch anstelle von Patisserien oder Weißbrot bot man dort nur dicke Kommißbrotschnitten an.

Nachdem das Feuer den jungen Castellane aus vier Quartieren vertrieben hatte – in einem blieb ihm noch Zeit, die Liebesbriefe des Hausbesitzers, eines gewissen Grafen Kamenski, zu lesen –, fand er endlich eine feste und »recht gute« Unterkunft. Er teilte sie mit General de Narbonne und Madame Solon Grandier, einer sehr hübschen französischen Dame, die ihm lächelnd und diskret Avancen machte. Er glaubte sich verpflichtet, sie abzuweisen, weil er nicht als Nebenbuhler seines Generals auftreten wollte: Das bedauerte er ein wenig, denn er hatte zu spät erkannt, »wie gleichgültig es Monsieur de Narbonne war, daß man gut mit den Frauen stand, mit denen er Beziehungen unterhielt«, doch er tröstete sich damit, daß er in der ganzen Stadt umherlief, um Lebensmittel und Pelze zu kaufen. Als guter Schwiegersohn konnte er seiner

Schwiegermutter zwei Müffchen zukommen lassen, und in seinen
Memoiren gab er zu, daß er und seine Freunde in diesem Augenblick nur daran dachten,»Geschäfte zu machen; das war unterhalt-
sam«.[10] Andere berauschten sich an noch großartigeren Projekten
und sahen sich schon in Indien.»Wir sind dermaßen zuversichtlich«, bekannte Castellane,»daß wir nicht über die Erfolgsaussich-
ten eines solchen Unternehmens nachdenken, auch nicht darüber,
wie viele Monate dieser Marsch dauern müßte und wie lange die
Briefe aus Frankreich brauchen würden, um uns zu erreichen. Wir
sind an die Unfehlbarkeit des Kaisers und den Erfolg seiner Pläne
gewöhnt.«[11] Wenn sich schon ein junger Adliger wie Castellane,
der Nachkomme einer alten Familie, die sich seit Generationen in
der Politik auskannte – sein Vater war Abgeordneter des Adels in
den Generalständen und wurde unter Napoleon zum Präfekten
ernannt –, zu solchen wahnwitzigen Träumen hinreißen ließ, wie
sollte es da sein, daß die Soldaten dem Kaiser nicht weiter blindlings vertrauten? Vorläufig wollten sie die wohlverdiente Ruhezeit
nutzen, und dies um so mehr, als es sogar den rangniedrigsten
Männern gelang, sich ein bequemes Leben zu sichern.

Oberleutnant François Chevalier richtete sich sehr gemütlich in
der Kalugaer Vorstadt ein. Die höheren Offiziere kamen in einem
Palast unter; er und seine Kompanie eigneten sich drei Landhäuser
an, von denen zwei sehr groß waren. Sie wichen einigen Brand-
stätten aus, als sie sich zu den Verteilungsstellen in den Lagerhäu-
sern beim Kreml begaben, die das Feuer verschont hatte. Sie erhielten mehrere Säcke Roggen, Erbsen, Wal- und Haselnüsse. Auf
dem Rückweg machten manche von ihnen halt, um einen Keller
zu durchsuchen, aus dem sie mit einer Tonne Bier herauskamen,
und andere verschafften sich Tonnen mit Bordeauxwein, Tokaier,
Malaga, Madeira und sogar Champagner, Liköre, Zucker, Kaffee
und Kerzen.»Wir hatten uns in einem gemütlichen Salon zusam-
mengefunden. Die Kerzen des Kronleuchters brannten in schönen
Kristallgläsern. Wir genossen süßen Madeira oder Malaga oder
ließen auch Champagner schäumen. Mit dem Glas in der Hand
vergaßen wir die Schrecken und Strapazen des Krieges«,[12] schloß
der junge Mann.

Manche gehen so weit, regelrechte Empfänge zu veranstalten.
Ein gewisser Duverger erzählt, daß er, als er viele Kisten mit Fei-

gen, Kaffee, Likör, Makkaroni, Fischen und Pökelfleisch besaß, auf
den Einfall kam, ein Diner auszurichten. »Ich lud den guten General S. ein, der mich in seinem Biwak so oft Platz nehmen und sein
frugales Mahl teilen ließ. Er war sich nicht zu schade, die Einla-
dung anzunehmen. Am Morgen des großen Tages begab ich mich
zum Zahlmeister der Garde, und nach etlichen diplomatischen
Bemühungen erhielt ich eine ganze Ochsenkeule; triumphierend
brachte ich meine Beute ins Quartier zurück. Mein Diener war ein
schmutziger und ungepflegter Jude. Ich machte ihm klar, daß er es
so einrichten sollte, mit der Ochsenkeule den ersten und zweiten
Gang vorzubereiten: Er servierte uns Rindfleischsuppe, gekochtes
Rindfleisch, in Öl gebratene Fleischklößchen und gespicktes Filet
[...]. Wir waren zwölf am Tisch; es wurde ein feierlicher Toast auf
den Erfolg des nächsten Feldzugs und auf unseren Einmarsch in
Sankt Petersburg ausgebracht.«[13]

Hauptmann Coignet zögerte nicht, nach Herzenslust zu schlemmen und sich einige Pelze anzueignen. Er konnte sich im Palast
der Fürstin Golizyn einquartieren, die ihr Zuhause nicht verlassen hatte. Abends tranken er und seine Kameraden heißen Bordeaux. Jeden Abend ließ ihnen die Fürstin vier Flaschen dieses guten Weins und Zucker bringen. »Sie besuchte uns oft«, berichtete
er, »denn sie sprach ausgezeichnet Französisch.« Auf diese Weise
wurden ihr Haus und ihre mit Wein gefüllten Tonnen im Keller respektiert. Die wohlwollende alte Dame wußte sich klug zu helfen:
Ihrem Verwalter war es gelungen, ihre besten Pferde in einen abgelegenen Kellerwinkel hinunterzubringen und dort zu verstecken,
wofür er sehr viele Strohmatten auf die Stufen gelegt hatte, um den
Weg nach unten nicht zu steil werden zu lassen. Das fanden die
Franzosen nie heraus.

Coignet haßte seinen Obristen, was selbst in den am besten geführten Truppenteilen vorkommen kann, und er begründete seinen Haß mit der offenkundigen und unwürdigen Bestechlichkeit
seines Vorgesetzten. Dieser ging nie in die Lazarette, um seinen
Leuten beizustehen, die eine entsetzlich widerwärtige Aufgabe
zu erfüllen hatten: Sie mußten die Leichen aus den Hospizen und
Krankenhäusern der Stadt abtransportieren. Jeden Morgen hatte
man die Toten des Vortags, Franzosen und Russen zusammen, auf
große Karren zu laden und in zwanzig Fuß tiefe Gruben zu werfen.

Anstatt seine Pflicht zu erfüllen, blieb der Oberst in der Stadt, um
seinen Geschäften nachzugehen. »Er nahm Kerzen mit und zog
zusammen mit seinen drei Dienern am Abend los. Er wußte, daß
die Bilder in den Kirchen mit reliefartigen Silberplatten überzogen
waren. Er ließ die Bilder abhängen und riß die Silberbleche herun-
ter, steckte alle heiligen Männer und Frauen in den Schmelztiegel
und machte Barren daraus. Für bares Geld verkaufte er seine Die-
besbeute an Juden. Er war ein harter Mann mit einem abstoßenden
Gesicht. Ich fürchtete ihn.

Der Oberst zeigte uns seine schönen sibirischen Fuchspelze. Ich
war so unbesonnen, ihn auch meinen Pelz sehen zu lassen, und er
verlangte, ich solle ihn gegen einen sibirischen Fuchspelz tauschen.
Meiner war aber ein Zobel. Ich mußte mich darauf einlassen, aus
Angst, er würde es mir sonst heimzahlen. Er war so brutal, ihn
mir wegzunehmen und dem Fürsten Murat für dreitausend Francs
zu verkaufen [...]. Doch bei Wilna habe ich gesehen, daß er auf
der Stelle tot umfiel. Er war erfroren. Gott hatte ihn bestraft, und
seine Diener stürzten sich auf ihn, um ihn auszurauben.«[14] Der ku-
rioseste Zeugenbericht über die tollen Tage von Moskau bleibt der
des Sergeanten Bourgogne, des unverwüstlichen Lebenskünstlers.
Wenn man den Bericht liest, könnte man glauben, der Aufenthalt
in Rußland wäre ein ununterbrochenes Fest gewesen. Wir haben
Bourgogne im Sommerpalast zurückgelassen, der trotz aller Bemühungen der Garde von den Flammen völlig vernichtet wurde.

Von Natur aus neugierig und pfiffig, hatte er aus der auf frischer
Tat ertappten Russengruppe zwei Männer, einen Vater und seinen Sohn, herausgeholt, die beide Schneider waren, weil er genau
wußte, daß seine Kleidung und die seiner Kameraden auszubessern waren. Er brachte die beiden in seinem Quartier unter. Sie
machten sich unverzüglich an die Arbeit und stellten breite Über-
schlagkragen aus dem Tuch der Billardtische her, die sich in dem
von den Franzosen besetzten Saal befunden hatten. Damit ließ es
Bourgogne nicht bewenden. Er entdeckte zwei Frauen und einen
Mann, die sich in einem abgelegenen Zimmer ihres Quartierge-
bäudes versteckt hatten. Er entledigte sich des Mannes, der hinten
im Zimmer gelegen hatte und offensichtlich betrunken war, indem
er ihn mit einem kräftigen Fußtritt über den Rand der »wie eine
Leiter steilen« Treppe stieß. Der Mann »rollte wie eine Tonne nach

unten«.[15] Danach kehrte Bourgogne zu seinen beiden Dulzineen zurück, die ihm, um ihn zu ködern, Salzgurken, Zwiebeln und ein dickes Stück Pökelfisch auftischten, wobei sie noch das Ganze mit einer Flasche Danziger Wacholderschnaps begossen. Seine Absichten mit diesen beiden dicken Mägden waren indes eher zweckbetont als amourös.

Es gab niemanden zum Wäschewaschen, und die Soldaten litten darunter, daß sie sich selbst darum kümmern mußten. Bourgogne besprach sich mit einem Unteroffizier seiner Kompanie, und die beiden Männer entschieden, »da [ihnen] der Zufall zwei Moskauer Damen beschert hatte, würden diese sich sicherlich geehrt fühlen, [die Wäsche] der französischen Militärs zu waschen und auszubessern«.[16] Sie beschlossen auch einmütig, deren Anwesenheit zu verheimlichen. Man brachte sie in einer kleinen, am Ende eines Flurs verborgenen Kammer unter, gab ihnen schöne und elegante Kleider, die sie bei ihren Besuchen in den Palästen mitgenommen hatten, sowie einen riesigen Sack mit schmutzigen Hemden. Die Frauen erledigten ihre Aufgabe recht und schlecht, doch da sich keine bessere Lösung finden ließ, mußte man sich damit zufriedengeben. Als das Wäscheproblem geregelt war, wandten die Soldaten sich wieder ihren grundlegenden Bedürfnissen zu: dem Trinken und Essen. Wieder einmal führten sie eine erfolgreiche Bestandsaufnahme ihrer Vorräte durch. Außer dem Champagner, dem Spanien- und Portwein verfügten sie über fünfhundert Flaschen Jamaika-Rum und einhundert Zuckerhüte, Schinken, Tonnen mit Talg, große Mengen Pökelfisch und einige Säcke Mehl. An jenem Abend besorgten sie sich außerdem eine Kuh, die sie schlachteten, um etwas frisches Fleisch zu haben.

Ein derartiger Überfluß konnte kaum überraschen, denn die Plünderungen und damit die Disziplinlosigkeit nahmen weiter zu: Wegen des Furagierens, das man ständig betrieb, kam es oft vor, daß viele Soldaten bei ihren Einheiten fehlten und der Aufsicht ihrer Kommandeure entzogen waren, so daß der militärische Gehorsam allmählich nachließ. Man verschob den Abendappell, um den Kameraden genug Zeit zur Rückkehr zu lassen, wenn sie unter der Last der verschiedenen Gegenstände ächzten, die sie an sich gebracht hatten. Die in den Kirchen gestohlenen Silberplatten mit den reliefartigen Zeichnungen, ziegelgroße Silberbarren, Fuchs-

und Bärenpelze, sogar ein Löwenfell, gold- und silberdurchwirk-
te Stoffe türmten sich auf. Manchmal baten die Soldaten um die
Erlaubnis, ›auf den Jahrmarkt‹ zurückzukehren, um Wein und
kandierte Früchte zu holen, die sie in einem Keller zurückgelassen
hatten. Man gestattete es ihnen, aber man schickte einen Gefreiten
mit, denn die Unteroffiziere behielten von den Beutestücken, die
die Soldaten zurückbrachten, stets eine Abgabe von mindestens
zwanzig Prozent für sich. Dieser recht schäbige Schacher sollte
zum Niedergang des Korpsgeistes beitragen.

Bourgognes Zeugenbericht veranschaulicht völlig unbefangen
und ohne die geringsten Ausflüchte die unglaublichen Unterschiede, die zwischen den in der Stadt stationierten Gardetruppen und
der übrigen Armee bestanden. Bourgogne schildert drei Ruhewo-
chen, die mit touristischen Ausflügen und ungetrübten Vergnü-
gungen vergingen. An den Tagen, an denen er keinen Wachdienst
hat, verbringt er seine Zeit damit, gemeinsam mit seinen Kameraden zu singen, zu rauchen und zu trinken, nachdem sie sich
darum gekümmert hatten, ihre Vorräte aufzufüllen. Dann begibt
sich die ganze Schar auf einen Bummel. Die Männer müssen zwar
ausgedehnte Trümmerflächen hinter sich lassen, die nur hin und
wieder von noch stehenden Kirchen unterbrochen werden, doch
sogar in dieser trostlosen Einöde begegnen sie manchmal interessanten Leuten, so etwa einem italienischen Kupferstichhändler,
dessen Haus und Lager nicht verbrannt sind, oder einem Straßburger Weinhändler, den Bourgogne sogleich zum Essen einlädt. Er ist
wißbegieriger als seine Kameraden, und ihm liegt viel daran, den
Kreml gründlich zu besichtigen, vor allem die Erzengel-Michael-
Kathedrale, in der sich die Zarengräber befinden. Doch er bleibt
nicht lange allein. Im Labyrinth der Kirchengruften stößt er auf
einige Moskauer, die dort Zuflucht gesucht haben, darunter auch
auf ein junges und hübsches Mädchen, das, wie es hieß, einer der
vornehmsten Familien Moskaus angehörte und so töricht war, sich
in einen höheren Armeeoffizier zu verlieben. Sie beging die noch
größere Torheit, ihm auf dem Rückzug zu folgen. Darum, sagt er,
starb sie wie so viele andere an Kälte, Hunger und Elend.

Am 25. Oktober erfährt er, daß der mit ihm befreundete Oberstleutnant Martod an den Folgen einer Verwundung gestorben ist,
die er erhalten hatte, als er in der Umgebung von Moskau in einen

Hinterhalt geriet. Doch Bourgogne verzagt nicht und beschließt, noch an demselben Abend einen Kostümball zu veranstalten! Die Soldaten brachten kostbare Kleider von ihren Erkundungszügen mit, selbst Hoftrachten aus der Zeit Ludwigs XVI. Es gab genug, um die ganze Kompanie zu kostümieren. »Zuerst kleideten wir unsere russischen Frauen als französische Damen, das heißt als Marquisen [...]. Unsere zwei russischen Schneider traten als Chinesen auf und ich als russischer Bojar [...], Mutter Dubois, unsere Marketenderin [...], zog die prächtige Nationaltracht einer russischen Dame an. Da wir für unsere Marquisen keine Perücken hatten, wurden sie vom Perückenmacher der Kompanie frisiert. Als Pomade benutzte er Talg und Mehl als Puder. Endlich waren sie aufs schönste zurechtgemacht, und als wir alles vorbereitet hatten, begannen wir zu tanzen.«[17] Bis vier Uhr morgens ging der Ball munter weiter. Die Marketenderin, die von ihrer Aufmachung sehr angetan war, verschwand mit ihrem Kostüm auf dem Leib. Doch als ein wachhabender Sergeant so früh am Morgen eine Dame auf der Straße erblickte, lief er zu ihr, weil er glaubte, er könne einen interessanten Fang machen. Mutter Dubois, die Punsch im Magen hatte, versetzte dem Sergeanten eine solch kräftige Ohrfeige, daß er zu Boden stürzte. Bourgogne und seine Kameraden, aufmerksam geworden durch den Lärm, rannten zur Straße hinunter und hatten größte Mühe, dem wütenden Sergeanten verständlich zu machen, wie absurd es war, sich an einer Frau wie Mutter Dubois zu vergreifen.

Die Gardesoldaten führten ein bequemes Leben und kümmerten sich wenig darum, sich auf den Rückmarsch vorzubereiten, weil sie entweder überzeugt waren, den Winter in Moskau zu verbringen, oder weil sie wie Castellane von noch weiter entfernten Eroberungen träumten. Hauptfeldwebel Thirion genoß im voraus gern die Rolle, als Okkupant in der Türkei einzuziehen. »Jeder von meinen Kameraden«, schrieb er, »sah sich als Pascha und träumte davon, eine Sklavin nach Frankreich mitzubringen.« Die geographischen Tatsachen konnten ihre Phantasievorstellungen nicht behindern, der eine schwärmte davon, wie er eine Tscherkessin besaß, der andere eine Georgierin und der dritte eine Griechin! Doch während die einen tanzten und ihren Champagner hinuntergossen, schliefen die anderen unter freiem Himmel, aßen Pferdefleisch und stillten

ihren Durst mit trübem Flußwasser. Der Gegensatz zwischen denen in der Stadt und denen draußen im Feld war so groß, daß man
die Stimmung der Truppen unmöglich objektiv beurteilen kann.
Alles hing wieder einmal davon ab, ob man einen vollen oder einen
leeren Magen hatte.

Oberst Fezensac mußte Berthiers Stab und die Annehmlichkei-
ten Moskaus verlassen, um die Führung eines östlich von Moskau
stationierten und unter dem Oberbefehl Marschall Neys stehenden Regiments zu übernehmen. Nun drang Fezensac plötzlich in
eine andere Welt ein, wo ihn die Privilegien des Oberkommandos
nicht vor den Härten des Soldatenlebens bewahrten, eine Welt, in
der er nicht mehr von Männern umgeben war, denen Hunger und
Durst erspart blieben und die, da sie mit Napoleon, der Quelle allen Ruhms und Reichtums, zusammenkamen, geneigt waren, sich
keine Sorgen zu machen.

Als erstes schockierte ihn zutiefst die Entwicklung der Truppenstärke. Es war eine Sache, wenn man Zahlenkolonnen las, und eine
andere, wenn man feststellte, daß das eigene Regiment nur noch
900 Mann von den ursprünglichen 2 800 zählte. Das 3. Korps, zu
dem er nun gehörte, hatte ebenfalls zwei Drittel seines Bestandes verloren: 17 000 Mann von den ursprünglichen 25 000 waren
entweder getötet oder schwer verwundet worden. Er machte sich
keine Illusionen über die Moral seiner Offiziere, die nur noch aus
Pflicht- und Ehrgefühl dienten. Die unter seinem Befehl stehenden
Streitkräfte waren so demoralisiert wie eine besiegte Armee.[18] Doktor Roos stellte Betrachtungen an, die diesen Eindruck bestätigen.

Roos war im Süden stationiert, beinahe an der Stelle, wo die beiden Armeen aufeinandertrafen. Er betont den Gegensatz zwischen
dem Optimismus der Russen und der Mutlosigkeit der Franzosen.
»Wir hörten beinahe täglich die Russen, deren Lager etwa zwei
Meilen von uns entfernt sein konnte, recht lebhaft im Feuer exer-
zieren und kanonieren. Der Oberst Uminsky, der von dem Könige
[Murat] zu den Russen gesandt worden war, erzählte, er habe nur
Wohlstand und Mut andeutende Gegenstände bei dieser Armee
gesehen und gehört.« Gewiß darf man die Fähigkeit der Russen
nicht unterschätzen, den Feind zu täuschen. Sicher waren sie besser ernährt als die Franzosen, weil sie Zugang zu einem verschont
gebliebenen Hinterland hatten, doch sobald sich ein Besucher an-

kündigte, befahl man den Soldaten, möglichst viele Feuer anzuzünden und aus voller Kehle zu singen, um eine vertrauensvolle
Atmosphäre zu schaffen. Statt dessen waren die Gesprächsthemen
an den französischen Lagerfeuern – sie machten die Nächte weniger beschwerlich, die zu lange dauerten, als daß man sie ganz
durchschlafen konnte – zwar vielfältig, jedoch belebte sie keine
Heiterkeit. »[Einige] Offiziere, auf die Verheißungen des großen
Mannes in Moskau [Napoleon] bauend, [...] erweckten den Mut
derer, die aus unserer schlimmen Lage einen noch schlimmern
Ausgang voraussehen wollten. ›Solange dieser lebt und am Ru-
der steht, [...] darf man immer auf Glück bauen und hoffen.‹ Die
meisten Unteroffiziere und Soldaten hingegen sprachen dazu: ›Ihr
Herrn tut eure Pflicht, indem ihr der schlimmen Sache eine bessere
Gestalt zu geben sucht; allein eure Worte sind nicht eure Gedanken!‹ Dreister als diese noch waren die Frauen, die uns den Kaffee
bereiteten und miteinander in erbitterten Reden wetteiferten. ›Der
da, der sich in Moskau mit seinen Garden gütlich tut und uns hier
vor Hunger verschmachten und vor Kälte erfrieren läßt, – wann
wird der Wort halten!‹ [...] Wir vergönnten den Frauen ihre Freiheit, sich vom Drucke ihrer Meinungen zu entledigen; von unserer
Seite aber wagte es keiner, etwas Ähnliches zu äußern.«[19] Man kann
sich vorstellen, daß sie nicht weniger solche Gedanken hatten.

General Griois, den man ebenfalls abkommandiert hatte, war
in der ersten Woche der Okkupation mit dem 3. Kavalleriekorps
ständig an der Sankt Petersburger Straße stationiert, doch nahe genug bei Moskau geblieben, um die Stadt täglich zu besuchen, und
er äußerte sich kaum optimistischer. Er erhielt den Befehl, südlich
von Moskau, an der Straße nach Kaluga, Stellung zu beziehen. Diese logische Umgruppierung der Truppen gegenüber der russischen
Nachhut bedeutete das Eingeständnis, daß man den Plan aufgegeben hatte, die Hauptstadt anzugreifen. Griois schloß sich also der
französischen Vorhut an. Er und seine Männer bekamen es nun
täglich mit dem Feind zu tun. Keine großen Schlachten, sondern
kleine Gefechte, Scharmützel, die schließlich viele Opfer kosteten.

Zwei Wochen lang blieben Griois und sein Freund Jumilhac,
der Stabschef seines Kavalleriekorps, in dem Dorf Winkowo, das
mit seinen verräucherten Hütten und seinen Gassen, wo man im
Schlamm versank, allen russischen Dörfern glich. Dort, sagt er,

litten seine Männer und er »unter Entbehrungen und Nöten, die
noch schmerzlicher waren, [weil sie wußten], daß die übrige, in
Moskau oder seiner Umgebung stationierte Armee nicht nur das
Notwendige im Überfluß besaß, sondern auch über alle Annehm-
lichkeiten verfügte, die eine riesige und reiche, von ihren Einwohnern verlassene Stadt zu bieten hat.«[20] Die Brände machten ihnen
weiter Sorgen. Die Franzosen hatten es immer noch nicht gelernt,
die Öfen richtig zu heizen, und außerdem schlichen die Kosaken
nachts manchmal in die Dörfer, um an den beiden Enden der
Hauptstraße ein Feuer anzuzünden. Das führte zu ständigen Feu-
ersbrünsten, die um so gefährlicher waren, als alle Bauernhäuser
aus Tannenholz bestanden: Hatten die harzigen Wände erst einmal
Feuer gefangen, konnte nichts die Flammen aufhalten. Das Feuer
sprang von einer Hütte zur anderen über und wurde dabei immer
heftiger. Als Griois in der ersten Nacht gerade erst auf einer Bank
am großen Ofen des geräumigsten, wenn nicht gar einzigen Zimmers seiner Unterkunft eingeschlafen war, wurde er plötzlich aus
dem Schlaf geweckt und mußte das Haus überstürzt verlassen. In
derselben Nacht sah er sich zweimal gezwungen, seine verängstigten Pferde hinauszuschaffen, all seine Sachen mitten auf die Straße
zu werfen und eine neue Unterkunft zu suchen.

Griois, Jumilhac und ihre Diener richteten sich schließlich in
einem Haus ein, »rechts vom Dorf, von dem es gänzlich abseits
und einen guten Flintenschuß entfernt war«. Darum hatte sich
niemand dort einquartiert. Es war recht groß. Außer dem Ofen-
zimmer, um es mit dem einheimischen Ausdruck zu bezeichnen,
gab es noch ein oder zwei kleinere Zimmer und einen Hof. Ihn
umgaben Schuppen, die man als Pferdeställe benutzte. Wenn man
die Pferde nachts unterstellte, bot das einen doppelten Vorteil: Sie
waren vor Kälte geschützt, und sie schreckten die Diebe ab. Das
ganze Anwesen war von einer Art Palisade aus Tannenholz umgeben. Nun entdeckten sie einen anderen Feind als die Kosaken: ihre
eigenen Soldaten, die heimlich das Biwak verließen, um Holz zu
holen, und gegen die sie oft Gewalt anwenden mußten, um sie zu
vertreiben. »Sicherlich«, räumte Griois ein, »war ihre Not größer
als die unsrige. Aber hätten wir sie gewähren lassen, so wäre uns
überhaupt kein schützendes Dach geblieben, und der Egoismus,
eine Folge des Elends, unter dem wir schon litten, veranlaßte uns,

alle Mittel zu gebrauchen, um unsere Unterkunft zu verteidigen. Wir stellten dort Wachposten auf, die wir unter unseren Ordonnanzen auswählten, und notfalls kamen wir selbst, wenn der Überfall etwas heftig war, um die Angreifer mit der flachen Säbelklinge abzuwehren. Wenn sie sich zurückzogen, drohten sie noch damit, uns während der Nacht auszuräuchern. [Tatsächlich konnten die Soldaten] trotz unserer Wachsamkeit einen großen Teil der Bretter [abreißen], aus denen die Wände und das Dach unseres Quartiers bestanden.« Außerdem, und das war vielleicht noch schwerer hinzunehmen, kam General Lahoussaye, der Abteilungskommandeur, auf den Gedanken, alle Außenposten – das heißt jene Soldaten, die die Wachen unterstützten und sie notfalls ablösten – zu sich zu rufen, so daß er Griois und seine Gefährten der ersten Kosakenpatrouille auslieferte, der es einfallen würde, sie anzugreifen. Also galt die Devise ›jeder für sich‹ nicht nur in den Kellern Moskaus, und sie untergrub die innere Disziplin der Armee.

Für die Beunruhigung der als Vorposten aufgestellten Männer sorgte noch etwas, das um so schmerzlicher war, als man es nicht vorausgesehen hatte: die Unsicherheit der Straße, die sie mit Moskau verband. Meistens kamen die Transportkolonnen durch, doch ein Kosakenüberfall verbreitete hin und wieder Panik und führte zu unersetzlichen Verlusten. So etwa büßte Griois seine Handpferde ein, die er aus Moskau kommen ließ, dazu seine persönlichen Papiere, seinen Wagen und vor allem einen äußerst pfiffigen Diener.* Der Feind »ließ uns in Ruhe, wenn wir uns in den Biwaks befanden; doch entfernte man sich nach rechts oder links, stieß man auf Kosakentrupps, denen sich Bauern anschlossen. Unsere Furagierer mußten drei oder vier Meilen zurücklegen, um etwas gedroschenes oder auch nur ein bißchen halbverfaultes, als Dachbedeckung dienendes Stroh, manchmal etwas Roggen zurückzubringen, den die Soldaten grob zerkleinerten, um Nahrung zu gewinnen, wofür sie eine kleine Handmühle mit Holzgriff benutzten, deren sich auch die russischen Bauern für den gleichen Zweck bedienten. Viele wurden getötet oder gefangengenommen, und jeden Tag kam es zu neuen Verlusten, obwohl man später dafür sorgte, daß

---

* Der Diener Baptiste überlebte die Gefangenschaft und ersparte sich also den Rückzug der Armee, den er wahrscheinlich nicht überstanden hätte.

die Furagierer von zahlreichen Abteilungen eskortiert wurden. Die
Disziplin war dermaßen zerrüttet, daß man Vorsichtsmaßnahmen
wieder einführen mußte, die man lange vernachlässigt hatte, was
allerdings wenig erfolgreich verlief. Wenn man nicht verhungern
wollte, mußte man sich ungeachtet all dieser Gefahren entfernen,
um etwas Proviant zu suchen, denn in einem Umkreis von zwei
Meilen war kein Strohhalm zu finden, und mochte es nun an den
Transportschwierigkeiten oder an der Gedankenlosigkeit der Verwaltung liegen, jedenfalls bekamen wir nichts, überhaupt nichts
aus Moskau, wo unsere Kameraden alles im Überfluß hatten, wo
sie in prächtigen Palästen logierten, köstliche Speisen genossen
und die besten Weine tranken, während unsere einzige Nahrung
aus einem groben Brei, in der Asche gebackenen Roggenfladen
und schmutzigem Sumpfwasser bestand.«[21]
     Doktor Roos, der ebenfalls sehr nahe bei den russischen Linien
postiert war, schildert die ständigen Angriffe der immer dreiste-
ren Kosaken, die täglichen Zusammenstöße mit den Russen, die
zwar stets zurückwichen, dabei aber ihren Gegnern große Verluste
an Menschen und Pferden zufügten. Diese kleinen, sehr blutigen
und eigentlich unnützen Gefechte verlangten zunehmend Opfer.
Es ließ nicht nur die Disziplin nach, wie Griois betont, sondern es
wurde auch unmöglich, Anweisungen auszuführen. »Die Kranken
und Verwundeten war man angewiesen, nach Moskau zu senden,
ohne gewiß zu wissen, ob daselbst Hospitäler sein würden. Es fehlte an Transportwagen, an Begleitung, denn die Regimenter waren
schon so schwach, daß sie niemand abkommandieren konnten;
auch fehlte es an Ärzten. Von den sieben Oberärzten, die wir am
Memelfluß bei der Division hatten, war ich noch der einzige; die
übrigen waren gefangen, krank oder bei Verwundeten zurückgeblieben.«[22] »Menschen und Pferde [waren] ermattet und von Strapazen und Entbehrungen beinahe erschöpft. Man konnte letztere
spornen, wie man wollte, sie waren nicht mehr aus dem Schritt
zu bringen.«[23] »Unsere Lebensweise in diesem Lager war zum Er-
barmen kümmerlich. Die kühlen Tage und oft sehr kalten Nächte
erforderten vieles Holz. Die Vorräte um das Dorf herum waren
bald verbraucht. Man riß anfangs die Nebengebäude, als Ställe und
Scheunen desselben nieder, spaltete aber die Balken nicht, sondern
legte das eine Ende an das Feuer und rückte so lange nach, bis das

andere verbrannt war. Als diese bis auf den Grund zerstört waren, machte man sich an die Wohnhäuser, so daß zuletzt kaum einige Zimmer für höhere Offiziere und für Kranke übrigblieben.«[24]

»Korn, Gerste, Buchweizen, welches man herbeibrachte, wurde meistens roh gekocht, so lange bis die Kerne anschwollen, platzten und weich wurden, daß man die Hülsen oben abnehmen konnte; dick oder dünne gekocht, gaben sie dann Suppe oder Brei. Anderes Korn wurde auf Stein- oder Handmühlen gemahlen, um Brot daraus zu bereiten. Diese Arbeit war für die magern und schwachen Arme schwer; man wechselte fleißig ab, bekam statt Mehl nur zerrissenes Korn, Grütze, aus der, ebenso mühsam, ein dichtes, schweres Brot bereitet wurde. Man sah Offiziere und Soldaten den Stein drehen, wie das schon oft früher der Fall war. Wer nicht Hand anlegen wollte, kam zu kurz und mußte mehr hungern. [...] Butter gab es nie; man bediente sich anstatt derselben des Talgs, und bisweilen auch der Talglichter. [Ende September] führte uns der günstige Zufall den Rest jenes Hornviehes und die Schafe zu, die wir hinter dem Njemen sammelten. Es läßt sich denken, daß diese langsamen Tiere [...] nicht wie fette Mastochsen ankamen; – nein, es waren Kühe, Rinder und Schafe, abgezehrt, wie dürre Katzen [...].«[25]

Diese Demoralisierung der Armee, die bei der Lockerung der Disziplin und des Zusammenhalts sowohl der privilegierten als auch der weniger begünstigten Truppenteile spürbar wurde, ließ sich mit dem Fehlen eines Operationsplans erklären, nachdem zwei Wochen seit der Besetzung Moskaus vergangen waren. Anfang Oktober schwankte Napoleon immer noch zwischen unterschiedlichen Entscheidungen, und obwohl er diese Tatsache zu verheimlichen suchte, machte ihm diese Unschlüssigkeit zu schaffen. Das wahre Problem bestand darin, daß er zum ersten Mal in seiner Karriere vor einem doppelten Hemmnis stand – durch das Schweigen Alexanders und die in Trümmern liegende Stadt, die er besetzt hielt – und die Initiative verloren hatte.

Es war unmöglich, mit einer Mauer des Schweigens zu verhandeln, und ebenso unmöglich, sich auf die in Betracht gezogene Lösung zu stützen, die inneren Rivalitäten der russischen Gesellschaft auszunutzen. Selbst wenn er sich damit abfand, auf die Befreiung der Leibeigenen zu verzichten, konnte er sich durchaus die Mög-

lichkeit vorstellen, die Opposition mancher Adliger zu stärken, die
über die Kriegführung empört waren, die Kaufleute zum Aufstand
zu treiben, die sich von den Verlusten eines auf solch kostspielige
Weise geführten Krieges überfordert fühlten, und so eine Rebelli-
on zu bewirken, die den Zaren gezwungen hätte, mit ihm zu verhandeln. Doch wie sollte er in der Einöde von Moskau aktiv werden? Napoleon verstand sich durchaus auf Propaganda. Er wußte
genau, wie wirkungsvoll eine geschickt abgefaßte Botschaft war.
Dann kam es noch darauf an, sie ihrem Adressaten zu übermitteln. Vom Kreml aus konnte er aber keinen einflußreichen Russen
erreichen. Er mußte anerkennen, daß die russische Regierung, als
sie die Bevölkerung vor der Armee hertreiben ließ, einen geschick-
ten Schachzug gemacht hatte. Die Welt des Krieges und der Diplo-
matie, in der er sich seit fünfzehn Jahren auskannte und praktisch
bewährte, brach rings um ihn allmählich zusammen. Er versuchte,
die anderen zu täuschen, indem er sich vor allem hartnäckig bemühte, Verhandlungen aufzunehmen, doch seine Versuche äußerten sich in unausführbaren Befehlen oder in Erklärungen, die viele
Offiziere nicht ernst nehmen konnten.

XI
Die Sackgasse

Napoleon steckte in einem paradoxen Dilemma: Sein überwältigender Vormarsch hatte ihm nichts eingebracht. Der Eroberer prallte gegen eine Mauer. Im Gegensatz zu Karl XII., dessen Armee in Poltawa völlig aufgerieben wurde (und im Gegensatz zu Hitler, der vor Moskau und Stalingrad geschlagen wurde), war er nicht besiegt, aber keine einzige konventionelle strategische Methode hatte ihm einen unbestreitbaren Vorteil gebracht. Die große Entscheidungsschlacht, ein neues Marengo, Austerlitz oder Wagram, die er am Beginn des Feldzugs so sehr herbeigesehnt hatte, war ihm versagt geblieben. Alle Manöver, um die russischen Armeen getrennt zu schlagen, waren gescheitert. Er hatte beinahe zweitausend Kilometer zurückgelegt, um einer unerreichbaren Schlacht nachzujagen. Als er endlich in Smolensk und dann in Borodino einen Kampf durchsetzte, konnte er keinen entscheidenden Sieg erzwingen. Er behauptete das Schlachtfeld, aber sein Feind war keineswegs vernichtet. Die Verwüstungen, die seine Armeen in weiten Gebieten anrichteten, waren gewaltig, wenn man sie nach den Maßstäben Westeuropas beurteilte, doch die politische und wirtschaftliche Macht Rußlands konzentrierte sich nicht in einer einzigen Region und war nicht lebensbedrohlich angeschlagen. Er hatte sich der alten Hauptstadt des Landes bemächtigt, ohne damit den geringsten politischen Vorteil zu gewinnen. Diese Besetzung hatte ganz im Gegenteil zum Untergang der Stadt geführt und die Entschlossenheit des russischen Heeres und Volkes gestärkt, während eine ›normale‹ Nation schon lange einem solchen Druck nachgegeben hätte. Die fanatische Tapferkeit der Soldaten, die schonungslose Zerstörung der eigenen Städte und Dörfer, der wiederholte geordnete Rückzug, der nicht die geringste Ähnlichkeit mit der Panik wild flüchtender Truppen hatte, schließlich die Niederbrennung Moskaus und das hartnäckige Schweigen Alexanders bewiesen ihm, daß es ihm nicht gelungen war, den Willen des Zaren, des Heeres und des Volkes zu brechen.

Da es offensichtlich unmöglich war, den Konflikt mit einer politischen Vereinbarung zu beenden, mußte er nun zu dem Schluß kommen, daß Rußland ganz sicher keine europäische Nation war und nicht nach den üblichen Regeln funktionierte, an die er gewöhnt war. Nach seinen Vorstellungen mußte die Einnahme der Hauptstadt – und er sah Moskau ganz zu Recht als Nervenzentrum Rußlands, wenn auch nicht als dessen Verwaltungszentrum an – unvermeidlich das Kriegsende bedeuten. Er hatte nie eine Ausnahme von dieser Regel erlebt. Und trotzdem durfte er sich keinen Illusionen hingeben. Sein Sieg war nur ein Trugbild, das wußte er genau.

Seit seinem Einzug in Moskau beschäftigte ihn zwanghaft ein Problem. Wie konnte man erreichen, daß er, der Kaiser, den Winter nicht maßlos weit von Paris verbringen mußte, daß die Armee ihre Winterquartiere in einer Gegend bezog, die Menschen und Pferden ausreichend Verpflegung liefern konnte, ohne daß sein Ansehen als Heerführer beeinträchtigt wurde, und wie konnte diese Operation außerdem den Zaren veranlassen, endlich seine Niederlage einzugestehen und zu kapitulieren? Keiner von seinen Marschällen und Beratern schlug eine Lösung vor, denn es gab keine. Zwangsläufig war die Initiative auf die russische Seite übergegangen. Erkannte man das an, so sah man sich auch veranlaßt, sich mit der Unvermeidlichkeit des Rückzugs abzufinden. Das gestand sich Napoleon zweifellos ein, wenigstens in seinem Innern, doch er hatte die Hoffnung nicht aufgegeben, einen Vertrag zu erreichen. Von diesem Vertrag hing es ab, ob der Rückzug als Niederlage oder als Sieg angesehen würde. Wenn er keinen Vertrag durchsetzen konnte, mußte er eine Möglichkeit finden, seinen Abmarsch als ein Manöver und nicht als einen Rückzug darzustellen. Wenn er Moskau ohne eine solche Vereinbarung verließ, so bedeutete das, zurückzuweichen. Es hieß, der Welt einzugestehen, daß er einen großen Fehler begangen hatte, und teilweise, vielleicht sogar vollständig jenes Ansehen einzubüßen, das der Armee Vertrauen einflößte, für die Ruhe Frankreichs sorgte und Europa unterjocht hielt. Da er ganz genau wußte, welche Macht er aus seinem Ruf der Unfehlbarkeit gewann, widerstrebte es ihm, diesen Ruf zum erstenmal zu beeinträchtigen. Moskau, äußerte er wiederholt, sei keine militärische, sondern eine politische Position. Und in der Politik dürfe man nicht auf halbem Wege umkehren; man müsse sich sorgfältig hüten, einen Irrtum zuzugeben, das schade dem eigenen Ruf; wenn man sich geirrt habe, gelte es, hartnäckig dabei zu bleiben; das gebe einem recht.[1] Anstatt eine »energische, den Umständen angepaßte und schnelle Entscheidung« zu treffen, versuchte er beharrlich weiter, Verhandlungen aufzunehmen, selbst wenn er damit zu verstehen gab, daß er sich in einer Position der Schwäche befand. Der Brand Moskaus hatte ihn »zu ernsten Überlegungen gedrängt, obwohl er versuchte, sich selbst zu verhehlen, welche Folgen sich aus einem solchen Entschluß ergeben mußten und wie wenig Hoffnung es gab, daß die Regierung, die diesen Entschluß gefaßt hatte, zum Frieden bereit wäre. Er wollte stets an seinen guten Stern und daran glauben, daß das vom Krieg erschöpfte Rußland jede Gelegenheit nutzen würde, um den Kampf zu beenden. Er meinte, die Schwierigkeit bestehe lediglich in der Möglichkeit, wie man in gebührender Form aufeinander zugehen könne, weil Rußland annehme, daß er große Ansprüche erhebe.«[2]

Am 3. Oktober ließ Napoleon, der Caulaincourt die kalte Schulter zeigte, seitdem er nach dem Brand Moskaus zurückgekehrt war, und mit ihm nur sprach, um dienstliche Angelegenheiten zu regeln oder um über dessen Darstellungen des strengen russischen Winters zu spotten, den Großstallmeister kommen und fragte ihn, ob er glaube, daß Alexander nun bereit sei, auf neue Friedensvorschläge einzugehen. Caulaincourt hatte seine Meinung nicht geändert. Er antwortete mit seiner üblichen Offenheit, er sei vom Gegenteil überzeugt. Die freiwillige Opferung Moskaus sei eine vollendete Tatsache. Der Zar werde kein Entgegenkommen zeigen. Außerdem kam Caulaincourt auf seine bis zum Überdruß vorgetragene Meinung zurück und wies den Kaiser darauf hin, daß sich die Aussichten für Rußland immer günstiger entwickelten, je mehr die Jahreszeit voranschreite. Doch Napoleon gab nicht darauf acht. Er war ganz in seine eigenen Gedanken vertieft und schlug Caulaincourt vor, nach Sankt Petersburg zu gehen, um direkt mit dem Zaren zu sprechen. »Ich gebe Ihnen einen Brief mit, und Sie werden den Frieden abschließen.«[3] Bei diesen Worten hätte man meinen können, daß alle Hindernisse ausgeräumt waren. Er fegte die Einwände seines Großstallmeisters beiseite und setzte seine

Erklärung mit heiterer und wohlwollender Miene fort, wobei er eine erstaunliche Hochstimmung an den Tag legte. Kaiser Alexander »werde von der guten Gelegenheit zu Verhandlungen um so eifriger Gebrauch machen, als sein Adel, der durch den Krieg und durch den Brand von Moskau ruiniert sei, den Frieden wünsche; er wisse das bestimmt. ›Diese Brandstiftung ist eine Wahnsinnstat, deren sich ein Rasender vielleicht an dem Tage rühmen könnte, wo er den Befehl dazu gegeben hat, die er aber am nächsten Tag bereut. Der Zar sieht sehr gut, daß seine Generäle unfähig sind, daß die besten Truppen unter solchen Führern nichts ausrichten.‹«[4] Da er erfahren hatte – ein Beweis, daß nicht all seine Argumentationen auf Illusionen beruhten –, daß man in Sankt Petersburg eiligst Papiere und Wertgegenstände einpackte, war er der Ansicht, daß Alexander wohl den Mut verloren hatte. Wieder einmal erörterte er die Möglichkeit, nach der politischen Hauptstadt zu marschieren, aber Caulaincourt ließ sich nicht überzeugen und lehnte den angebotenen Auftrag ab, weil er sicher war, daß der Zar keinen Frieden unterzeichnen würde. Je höher der Rang des ausgewählten Unterhändlers sei, desto deutlicher werde er die herrschende Besorgnis zeigen und um so schädlicher wirken, meinte er. »Ein solcher Schritt unserseits müsse ergebnislos bleiben, und es sei daher besser, ihn nicht erst zu tun.« Napoleon drehte ihm den Rücken zu, nicht ohne ihm zuvor sehr barsch gesagt zu haben, in diesem Fall werde er Lauriston schicken. »Dann wird ihm die Ehre zufallen, den Frieden geschlossen und Ihrem Freunde Alexander die Krone gerettet zu haben!«[5]

Lauriston teilte vielleicht die Vorbehalte Caulaincourts, doch er war nicht der Mann, sich einem Befehl Napoleons zu widersetzen. Am nächsten Tag, dem 4. Oktober, verließ er daher Moskau in einem Wagen und fuhr zum Hauptquartier Kutusows ab. Er hoffte, einen Passierschein des Oberbefehlshabers zu erhalten, was ihm ermöglicht hätte, nach Sankt Petersburg durchzukommen. Am Abend gelangte er zur französischen Vorhut. Murat hatte sein Hauptquartier ungefähr neunzig Kilometer südlich von Moskau eingerichtet. Für den König von Neapel war es ein heißer Tag gewesen. Als er einen Inspektionsritt zum Dorf Winkowo unternommen hatte, war er in einen Hinterhalt geraten. Vor der Gefangennahme hatte ihn nur gerettet, daß die ihn eskortierenden polnischen Veteranen schnell

ein Karree bildeten, um ihn zu schützen. Er nahm Lauriston und
die Nachricht von dessen Auftrag begeistert auf. Sollte es ihm endlich möglich sein, sein Königreich Neapel wiederzusehen, dieses
von einer milden Sonne beschienene Land mit den ruhigen Mee-
resküsten? So wurde beschlossen, möglichst bald zum russischen
Lager zu reiten, das bei der Stadt Nara, ungefähr zehn Kilometer
entfernt, lag.

Lauriston, den ein Dutzend Offiziere begleitete, kam also am frühen Morgen des nächsten Tages zu dem russischen Vorposten und
übergab dem dort erscheinenden Adjutanten einen an Kutusow
gerichteten Brief Berthiers. Der Offizier versprach dem früheren
französischen Botschafter in Rußland eine unverzügliche Antwort
und galoppierte zur Hütte des Generals. Dieser unterhielt sich gerade mit dem Fürsten Wolkonski, einem Adjutanten Alexanders.
Er war soeben aus Sankt Petersburg eingetroffen und hatte eine
Botschaft überbracht, die den Willen des Herrschers mitteilte, den
Kampf bis zum Ende fortzusetzen, und die alle Verhandlungen mit
dem Eindringling untersagte. Kutusow war nicht bereit, diese Anweisung zu umgehen, wollte allerdings das Angebot Napoleons erfahren. Mit Wolkonskis Einverständnis beschloß er deshalb, Lauriston eine Begegnung um Mitternacht im Niemandsland zwischen
beiden Armeen vorzuschlagen. So bekäme der Franzose nichts von
der russischen Aufstellung zu sehen, die Begegnung würde außerordentlich diskret erfolgen, und sie könnten einen Tag gewinnen.

Die Nachricht von der Ankunft des Sendboten verbreitete sich
trotzdem schnell, und ihre unmittelbaren Auswirkungen verrieten,
welche Spannungen im russischen Lager herrschten. Die Bennigsen nahestehenden Offiziere, die die Untätigkeit der Armee für be-
schämend hielten, ließen sich leicht überzeugen, daß sich Kutusow
auf Unterhandlungen mit dem Feind einlassen wollte. Sie schickten
einen Boten zu Sir Robert Wilson, der zum Generalstab zurückgekehrt war. Dieser betätigte sich stets als Scharfmacher und war um
so angriffslustiger, als er nicht selbst am Kampf teilnahm. Er verär-
gerte den alten Kutusow so sehr, daß dieser ihn möglichst weit auf
Distanz hielt. Wilson verschaffte sich eilig und gewaltsam Zutritt
zu dem Raum, in dem der Marschall mit seinen Vertrauten beriet.
Er stellte ihn heftig zur Rede, wobei er daran erinnerte, daß ihn
der Zar persönlich beauftragt habe, einzugreifen, um jede Aufnah-

me eines Gesprächs mit den Franzosen zu verhindern. Kutusow
konnte seinen Zorn beherrschen. Er bewahrte Ruhe und wandte
sich Wolkonski zu. Dieser war scharfsinnig genug, um zwischen
den beiden Widersachern zu manövrieren, und erbot sich, Lauriston zu treffen, den er in dessen Botschafterzeit gut kennenlernen
konnte, und möglicherweise den an Kutusow gerichteten Brief Napoleons zu überbringen.

Dann sprang er in den Sattel und ritt zum Hauptquartier Murats. Lauriston wollte ihm den Brief nicht geben. Er argumentierte,
seine Anweisungen verlangten, daß er ihn persönlich überreichen
sollte. Wolkonski verbeugte sich und befahl einem seiner Offiziere,
dem Oberbefehlshaber schnellstens diese Botschaft zu übermitteln.
Aber er wies ihn – auf russisch – an, langsamer zu reiten, sobald er
außer Sichtweite sei. Er wollte möglichst viel Zeit gewinnen, damit
ein Treffen, wenn es dazu kommen sollte, nach Einbruch der Nacht
stattfände.

Da sich die beiden Armeen so nahe gegenüberstanden und
Murat eine geradezu theatralische Selbstsicherheit zeigte, kam es
oft zu vertraulichen, ganz natürlichen und ungezwungenen Beziehungen zwischen einzelnen Offizieren. Man verhandelte nicht,
doch man sprach miteinander. Murat wirkte mit seinen unter dem
Pelzmantel hervorsehenden roten Hosen und gelben Stiefeln stets
imposant und überraschend. Als er sich an Lauristons Seite zeigte,
erschien daher auch General Bennigsen, dem General Miloradowitsch folgte. Miloradowitsch, der einzige russische General, der
nicht fließend Französisch sprach, verstand sich gleichwohl sehr
gut mit Murat. Im Feuer zeigten sie die gleiche Tollkühnheit und
im Leben die gleiche Leidenschaft für auffällige Kostüme. Ein alter, mit einer riesigen Feder geschmückter Dreispitz und ein türki-
scher, schreiend bunter Schal, den er auf der Brust übereinander-
gelegt und um die Taille gebunden hatte, machten Miloradowitsch
auf hundert Meter Entfernung kenntlich und ermöglichten es ihm,
seinen Truppen als Orientierungspunkt zu dienen. Große Begrü-
ßungszeremonien bezeichneten jede Begegnung zwischen diesen
mächtigen Persönlichkeiten; man tauschte lange und stark übertriebene Komplimente aus, die man nicht zu übersetzen brauchte.
Philippe de Ségur hatte die beiden Krieger »den Gaskogner des
Nordens« und »den Gaskogner des Südens« genannt. Doch an die-

sem Oktobermorgen registrierte ein Dolmetscher, daß es zu einem
äußerst knappen Meinungsaustausch kam.

»Wie lange wird dieser Krieg noch dauern?« fragte der Gaskogner des Südens. »Nicht wir haben ihn begonnen«, entgegnete der
Gaskogner des Nordens. »Das Klima bekommt einem König von
Neapel nicht«, äußerte Murat abschließend. Danach kehrte jeder
zu den eigenen Linien zurück. Erst bei Einbruch der Nacht kam
der Bote Wolkonskis zurück und teilte Lauriston mit, es werde
dem Marschall eine Freude sein, ihn in seinem Hauptquartier zu
empfangen.

Man bediente sich der üblichen Kriegslisten: Man fachte die Lagerfeuer wieder an, stimmte die Balalaikas, füllte die Eßnäpfe mit
dampfender Suppe; Lauriston wurde an Kutusows Hüttentür von
der Regimentskapelle begrüßt, und der Oberbefehlshaber hatte
für diese Gelegenheit seine Uniform angezogen. Die Unterredung
fand unter vier Augen statt.[6] Zuerst erwähnte man den Brand Moskaus. Lauriston schilderte die Bestürzung der Franzosen über diese
Katastrophe, für die sie nicht verantwortlich seien. Wisse Kutusow
etwa nicht, daß sie von ihnen eroberte Städte niemals in Brand gesteckt hätten? Der Russe ließ sich nicht auf eine Polemik ein und
erklärte lediglich, daß seine Landsleute niemals ihre heilige Stadt
angezündet hätten. Ein Wortwechsel darüber lohne sich jedenfalls
nicht: Die Russen seien nunmehr überzeugt, daß der Eindringling
schuld sei. Daraufhin beklagte sich Lauriston über die Barbarei der
russischen Bauern, die ihre ganze Wut an den Soldaten ausließen,
die ihnen in die Hände fielen. Sie gingen sogar derart weit, Soldaten zu kaufen, damit sie sich das Vergnügen machen könnten, sie
zu Tode zu quälen. Kutusow, der zu Recht in dem Ruf stand, sich
niemals zu erregen, wies ihn einfach darauf hin, daß er nicht die
geringste Macht über die Leibeigenen habe, diese jedoch so viel
gelitten hätten, daß sie die jetzige Invasion mit jener der Tataren
verglichen. Der tief gekränkte Lauriston entrüstete sich: Napoleon
sei kein neuer Dschingis-Khan. Vielleicht gebe es da einen kleinen
Unterschied, räumte der Marschall ein, doch er habe nicht die Aufgabe, das Volk in dieser Hinsicht zu erziehen.

Ein konkreterer Vorschlag Lauristons, der sich auf einen Gefan-
genenaustausch bezog, blieb erfolglos. Ja noch schlimmer: Als er
auf den eigentlichen Kern seines Auftrags zu sprechen kam, stieß

er auf strikte Ablehnung. Sein Herr, sagte er, wünsche aufrichtig, diesen nicht enden wollenden Krieg abzuschließen. Kutusow, der begriff, was damit unausgesprochen gemeint war, antwortete, er habe nicht die Vollmacht, Friedensverhandlungen zu führen. Noch schwerwiegender war, daß er dem Zaren dieses Angebot durchaus nicht übermitteln wollte: Die Nachwelt würde ihm fluchen, wenn man von ihm glaubte, er habe bei der gegenwärtigen Einstellung der öffentlichen Meinung Rußlands als erster ein Abkommen irgendeiner Art herbeigeführt. Der unglückliche Lauriston erbat nun einen Passierschein, damit er selbst nach Sankt Petersburg gehen konnte. Unmöglich, bekam er zu hören, hierfür müsse man auf eine offizielle Genehmigung warten. Könne man inzwischen nicht wenigstens einen Waffenstillstand abschließen? Kutusow erklärte sich einverstanden, die Geplänkel zwischen französischer Vorhut und russischer Nachhut einzustellen. So wurde eine stillschweigende Waffenruhe hergestellt. Da sich Kutusow jedoch vorbehalten hatte, daß seine beiden Außenflügel frei operieren konnten, durften die Kosaken ihre Überfälle ungehindert fortsetzen, und die Kuriere auf der Straße nach Smolensk blieben weiterhin gefährdet, ebenso die Furagierer, die Männer und Pferde bei jedem Vorstoß verlieren konnten. Die Franzosen zogen keinen Vorteil aus dieser eigenartigen Waffenruhe, die die beteiligten Parteien außerdem unter der einzigen Bedingung brechen konnten, daß sie es der anderen Seite drei Stunden im voraus ankündigten.

Kutusow beendete die Unterredung und ließ nun Wolkonski eintreten, dem er eine Zusammenfassung des Gesprächs mitteilte, wobei er noch einmal betonte, daß ihm sein Gebieter untersagt habe, von ›Frieden‹ oder ›Waffenstillstand‹ zu sprechen. Wolkonski übernahm es, das Sendschreiben Napoleons an den Zaren zu überbringen. Lauriston, der unbedingt Zeit gewinnen wollte, schlug ihm vor, anstatt einen langen Umweg zu machen, könne er über Moskau fahren, doch der Adjutant lehnte das Angebot ab. Kutusow hatte sich geschickt aus der Affäre gezogen. Wenn er sich strikt an Alexanders Anweisungen gehalten und sich geweigert hätte, den Abgesandten Napoleons zu sehen, hätte dieser zu Recht daraus geschlossen, daß Verhandlungen unmöglich waren. Indem er Lauriston empfing und versprach, die Bitte um einen Passierschein, allerdings nicht die um Frieden zu übermitteln, ließ er die

Franzosen neue Hoffnungen schöpfen ... und kostbare Zeit verlieren. Nichts hatte sich geändert, außer daß ihnen das Warten immer länger vorkommen mußte.

Da es in Moskau verboten war, von einem möglichen Rückzug zu sprechen, erteilte auch niemand Anweisungen, wie die Truppen darauf vorbereitet werden sollten, mitten im Winter den Rückweg zu bewältigen. Nur Caulaincourt, der für den Hofstaat des Kaisers uneingeschränkt zuständig war, bemühte sich systematisch, einfachste Vorsichtsmaßnahmen zu ergreifen. So etwa wies er alle Angestellten seiner Dienste an, ihre Mäntel mit Pelz zu füttern und sich Pelzhandschuhe und -mützen zu verschaffen. Er ließ ihnen den gesamten Sold auszahlen, damit sie sich diese Einkäufe leisten konnten. Er ließ Schlitten herstellen, weil er genau wußte, daß Wagen auf verschneiten Straßen nicht zu gebrauchen waren. Und vor allem sorgte er dafür, daß Hufeisen mit Eisnägeln oder Winterstollen geschmiedet wurden, um zu verhindern, daß die Pferde auf Glatteis ausrutschten und rettungslos stürzten. Nur die Polen taten das gleiche, wofür sie kleine transportable Schmieden benutzten, die sie unter den spöttischen Blicken ihrer französischen Kameraden einrichteten, sobald sie nach Moskau gekommen waren. »Die unglaubliche Halsstarrigkeit und Arroganz der Franzosen, die sich auf ihre zahlreichen Feldzüge berufen und überzeugt sind, daß sie von niemandem Ratschläge brauchen, verboten es ihnen, diese einfachste Vorsichtsmaßnahme zu ergreifen«,[7] wie Josef Grabowski, einer der dienstältesten polnischen Adjutanten des Kaisers, betonte. Schließlich kümmerte sich Caulaincourt darum, daß größere Mengen Zwieback gebacken wurden, um ausreichende Reserven anzulegen. Unglücklicherweise folgte man nicht seinem Beispiel.

Da die meisten höheren Offiziere auf Befehle warteten, die nicht kamen, und da sie in ihrer Mehrheit überhaupt nichts von der Härte eines Klimas wußten, das die lieblichsten Gegenden in erstarrte Wüsteneien verwandeln würde, trafen sie nicht die geringsten Vorkehrungen. Den Rückzug vorzubereiten bedeutete, ihren Herrn und Gebieter zu verärgern. Wenige hatten die nötige Charakterstärke, um seinen Zorn herauszufordern, oder genug Selbstsicherheit, um ihre Meinung vor einem Mann entschieden zu vertreten, der sie so sehr beeindruckte. Außerdem erkannten alle an, daß nur

Napoleon äußerst komplexe und weitverzweigte Probleme von einem zentralen Standpunkt aus erfassen konnte. Wie sollte man das Ganze beurteilen, ohne wie er alle Einzelfaktoren zu kennen?

Darüber hinaus wußte niemand genau, wie er die Lage einschätzte. Man beobachtete ihn, man dachte gründlich über all seine Worte nach und interpretierte seine Erklärungen. Seine Vertrauten kamen zusammen und verglichen ihre Eindrücke in langen Gesprächen. Zwei Männer haben sein Verhalten und die Atmosphäre im Kreml während dieser Wochen geschildert: Philippe de Ségur und Armand de Caulaincourt. Nur ihre Zeugenberichte bieten Anhaltspunkte, wenn man versucht, die Geisteshaltung Napoleons während dieser Bewährungsprobe wiederzugeben. Beide gehörten zum Adel des Ancien régime. Die Ségurs waren ein glanzvolleres Geschlecht (Marschall de Ségur, der Vater des Grafen, war Außenminister unter Ludwig XVI.), die Caulaincourts hatten hingegen einen älteren Stammbaum. Beide hatten in der Revolutionszeit unter Verfolgungen gelitten, dies jedoch in unterschiedlichem Ausmaß: Marschall de Ségur wurde eingekerkert. Der Vater Caulaincourts hatte sich für die Ideen der Revolution eingesetzt und den Eid auf die Verfassung geleistet. Er wurde zum Generalleutnant ernannt und war Kommandant von Arras, als er am 22. Mai 1792 seinen Abschied nahm, wofür er gesundheitliche Gründe anführte. Tatsächlich erschreckte ihn die undisziplinierte Haltung der Armeekorps. Er wurde danach nicht behelligt, aber sein Sohn Armand verlor seine Adjutantenstelle und zugleich seinen Leutnantsrang. Der junge Mann mußte wieder von vorn beginnen. Er trat als Feldwebel in die Nationalgarde ein, wechselte dann wieder zur aktiven Armee über und stieg schnell in der militärischen Rangordnung empor. Philippe de Ségur, der sieben Jahre jünger war, meldete sich in der Konsulatszeit zur Armee und wurde zwölf Jahre später zum Brigadegeneral ernannt.

Beide gehörten zum engsten Vertrautenkreis des Kaisers: Philippe de Ségur war mit den verhältnismäßig bescheidenen Aufgaben eines Quartiermeisters des Palastes beauftragt, während Armand de Caulaincourt sehr verantwortungsvolle Stellungen erhalten hatte. In persönlicher Hinsicht konnte Philippe de Ségur mit Napoleon außerordentlich zufrieden sein, der seinem Vater eine großzügige Pension bewilligt hatte und ihn selbst stets wohlwollend behan-

delte, während Armand de Caulaincourt unter dessen Ungerechtigkeit zu leiden hatte. Caulaincourt liebte nämlich die Comtesse
de Canisy, eine entzückende, geistreiche und vom ganzen Hof ge-
schätzte junge Frau, die Palastdame Joséphines und danach Marie-
Louises war. Da er immer noch hoffte, sie heiraten zu dürfen, hatte er die vielen sich ihm bietenden guten Partien abgelehnt. Man
hatte Madame de Canisy als Dreizehnjährige mit einem weitaus
älteren Oheim verheiratet, der sie obendrein sitzenließ, nachdem
er ihr zwei Kinder gemacht hatte. Sie verlangte die Scheidung und
erreichte, daß ihre Ehe annulliert wurde. Doch der Kaiser verwei-
gerte seinem Großstallmeister die Heiratserlaubnis, denn er wollte keine geschiedene Frau in seiner Umgebung, obwohl er selbst
mit schlechtem Beispiel vorangegangen war; außerdem war der
Comte de Canisy zum Stallmeister des Königs von Rom ernannt
worden. Dieses Verbot hinderte Caulaincourt nicht, ihm treu zu
dienen, ohne daß er allerdings jemals, wenigstens bis zur Zeit der
schlimmsten Schicksalsprüfungen, eine gewisse Kälte ablegte.

Im Kreml beobachtete Ségur das äußere Verhalten Napoleons;
Caulaincourt hingegen, der wegen seiner dienstlichen Aufgaben
mehr mit den Entscheidungen des Kaisers zu tun hatte, bemühte
sich, dessen Gedankengänge und Geisteshaltung zu verstehen, damit er unterscheiden konnte, was bei dessen Erklärungen für die
Öffentlichkeit bestimmt war und welche wirklichen Absichten er
hegte.

Ségur ist vor allem von der veränderten Haltung des Kaisers
beeindruckt. Die ereignislosen Tage untergraben seine Tatkraft.
Trotz aller Truppenparaden, Inspektionen und Ausritte wird ihm
die Zeit lang. Er, der in wenigen Minuten einen Hühnchenflügel
verschlang und ein Glas Chambertin hinunterstürzte, bleibt nun
lange am Tisch sitzen. Er, der Berichte in einem Augenblick durch-
gesehen hatte, der leidenschaftliche Leser von Geschichtsbüchern
oder Klassikern des 17. Jahrhunderts, vertieft sich jetzt stundenlang auf einem Sofa in Romane. Statt des rasch entscheidenden,
scharfsichtigen, begierig Informationen fordernden Mannes tritt
ein Befehlshaber auf, der kaum danach verlangt, den Dingen auf
den Grund zu gehen, der unangenehme Neuigkeiten zurückweist
und offenkundig unschlüssig ist. Der oberste Gebieter wirkt verunsichert. Seine Vorzüge nützen ihm nichts oder, noch schlimmer,

werden zu Fehlern. Was bringt ihm seine berühmte Schnelligkeit
in einer ausweglosen Lage ein? Er, der sich rühmte, dank seiner
zivilen und militärischen Informationsnetze könne er in einem
Krisenfall unverzüglich reagieren, befindet sich so weit von Paris,
daß ein Minister einen Monat warten muß, bevor er die Entscheidung in einer Frage erhält. Ist seine Beharrlichkeit, die zu vielen
Triumphen geführt hat, nur noch eine unheilvolle Halsstarrigkeit?
Stets hatte man bewundert, wie er die Probleme ordnete. »›Wenn
ich eine Angelegenheit unterbrechen will‹, sagte er, ›schließe ich
das entsprechende Schubfach und öffne das einer anderen Angelegenheit. Diese vermischen sich nicht miteinander, sie stören und
ermüden mich nicht.‹«[8] Doch wenn man drei Abende damit verbringt, die Satzung der Comédie Française auszuarbeiten, ist das
bewundernswert oder lächerlich?

Seine Beunruhigung äußert sich in einer leichtverständlichen
Reizbarkeit. »Seine Bedrängnis zeigte sich nur durch einige An-
wandlungen von schlechter Laune. Das geschieht bei seinem Mor-
genempfang. Dort, inmitten der versammelten Führer, von ihren
besorgten Blicken umgeben, die er für vorwurfsvoll hält, scheint
es, als wollte er sie mit seiner strengen Haltung und einer schrof-
fen, herrischen und konzentrierten Stimme zurückweisen. An seinem bleichen Gesicht erkannte man, daß die Wahrheit, die sich nie
besser als in der Dunkelheit der Nacht zeigt, ihn lange mit ihrer
Gegenwart bedrückt und mit ihrer lästigen Klarheit gequält hatte. Nun macht sich sein überbeanspruchtes Herz manchmal Luft
und verbreitet sein Leid mit ungeduldigen Ausbrüchen.«[9] Danach
wirft er sich seine Ungerechtigkeiten vor. Er will sie daraufhin mit
einigen Eingeständnissen wiedergutmachen, die die ins Vertrauen
gezogene Person schnell anderen mitteilt. Dabei veranschaulichen
sie lediglich die ihn antreibende Mischung aus Realitätssinn und
Illusionen.

Je mehr er sich der außerordentlichen Gefährlichkeit seiner Lage
bewußt wird, desto mehr bemüht er sich paradoxerweise, das Vertrauen seiner Männer zu stärken; hieraus erklären sich seine Win-
kelzüge, die beinahe kindisch wirken. »Wenn er die Parade seiner
verschiedenen Armeekorps abnimmt und ihm deren zusammen-
geschmolzene Bataillone nur noch eine kurze Front darbieten, die
er in einem Augenblick abgeschritten ist [...], erklärt er, daß man

sie irrtümlich in Dreierreihen aufgestellt habe und daß Zweierreihen genügen. Also stellt er seine Infanterie fortan nur noch in
Zweierreihen auf.«[10] Er tröstet sich mit absurden Begründungen.
Vor allem erklärt er, der Untergang Moskaus sei nur scheinbar ein
Unglück. Wie hätte er in einer derart großen Stadt die Ordnung
herstellen können? Er hätte sich der Gefahr ausgesetzt, sich im
Kreml umbringen zu lassen. Nun könnten er und seine Kameraden
wenigstens Ruhe finden, doch welch großen Verlust habe Rußland
erlitten. »Rußland ist um fünfzig Jahre zurückgeworfen.«[11]

Napoleon bemühte sich unablässig, seine Umgebung zu überzeugen. Seine Marschälle und Generäle widersprachen ihm zwar
nicht gern, doch sie wußten genau, daß die Furagierer zu Hunder-
ten verschwanden, daß alle einzelnen Soldaten gefangengenommen wurden, daß die Kosaken in ihrer Dreistigkeit so weit gingen,
Männer und Pferde selbst aus den Vororten zu entführen, und daß
die Kuriere, die Depeschen aus Paris brachten, oft beschossen wurden; sie entkamen den Verfolgern nur, weil ihre Pferde außergewöhnlich schnell waren und ihre Angreifer, die nicht begriffen, wie
wichtig es war, die Stafetten abzufangen, wenig Ausdauer zeigten.
Alle wußten genau, wie schlimm es um die Kavallerie bestellt war,
und trotzdem mußte jeder die Vorträge Napoleons über sich ergehen lassen, der allabendlich nach dem Essen seine Freude über
das schöne Wetter äußerte. »[...] er sprach darüber, wie man den
Winter in Moskau verbringen werde, über die Vorwerke, die er
errichten wolle, um die Sicherheit seiner Truppenunterkünfte zu
gewährleisten, über seinen Plan, sie auf diese Weise zu beschützen,
ohne seine Truppen zu strapazieren oder der Kälte auszusetzen,
über seine Absicht, die Kavallerie innerhalb dieser Verteidigungs-
linie zu postieren, und über die polnischen Kosaken, die er erwarte
und gegen die Russen einsetzen werde.

Der Kaiser kündigte sehr nachdrücklich seinen Plan an, unverzüglich gegen Kutusow zu marschieren, um ihn zurückzuschlagen,
was es ihm ermöglichen werde, in weniger ausgesogenen Landstrichen eine neue Verbindungslinie mit Frankreich einzurichten.
Wenn der Kaiser auf allgemeine Themen zu sprechen kam, stellte
er es so dar, als sei Österreich ihm höchst wohlgesinnt und wünsche uns aufrichtig Erfolg, um seine Küstenprovinzen zurückzuer-
langen, und auch, um im Zentrum Europas mit einem Zwischen-

staat zu rechnen, der daran interessiert sei, den es erschreckenden russischen Koloß zurückzuhalten.«[12]

Sehr selten verzichtete er auf diese Komödie. Wie Daru berichtet, der oft während seiner langen schlaflosen Nächte bei ihm ausharrte, wußte er besser als jeder andere, wie unsicher seine Eroberung war. Von Moskau bis Wilna erstrecke sich nur, sagte er, »ein leer gefegtes und verödetes Schlachtfeld, auf dem [meine] zusammengeschrumpfte Armee kaum wahrzunehmen und isoliert ist und sich in dieser entsetzlichen, unermeßlichen Leere gleichsam verirrt hat [...]. Ich beherrsche nur den Boden, den [meine] Füße augenblicklich betreten.«[13] Diese von Daru wiedergegebenen Überlegungen wurden dem ganzen Generalstab bekannt. Sie wirkten insofern beruhigend, als sie bewiesen, daß der von seinem Wunschdenken verblendete Kaiser nicht vollständig verrückt geworden war, doch sie beunruhigten auch, weil diese Überlegungen nicht zu Maßnahmen führten, mit denen man den Rückzug vorbereitet hätte.

Ségur beschrieb die äußere Erscheinung Napoleons, wie es sich für einen Untergebenen gehörte, der nicht an der Vorbereitung bestimmter Maßnahmen beteiligt war; zugleich stellte er die Hofgesellschaft dar, die sich Sorgen wegen des schlechten Zustandes ihres Oberhauptes machte, aber unfähig war, sich von seinem Einfluß zu befreien: Der Kaiser hatte sich bei seinen Männern nicht durchgesetzt, indem er Schrecken verbreitete (und darin unterscheidet er sich von allen früheren und zukünftigen Despoten), sondern durch die Wirkung seines Genies. Selbst in einer ungünstigen Lage flößte er ihnen weiter ein gewisses Vertrauen ein. Zumindest glaubte man, daß er besser als jeder andere geeignet sei, eine Lösung zu finden.

Caulaincourt hat hingegen nicht geschildert, wie sich Napoleon im Alltag verhielt. Wenn er nicht in amtlicher Funktion beim Kaiser war, beschäftigte er sich mit seinen übrigen dienstlichen Pflichten oder las in einem der beiden kleinen Zimmer, die er in der Festung bewohnte und die Zugang zu einer Terrasse hatten. Im Gegensatz zu Ségur sah Caulaincourt den Kaiser unter vier Augen, und das oft, um mit ihm politische Gespräche zu führen. Am Anfang seines Aufenthalts hatte ihn Napoleon ferngehalten – der Kaiser hatte seine kühle Behandlung so weit getrieben, daß er Caulaincourt nicht einmal sein Beileid aussprach, als dessen Bruder gefallen war –, doch Caulaincourt erledigte seinen Dienst zu gut, er kannte Rußland und die internen Verhältnisse am Hofe Alexanders zu genau, als daß man ihn nicht wieder in den Beraterkreis aufgenommen hätte. Er bezweifelte derart offen, daß es klug sei, in Moskau zu bleiben, daß Napoleon ihn mehr als jeden anderen überzeugen wollte. Außerdem verlangte sein Amt von ihm, Napoleon stets zu begleiten, wenn dieser ausritt. Es fehlte also nicht an Gelegenheiten zu ernsthaften Gesprächen.

Wäre Caulaincourt überzeugt gewesen, daß es Napoleon ablehnte, selbst die Möglichkeit eines Rückzugs ins Auge zu fassen, so hätte er ihn für wahnsinnig gehalten. Aber das war nicht der Fall. Er wußte nur zu gut, daß dieser im tiefsten Innern die Lage richtig eingeschätzt hatte. Warum handelte er dann so wenig realistisch, indem er sich nicht um die notwendigen Vorbereitungen kümmerte und sich hartnäckig weigerte, an die Gefahren des vor Mitte Dezember drohenden Kälteeinbruchs zu glauben? Die Art, wie der Kaiser dachte, beschäftigte und faszinierte Caulaincourt.

Caulaincourt beriet sich oft mit Berthier und Duroc, weil er versuchen wollte, zu begreifen, warum sich Napoleon so hartnäckig um Verhandlungen mit einem Feind bemühte, der eindeutig nicht die Absicht hatte, mit ihm zu reden. Offenbar dachte er, daß der Hauptgrund, der die strikte Ablehnung der Russen erklärte, in der – fälschlichen – Überzeugung bestehen müsse, daß Napoleon die Wiederherstellung Polens verlangen würde. Doch in seinen Vorstellungen hatte er Polen schon lange aufgegeben, und er erklärte nicht ohne Perfidie, die Polen brauchten sich nur in Massen zu erheben, um sich gegen die Russen zu verteidigen; Frankreich habe genug Opfer für sie gebracht.[14] Wenn es ihm lediglich gelinge, diese Botschaft zu übermitteln, werde er sogar den Frieden erreichen, setzte er hinzu, wobei er berücksichtigte, daß die Ereignisse und besonders die Feuersbrünste vielleicht die Gemüter erregt hätten. Das Argument wirkte wenig überzeugend, denn schon bei seiner Ankunft in Litauen hatte er es abgelehnt, sich dem polnischen Adel gegenüber festzulegen. Eine solche Erklärung genügte also nicht, um sein gegenwärtiges Verhalten zu motivieren: Im Oktober 1812 beunruhigte das polnische Problem den Zaren wenig.

Noch überraschender für Caulaincourt war die Gewißheit, mit der Napoleon prahlerisch seine zukünftigen Erfolge in Aussicht

stellte, während der Niedergang der Grande Armée nicht zu übersehen war. »Ich habe Geld«, sagte er zu ihm, »und mehr Truppen,
als ich brauche. Ich werde sechstausend Kosaken [aus Polen] bekommen. Im nächsten Feldzug werde ich fünfzehntausend haben.
Ich habe jetzt Erfahrung in dieser Kriegführung. Meine Armee
wird sich dann an das Land und an den Gegner gewöhnt haben.
Das sind Vorteile von unschätzbarem Wert.«[15] Und er versicherte
seinem immer skeptischeren Gesprächspartner, daß er, wo er auch
immer den Winter verbringe – in Moskau, Kaluga, Smolensk oder
Witebsk –, Rußland im Jahre 1813 vernichten werde.

Caulaincourt diskutierte zäh mit Napoleon, wobei er zugleich
spürte, daß seine Meinung nichts bewirkte, und sei es deshalb, weil
der Kaiser ebenso zutreffend wie sein Großstallmeister die Gefahren einschätzte, denen er sich aussetzte. Gerade seine Zwangslage drängte ihn ja, die Augen vor den Gefahren zu verschließen.
Verzweifelt bemühte er sich, sich selbst und seine Vertrauten zu
überzeugen, daß er noch aus dieser Falle entkommen könnte.
Caulaincourt, den die Zwecklosigkeit dieser Bemühungen be-
stürzte und verwirrte, wunderte sich über die Schwäche und den
Haltungswechsel seines Herrn. Wo war der überragende Politiker geblieben? Der Stratege mit der unfehlbaren Urteilskraft? Der
höchst phantasievolle Mann, der paradoxerweise soviel Wert auf
die genauesten Berechnungen legte? »[Napoleon] ließ sich nicht
überzeugen, daß ihn das Glück, das ihm so oft zugelächelt hatte,
vollständig verlassen hatte, und das in dem Augenblick, da er von
ihm Wunder erwarten mußte. Er wollte immer noch hoffen, daß
seine Vorschläge zu Verhandlungen führen könnten, [aber] wie
konnte er sich mit diesem Adlerblick und dieser so überlegenen
Urteilskraft derartige Illusionen machen? [...] Diese Widersprü-
che in einem so großen Charakter, dieser Hang des menschlichen
Herzens, selbst gegen jede Wahrscheinlichkeit etwas für sicher zu
halten, was es herbeiwünscht, wären ein bedeutsamer Einwand
gegen die höchst überlegene Urteilskraft des Kaisers, wenn dieses
seltsame Verhalten nicht zu unserer Natur gehörte und nicht Teil
der Hoffnung wäre, dieses letzten Trostes des Menschen in seinen
Mißgeschicken.«[16] Napoleon, der Zuflucht in seinen Wunschträu-
men suchte, fand eine gewisse Menschlichkeit wieder. Davon ließ
sich Caulaincourt rühren, und obwohl er niemals seinen Wider-

stand gegen die Entscheidungen des Kaisers aufgab, bewahrte er ihm in den schrecklichen kommenden Monaten unverbrüchliche Treue und sogar unleugbare Zuneigung.

Von Zeit zu Zeit brach die Wirklichkeit in die Phantasiewelt des Kremls ein. Man wollte den Abtransport der zwölftausend Verwundeten und Schwerbeschädigten sowie die Verlegung von Unteroffizieren organisieren, die die neuen, in Frankreich aufgestellten Truppenteile führen sollten. Napoleon fragte deshalb den Generalintendanten Mathieu Dumas, wie lange dieser Konvoi bis zum Njemen brauchen müßte. Zwischen fünfundvierzig und fünfzig Tagen, antwortete Dumas. Diese Antwort erbitterte Napoleon. Er bezweifelte diese Schätzung, doch es hing ja nicht vom Grafen Dumas ab, die Entfernung zu verkürzen oder die Schwerbeschädigten, Invaliden und Kranken anzutreiben, von denen außerdem wenige in der Lage waren, die Strapazen unterwegs zu ertragen und in Eilmärschen vorzurücken. Der Kaiser reagierte so heftig, weil er spürte, daß er die Kontrolle über die Zeit und die Ereignisse verlor. Bis Moskau hatte er sich einreden können, daß ihm der entscheidende Sieg wegen eines Unwetters, einer Verspätung, eines schlecht ausgeführten Befehls oder einer Influenza entgangen sei, die er sich zum falschen Zeitpunkt zugezogen hatte. Während der langen Wochen erzwungener Untätigkeit in Moskau trat eine unentrinnbare Wandlung ein. Er hatte noch die Macht, seine Regimenter vorrücken zu lassen, seine Soldaten auszuzeichnen oder zu tadeln, doch in seinem tiefsten Innern konnte ihm nicht mehr entgehen, daß diese Betriebsamkeit zwecklos war. Jeden Tag spürte man die Gefahr deutlicher. Sie wurde von einer neuen russischen Taktik verdeutlicht, die in häufigeren Angriffen auf die französischen Verbindungslinien bestand.

Diese Linien waren nun von Gschatsk an bedroht und zwischen Moschaisk und Moskau oft unterbrochen. Als die Straße zum erstenmal vollständig gesperrt war, schickte Napoleon einige Jäger- und Dragonerschwadronen seiner Garde. Da sie von überlegenen Kräften eingekreist wurden, mußten sie zurückweichen, und mehrere Offiziere sowie ein Teil der Soldaten wurden gefangengenommen. Diese Niederlage machte beträchtlichen Eindruck auf die Franzosen, einen größeren, wie Caulaincourt erzählt, als die

Kampfunfähigkeit von fünfzig Generälen während der Schlacht von Borodino. Übrigens ganz zu Recht, denn zu der Befürchtung, die Verbindung mit dem Hinterland zu verlieren, kam die hinzu, blockiert zu werden. Sobald Napoleon nicht mehr sicher sein konnte, daß seine Anordnungen täglich nach Paris gelangten, und sobald die Berichte der Minister und die Nachrichten aus Europa nicht mehr regelmäßig eintrafen, war er überzeugt, wie Caulaincourt urteilte, daß er Moskau verlassen mußte. Doch er rechnete immer noch mit dem Schrecken, den er dem Feind mit seiner Entschlossenheit einflößte, den Winter in Moskau zu verbringen, um ihn zu zwingen, endlich Verhandlungen aufzunehmen, und deshalb lehnte er es ab, sich offen auf den Rückzug vorzubereiten, wobei er zugleich Verstärkungen in Polen aufstellte, um sein Hinterland (und gegebenenfalls seine Rückkehr) zu sichern.

Er beschränkte sich darauf, einige Trophäen zusammenzutragen, wozu vor allem das große Kreuz gehörte, das den Glockenturm der Kirche Iwans des Großen überragte. Obwohl Berthier und sein übriger Generalstab abrieten, die zerstörte Stadt eines Denkmals zu berauben, gab er den Befehl, das Kreuz abzunehmen. »In dem Augenblick, als es nicht mehr festsaß, zerriß das Seil einer Winde. Damit war das Gleichgewicht verloren, das Gewicht der Ketten zog das Kreuz und einen Teil des Gerüstes mit sich. Es stürzte herab, und die Erde erzitterte unter dieser gewaltigen Last. Das Kreuz zerbrach in drei Stücke.«[17] Nach altem Brauch nahm der Sieger auch Kanonen mit, doch man konnte sich unmöglich an diese Tradition halten. Die Armee hatte im Landesinneren die Verluste ihrer Kavallerie nicht zu ersetzen vermocht und verfügte nicht über genug Pferde, die auch nur die eigene Artillerie ziehen konnten.

Unter diesen Umständen, die unüberwindliche Schwierigkeiten ankündigten, sah sich Napoleon genötigt, Caulaincourt anzusprechen und, was noch bedeutsamer war, ihm zuzuhören. Dieser kam auf den Auftrag Lauristons und die Antwort Kutusows zurück und wies den Kaiser darauf hin, daß der Marschall wahrscheinlich den Wunsch habe, »in Verhandlungen einzutreten«, um sich möglichst bald von den Sorgen und Strapazen des Feldzugs zu befreien; doch er, Caulaincourt, halte die Aussichten, daß man Kutusow dazu ermächtige, für äußerst gering. Außerdem müsse man immer noch die Schläue und List des Generalissimus bedenken. Es könne sehr gut sein, setzte Caulaincourt hinzu, daß »diese schönen Worte nur ein abgekartetes Spiel seien, um uns die Hoffnung auf eine baldige Verständigung zu belassen und um den Kaiser in Moskau einzulullen. Man kenne in Petersburg die eigenen Vorteile und unsere Verlegenheiten.«[18]

Der Kaiser fragte betroffen, was er mit Verlegenheiten meine. Den Winter, antwortete Caulaincourt, die mit der schlechten Jahreszeit zunehmende Unterbrechung der Verbindungen, den Mangel an Pferden, das Fehlen von Hufeisen mit Winterstollen, die auf gefrorenem Schnee unentbehrlich seien, die schlechte Kleidung der Soldaten. Caulaincourt nahm es den Offizieren schrecklich übel, daß sie es versäumt hatten, zu verlangen, daß ihre Soldaten Schafpelze, gut gefütterte Handschuhe, Mützen zum Schutz der Ohren und geeignete Stiefel erhielten. Napoleon erkannte klar, daß Caulaincourt an den Rückzug dachte. Darum argumentierte er ihm gegenüber unverzüglich mit den Vorteilen, die ein Verbleiben in Moskau biete; allerdings gab er zu, wie sehr ihn das Problem der Verbindungen beunruhigte. Doch er hatte noch nicht seine Überzeugung aufgegeben, daß der Friede nur in Moskau geschlossen werden könne und man sich deshalb dort halten müsse. »Er schrieb alle seine Verlegenheiten nur der Belästigung durch die Kosaken zu; im übrigen habe er mehr als genug Streitkräfte, um Kutusow zu schlagen und sich hinzuwenden, wo er wolle. – Die Schwierigkeiten des Winters, der völlige Mangel an allem, was die Truppen vor Kälte schützen konnte, spielten in dieser Berechnung keine Rolle. ›Sie kennen die Franzosen nicht‹, sagte er; ›sie werden alles haben, was nötig ist; man wird sich zu behelfen wissen.‹ Meine Bemerkungen über den Beschlag der Pferde zog er ins Lächerliche: unsere Artillerie- und Kavallerieoffiziere und unsere Schmiede seien ebensolche Schlauköpfe wie die Russen.«[19]

Während des ganzen Feldzugs verlegte sich Napoleon auf Scherze, wenn er es mit einem Problem zu tun bekam, das er nicht verstand oder wofür er keine Lösung sah, mochte er nun über die Russen spotten, die ihre Häuser verbrannten, um zu verhindern, daß die Franzosen eine Nacht darin schliefen, oder die Improvisationskunst der Franzosen loben oder auch, um Caulaincourt zu necken, indem er ihm unaufhörlich wiederholte, in Moskau sei es wärmer als in Fontainebleau. Aber Caulaincourt durchschaute die Maske, und Napoleon wußte, daß er ihn nicht täuschte.

Man muß zugeben, daß die Lage ungewöhnlich war. Napoleon schätzte sehr zutreffend ein, wie abscheulich sie war, doch seine öffentlichen Erklärungen ließen davon nichts erkennen. Sein ganzes Spiel bezweckte, mit seiner Entschlossenheit den Zaren zu beeindrucken. Wenn er wollte, daß der Zar seinen laut hinausposaunten Plan ernst nahm, den Winter in Moskau zu verbringen, ergab sich daraus, daß er nicht gleichzeitig den Rückzug vorbereiten – und so gewissermaßen ankündigen – durfte. Er spielte ein dreifaches Spiel, das um so gefährlicher war, als die Russen nicht mitspielten. Sie belauerten ihn. Die meisten Offiziere seines Stabes, selbst die scharfsichtigsten, ließen sich von seiner Selbstsicherheit irreführen, unterwarfen sich stets seiner Autorität und trafen keine Vorbereitungen, um ihre Männer wieder marschfähig zu machen, so stark war ihre Überzeugung, daß Napoleon nicht zurückweichen würde.

Die Eroberung Moskaus hätte den Höhepunkt der militärischen Laufbahn Napoleons darstellen müssen; doch sie setzte ihn nur der Gefahr aus, daß er alle sich daraus ergebenden Vorteile einbüßte, indem er einen demütigenden und möglicherweise in den Untergang führenden Rückzug befahl. Vor ihm stand Kutusow. Er war zwar besiegt, führte jedoch eine Armee, die Verluste erlitten hatte, allerdings jeden Tag stärker wurde. Kutusow stellte eine ernste Bedrohung dar, mochte Napoleon nun in Moskau bleiben oder versuchen, aus der Stadt hinauszukommen. Die vernünftigste Lösung wäre es gewesen, Kutusow anzugreifen, doch Napoleon hatte sich in eine absurde diplomatische Position hineinmanövriert, weil er sich weigerte, anzuerkennen, daß sich die Russen niemals zu Verhandlungen bereit finden würden.

Das lähmte ihn doppelt: Es verbot ihm einerseits, aus Moskau abzumarschieren, bevor er die Antwort des Zaren erhalten hatte, und andererseits durfte er die russische Armee nicht so schnell wie möglich angreifen. Es war ja unmöglich, zu einer Schlacht herauszufordern, während man zugleich sein Friedensverlangen beteuerte. Daß er zu Winkelzügen griff, zeigt deutlich, daß er mit einer günstigen Antwort rechnete, denn ihm war durchaus bewußt, daß sich die Waffenruhe vorteilhaft für die russische Armee auswirkte, während seine Armee unter täglichen Verlusten und der Unterbrechung der Verbindungslinien litt. Erst wenn die Zeit weiter verging, ohne daß Alexander reagierte, würde er seine Taktik ändern: Er würde Moskau verlassen, aber eine Schlacht liefern, seine einzige Möglichkeit, zu beweisen, daß er nicht aus Schwäche zurückwich, sondern als siegreicher General operierte. Nur ein Sieg könnte es ihm erlauben, zurückzugehen, ohne daß diese Truppenbewegung wie ein Rückzug aussah. Außerdem wäre damit der Vorteil verbunden, zu verhindern, daß die Russen ihn verfolgten, und vor allem würde es ihnen allen Schwung nehmen. »Kutusow in einer geordneten Feldschlacht oder, falls er sich zurückzog, in Einzelgefechten zu schlagen, erschien ihm daher nach reiflicher Überlegung als *eine unentbehrliche Voraussetzung*, selbst wenn es nur deshalb wäre, um einen nachhaltigen Eindruck auf die öffentliche Meinung und die Moral der Russen zu machen, bevor er seine Winterquartiere bezog. Dieser Entscheidung, die Aussichten auf Kampf und Ruhm sowie den Vorwand bot, noch ein paar Tage auf jene Antwort zu warten, die ihm so sehr am Herzen lag und die nicht eintraf, wurde der Vorzug gegeben, und man legte sich endgültig auf sie fest.«[20] Wieviel Zeit müßte man warten, fragte sich Caulaincourt mit zunehmender Unruhe, und warum nutzte man diese Frist nicht, um die Soldaten mit den Mitteln auszustatten, die es ihnen ermöglichen würden, den Rückmarsch zu überleben? In dieser beunruhigenden Zwischenzeit ergriffen nur Caulaincourt, Davout und Marbot die unbedingt erforderlichen Initiativen, womit sie eine selten anzutreffende geistige Unabhängigkeit und unbestreitbare Autorität zeigten.

Daß ihre Männer sie als Autorität anerkannten, war unerläßlich, weil diese nicht die Notwendigkeit einsahen, sich vor der Kälte zu schützen. Marbot zwang alle seine Kavalleristen, sich mit Schafpelzen zu versorgen, selbst wenn sie behaupteten, diese schweren Pelze würden sie behindern und ihre Pferde überbeanspruchen. Außerdem schickte Marbot[21] alle seine Kavalleristen, die ihre Pferde verloren hatten, nach Polen zurück, obwohl es dem Reglement widersprach, denn er wußte genau, daß sie die Strapazen des Rückzugs nicht überleben könnten. Da er festgestellt hatte, daß die Militärverwaltung unfähig war, die Truppe mit dem Notwendigen zu versorgen, zögerte er nicht, eigenverantwortlich zu handeln.

Doch es herrschte weiter Ruhe: Die Russen unternahmen weniger
Überfälle. Wenn die beiden Armeen miteinander in Berührung
kamen, schläferten die versöhnlichen Worte und die scheinbare
Friedenssehnsucht die Aufmerksamkeit Murats ein, und zwar so
sehr, daß er, wie es ihm Napoleon gestattet hatte, sich nicht auf eine
Position zurückzog, die ihm größeren Schutz geboten hätte. Da zerstörte am 12. Oktober ein Zwischenfall dieses trügerische Gefühl
der Sicherheit. Ein Kurier, der nach Paris aufgebrochen war, wurde
entführt, und am nächsten Tag erlitt der aus Paris kommende Kurier das gleiche Schicksal. Die Armeepost verlor drei Kuriersäcke.
Da sich Napoleon nicht vorstellen konnte, keine Nachrichten aus
Paris zu erhalten, und da ihn beunruhigte, welche Folgen seine
Abwesenheit (oder vielmehr sein Verschwinden) für das politische Klima in Frankreich und die Treue seiner Verbündeten haben
könnte, schien er nun bereit, Moskau zu räumen. Am 13. Oktober
schneite es zum erstenmal in der Stadt, was zu größerer Eile trieb.
Doch er erteilte immer noch nicht die notwendigen Befehle.

Er war unschlüssig, auf welcher Straße er marschieren sollte.
Die nach Nordwesten, die es ihm ermöglichen würde, über Bje-
loje nach Witebsk zurückzukehren, schien ihm vorteilhafter, weil
die Operation dann eher wie ein Marsch auf Sankt Petersburg als
wie ein Rückzug aus Moskau wirken würde, doch diese Straße war
ihm unbekannt und setzte ihn in dieser Jahreszeit der Gefahr aus,
keine Versorgungsmöglichkeiten zu bieten. Die Straße hingegen,
auf der er bei seinem Vormarsch gekommen war, der direkteste
Verbindungsweg nach Smolensk, wies zwar große Kriegsschäden
auf, doch an ihr befanden sich in regelmäßigen Abständen Ver-
sorgungsdepots. Die Straße nach Süden, die reichere Vorräte versprach, bekannter und in dieser Jahreszeit leichter zu benutzen
war, hätte einen Kampf mit Kutusow verlangt, eine Möglichkeit,
die Napoleon reizte, weil er überzeugt war, daß er dann nach einem Sieg abmarschieren würde.

Allerdings wollte er einen letzten Versuch unternehmen und
schickte Lauriston wieder in Kutusows Hauptquartier. Ein ver-
zweifelter Versuch, weil gerade dies seine mißliche Lage bewies
und damit einen Grund bedeutete, daß sein Vorhaben scheitern
mußte. Wie nicht anders zu erwarten, blieb Lauristons zweiter
Vorstoß völlig ergebnislos. Er überbrachte einen Brief Berthiers,

in dem dieser Kutusow inständig bat, »dem Krieg einen den gel-
tenden Regeln entsprechenden Charakter zu geben und Maßnahmen zu ergreifen, damit das Land nur die unausweichlichen, sich
aus dem Kriegszustand ergebenden Leiden zu ertragen hat«. Der
Marschall antwortete mit einem Schreiben, das der Kaiser für höflich und würdig hielt und worin er erklärte, daß es schwierig sei,
»sosehr man es auch wünschen mag, ein Volk zurückzuhalten, das
über alles erbittert ist, was es sieht; ein Volk, das seit dreihundert
Jahren keinen Krieg auf seinem Territorium gekannt hat, das bereit
ist, sich für das Vaterland zu opfern, und das keinen Unterschied
macht zwischen dem, was üblich und was nicht üblich ist in den
gewöhnlichen Kriegen.«[22]

Das große Problem für die Franzosen rührte gerade daher, daß sie
sich einem unberechenbaren Feind gegenübersahen. Die wilden
Reiterüberfälle der Kosaken hatten während des gesamten Feldzugs eine Wirkung erreicht, die in keinem vernünftigen Verhältnis zu deren tatsächlichen Erfolgen stand, und sie gingen weiter.
Die Angriffe der Bauern wurden immer grausamer. Und trotzdem,
an der Frontlinie zwischen beiden Armeen respektierte man einen faktischen Waffenstillstand. Eine solche Situation, die auf eine
Okkupationsarmee höchst beunruhigend wirkt, ist nicht selten an-
zutreffen. Bedeutet das nun Frieden oder Krieg? Muß man stets
auf der Lauer liegen und gefechtsbereit sein? Tatsächlich sorgten
Soldaten wie Offiziere schlecht für ihren Schutz, und in der Vorhut wurden die Geländeerkundungen und der Spähdienst nach-
lässig durchgeführt. Die Offiziere waren oft zu jung. Voraussicht
und der Sinn für Disziplin und Ordnung waren nicht ihre starke
Seite. Es interessierte sie kaum, die Gewohnheiten des Feindes zu
beobachten und ungewöhnliche Vorkommnisse zu bemerken. Vor
allem waren sie tapfer, und man muß anerkennen, daß Napoleon
stets eher Kühnheit und Mut als Vorsicht belohnt hatte. Allerdings
mußte man auch Erfolg haben.
    Nun sah sich aber das Lager des Generals Sébastiani, das unter
dem direkten Oberbefehl Murats stand, am 18. Oktober einem re-
gelrechten Angriff ausgesetzt. Von der Division blieben nicht mehr
als 800 Mann von den 3 500 übrig, die in Wilna einmarschiert waren. Aus einem Wäldchen, das man nicht durchsucht hatte, tauch-

ten um fünf Uhr morgens – zu einer Zeit, in der ein großer Teil der
Regimenter zum Furagieren aufbrach – Kosaken, Kavallerie und
Infanterie auf. Der Angriff rief ein solches Chaos hervor, daß die
Artillerie nicht zum Einsatz kommen konnte und man unverzüglich viele Männer verlor. Nachdem die Russen in die Biwaks eingedrungen waren, erschossen sie die Tapferen, die zu ihren Pferden
stürzten, während die Kosaken sie mit Piken angriffen. Es wäre
zu einer vollständigen Katastrophe gekommen, wenn Murat nicht
an der Spitze eines Regiments zu Hilfe geeilt wäre. Man konnte
die Ordnung wiederherstellen, was um so schneller geschah, als
auf den russischen Anfangserfolg ein ungeheures Durcheinander
folgte. Befehle und Gegenbefehle lösten einander ab. Die Generäle
beleidigten einander öffentlich. Kutusow weigerte sich, Verstärkungen zu schicken, denn er wollte keine wirkliche Schlacht, weil
er überzeugt war, daß die neuen Rekruten, die er nach Borodino
erhalten hatte und die schlecht ausgebildet waren, nicht wirksam
manövrieren konnten. Er hatte die Nachlässigkeit der Franzosen
bewiesen, aber diese hatten die Lage gerettet und damit auch bewiesen – wovon Kutusow ohnehin überzeugt war –, daß sie trotz
ihrer Schwächen gefährliche Gegner blieben. Immerhin hatten sie
2 500 Mann, 38 Kanonen und Hunderte Gefangene, darunter mehrere Generäle, verloren. Diejenigen von den sehr zahlreichen Verwundeten, die noch laufen konnten, blieben lieber bei ihren Kameraden, als eine Gefangennahme zu riskieren, indem sie Zuflucht in
Moskau suchten, das man nur erreichen konnte, wenn man eine
vielen Angriffen ausgesetzte und sehr gefährlich gewordene Straße
benutzte. Napoleon erhielt die Nachricht gegen Mittag. Ein Adjutant Murats überbrachte sie, während Napoleon gerade das Korps
Ney besichtigte.

Auf die Apathie der vorhergehenden Tage folgte eine energische
Anspannung aller Kräfte. Man zögert nicht mehr, der Abmarsch
wird für den nächsten Tag festgelegt. Mortier bleibt mit einer Division in Moskau, um zu betonen, daß Napoleon die Möglichkeit
einer Rückkehr nicht ausschließt. Außerdem soll Mortier alle Verwundeten, die zu krank für einen Abtransport sind, im Findelhaus
unterbringen. Der Kreml ist unterminiert worden, und Mortier ist
dafür verantwortlich, die Sprengung vorzunehmen, wenn es die
Umstände erfordern. Manche Einheiten verlassen Moskau noch

früher und beginnen einen Nachtmarsch. Jeder, ob Ségur oder Bourgogne, erwähnt, wie schnell sich die Armee darauf vorbereitete, sich in Bewegung zu setzen. Man plant, Kutusow anzugreifen, die Tulaer Gewehrfabrik zu zerstören und sich nach Smolensk zu wenden. Die Offiziere und Unteroffiziere haben genug Erfahrung, um den Abmarsch der Einheiten schnell zu organisieren. Bourgogne erzählt, daß er und seine Kameraden sich am Abend des 18. Oktober ihrer Gewohnheit entsprechend wie Paschas auf Hermelin-, Löwen- und Bärenfellen ausstrecken und mit indischer Rose parfümierten Tabak aus Luxuspfeifen rauchen, während ungeheuer viel Punsch mit Jamaika-Rum emporflammt und einen riesigen Zuckerhut schmelzen läßt, den zwei russische Bajonette über dem Gefäß halten. Sie verabschieden sich von den Mongolinnen, Chinesinnen und Inderinnen, die ihnen Gesellschaft geleistet haben, und sie geloben ihnen Treue. Am Ende des Festes helfen sie Mutter Dubois, ihrer Marketenderin, Zucker und Flaschen auf ihrem Karren zu stapeln. Am frühen Morgen des nächsten Tages halten sie sich zum Abmarsch bereit.

Die Soldaten waren nicht die einzigen, die sich beeilten. Als sie aufwachten, wurden sie von Juden belagert, die alles kaufen wollten, was die Franzosen zurücklassen mußten, und dazu kamen Bauern, die alles aufsammelten, was bei den Biwaks herumlag. Frauen und Ausländer bereiteten sich recht und schlecht auf den Aufbruch vor, weil sie Repressalien befürchteten, wenn die Russen zurückkämen. Die Schauspielerin Louise Fusil lief durch die Straßen und suchte einen Platz in einem Wagen. Sie wurde von einer Horde hungriger Hunde angefallen. Ihr Umschlagtuch und ihr Kleid zerrissen, sie geriet ins Stolpern, als ein Mann mit einem Knüppel die Tiere verjagen konnte. Schließlich stellt ihr ein Offizier einen bequemen Reisewagen zur Verfügung. Sie richtete sich ein und hüllte sich in ihre Pelze, wußte sie doch, daß sie diese bald brauchen würde, und dann machte sie sich auf den Weg.

Die Soldaten, die ihre Beute nicht zurücklassen wollten, stopften ihre Tornister mit Nützlichem, Angenehmem und Überflüssigem voll. Wenn man nach dem Tornisterinhalt Bourgognes urteilt, hielt man sich bei weitem nicht an die vorschriftsmäßigen fünfundzwanzig Pfund. Mehrere Pfund Zucker und Reis, etwas Mehl und eine kleine Branntweinflasche zeugten von seiner Voraussicht. Große

Medaillen und der mit Diamanten verzierte Ordensstern eines
russischen Fürsten bewiesen seine Großzügigkeit, denn sie sollten
als Geschenke dienen. Aber was soll man von dem gold- und sil-
berdurchwirkten chinesischen Seidenkostüm und von dem hasel-
nußbraunen, mit grünem Samt gefütterten großen Frauenmantel
halten, dessen Verwendung er nicht kannte? Außerdem von den
zwei silbernen Reliefbildern, deren eines das Urteil des Paris auf
dem Berg Ida zeigte, während das andere den von Seepferdchen
gezogenen Neptun darstellte? Oder auch von seinen mit Edelsteinen geschmückten Pistolen? Um seine Last ein wenig zu erleichtern, zog er sich mehrere Lagen von Kleidungsstücken über, darunter eine gesteppte und wattierte gelbe Seidenweste, die er selbst
aus einem Frauenunterrock hergestellt hatte, und, was nützlicher
war, einen großen, mit Hermelinpelz gefütterten Kragen.[23] Trotz
dieser Disziplinverstöße erinnerten die Soldaten, als sie Moskau
verließen, noch an die Grande Armée, und Roos, der die Garderе-
gimenter vorbeiziehen sah, registrierte ihre stolze und martialische
Haltung. Außerdem bemerkte er die Weißbrote, die jeder am Tornister festgebunden hatte, und die Branntweinflaschen, die an den
Säbel- oder Patronentaschenriemen hingen.

Über die aufeinanderfolgenden Kolonnen ließ sich nur sagen,
daß sie die schlimmste Wirkung des Brandes von Moskau veran-
schaulichten: Unordnung, Durcheinander und die unmittelbar
drohende Auflösung. »In drei oder vier unendlich langen Reihen
herrschte ein wildes Gewirr, ein Gedränge von Kaleschen, Munitionswagen, prächtigen Wagen und Fuhrwerken aller Art. Hier gab
es russische, türkische oder persische Fahnen als Trophäen [...],
dort bärtige russische Bauern, die unsere Beute, zu der sie selbst
gehörten, führten oder trugen: andere mühten sich eigenhändig
mit Schubkarren ab, die mit allem vollgestopft waren, was sie weg-
schleppen konnten [...]. In dieser vorbeimarschierenden Armee
bemerkte man vor allem eine Menge von Männern aller Nationen,
ohne Uniformen, ohne Waffen, und Diener, die in allen Sprachen
fluchten und mit vielen Schreien und Schlägen elegante Wagen an-
trieben, diese wurden von winzig kleinen, mit Stricken angespann-
ten Pferden gezogen. Sie sind mit Beute, die man der Feuersbrunst
entrissen hat, oder mit Lebensmitteln beladen. In ihnen befanden sich auch französische Frauen mit ihren Kindern. Außerdem

folgten einige russische Mädchen als freiwillige Gefangene. Man glaubte, eine Karawane, ein umherirrendes Volk oder vielmehr eines von jenen Heeren des Altertums vor sich zu sehen, das nach einem vernichtenden Sieg eine große Menge Sklaven und Beute mitschleppt. Man begriff nicht, wie es der Spitze dieser Kolonne möglich sein sollte, eine so schwere Troßmasse auf einem solch langen Weg hinter sich herzuschleppen und zu unterstützen.«[24]

General Vionnet erinnert sich, daß sich die Wagen aller Art über eine Strecke von dreißig Kilometern aufreihten. Eigentlich sollten die der höheren Offiziere numeriert sein, doch der ungeheure Verkehrsstau, der an allen Übergängen entstand, hatte die gesamte Ordnung durcheinandergebracht. Niemand konnte seinen Besitz oder seine Diener wiederfinden. Allerdings hatten dieselben Offiziere keinerlei Zurückhaltung gezeigt. General Lejeune, der gleichwohl Stabschef des pedantischen Davout war, gab zu, daß er sechs Wagen hatte, die mit seinen Kleidungsstücken und Pelzen, mit Proviant und Büchern, mit Dokumenten und Karten beladen waren, sechs Wagen, die nicht vorankamen, weil Hohlwege, Sümpfe und Brücken zu so langen Wartezeiten zwangen, daß man zwölf Stunden brauchte, um eine Entfernung zurückzulegen, die man in gewöhnlichen Zeiten innerhalb von zwei Stunden bewältigt hätte. Außerdem überstanden die sehr einfachen Brücken schlecht die Erschütterungen, die vom Übergang einer ganzen Armee hervorgerufen wurden. Auf lange Kiefernstämme, die man über eine Schlucht oder einen Wasserlauf geworfen hatte, legte man kürzere Querbretter und bedeckte sie mit Stroh und Erde, so daß das Ganze einen primitiven Fahrdamm bildete. Ein solches Brett brauchte nur nachzugeben, und Männer und Pferde stürzten hinunter, oder die Räder eines Fahrzeugs klemmten fest.

Der Kaiser verlor die Geduld, doch er spürte deutlich, daß er seinen Soldaten den Ertrag so vieler Anstrengungen und Leiden nicht wegnehmen oder vorwerfen durfte. Außerdem verbargen Lebensmittel oft das Beutegut der Plünderungen, das unter den Säcken versteckt war, und da er seinen Leuten nicht den Proviant geben konnte, den er ihnen schuldig war, durfte er ihnen nicht verbieten, welchen mitzunehmen. Da schließlich Militärtransporte fehlten, stellten diese Wagen für die Kranken und Verwundeten das einzige Rettungsmittel dar. Es kam zu weiteren solidarischen Handlungen.

So etwa sah General Griois, daß alte Kameraden eintrafen, die vor
Kraft und Gesundheit strotzten, weil sie sich seit sechs Wochen gut
verpflegt hatten, und deren Untergebene von der Last ihrer Tornister fast zu Boden gezogen wurden. Sie gaben ihm Sachen, mit
denen er seine Garderobe erneuern konnte: eine Hose, ein Hemd,
eine Krawatte und vor allem, ein unschätzbares Geschenk, ein Paar
Stiefel in seiner Größe.

 »Im übrigen«, betonte Montesquiou, »machte dieser erste Tag
kurzen Prozeß mit einem großen Teil des lästigen Gepäcks. Diese
Wagen, die beinahe alle zu anfällig und zu leicht waren und von ihren unerfahrenen Kutschern unbesonnen gelenkt wurden, kamen
nicht weiter, kippten um, zerbrachen und blieben mit den Rußland
entrissenen, unnützen Schätzen in den Gräben oder im Gestrüpp
liegen.«[25] In den folgenden Tagen verringerten nach und nach alle
Männer ihre Last, »indem sie sich von überflüssigen Gegenständen trennten. An jenem Tag«, berichtet Sergeant Bourgogne, »war
ich bei der Nachhut, und da ich mich ganz am Ende der Kolonne
befand, konnte ich die sich allmählich entwickelnde Unordnung
beobachten. Die Straße war mit wertvollen Gegenständen übersät, wie etwa mit Bildern, Kandelabern und vielen Büchern. So
hob ich denn länger als eine Stunde einzelne Bände auf, die ich
einen Augenblick durchblätterte und danach wieder fortwarf, so
daß andere sie aufhoben, die sie ebenfalls liegenließen.«[26] (Man
kann sich schlecht Soldaten vorstellen, die auf diesen langen und
immer beschwerlicheren Strecken lasen, doch Montesquiou weist
auf das Lesebedürfnis hin, »ein übermäßiges, schmerzhaftes, uner-
trägliches Bedürfnis«,[27] als einziges Mittel, um seinen Verstand zu
bewahren. Montesquiou schrieb es der Entdeckung eines kleinen
Bandes mit Schriften Sallusts zu, daß er sein inneres Gleichgewicht
aufrechterhielt.)

 Und was taten die Russen? Aus dem sehr einleuchtenden Grund
nichts, da Kutusow die Preisgabe Moskaus erst vier Tage später,
am 23. Oktober, erfuhr. Zwei parallele Straßen führten von Moskau nach Kaluga. Napoleon schickte den Fürsten Eugène auf die
sogenannte neue Straße, während er selbst mit dem Gros seiner
Truppen die alte Straße nahm, die zum Lager Kutusows führte.
Am 21., also zwei Tage nach seinem Aufbruch, änderte er seinen
Plan und bog nach Westen ab, so daß er sich mit Eugène verei-

nigte, denn er setzte auf den Vorteil, Smolensk viel eher als sein
Feind zu erreichen. Um Kutusow noch länger aufzuhalten, befahl
er Eugène, vorzustürmen und die Kleinstadt Malojaroslawez einzunehmen, die den Übergang über die Lusha beherrschte, einen
Übergang, den die Russen unbedingt nehmen mußten, um nach
Smolensk zu gelangen. An demselben Tag befahl er Mortier, Moskau zu verlassen und direkt nach Moschaisk zu marschieren, wobei
er möglichst viele Verwundete mitnehmen sollte. Bevor Mortier
die Stadt verließ, sollte er seine Sappeure anweisen, den Kreml zu
sprengen. In der Nacht vom 22. zum 23. Oktober hörte man das
schreckliche Getöse von vier aufeinanderfolgenden Explosionen.
Wenn der Kreml nicht einstürzte, so war das einem Wolkenbruch
zu verdanken, der die Zündschnüre durchnäßte. Trotzdem waren
die Schäden beträchtlich. Die Mauern des Zeughauses brachen
teilweise zusammen, obwohl sie mehr als fünf Meter dick waren;
der hohe Glockenturm Iwans des Großen bekam Risse, Kuppeln
und Kirchtürme zerfielen zu Staub, und viele Nachbarhäuser wurden zerstört.

Eugène hatte inzwischen Malojaroslawez eingenommen, doch
er mußte einer furchtbaren russischen Gegenoffensive standhalten. Sein Gegner war ihm zahlenmäßig und mit seinen 354 Kanonen überlegen, während er selbst nur über 72 Geschütze verfügte.
Die Stadt wechselte im Lauf des Tages achtmal den Besitzer, und
die Franzosen oder vielmehr die Italiener, die von Eugène befehligt wurden und die sich nach der Meinung aller wie Löwen schlugen, behaupteten schließlich das Schlachtfeld. Aber was für ein
Schlachtfeld! Eine in Schutt und Asche liegende Stadt, ein Leichen-
acker, auf dem mehr als 10 000 Mann den Tod gefunden hatten,
Straßen, übersät mit abgetrennten Gliedmaßen und mit Köpfen,
die von den Manövern der Artilleriegeschütze zermalmt waren.
Noch ein solcher Sieg, und Napoleon würde keine Armee mehr
haben, stellte der Stabschef des Fürsten Eugène bitter fest.[28]

In der auf den Kampf folgenden Nacht wollte sich Napoleon
selbst überzeugen, ob der Feind in seiner Stellung blieb oder zurückwich. In diesem Fall würde es zu nichts führen, wenn man ihn
verfolgte, und es war besser, sich nach Smolensk zu wenden. Trotz
seiner Ungeduld willigte er ein, bis zum frühen Morgen zu warten, und er ritt mit einem kleinen Gefolge davon, wozu Berthier,

Caulaincourt, Rapp, Lauriston, Durosnel, seine Ordonnanzoffiziere und eine Vorpostenabteilung gehörten. Sie hatten noch keinen
Kilometer zurückgelegt, als sie sich einer Kosakentruppe unmittelbar gegenübersahen. Hätte sich diese nicht durch ihre Schreie
angekündigt, so hätten sie den Kaiser mühelos gefangennehmen
können, denn niemand erwartete, daß sie inmitten der Biwaks der
Garde auftauchten. Rapp, der den anderen etwas voraus war, bemerkte die Gefahr als erster. Er ritt schnell zu Napoleon zurück,
um ihn zu warnen, bevor er mit einem Dutzend Männern wieder nach vorn stürmte. Caulaincourt, der mit Berthier beim Kaiser geblieben war, hörte den Lärm der Zusammenstöße und die
Rufe der Kämpfenden. Die drei Männer hatten den Degen in der
Hand. Sehr schnell eilten zwei von dem Tumult alarmierte Garde-
schwadronen herbei und zwangen die Kosaken, sich über den Fluß
zurückzuziehen, nachdem ihnen allerdings genug Zeit geblieben
war, sehr viele Männer zu verwunden. Es mochte sein, daß Napoleon von diesem Zwischenfall verunsichert wurde oder daß ihn
der hohe Preis des Sieges von Malojaroslawez entmutigte, jedenfalls beschloß er in einer für ihn wenig bezeichnenden vorsichtigen Reaktion und nach einem Kriegsrat, nicht weiter an dem Plan
festzuhalten, Kutusow auf der Straße nach Kaluga zu attackieren.
Er entschied sich nicht für die mittlere, noch verschont gebliebene,
südwestliche Straße, die nach Medyn führte, und wählte die nach
Moschaisk, die er schon bei seinem Vormarsch benutzt hatte. Er
verzichtete also auf den Vorteil, den er in einem harten Kampf errungen hatte; diese Rückwendung ließ ihn kostbare Zeit verlieren
und zwang ihn, einen Weg zu nehmen, an dem zerstörte Städte
und Dörfer lagen (wo er jedoch mit den in den Etappenorten an-
gelegten Vorratslagern rechnen konnte), und was noch schwerwiegender war: damit befreite er Kutusow von jeder Bedrohung. Ein
einfacher Erkundungsvorstoß hätte genügt, um den Marsch der
Russen nach Süden aufzuklären, eine Bewegung, die die direkteste
Straße nach Smolensk über Medyn freigab und, wenigstens vorläufig, jeden Angriff ausschloß.

Daher geriet man in eine höchst sonderbare Lage: Die beiden
feindlichen Heere zogen in entgegengesetzter Richtung, Kutusow
wandte sich nach Süden und Napoleon nach Norden. Dessen
Selbstsicherheit war erschüttert. Man hätte ihn töten oder gefan-

gennehmen können, ohne daß seine Leute überhaupt gewußt hätten, wo sie ihn in dieser großen Ebene suchen sollten, in der sich die Kosaken unter den Augen seiner treuen Garde verstecken konnten. Noch am selben Abend ließ er Doktor Yvan, seinen Leibarzt, kommen und verlangte von ihm ein Fläschchen mit starkem Gift. Er steckte es in einen schwarzen Taftbeutel, den er sich um den Hals hängte.* Und es begann der Rückzug, der wirkliche Rückzug.

---

* Diesen Beutel behielt er stets bei sich. In normalen Zeiten bewahrte er ihn in seinem Necessaire auf, und bei einer Schlacht hängte er ihn sich wieder um den Hals. Es war das Gift, das er 1814 bei seinem Selbstmordversuch in Fontainebleau schluckte. Die Dosis dieser Mischung aus Opium, Belladonna und weißem Nieswurz war eigentlich mehr als ausreichend, um zwei Männer umzubringen. Entweder war sie verdorben oder schlecht vorbereitet, jedenfalls wirkte sie nicht tödlich.

XII
Die Rückkehr des Kaisers

Die Invasion und der Aufenthalt in dem eingeäscherten Moskau waren der Beginn des Zusammenbruchs. Zunehmende Unordnung und passiver Ungehorsam untergruben den Zusammenhalt der Grande Armée während des siebenwöchigen Rückmarsches. Es erübrigt sich, noch einmal ausführlich auf die ebenso schrecklichen wie voraussehbaren Bewährungsproben einzugehen, die sich daraus ergaben. Nur die Reaktion Napoleons auf die Katastrophe hatte noch große Überraschungen zu bieten.

Auf seinem ganzen Marsch nach Moskau sah sich Napoleon gezwungen, Entscheidungen zu treffen: ob er verhandeln sollte oder nicht, sobald er den Njemen überquert hatte, ob er seine Truppen reorganisieren oder das Tempo beschleunigen, sich in Witebsk oder Smolensk festsetzen oder aber nach Moskau vordringen sollte. Alle diese Entscheidungen wurden von ihm getroffen. Er war uneingeschränkt für sie verantwortlich und hat das nie bestritten. Trotz der schweren Verluste hat der unerhörte Erfolg, den die Einnahme Moskaus darstellte, ganz Europa in fassungsloses Staunen versetzt, und man hätte sich einen anderen Ausgang des gesamten Unternehmens vorstellen können. Der Brand Moskaus und das Schweigen Alexanders verunsicherten den Kaiser, weil sie ihn zu einer abwartenden Haltung zwangen. Fortan konnten seine Entscheidungen nicht mehr allein von ihm abhängen. Er mußte die seines Gegners in Betracht ziehen. Man hat gesehen, wie er von dem sich ihm darbietenden Dilemma – ob er abmarschieren sollte oder nicht – gequält wurde und wie er seinen Aufbruch im Widerspruch zum gesunden Menschenverstand möglichst lange hinausschob.

Sobald er sich hingegen während des Rückzugs für eine bestimmte Route entschieden hatte, mußte er sich dem Unvermeidlichen fügen. Zum ersten Mal in seiner Laufbahn hatte Napoleon jede Handlungsfreiheit eingebüßt, und was noch schlimmer war: Seine Armee hatte ihren inneren Zusammenhalt verloren.

Seit dem Aufenthalt in Moskau hatte sich die Disziplin so sehr gelockert, daß niemand mehr Autorität respektierte und auch die Offiziere sich dem Schlendrian und der gedankenlosen Routine ergeben hatten. Sie begingen den unverzeihlichen Fehler, daß sie nicht für jeden Soldaten geeignete Kleidung verlangt hatten, die sich so leicht hätte beschaffen lassen, und daß sie für die Pferde keine Hufeisen mit Winterstollen besorgt hatten. Nicht die Kälte tötete ja die Pferde; sie verendeten, weil sie nicht wieder auf die Beine kommen konnten, wenn sie auf Glatteis ausrutschten; nicht die Kälte, sondern der Durst wurde ihnen zum Verhängnis, weil die erschöpften Kavalleristen oder Kutscher sich nicht die Mühe machten, Schnee oder Eis in einem Eimer schmelzen zu lassen, um ihre Tiere zu tränken. Viele Todesfälle hätten sich verhindern lassen, wenn es den Offizieren gelungen wäre, ihre halb erfrorenen Soldaten davon zu überzeugen, wie gefährlich es war, sich zu sehr dem Feuer zu nähern. Da ihre erstarrten Glieder jedes Gefühl verloren hatten, ließen sie sich bei lebendigem Leibe verbrennen. Selten waren jene, die sich wie Caulaincourt niemals an ein Feuer setzten, um nicht in Versuchung zu geraten, zu nahe an die Flammen heranzurücken, und selten waren auch jene, die dem Rat folgten, sich die Nase oder die Ohren mit Schnee abzureiben, um den Blutkreislauf anzuregen, anstatt zu versuchen, sie mit den eigenen Händen aufzuwärmen.

Je länger der Rückzug dauerte, desto mehr Soldaten verließen ihre Regimenter und trieben sich in kleinen Banden umher, die sich manchmal um ein Pferd zusammenscharten, das ihre Vorräte trug, bevor sie es schlachteten, um es aufzuessen. Diese Dienstunwilligen hatten sich gleichwohl genug Kraft bewahrt, um sich auf etwas zu stürzen und alles ringsum zurückzustoßen, sobald sie einen möglichen Vorteil witterten. Diese zügellose Gewalt verhinderte, die Reserven zu nutzen, die man an der ganzen Strecke in jenen Vorratslagern angelegt hatte, deren Schutz so große Opfer kostete und die den Rückmarsch auf dieser verwüsteten Straße rechtfertigten. An jedem mit Vorräten versorgten Rastplatz kam es zu Schlägereien und Diebstählen. Die in Moskau gestatteten Plünderungen hatten Spuren hinterlassen, wie es eine Bemerkung bewies, die Napoleon gegenüber Las Cases auf Sankt Helena machte: »Nichts ist geeigneter [als das Plündern], eine Armee zu desorga-

nisieren und vollständig zugrunde zu richten. Ein Soldat hat keine
Disziplin mehr, sobald er plündern kann [...], auf der Stelle wird
er ein schlechter Soldat.«[1] Die Ankunft in Smolensk war in dieser
Hinsicht katastrophal.

Während der letzten zwei Monate hatte man in der Stadt riesige
Vorräte an Lebensmitteln, Waffen, Munition und Kleidung angelegt, und Napoleon war sicher, daß er seine Soldaten dort endlich
ausreichend versorgen konnte. Jeder hoffte, in der Stadt Vorräte
und etwas Ruhe zu finden. Doch der Stadtkommandant war so
spät von der unmittelbar bevorstehenden Ankunft der Armee unterrichtet worden, daß ihm keine Zeit blieb, Brot und Zwieback
backen zu lassen. Viele Offiziere, sogar höhere, demonstrierten mit
ihrem schlechten Beispiel, daß jeder hemmungslos für sich selbst
zu sorgen habe, und sie eilten allein an der Kolonnenspitze voran,
um Essen zu finden, ohne auf ihren Truppenteil zu warten. Die
desorganisierten Banden drängten dann, um sich auf die Lebens-
mittellager zu stürzen, die Regimenter beiseite, die in geordnetem
Zug in die Stadt einrückten. Die Magazine »wurden aufgebrochen
und ausgeplündert. Dort brachte man sich gegenseitig um oder
erstickte, und nur der Hunger konnte dazu treiben, daß man der
Gefahr trotzte und sich dort zeigte.«[2] Man hätte dort Waffen an alle
Soldaten verteilen können, die ihre eigenen verloren oder fortge-
worfen hatten, doch die Männer hüteten sich, sich damit zu bela-
sten. Lieber schwankten sie unter der Bürde ihrer Moskauer Schätze. Brandt wunderte sich, sobald der Rückzug begann, über die
vielen noch kampffähigen Soldaten, die ohne Waffen in der Hand
marschierten. Die gleichen Szenen und das gleiche Durcheinander
wiederholten sich auf der ganzen Strecke.

Eine besondere Gleichgültigkeit, die schlimmer als die Demoralisierung war und ständig für Unheil sorgte, erfaßte diese ge-
schwächte, disziplinlose Truppe. Auf dem Hinmarsch bezeichnete
man sie als Nachzügler; auf dem Rückweg erhielten sie den Spitznamen »Garköche«. Sie fielen nämlich über jedes Pferd her, das
strauchelte. Das arme Tier wurde unverzüglich totgeschlagen, zerstückelt, über Feuern gebraten und sogleich verschlungen. Diese
um die Flammen vereinten Garköche kümmerten sich wenig darum, wenn sie sich verspäteten und Gefahr liefen, sich zu verirren
– in dieser Jahreszeit brach die Nacht schnell herein – oder sich

von den Kosaken gefangennehmen zu lassen. Sie hatten allen Realitätssinn, jeden Selbsterhaltungstrieb und jedes Mitgefühl verloren.
Schon als man sich Smolensk näherte, waren die Straßenränder
mit den Leichen der Verwundeten übersät, die man aus Moskau
evakuiert hatte und die von denen zurückgelassen wurden, die den
Auftrag hatten, sie zu transportieren; man warf sie aus den Wagen,
damit sie an Hunger, Durst und Elend starben.

Wie reagierte Napoleon auf diese schreckliche Unordnung? Er
legte die Strecke manchmal im Sattel und manchmal in seinem
Wagen zurück (der Schnee war noch nicht tief genug, um die
Pferde daran zu hindern, den Wagen zu ziehen); allerdings stieg
er mehrmals am Tag aus, um mit einem Birkenstock in der Hand
zu laufen, wobei er sich entweder auf den Arm Caulaincourts oder
auf den eines Adjutanten stützte. Man erkannte ihn von weitem an
seinem großen, pelzgefütterten Mantel und an der amarantroten
Samtmütze mit einem Streifen Schwarzfuchspelz. Nun hatte er den
schützenden Kokon des Kremls verlassen: Nichts blieb ihm von
den Leiden seiner Männer erspart, doch er zeigte sich stets gefaßt,
und nichts verriet seine Gefühle. Es kam zu einer schrecklichen
Szene, als er wieder das Schlachtfeld von Borodino überquerte: Ein
Verwundeter, der inmitten all dieser verwesten Leichen monate-
lang überleben konnte, kroch heran und legte sich Napoleon in
den Weg. Er brach in Vorwürfe und Beleidigungen aus. Der Kaiser blieb unerschütterlich und befahl, ihn in einen Wagen seines
Gefolges zu legen, zu verbinden und zu behandeln. Und er setzte
seinen Weg fort, ohne ein weiteres Wort zu verlieren.

Ihr Gebieter wirkte in den Augen seiner Vertrauten eher gleichgültig als gebrochen. Er kümmerte sich um seine Alltagsaufgaben,
ohne daß er den Ereignissen vorgreifen wollte, und lehnte es ab,
eigentlich notwendige Opfer zu bringen und etwa auf einige Artilleriegeschütze zu verzichten, womit er die Pferde gerettet hätte,
die sich als Zugtiere überanstrengten. Man hätte gemeint, daß er
auf ein Wunder wartete. Seine Generäle, die über seine Apathie
bestürzt waren, hielten es nicht für sinnvoll, ihn anzusprechen und
auf die eindeutigen Tatsachen hinzuweisen, vor denen er offenkundig die Augen verschloß. Als ihn ein Marschall ausnahmsweise
darauf hinwies, daß es wegen der erlittenen Verluste unmöglich
sei, die verlangten Positionen einzunehmen, unterbrach er ihn leb-

haft mit den Worten: »Warum wollen Sie mir die Ruhe rauben?«
Da sein Gesprächspartner nicht lockerließ, »brachte er ihn zum
Schweigen, indem er in vorwurfsvollem Ton wiederholte: ›Ich frage Sie, Monsieur, warum Sie mir die Ruhe rauben wollen.‹«[3] Im
Augenblick der Gefahr fand er ganz natürlich Ruhe, doch in einer
ausweglosen Lage, in der man keine Initiative ergreifen konnte, bestand für ihn das einzige Mittel, nicht in Verzweiflung zu geraten,
sich gegen jede ihn ringsum bedrohende Verunsicherung abzu-
schotten und so seine Kräfte für den Moment zu schonen, in dem
er wieder zur Tat würde schreiten können.

Deshalb machte er einen apathischen Eindruck, als wäre er sich
der realen Situation wenig bewußt. Diese Haltung des Oberbefehlshabers wirkte ansteckend: Da die untergeordneten Offiziere
sicher waren, daß man ihnen schlecht gehorchte und daß jede
Verbesserung nur einen Augenblick dauern würde, versuchten
sie überhaupt nicht, aktiv einzugreifen. Außerdem wurden Befehle aus dem ganz einfachen Grund nicht mehr weitergegeben,
weil die Adjutanten keine Pferde mehr hatten und darum in
der Menge eingekeilt waren, ohne sich aus ihr befreien zu können. Wie Caulaincourt berichtet, zeigten auch die Offiziere und
Generäle eine gewisse Wirklichkeitsferne, die sich von der des
Kaisers unterschied, aber ebenso schädlich wirkte. »Man war so
kriegsmüde und wünschte so sehr, sich auszuruhen, ein weniger
feindliches Land wiederzusehen, keine Feldzüge in derart weit entfernte Gebiete mehr zu unternehmen, daß sich die meisten über
die gegenwärtigen Ergebnisse und die Folgen dieser Katastrophen
hinwegtäuschten, denn sie glaubten, sie seien eine nützliche Lektion für den Kaiser und könnten seinen Ehrgeiz besänftigen [...].
Wenn man das Verhalten und die Sorglosigkeit vieler Leute sah,
hätte man behaupten können, daß die Lektion, wie man es nannte,
gar nicht zu nachdrücklich ausfallen konnte und daß das widrige
Geschick sie dem Kaiser nicht mit französischem Blut erteilte [...].
Die Heerführer sahen das Heil gerade im Übermaß des Übels, und
der Kaiser sah dieses Übel nicht als so groß an, wie es war.«[4]

Wie es hieß, gab er sich der Hoffnung hin, er könne haltmachen
und seine Armee neu formieren. Diese Illusion stützte sich darauf,
daß die Russen seine Armee nur sehr wenig tatkräftig verfolgten
und daß die Temperatur erträglich blieb, doch sie berücksichtigte

nicht die allgemeine Disziplinlosigkeit und die ungenügende Kraft der Pferde, die die erforderlichen Anstrengungen nicht bewältigen konnten. Auf dem Hinmarsch litten die abgesessenen Kavalleristen unter dem Verlust der Pferde, doch sie wurden deshalb nicht im Stich gelassen; auf dem Rückweg wurden die Kavalleriepferde, wenigstens das, was von ihnen übrigblieb, an die Geschütze angespannt. Wenn eines von diesen armen Tieren zusammenbrach, wurde die Kanone auf dem Weg liegengelassen.

Nach der Ruhepause in Smolensk zeigte der Kaiser größere Besorgnis: Der Zustand der Armee, das Fehlen der Verstärkungen, die er dort zu finden hoffte, und vor allem die unmögliche Verbindung mit Frankreich, mit seinen in Wilna gebliebenen Ministern und den an der Dwina stehenden Korps beunruhigten ihn mehr, als er verraten wollte. Denn es lag ihm viel daran, seine Sorgen zu verheimlichen, um die rings um ihn herrschende Panik nicht noch zu vergrößern. Doch ihn trafen immer weitere harte Schläge: Witebsk wurde von einer Abteilung der an der Nordflanke stationierten Armee Wittgensteins zurückerobert; im Süden häuften sich die Kosakenüberfälle. Einige Tage später kam die Nachricht, daß Minsk gefallen war. Der Weg, auf dem sich die Grande Armée bewegte, verengte sich also und, noch schlimmer, die Lebensmittelmagazine fielen damit in die Hand des Feindes. Dann ließen sich die Fahrer der kaiserlichen Trainwagen von den Hurrarufen der Kosaken so einschüchtern, daß sie ihre Wagen im Stich ließen, um eilends in Deckung zu gehen. Die Kosaken zogen sich, wie bei ihnen üblich, zu schnell zurück, als daß sie ihre Beute hätten fortschleppen können. Die Nachzügler und Versprengten plünderten dafür die Wagen Napoleons und brachen die Kartenkästen auf. Der Kaiser war zwar sehr verstimmt, besonders durch den Verlust seiner Karten, aber er zeigte seine Unzufriedenheit nicht und wies seine Leute nicht zurecht. Er bewahrte vollkommen seine Selbstbeherrschung, unterdrückte seine Befürchtungen und wirkte unerschütterlich. Doch an diesem Abend erwähnte er Caulaincourt gegenüber, daß es für ihn notwendig sei, nach Frankreich zurückzukehren.

Daran dachte er schon seit einiger Zeit: Die Zerrüttung seiner Armee war so weit fortgeschritten, daß er nichts tun konnte, um sie zu überwinden. Wenn er noch in Europa aktiv eingreifen wollte, mußte er sich in Paris zeigen. Angesichts aller Ressourcen, über die er weiter verfügen konnte, lehnte er es ab, sich geschlagen zu geben. »Das Glück hatte ihn zu lange mit seinen Gunstbeweisen überschüttet; er konnte nicht glauben, daß es ihn vollständig verlassen hatte.«[5] Er hatte Geld in Frankreich, 300 Millionen Goldfrancs waren in den Kellern der Tuilerien deponiert; er würde neue Männer finden.

Caulaincourt stimmte dem Plan einer Abreise des Kaisers zu, ebenso wie Duroc und Daru, der es gern gesehen hätte, daß Napoleon »durch die Luft« nach Frankreich gelangen würde, »da die Erde versperrt war«. Von dort aus würde er sie besser retten, als wenn er bei ihnen bliebe. Ney, Murat und Eugène ermutigten ihn ebenfalls, nach Paris zurückzukehren. Doch er wollte seine Armee nicht verlassen, bevor er sicher war, die Voraussetzungen für ihre Rückkehr aus Rußland geschaffen zu haben, und er fuhr Murat barsch an, der ihn drängte, möglichst schnell abzureisen. Nunmehr plante er, mit seinen Truppen bis Wilna zusammenzubleiben, wo sie wieder zu Kräften kommen könnten. Das schien ihm möglich, denn er war überzeugt, daß Kutusow nicht den Mut aufbringen würde, ihn anzugreifen. Es trifft zwar zu, daß die Kosaken auf dem ganzen Rückzugsweg die Franzosen durch ständige Überfälle beunruhigten, aber das eigentliche russische Heer wagte es nie, einen entscheidenden Kampf zu versuchen, was entweder auf Kutusows Zaghaftigkeit oder darauf zurückzuführen war, daß er sich des schlechten Zustandes seiner eigenen Truppen und damit des unnötigen Risikos einer Feldschlacht bewußt war. Trotzdem blieb das Heer den Franzosen herausfordernd auf den Fersen.

Ende November versuchte Kutusow allerdings, Napoleon an der Beresina den Weg abzuschneiden, was dazu geführt hätte, die Reste der Grande Armée zu vernichten und Napoleon selbst höchstwahrscheinlich gefangenzunehmen. Das war Kutusows große und im Grunde einzige militärische Aktion während des Rückzugs der Grande Armée. An der Beresina spielte sich eines der paradoxesten Ereignisse ab, das gleichzeitig Triumph und Tragödie war. Doch im kollektiven Gedächtnis überwiegt die Tragödie, und man kann sich schwer vorstellen, daß der Übergang über diesen Fluß einer der überraschendsten Erfolge Napoleons gewesen ist, ein Erfolg, der es ihm ermöglichte, seine Tatkraft und all seine Fähigkeiten zurückzugewinnen.

Napoleon mußte das südliche Ufer der Beresina erreichen, um wieder auf den Weg nach Polen zu gelangen. An diesem Ufer, in der Kleinstadt Borissow, erwartete ihn aber Admiral Tschitscha-gow* mit sechzigtausend Mann. Er kontrollierte die einzige Brük-ke in der ganzen Gegend – ein entscheidender Vorteil, denn der Fluß war nicht zugefroren. Am Nordufer war die Situation für die Franzosen nicht besser: Dort rückten drei Armeekorps vor, die von Wittgenstein, Platow und Miloradowitsch kommandiert wur-den, um die Grande Armée am Fluß zusammenzudrängen und sie einzukesseln. Die Umstände waren für Napoleon also ungünstig, der Übergang über den Fluß erschien problematisch und das Ri-siko außerordentlich hoch. Jeder andere hätte den Mut verloren, aber der Kaiser gab nicht klein bei. Sein Selbstvertrauen und seine Hartnäckigkeit belebten trotz aller Schicksalsschläge den Mut sei-ner Leute neu.

Zu diesem Zeitpunkt verfügte er über fünfzigtausend Mann, die in Regimentern zusammengefaßt und von den Einheiten Oudinots und Victors verstärkt waren. Diese kamen aus Polozk und befanden sich also in gutem Zustand. Ungefähr vierzigtausend Versprengte, die viele Frauen und Kinder dabei hatten, folgten ih-nen recht und schlecht und brachten nicht den geringsten Nutzen. Tschitschagow, der, wie dies so oft während des Feldzugs geschah, nicht genau wußte, wo sich der Feind befand, bereitete sich am 22. November darauf vor, eine ungestörte Nacht zu verbringen, als ihn ein von Oudinot geführter Überraschungsangriff aus der Ruhe riß. Oudinot bewies, daß das Widerstreben der Russen, sich auf einen direkten Kampf einzulassen, gerechtfertigt war, denn er konnte sich der Stadt bemächtigen. Doch bevor die Russen flohen, setzten sie die Brücke in Brand. Darauf sollte es nicht ankommen, man würde die Brücke wiederherstellen, aber nicht, bevor man den Feind abgelenkt hatte.

Man mußte zu einer Kriegslist greifen. Napoleon schickte eine kleine Abteilung flußabwärts über Borissow hinaus. Ihr Auftrag

---

* General Tschitschagow hatte niemals die russische Flotte befehligt. Sein Admiralsrang war ein reiner Ehrentitel.

bestand darin, so zu tun, als ob sie einen leichteren Übergang
suchten. Um die Information zu verbreiten, empfahl man den
Männern, sich so zu verhalten, daß die Bauern und die jüdischen
Kaufleute ihr Ziel errieten, wenn sie ihnen zufällig begegneten. Die
Russen gingen in die Falle und verließen die Umgebung von Borissow. General Eblé, der Oberbefehlshaber des Brückentrains, betrachtete inzwischen voller Sorge den Fluß. Er war an dieser Stelle
breit, tief eingeschnitten und führte Eisschollen, die wegen der verhältnismäßig starken Strömung gefährlich wurden. Eine Lösung
bot sich an, nachdem General Corbineau Kosaken den ganzen
Fluß entlang verfolgt und verjagt hatte und nun ankündigte, daß
es einige Kilometer flußaufwärts, nahe beim Dorf Studjanka, eine
Furt gebe, an einer Stelle, wo der Fluß nicht breiter als die Pariser
Rue Royale am Marineministerium sei, wie Marbot es darstellt. Die
Ufer seien zwar niedrig und sumpfig, so daß man einen recht langen Zugangsweg herrichten müsse, doch das lasse sich schließlich
machen, urteilte Eblé, der sich der außerordentlichen Einsatzbereitschaft seiner Pontoniers sicher war.

Auf Napoleons Befehl ließ er in Borissow eine angeblich mit
Arbeiten beschäftigte Mannschaft zurück, um die Russen zu täuschen, und ging mit seinen besten Männern den Fluß hinauf, um
sich ans Werk zu machen. Als erstes riß man alle Dorfhäuser ein,
um sich die notwendigen Planken zu verschaffen, und dann begannen die Pontoniermannschaften mit ihrer Arbeit. Sie standen
im eiskalten Wasser und lösten sich alle Viertelstunden mit einem
Mut ab, der sämtliche Zeugen verblüffte. Napoleon blieb während
des ganzen Unternehmens ruhig und geduldig, wo er war. Die erste
Brücke war hundert Meter lang und vier Meter breit. Sie wurde am
Mittag des 26. November fertiggestellt. Die Arbeit an einer kürze-
ren Brücke, die fester gebaut und für Fahrzeuge und Munitionswagen bestimmt war, wurde um vier Uhr nachmittags abgeschlossen.
Diese hervorragende Leistung erregte allgemeine Bewunderung
und rechtfertigte das Vertrauen, das die Soldaten zum Kaiser hatten. An die Stelle des Mannes, der sich in den letzten Marschtagen passiv verhalten hatte, war nun wieder der erfindungsreiche,
gewissenhafte, anspornende Napoleon der Ruhmesjahre getreten.
Zum erstenmal seit dem Aufbruch aus Moskau jubelten ihm die
Männer zu. Er allein konnte sie retten. Er befand sich inmitten sei-

ner Armee »wie die Hoffnung im Herzen des Menschen«, schrieb Ségur. Ich glaube, man kann nicht die innere Kraft Napoleons während dieses alptraumhaften Rückzugs verstehen, seine widersinnige Weigerung, die Niederlage hinzunehmen, wenn man nicht berücksichtigt, daß er weiter furchtlos inmitten seiner Männer marschierte und sich ihrer Achtung sicher war. Wenn die Lage am schlimmsten war und er vorüberkam, hörte man keine Flüche oder Beleidigungen. »Es schien«, stellte Ségur fest, »daß es immer noch das größte von all diesen Übeln war, ihm zu mißfallen: So tief verwurzelt waren das Vertrauen und die Unterwerfung, die man für diesen Mann empfand, der ihnen die Welt unterworfen hatte.«[6] Er blieb weiterhin das große Genie, und, wie Bourgogne erklärte, »so unglücklich man auch war, mit ihm fühlte man sich überall des Sieges sicher«. Caulaincourt setzte hinzu, daß Napoleons Gefolge von dieser Wertschätzung profitierte: Man empfand so große Achtung und Ergebenheit für den Kaiser, daß niemand von seinem Hofstaat und selbst von seinen Dienern beschimpft wurde, obwohl man ganz genau wußte, daß diese Privilegierten stets zu essen hatten und nicht unter freiem Himmel schliefen. Der Großstallmeister marschierte immer zu Fuß, manchmal beim Kaiser, manchmal an der Spitze und dann wieder bei der Nachhut, doch immer inmitten der Garde, und er wußte, daß ein General in einer bestickten Prachtuniform wie er ein günstiges Ziel für Soldaten bot. Doch er wurde nie angegriffen. Darüber staunte er selbst.

Die ersten, die über die Beresina gingen, waren ausschließlich die regulären Regimenter, verschiedene Dienste und selbstverständlich der Generalstab. Damit begann man also am 26. November und setzte es den ganzen nächsten Tag fort. Einige Verwundete, die ihren Regimentern folgen konnten, überquerten danach den Fluß. Jeder bemerkte einen verwundeten polnischen Offizier, der sich an seine Krücken klammerte und so mühsam, wie man es sich vorstellen kann, über die holprige Brückenfläche humpelte. Man beeilte sich, denn man ahnte richtig, daß die Russen bald ihren Irrtum entdecken und mit starken Kräften zurückkommen würden. Hin und wieder mußte man stehenbleiben, um Reparaturen durchzuführen, doch schließlich hielten die Brückenkonstruktionen stand.

Am Abend des 27. November öffnete man die Brücken für die Invaliden, Marketender und Nachzügler. Als es dunkel wurde, hatte sich diese ganze desorganisierte Masse schon für die Nacht eingerichtet. Die Männer hatten ihre Feuer angezündet. Sie brauchten kein trockenes Holz zu sammeln: Die Armee hatte zahlreiche Fahrzeuge, Munitionswagen und Bretter zurücklassen müssen, und all diese Überreste versorgten die Lagerfeuer. Der Geruch nach gebratenem Pferdefleisch wehte über das Lager. Die einen machten sich bereit, in den stehengelassenen Kaleschen zu schlafen, die anderen bauten sich Hütten mit den herumliegenden Latten oder Schutzdächer mit den Überzügen und Stoffen der Wagen. Im hellen Mondschein sahen sie, daß die Brücken verlassen waren, und machten sich keine Sorgen. Das Licht erleichterte das Treiben der unverbesserlichen Plünderer, die immer noch über die umgekippten Wagen herfielen, um die Geheimtaschen zu entdecken, in denen Schmuck, Silberzeug und Barren versteckt waren. Sie wären leicht über den Fluß gekommen, doch sie hielten es für allzu beschwerlich, ihr einigermaßen bequemes Biwak zu verlassen, da sie am anderen Ufer die ganze Nacht ohne ein schützendes Dach und ohne Feuer hätten umherirren müssen. Am nächsten Tag würde man weitersehen.

Selbst Griois überließ sich der allgemeinen Trägheit. Zusammen mit einigen Kameraden hatte er eine volle Strohscheune gefunden, ein höchst angenehmer Unterschlupf für Männer und Pferde. Sie schlangen ihren üblichen Brei hinunter und genossen danach einen ausgezeichneten, mit Honig gesüßten Tee, als sie erfuhren, daß sich der Kaiser auf der anderen Flußseite befand und daß sich Fürst Eugène für den Übergang bereit machte. Was sollten sie tun? Ihm folgen? »Die Vorsicht riet es, und unsere Pflicht verlangte es; doch die Pflicht war nur noch ein leeres Wort; Desorganisation und Elend hatten alle Bindungen zerstört. Das Bild unserer Scheune, das uns eine so behagliche Nacht versprach, wirkte stärker [...], und wir ließen den Fürsten gehen.«[7] Am nächsten Morgen bemerkte Griois, der von dem Hügel mit seiner Scheune die ganze Ebene überblickt hatte, eine riesige Menge, die auf die Brücken zulief. Er stieg mit seinen Kameraden hinunter. Er glaubte, das Gedränge sei auf einen Unfall zurückzuführen, doch er stellte sehr schnell fest, daß die Menschenmasse unaufhörlich anwuchs und daß er sich nach vorn durchdrängen mußte. Er ritt auf einem kleinen, sehr erschöpften polnischen Pferd, mit dem er jedoch noch die unglücklichen Fußgänger zur Seite stoßen und über den Haufen rennen konnte. Er verlor seine Kameraden aus den Augen und fand sich bald in einer verstörten Menge eingekeilt, in der manche zu den Waffen griffen, um sich einen Weg zu bahnen. »In diesem entsetzlichen Kampf bedeutete ein falscher Schritt ein Todesurteil; wenn man erst einmal hingefallen war, stand man nicht wieder auf. Ich sehe noch, wie sich diese Unglücklichen abmühten, die in meiner Nähe zu Boden gestürzt waren. Ihre Köpfe tauchten hin und wieder mitten in der Menge auf; man hörte ihre Schreie nicht, sie verschwanden, und ihre Leichen lagen so dicht, daß sich der Boden erhöhte.«[8] Männer, Frauen und Kinder liefen an den Ufern hinab, um von der Seite auf die Brücken zu klettern: Man warf sie alle ins Wasser zurück. Die Pferde stürzten in den Fluß und hielten etwas länger als die Menschen durch. Sie stützten den Kopf an den Brückenrand und blieben dort so lange, wie es ihre Kräfte erlaubten.

Der unglückliche Griois saß auf seinem erbärmlichen Klepper und kam nicht voran. Das arme Tier konnte sich nicht gegen die Stöße dieses Menschengewühls wehren und kehrte auf einmal der gewünschten Richtung den Rücken zu. Griois war im Begriff, den Mut zu verlieren, als ihn ein junger Unteroffizier seines Regiments im letzten Augenblick rettete. Dieser packte das Pferdchen am Zügel und konnte es in die andere Richtung drehen. Er drängte sich durch und stieß mit seinem Säbel die Hindernisse beiseite, wobei er über umgekippte Wagen oder Leichen stolperte, so daß er nach einer Stunde ans Ende der Brücke gelangte. Die Pontoniers, die sich dort befanden, übernahmen es, ihn mühsam zu sich zu ziehen, und Griois überwand endlich das letzte Hindernis. Nun bemerkte er, daß er ungewollt einer Marketenderin geholfen hatte. Sie hielt ein Kind in den Armen und hatte sich an den Schwanz seines Pferdes geklammert, und sie schaffte es, ihn nicht loszulassen. Sie dankte Griois, indem sie ihm die Hälfte ihres letzten Zuckerstücks anbot. Er lehnte zunächst ab, weil er wußte, daß sie es nötiger als er brauchte. Aber sie bestand so sehr darauf, daß er nachgab.

Griois war, wenigstens vorläufig, außer Gefahr, doch hinter ihm ging das Gedränge der Unglücklichen weiter – im Schnee, der nun in dicken Flocken fiel, und im Feuer der russischen Granaten. Tatsächlich waren die Russen zurückgekommen. Am 28. tobte die Schlacht während des ganzen Tages. Während Oudinot am Südufer einen mörderischen Kampf mit Tschitschagow begann, in dem er trotz seiner dramatischen zahlenmäßigen Unterlegenheit siegte, hielt Marschall Victor am Nordufer die Russen in Schach. Um ein Uhr morgens gingen auch die Überlebenden seiner Einheit über die Brücken. Sie hatten die Russen am Vordringen gehindert, konnten jedoch nicht deren Feuer aufhalten, das den Nachzüglern schwere Verluste zufügte. Die nächtliche Dunkelheit schützte sie nicht, denn ihre schwarze und lärmende Masse bot ein leichtes Ziel. Am Morgen des 29. November befahl General Eblé angesichts der immer größeren Gefahr, die von den Russen ausging, die Brükken zu sprengen. Damit überließ er dem Feind Zehntausende von Gefangenen, von denen nur sehr wenige überlebten, und außerdem eine beträchtliche Beute.

Diese Episode, die so gut begonnen hatte, endete also mit einem schrecklichen Blutbad. Der Sieg an der Beresina – denn es war einer, weil der noch kampffähige Teil der Armee der Gefangennahme entgangen war – bekam dadurch eine tragische Bedeutung und wurde zum Sinnbild des Rückzugs aus Rußland. Nicht immer hebt man jedoch die Wandlung hervor, die Napoleon nach der Beresina durchgemacht hat. Von diesem Moment an gewinnt er seine alte Energie zurück. Der Mann, der sich in den letzten Wochen gleichmütig, wenn nicht sogar passiv verhielt, wird wieder zum Mann der Tat. Durch sein Geschick und den unglaublichen Opfermut seiner Soldaten vermochte er dem Feind zu entkommen, was eigentlich ganz unwahrscheinlich war. Nun kann er wieder die Zukunft ins Auge fassen, Pläne schmieden, als Kaiser auftreten.

Napoleon verfügte noch, da er Verstärkungen erhalten hatte, über sechzigtausend Mann, und weil er meinte, daß sie in der Lage waren, Polen wieder zu erreichen, selbst wenn er sich nicht bei ihnen befände, kam er zu dem Schluß, für ihn sei der Augenblick da, möglichst schnell nach Paris zurückzukehren, wo seine Anwesenheit unbedingt notwendig wurde. Der Staatsstreichversuch Malets, der die Macht ergreifen wollte, nachdem er den Tod des Kaisers bekanntgegeben hatte, bewies die Schwäche der Dynastie, selbst wenn das Komplott rasch zerschlagen wurde.* Am 4. Dezember rief der Kaiser Ney, Davout, Murat, Lefèbvre und den Fürsten Eugène zusammen, um ihnen seine unmittelbar bevorstehende Abreise mitzuteilen. Nur seine Anwesenheit in Paris könne noch das Kaiserreich retten. Alle erklärten sich einverstanden. Am Abend des nächsten Tages brach er eilig in seinem Coupé auf, das er später gegen eine Berline auf Kufen tauschte. Nur Caulaincourt begleitete ihn. Ihm folgten Duroc, Lobau, Graf Wonsowicz – ein polnischer Offizier, der ihm als Dolmetscher dienen sollte –, eine Eskorte von dreißig Jägern und eine Gruppe polnischer Lanzenreiter. Vor der Abfahrt schickte er einen Boten nach Wilna, um Maret zu unterrichten und ihm die baldige Ankunft einer »schrecklich desorganisierten« Armee mitzuteilen. Er warnte ihn besonders, wenn diese undisziplinierte Soldatenmasse keine Verpflegung finde, werde sie in der Stadt unbeschreibliche Greuel anrichten. Er schloß mit der inständigen Bitte an seinen Außenminister, dafür zu sorgen, daß sich kein Vertreter fremder Mächte in Wilna befinde. In ihrem gegenwärtigen Zustand biete die Armee keinen vorzeigbaren Anblick, wenn man einen gewissen Einfluß auf seine Verbündeten bewahren wolle. Am nächsten Tag diktierte er das 29. Bulletin, ein außerordentlich freimütiges Dokument, denn er versuchte darin nicht, die beinahe vollständige Auflösung der Armee zu verheimlichen, selbst wenn er sie entschuldigend mit Kälte und Schnee (als wäre der Winter in Rußland eine außergewöhnliche Erscheinung) und nicht mit mangelnder Voraussicht und Disziplinlosigkeit erklärte. Napoleon hat erläutert, welche Gründe ihn drängten, einen wahrheitsgemäßen Zustandsbericht über seine Streitkräfte zu veröffentlichen: »Ich werde alles sagen. Es ist besser, daß man diese Einzelheiten von mir als durch Privatbriefe erfährt und daß die Einzelheiten dann die Wirkung verrin-

---

* Malet, ein verstockter republikanischer Oppositioneller, war in einer Heilanstalt interniert. Am 23. Oktober 1812 gelang ihm die Flucht. Er stellte sich unter falschem Namen und uniformiert in der Popincourt-Kaserne vor, wo er den Tod Napoleons bekanntgab. Er nahm einen Trupp der Nationalgarde mit und ließ den Polizeipräfekten Pasquier und den Polizeiminister Savary festnehmen. Der Pariser Militärgouverneur Hullin wandte sich gegen Malet und ließ nun ihn festnehmen. Malet wurde vor eine Militärkommission gestellt und am 29. Oktober erschossen. Napoleon erfuhr davon am 6. November.

gern, zu der die Katastrophen geführt hätten, die man der Nation
mitteilen muß.«[9]

Diese Entscheidung gab das Ergebnis einer sehr gründlichen
Überlegung wieder. Er mußte seinen Thron sichern und nicht nur
persönlich, sondern auch im Vollbesitz seiner Fähigkeiten auftreten. Es nützte nichts, wenn man den Anschein erweckte, daß sich
die Armee nicht aufgelöst hätte. Indem er es mit diesen Worten
bekanntgab, hoffte er, eine große Welle des Patriotismus auszulösen. Überdies mußte er einen Theatercoup inszenieren. Seine
unerwartete Ankunft in Paris sollte wie ein Wunder wirken, und
er hatte genau vorausberechnet, daß die Verbreitung des Bulletins
gleichzeitig mit seinem Auftritt in den Tuilerien stattfand. Seine
Anwesenheit würde das Volk begeistern und so ein Gegengewicht
zu den schlechten Nachrichten bilden. Dann mußte er eilig eine
neue Armee aufstellen, und hieraus ergab sich die Notwendigkeit,
sich nicht als Besiegter, sondern als Opfer der Naturgewalten darzustellen.

Seine Abfahrt war zwar durch die Umstände gerechtfertigt, doch
sie hatte katastrophale Folgen für die Armee, die er zurückließ.
Niemand von den Großen erkannte die Autorität Murats an. Dieser wußte das wohl und dachte nur daran, selbst abzureisen und
die Sonne Neapels wiederzusehen. Bald kam es zur allgemeinen
Befehlsverweigerung: Die Generäle und Obristen gehorchten nur
noch Befehlen, die sie sich selbst gaben. Nun zerfiel auch die Garde, die Ehre und Ruhm der Grande Armée gewesen war. Außerdem schlug der Winter unerbittlich hart zu. An der Beresina waren
es elf Grad unter Null. Am 6. Dezember fiel das Thermometer auf
minus dreißig Grad. Erstarrt und erfroren stürzten die Vögel vom
Himmel. Die Männer hatten derart steife Finger, daß es zu einem
komplizierten Problem wurde, wenn man sich die Hose schließen
wollte. Zuletzt trennten sie den Hosenboden auf, damit sie die
Hose nicht wieder zuknöpfen mußten. In dieser Zeit forderten die
Kälte und vor allem der Typhus die meisten Opfer. Zwanzigtausend Mann starben innerhalb von vier Tagen. Die aus Polozk eingetroffenen Verstärkungen, die einige Tage zuvor solchen Kamp-
fesmut gezeigt hatten, aber an derart schreckliche Märsche wenig
gewöhnt waren, gingen scharenweise zugrunde. Am 8. Dezember
erschien endlich das überreich mit Waren und Vorräten versorgte,

viele Unterkünfte bietende Wilna wie das Gelobte Land am Horizont. Man brauchte nur die Hand auszustrecken, um Abhilfe für all seine Leiden zu finden.

Die Überlebenden stürzten alle durch dasselbe Tor hinein. Dabei hätte ein kleiner Umweg genügt, um andere Zugänge zu erreichen. Wie an den Toren von Smolensk oder auf den Beresinabrücken bildeten diese Tausende von Männern eine kompakte Masse, die sich selbst lähmte. Wer in die Stadt hineingelangte, terrorisierte die Einwohner. Die verantwortlichen Verwaltungsbeamten, die die Übergriffe der ausgehungerten Soldaten fürchteten, verlangten, daß die Regimenter in geordneten Verbänden auftreten sollten. Da es keine Ordnung mehr gab, kam auch keine geregelte Versorgung zustande. Daraufhin wurden die Plünderungen grausam und zerstörerisch. Viele betranken sich mit Branntwein und brachen auf der Straße zusammen, um nie wieder aufzuwachen. Am nächsten Tag griffen die Russen an. Die wilde Flucht begann aufs neue. Am 13. Dezember überquerten zehntausend Mann endlich den Njemen. Bei ihrem Abmarsch waren sie 420 000 Mann gewesen.* Ney verließ Rußland als letzter. Die Russen, die durch Kämpfe, Kälte und Krankheiten ebenfalls sehr schwere Verluste erlitten hatten, blieben an ihrer Landesgrenze stehen. Der Feldzug war zu Ende. Das hätte auch das Ende Napoleons bedeuten müssen, wenn er ein gewöhnlicher Mensch gewesen wäre. Er war es nicht.

Während dieser überstürzten, oft riskanten und immer unbequemen Fahrt zeigte er sich sehr heiter gelaunt und niemals von der Gefahr eingeschüchtert, daß er durch Länder reise, die sich feindselig verhalten konnten. Den Postmeistern gegenüber bewies er Geduld, und vor allem war er unglaublich redselig. Caulaincourt ließ ihn reden, widersprach nachdrücklich, wenn er anderer Meinung war, stellte ständig Fragen und verbrachte die Nächte damit, ihre Gespräche aufzuzeichnen. »Sie sehen alles schwarz in schwarz«, sagte

---

* Solche Zahlenangaben sind immer nur ungefähre Schätzungen. Man hat die Zahl der Toten auf 250 000 bis 300 000 und die Zahl der Kriegsgefangenen auf 100 000 bis 200 000 geschätzt. Von diesen kamen wenige zurück. Es überlebten etwa hunderttausend Mann, die zu den Flügeln der Armee des Zentrums gehört hatten.

der Kaiser zu Caulaincourt, der sich seine Einwände beinahe nicht
verzeihen konnte, so hoffnungsvoll und unwandelbar optimistisch
trat sein Gebieter auf, den das Gefühl, daß sein Stern wieder im
Aufstieg begriffen war, und die Gewißheit anspornten, daß er das
Schicksal noch meistern konnte. Weitaus erstaunlicher war, daß
er seine außerordentlichen geistigen Fähigkeiten wiedergefunden
hatte und trotz aller Eile nichts mehr dem Zufall überließ. Hierfür möchte ich nur ein Beispiel geben, das seines Aufenthalts in
Leipzig.

Immer häufiger erreichten ihn nun neue Nachrichten, und er
beschloß, mehrere Stunden in der Stadt zu bleiben, um möglichst
viele Informationen zusammenzutragen. Er ließ sich alle verfügbaren französischen oder ausländischen Zeitungen bringen, einschließlich derjenigen, die schon eine Woche alt waren, und er
ließ sich auch ein paar Romane geben, um in seinem Wagen etwas
Unterhaltung zu haben. Dann bestellte er den französischen Konsul zu sich, der so taktvoll war, den Anschein zu erwecken, den
Kaiser nicht wiederzuerkennen. Napoleon legte tatsächlich Wert
auf sein Inkognito. Auf eine direkte Frage des Kaisers, was man
von der Rußlandarmee wisse, antwortete er, die Einwohner hätten
aus mehreren bei ihnen eingegangenen Briefen geschlossen, daß
alles verloren sei, doch er erklärte auch, daß Leipzig nicht unter
dem Krieg gelitten habe, ganz im Gegenteil, weil die Stadt von Ein-
quartierungen befreit worden sei und Kaufleute und Bankiers viel
am Geschäft mit den Armeelieferungen verdient hätten. Leipzig
hatte diese Vorzugsbehandlung tatsächlich auf Grund einer am
23. September in Moskau unterzeichneten Anordnung erhalten,
weil Napoleon die besondere Bedeutung dieser Stadt, des tradi-
tionellen Zentrums des Journalismus, der Verlage und Buchhand-
lungen, verstand. Er wußte, welchen Einfluß die Schriftsteller auf
die deutsche Öffentlichkeit ausübten, und er hatte vorausgesehen,
daß die Rußlandexpedition, der erste unglückliche Feldzug seiner
Herrschaftszeit, zu heftigen Reaktionen führen würde. Darum riet
er seinem Konsul nachdrücklich, sich den Einwohnern gegenüber
rücksichtsvoll zu verhalten und die Einflußreichsten möglichst oft
zum Essen einzuladen. »Kümmern Sie sich gut um die Leipziger,
das empfehle ich Ihnen«, sagte er, als er ihn verabschiedete, nachdem er ihm zunächst praktische Fragen über die Veranstaltung der

Leipziger Messe gestellt hatte; vor allem erkundigte er sich, ob es eine tatsächliche oder fiktive Lagerhaltung gebe, das heißt, ob die Waren von einer Messe zur anderen in den Magazinen blieben.[10] Seine Reisegefährten fühlten sich erleichtert, als sie sahen, daß er zu seinem gewohnten Verhalten zurückfand. Seine Selbstsicherheit wurde dadurch gestärkt, daß die Katastrophe nicht, wie er es hätte befürchten können, seinen Einfluß auf seine Verbündeten beeinträchtigt hatte, und das bewies die Haltung des sächsischen Königs.

Napoleon erreichte Dresden um zwei Uhr morgens und fuhr zum Palais seines Gesandten. Dann schickte er Graf Wonsowicz zum Schloß des Königs, um Friedrich August zu benachrichtigen. Ein schwieriger Auftrag, wenn man die ungewöhnliche Stunde des Besuchs und die strenge Etikette des kleines Hofes bedachte. Dank der Unterstützung eines polnischen Adjutanten konnte der Graf zum Ziel gelangen und um drei Uhr früh ins Schlafzimmer des Königs eintreten. Dieser fuhr aus dem Schlaf hoch und musterte etwas beunruhigt den Unbekannten, der behauptete, er stelle sich im Auftrag des Kaisers Napoleon vor. Seine reich bestickte Uniform verlieh ihm eine gewisse Glaubwürdigkeit. Der König ließ sich überzeugen. Er stand auf und erklärte, er werde sich zu seinem Verbündeten begeben, denn er nahm an, dieser sei dringender der Ruhe bedürftig als er. Er wollte nicht warten, bis man angespannt hatte, ließ eine Mietsänfte kommen und suchte seinen Freund Napoleon auf.

Sie führten ein sehr herzliches Gespräch. Die beiden Männer setzten sich zu Tisch und soupierten gemeinsam. Der Kaiser verheimlichte nicht die Einzelheiten des überaus unglücklichen Feldzugs. Er bekannte, daß der größte Teil seiner Armee verloren sei, und gab seine Fehler zu, doch er bekundete außerordentlich großes Vertrauen in die Zukunft. Alle machen Fehler, erklärte er. Man erkenne sie an, und dann müsse man sie wiedergutmachen. So plauderten sie bis zum frühen Morgen und unterbrachen sich nur, um die Reisevorbereitungen zu erledigen. Der Schlitten, den man seit Litauen benutzt hatte, drohte auseinanderzubrechen. Der König befahl, seinem Besucher eine mit Kufen versehene Hofkutsche zur Verfügung zu stellen und ihn mit Wein und Lebensmitteln zu versorgen. Die Franzosen machten sich um acht Uhr morgens wieder

auf den Weg, und der König kehrte erst nach Napoleons Abfahrt in
seine Residenz zurück.

Als die Reisenden über den Rhein gelangt waren, verdoppel-
ten sie die Geschwindigkeit und hielten nur an, um die Pferde zu
wechseln. Man erkannte sie nirgends wieder. Die Laune wurde immer unbeschwerter. In Verdun ließ Napoleon kandierte Mandeln,
die große Spezialität der Stadt, für seine Frau und seinen Sohn
kaufen. Nachdem er das Abendessen in Château-Thierry, der letzten Station vor der Hauptstadt, eingenommen hatte, wusch er sich
gründlich und legte die Uniform eines Grenadiers zu Fuß seiner
Garde an, die er in Paris gewöhnlich trug. Da es bitter kalt war,
zog er nicht seinen grauen Mantel an, sondern nahm wieder den
pelzgefütterten Mantel. Endlich kamen sie nach Paris. In der Geld-
kassette blieb kein einziger Sou übrig. Um die letzten Ausgaben in
Meaux zu bezahlen, hatten der Kaiser, Caulaincourt, der polnische
Dolmetscher und der Mameluck Roustan zusammenlegen müssen, und die achtzig Francs, die sie zusammenkratzten, genügten
immer noch nicht, um den Postmeister zu bezahlen. Caulaincourt
mußte einen Kredit aushandeln.

Der Postillion fuhr aus eigenem Antrieb unter dem Triumph-
bogen durch – eine Durchfahrt, die dem Wagen des Kaisers vorbehalten war. Er hielt seine Pferde am Eingang der Tuilerien an.
Es war der 18. Dezember, eine Viertelstunde vor Mitternacht, ein
Tag vor dem einundzwanzigsten Geburtstag der Kaiserin. Die
Wachposten ließen sie durch, als sie Caulaincourts Uniform sahen. Doch am Eingang der offenen, nach dem Garten zu liegenden Galerie, die zu den im Erdgeschoß des Schlosses liegenden
Gemächern Marie-Louises führte, kam ein Schweizer, der schon
im Begriff gewesen war, sich zu Bett zu legen, im Hemd, das Licht
in der Hand, um nachzusehen, wer da einen solch ungewöhnlichen Lärm verursachte. Er erkannte Caulaincourt nicht, der einen vierzehn Tage alten Bart hatte, und rief seine Frau zu Hilfe.
Diese musterte ihn aus größter Nähe, während der Ehemann ihn
anleuchtete und zugab, daß es sich tatsächlich um den Großstallmeister handelte. Sie kümmerte sich nicht um seinen Gefährten.
Nun tauchten ebenfalls alarmierte Diener auf. Die Kammerfrauen
der Kaiserin öffneten einen Spaltbreit ihre Tür. Die Caulaincourt
folgende Person zog endlich die Blicke auf sich, und ein Diener

schrie auf: »Es ist der Kaiser!« Nun herrschte allgemeine Freude, die Erregung nahm zu, und es begann ein großes Durcheinander. Als der Kaiser bei seiner Frau eintrat, wandte er sich zu seinem Gefährten um und sagte: »Gute Nacht, Caulaincourt! Sie haben auch Ihre Ruhe verdient.«[11]

1. Napoleon I. Bonaparte (1769-1821),
Kaiser der Franzosen.

2. Alexander I. (1777-1825),
Zar von Rußland.

3. Armand-Augustin-Louis de Caulaincourt (1772-1827),
Großstallmeister des Hofes von Napoleon.

4. Joachim Murat (1767-1815),
König von Neapel, Marschall Napoleons,
berühmt durch seinen Mut.

5. Eugène de Beauharnais (1781-1824),
Herzog von Leuchtenberg, Stiefsohn Napoleons.

6. Michel Ney (1769-1815),
Herzog von Elchingen, Fürst von der Moskwa,
Marschall Napoleons.

PIERRE-ANTOINE-NOEL-BRUNO DARU,

COMTE DE L'EMPIRE,

Membre de l'Institut de France, Ancien Ministre-Directeur de l'administration de la Guerre, Commandeur de l'Ordre de S.t Henri de Saxe Grand-Croix des Ordres de la Réunion de la Légion d'Honneur, et de l'Aigle Blanc de Pologne etc.

Né le 12 Mars 1767 à Montpellier Dep.t de l'Herault

à Paris, chez l'Auteur, rue de Touraine N.º 5 Faub. S.t Germain.

7. Pierre-Bruno Daru (1767-1829),
Graf des Kaiserreichs, sicherte die praktische
Organisation des Rußlandfeldzugs.

DAVOUST.

8. Louis-Nicolas Davout (1770-1823),
Herzog von Auerstädt, Fürst von Eckmühl, Marschall
und bedeutender Heerführer Napoleons.

9. Géraud-Christophe-Michel Duroc (1772-1813),
Herzog von Friaul, Oberhofmarschall des kaiserlichen Haushalts,
bekannt durch sein unabhängiges Urteil.

PONIATOWSKI.

10. Fürst Józef Poniatowski (1763-1813),
Kommandierender der polnischen Legion
im Dienste Frankreichs.

11. Fürst Michail Barclay de Tolly (1761-1818),
russischer Marschall, 1812 Oberbefehlshaber der
zaristischen Truppen gegen Napoleon.

12. Fürst Pjotr Bagration (1765-1812),
russischer Feldherr.

KUTUSOW SMOLENSKOI

13. Michail Kutusow (1745-1813),
Fürst von Smolensk, russischer Heerführer und ab 1812
Nachfolger von Barclay de Tolly als Oberbefehlshaber.

14. Die Schlacht von Smolensk

15. Die Schlacht bei Borodino

16. Der Einmarsch der französischen Armee in Moskau.

Anhang

Anmerkungen

I. Die größte Armee der Welt

1 Caulaincourt, Armand de, *Mémoires du général de Caulaincourt, duc de Vicence*, Paris, Plon, 1933, Bd. I; S. 354. – Auszugsweise dt. u. d. T.: *Unter vier Augen mit Napoleon. Denkwürdigkeiten des Generals Caulaincourt, Herzogs von Vicenza, Großstallmeisters des Kaisers*, übers. v. Friedrich Matthaesius; Bielefeld u. Leipzig, Velhagen & Klasing, 1937.

2 Ebd., Bd. II; S. 223. – Dt. zit. nach: *Unter vier Augen …*, a. a. O., S. 90.

3 Roos, Heinrich von, *1812. Souvenirs d'un médecin de la Grande armée*, Paris, Perrin, 1913; S. XXIII. – Dt. u. d. T.: *Mit Napoleon in Rußland*, hrsg. v. Paul Holzhausen; Stuttgart, Lutz, 1911.

4 Ebd.

5 Vgl. Boudon, Jacques-Olivier, *La France et l'Europe de Napoléon* (»Das Frankreich und Europa Napoleons«), Paris, Armand Colin, 2006; S. 83f.

6 Aubry, Octave, *Les pages immortelles de Napoléon* (»Die unsterblichen Seiten Napoleons«), Paris, Corréa, 1941; S. 108.

7 Stendhal, *Vie de Henry Brulard*; in: *Œuvres Intimes*, Paris, Bibliothèque de la Pléiade, 1955; S. 405. – Dt. zit. nach: Stendhal, *Leben des Henry Brulard*, aus dem Frz. von Elisabeth Schneider; Leipzig, Verlag Philipp Reclam jun., 1965; S. 333.

8 Marchioni, Jean, *Place à Monsieur Larrey, chirurgien de la garde impériale* (»Für Monsieur Larrey, den Chirurgen der kaiserlichen Garde«), Arles, Actes Sud, 2003; S. 275.

9 Brandt, Heinrich von, *Souvenirs d'un officier polonais. Scènes de ma vie militaire en Espagne et en Russie* (»Erinnerungen eines polnischen Offiziers. Ereignisse aus meinem Soldatenleben in Spanien und Rußland«), Paris, Charpentier, 1877; S. 128. – Dt. u. d. T.: *Aus dem Leben des Generals der Infanterie z. D. Dr. Heinrich von Brandt*; Berlin, Mittler u. Sohn, 1868-1869.

10 Ségur, Philippe-Paul, Comte de, *Histoire de Napoléon et de la Grande Armée pendant l'année 1812*, Paris, Baudoin Frères, 1825, Bd. I; S. 172. – Dt. u. d. T.: *Napoleon und die Große Armee in Rußland*, hrsg. v. Peter Berglar, aus dem Frz. v. Joseph A. H. von Theobald; Bremen, Schünemann, 1965.

11 Caulaincourt, Armand de, a. a. O., Bd. I; S. 350.

12 Bourgoing, Paul, Baron de, *Souvenirs militaires* (»Militärische Erinnerungen«), Paris, Plon, 1897.

13 Elting, John R., *Swords around a throne, Napoleon's Grande Armée* (»Säbel in der Umgebung des Throns, Napoleons Grande Armée«), London, Orion House, 1999; S. 196.

14 Roeder, Helen, *The ordeal of captain Roeder* (»Hauptmann Roeders Feuerprobe«), New York, Saint Martin's Press, 1961; S. 90 und 109. – Dt. Ausg.: Röder, Franz, *Der Kriegszug Napoleons gegen Rußland im Jahre 1812*, hrsg. v. Carl Röder; Leipzig, Wilhelm Engelmann, 1848.

15 Grabowski, Joseph, *Mémoires militaires* (»Militärische Memoiren«), Paris, La Vouivre, 1997; S. 4. – Dt. u. d. T.: Grabowski, Josef von, *Aus der Umgebung Bonapartes. Erinnerungen eines Ordonnanzoffiziers Napoleons I.*, aus dem Poln. übers. v. Casimir von der Osten-Sacken; Berlin, K. Siegismund, 1910.

16 Marbot, Antoine-Marcellin, *Mémoires du général baron de Marbot*, Paris, Plon, 1891, Bd. III; S. 229. – Dt. u. d. T.: *Memoiren des französischen Generals Marcellin de Marbot*, dt. bearb. v. L. Ottmann; Stuttgart, Lutz, 1899.

17 Napoléon, *Correspondance*, Paris, 1858-70, Bd. XXIII; S. 432; zit. in: David Chandler, *The Campaigns of Napoleon*, New York, MacMillan, 1966; S. 757. – Vgl. dt.: Napoleon Bonaparte, *Briefe Napoleons des Ersten. Auswahl*, hrsg. v. Friedrich M. Kircheisen, 3 Bde.; Stuttgart, Robert Lutz, 1910.

18 Maistre, Joseph de, *Oeuvres complètes*, 1889-93, Lyon, Vitte et Perrussel, 1889-93, Bd. XII; S. 171.

19 Fain, Agathon, *Mémoires du baron Fain*, Paris, Arléa, 2001; S. 195.

II. Die Invasion. 22.-30. Juni 1812

1 Montesquiou, Anatole, Comte de, *Souvenirs sur la Révolution, l'Empire, la Restauration et le règne de Louis-Philippe* (»Erinnerungen an die Revolution, das Kaiserreich, die Restauration und die Herrschaft Louis-Philippes«), Paris, Plon, 1961; S. 207.

2 Ebd., S. 208.

3 Metternich, Clemens von, Fürst, *Mémoires, documents et écrits divers laissés par le prince de Metternich, chancelier de cour et d'État* (»Memoiren, Dokumente und nachgelassene Papiere des Fürsten von Metternich, des Hof- und Staatskanzlers«), Paris, Plon, 1880-1884, Bd. I; S. 315-17. – Vgl. dt.: Metternich, Clemens von, Fürst, *Nachgelassene Papiere*, Wien, Braumüller, 1880-1883.

4 *Revue d'histoire diplomatique*, 1911. Eine unveröffentlichte Depesche Metternichs.

5 Montesquiou, a. a. O., S. 20.

6 Caulaincourt, Armand de, a. a. O., Bd. 1; S. 116.

7 Maistre, Joseph de, *Oeuvres complètes*, a. a. O., Bd. XII; S. 169.

8 Las Cases, Emmanuel, Comte de, *Mémorial de Sainte-Hélène*, Paris, Bibliothèque de la Pléiade, 1964, Bd. I; S. 511f. – Dt. u. d. T.: *Napoleon I. Tagebuch von St. Helena*, übertr. v. Oskar Marschall von Bieberstein; Leipzig, H. Schmidt & C. Günther, 1899.

9 Thiers, Adolphe, *Histoire du Consulat et de l'Empire*, Brüssel, Meline, Cans et Cie., 1856, Bd. XIV; S. 40 (dt.: *Geschichte des Konsulats und des Kaiserreichs*, Leipzig, Wigand, 1863). Thiers lag der von Balaschow verfaßte Bericht über die Unterredung vor, in der Napoleon seine Ansichten äußerte.

10 Waliszewski, Kazimierz, *La Russie il y a cent ans: le règne d'Alexandre Ier* (»Rußland vor hundert Jahren: die Herrschaft Alexanders I.«), Paris, Plon, 1923-25, Bd. II; S. 33f.

11 Caulaincourt, a. a. O., Bd. I; S. 365.

12 Dedem van der Guelder, Antoine-Baudoin (Dedem van den Gelder, An-
    thony Boldewijn), Baron, *Mémoires du général baron de Dedem de Gelder*;
    zit. in: Grunwald, Constantin de, *La campagne de Russie [1812]*, Paris, Jul-
    liard, 1963; S. 34.

13 Soltyk, Roman, Comte, *Napoléon en 1812*, Paris, Le Livre chez vous, 2006;
    S. 23f. – Dt. u. d. T.: *Napoleon im Jahre 1812, oder historisch-militärische
    Darstellung des Feldzuges in Rußland*, übers. v. Ludwig Bischof; Wesel-Leip-
    zig 1837.

14 Brandt, Heinrich von, *Souvenirs d'un officier polonais. Scènes de ma vie mi-
    litaire en Espagne et en Russie*, Paris, Charpentier, 1877; S. 231.

15 Las Cases, a. a. O., Bd. II; S. 219.

16 Roos, Heinrich von, a. a. O., S. 22 – Dt. zit. nach: a. a. O., S. 22.

17 Coignet, Jean-Roch, *Cahiers du capitaine Coignet*, Paris, Arléa, 2001; S. 169.
    – Dt. u. d. T.: *Von Marengo bis Waterloo. Memoiren des Capitaine Coignet*,
    bearb. v. Georg Rummler; Stuttgart 1910.

18 Constant, Wairy, *Mémoires intimes de Napoléon Ier* (»Private Memoiren Na-
    poleons I.«), Paris, Mercure de France, 2000, Bd. II; S. 225. – Dt. u. d. T.:
    Napoleon I. Nach den Memoiren seines Kammerdieners Constant, übertr. v.
    Oskar Marschall von Bieberstein; Leipzig, Schmidt & Günther, 1904.

19 Coignet, a. a. O., S. 256.

20 Montesquiou, a. a. O., S. 210.

21 Chambray, Georges, Marquis de, *Histoire de l'expédition de Russie*, Paris,
    Pillet, 1823, I, 48. – Dt. u. d. T.: *Napoleon's Feldzug in Rußland 1812*, aus
    dem Frz. übers. durch Johann L. Blesson; Berlin, Duncker, 1824.

22 Roos, a. a. O., S. 23. – Dt. zit. nach: a. a. O., S. 23.

23 Roeder, Helen, a. a. O., S. 105.

24 Ebd.

25 Brandt, a. a. O., S. 244.

26 Ebd., S. 53.

III. Der unerreichbare Feind. Juli 1812

1 Caulaincourt, Armand de, a. a. O., Bd. I; S. 402.

2 Labaume, Eugène, *La campagne de Russie, récit d'un officier de la Grande
   Armée*, Paris, Cosmopole, 2001; S. 50. – Dt. u. d. T.: *Ausführliche Erzählung
   von dem Feldzuge in Rußland im Jahre 1812*, aus dem Frz.; Leipzig, Baumgärtner, 1815.

3 Pasquier, Étienne-Denis, Duc, *Histoire de mon temps. Mémoires du Chancelier Pasquier* (»Geschichte meiner Zeit. Memoiren des Kanzlers Pasquier«),
   Paris, Plon, 1893, Bd. II; S. 2-4.

4 Caulaincourt, a. a. O., Bd. I; S. 357.

5 Ebd., Bd. I; S. 368.

6 Ségur, Philippe-Paul, Comte de, a. a. O., Bd. I; S. 213.

7 Laugier, Cesare de, *Epopées centenaires, la grande Armée: récits de Cesare de
   Laugier* (»Hundertjährige Heldengeschichten, die Grande Armée: Berichte
   von Cesare de Laugier«), Paris, Fayard, 1910.

8 Castellane, Victor-Elisabeth, Boniface, Comte de, *Journal du maréchal de Castellane* (»Tagebuch des Marschalls de Castellane«), Paris, Plon, 1895-97, Bd. I; S. 129.

9 Bourgogne, Jean-Baptiste, *Mémoires du sergent Bourgogne*, Paris, Arléa, 1992; S. 7. – Dt. u. d. T.: *Kriegserlebnisse 1812-1813*, übers. v. H. v. Natzmer; Stuttgart, Robert Lutz, 1900.

10 Roeder, Helen, a. a. O., S. 127.

11 Constant, Wairy, a. a. O., Bd. II; S. 273f.

12 Ebd., Bd. II; S. 270.

13 Caulaincourt, a. a. O., Bd. I; S. 371.

14 Ebd., Bd. I; S. 376.

15 Chambray, Georges, Marquis de, a. a. O., Bd. I; S. 279.

16 Caulaincourt, a. a. O., Bd. I; S. 372.

17 Cate, Curtis, *The war of the two emperors, Russia 1812* (»Der Krieg der zwei Kaiser, Rußland 1812«), New York, Random House, 1985; S. 255.

18 Griois, Lubin, *Mémoires du général Griois, 1812-1822*, Paris, Editions du Grenadier, 2003; S. 35.

19 Elting, John R., a. a. O., S. 314.

20 Dedem van der Guelder; zit. in: Grunwald, Constantin, a. a. O., S. 72.

21 Ségur, a. a. O., S. 227.

22 Bourgoing, Pierre, Baron de, a. a. O., S. 99.

23 Caulaincourt, a. a. O., Bd. I; S. 375.

24 Ségur, a. a. O., Bd. I; S. 225.

25 Montesquiou, Anatole, Comte de, a. a. O., S. 217.

26 Ebd., S. 219.

27 Las Cases, Emmanuel, Comte de, a. a. O., Bd. II; S. 357.

28 Ségur, a. a. O., Bd. I; S. 234.

29 Ebd., Bd. I; S. 238.

30 Ebd., Bd. I; S. 234.

31 Ebd., Bd. I; S. 297.

32 Ebd., Bd. I; S. 237.

33 Caulaincourt, a. a. O., Bd. I; S. 384f.

34 Metternich, a. a. O., Bd. I; S. 279.

35 Ségur, a. a. O., Bd. I; S. 82.

36 Caulaincourt, a. a. O., Bd. I; S. 372.

37 V. P. Derrécagais, S. 511; in: Tulard, *Murat*, Hachette, 1983.

38 Pasquier, a. a. O., Bd. II; S. 3.

39 Constant, Wairy, a. a. O., Bd. II; S. 272.

40 Clausewitz, Carl von, *The campaign of 1812 in Russia*, New York, Da Capo Press, 1995; S. 12. – Dt. zit. nach: Carl von Clausewitz, *Der russische Feldzug von 1812*, hrsg. v. Helmut Greiner; Wiesbaden, Limes Verlag, 1953; S. 15.

41 Rochechouart, Louis, Comte de, *Mémoires sur la Révolution, l'Empire et la Restauration* (»Memoiren über die Revolution, das Kaiserreich und die Restauration«), Paris, Plon, 1892; S. 100.

42 Caulaincourt, a. a. O., Bd. II; S. 222.

43 *Napoleon's Campaign in Russia II*, New York, West Point: USMA; S. 17. In: Elting, a. a. O., S. 523.

44 Griois, a. a. O., S. 87.
45 Waliszewski, Kazimierz, a. a. O., Bd. II; S. 72.
46 Ségur, a. a. O., Bd. I; S. 237. Siehe auch: Tarle, Eugene, *Napoleon's invasion of Russia*, London, Oxford University Press, 1942; S. 132. – Dt. u. d. T.: Eugen Tarlé, *Napoleon in Russland*, 1812, übertr. v. W. Schen; Zürich, Steinberg Verlag, 1944; S. 123f.

IV. Am Punkt ohne Umkehr. 13. August 1812

1 Metternich, a. a. O., Bd. I; S. 122.
2 Caulaincourt, Armand de, a. a. O., Bd. I; S. 408. – Dt. zit. nach: Caulaincourt, a. a. O., S. 54.
3 Ségur, Philippe-Paul, a. a. O., Bd. I; S. 262.
4 Ebd., Bd. I; S. 263.
5 Griois, Lubin, a. a. O., S. 36.

V. Dieses Hundeland. Smolensk, August 1812

1 Griois, Lubin, a. a. O., S. 37f.
2 Las Cases, Emmanuel, Comte de, a. a. O., Bd. II; S. 438.
3 Thiers, Adolphe, a. a. O., Bd. XIV; S. 147.
4 Caulaincourt, Armand de, a. a. O., Bd. I; S. 395.
5 Ségur, Philippe-Paul, Comte de, a. a. O., Bd. I; S. 322.
6 Brandt, Heinrich von, a. a. O., S. 256.
7 Ségur, a.a.O., Bd. I; S. 282.
8 Marchioni, Jean, a. a. O., S. 350f.
9 Roos, Heinrich von, a. a. O., S. 52. – Dt. zit. nach: a. a. O., S. 58.
10 Brief Berthiers an Napoleon; in: Fain, Agathon, a. a. O., S. 416.
11 Puybusque, Louis-Guillaume, Vicomte de, *Lettres sur la guerre de Russie en 1812* (»Briefe über den Rußlandkrieg von 1812«), Paris, Magimel, Anselin et Pochard, 1817; S. 52, 53 und 60.
12 Laugier, Cesare de, a. a. O., S. 63.
13 Ségur, a. a. O., Bd. I; S. 321.
14 Montesquiou, Anatole, Comte de, a. a. O., S. 261.
15 Caulaincourt, a. a. O., Bd. I; S. 402 und 399.
16 Maistre, *Œuvres complètes*, a. a. O., S. 280.
17 Wilson, Robert, Sir, *General Wilson's Journal*, London, Kimber, 1964; S. 36. – Dt. u. d. T.: *Geheime Geschichte des Feldzuges von 1812 in Rußland*, aus dem Engl. v. Julius Seybt; Leipzig, Adolf Gumbrecht, 1861.
18 Clausewitz, Carl von, a. a. O., S. 139. – Dt. zit. nach: a. a. O., S. 85.
19 Wilson, a. a. O., S. 34-39.
20 Maistre, Joseph de, *Correspondance diplomatique, 1811-1817*, Paris, Michel Lévy, 1860, Bd. I; S. 165.
21 Thiers, a. a. O., Bd. XIV; S. 177.
22 Soltyk, Roman, Comte, a. a. O., S. 139.

23 Thiers, a. a. O., Bd. XIV; S. 181.
24 Ségur, a. a. O., Bd. I; S. 352.
25 Montesquiou, a. a. O., S. 218.
26 In: Tulard, Jean, *Napoléon*, Paris, Fayard, 1977; S. 308. – Dt. zit. nach: Tulard, Jean, *Napoleon oder Der Mythos des Retters*, aus dem Frz. v. Caroline Vollmann, Frankfurt/M., Berlin, Wien, Ullstein, 1982; S. 343.
27 Caulaincourt, a. a. O., Bd. I; S. 411.
28 Ségur, a. a. O., Bd. I; S. 351.
29 Soltyk, a. a. O., S. 139.
30 Las Cases, a. a. O., Bd. I; S. 28.
31 Dammame, Jean-Claude, *Les Soldats de la Grande Armée*, Paris, Perrin, 2002; S. 94.
32 *Napoléon et l'Empire*, hrsg. v. Jean Mistler, Paris, Hachette, 1968, Bd. II; S. 9.
33 Montesquiou, a. a. O., S. 112.
34 Brandt, a. a. O., S. 268.
35 Griois, a. a. O., S. 111.
36 Ségur, a. a. O., Bd. I; S. 319.
37 Caulaincourt, a. a. O., Bd. I; S. 411.
38 Ebd., Bd. II; S. 219.
39 Constant, Wairy, a. a. O., S. 211.
40 Caulaincourt, a. a. O., Bd. I; S. 418.
41 Ebd., Bd. I; S. 417.
42 Davydov, Denis Vasilevich (Dawydow, Denis Wassiljewitsch), *In the service of the Tsar against Napoleon* (»Im Dienst des Zaren gegen Napoleon«), London, Greenhill Books, 1999; S. 87.
43 Brief Napoleons an Berthier; datiert auf: Gschatsk, 3. September 1812. Zit. von: Thiers, a. a. O., Bd. XIV; S. 197.
44 Brandt, a. a. O., S. 270.
45 Chambray, Georges, a. a. O., S. 276ff.

VI. Ein Schlachtfeld voller Toter

1 Glinka, Fedor Nikolaevich (Glinka, Fjodor Nikolajewitsch); in: Grunwald, Constantin, *La campagne de Russie*, Paris, Julliard, 1963; S. 113.
2 Tolstoï, *Guerre et Paix*, Paris, Bibliothèque de la Pléiade, 1952; S. 966. – Dt. zit. nach: Tolstoj, Lew N., *Krieg und Frieden*, 4 Bde., Leipzig, Insel-Verlag, 1922, übers. v. Hermann Röhl, Bd. 3; S. 266.
3 Maïevski (Majewski); in: Grunwald, a. a. O., S. 115.
4 Clausewitz, Carl von, a. a. O., S. 148. – Dt. zit. nach: a. a. O., S. 92.
5 Ebd., S. 149. – Dt. zit. nach: a. a. O., S. 93.
6 Dumonceau, François, *Mémoires du Général Comte François Dumonceau*, Brüssel, Brepols, 1958-63. Zit. in: Austin, Paul, *1812, The March on Moscow*, London, Greenhill Books, 1993; S. 253.
7 Lejeune, Louis-François, *Mémoires du général Lejeune, 1792-1813*, Paris, Grenadier, 2001; S. 390.

8 Ebd.

9 Bourgogne, Jean-Baptiste, a. a. O., S. 7.

10 Griois, Lubin, a. a. O., S. 45.

11 Glinka; in: Grunwald, a. a. O., S. 126.

12 Soltyk, Roman, Comte, a. a. O., S. 149.

13 Bausset, Louis-François, Baron de, *Mémoires anecdotiques sur l'intérieur du palais de Napoléon, sur celui de Marie-Louise depuis 1805 jusqu'en 1816* (»Anekdotische Memoiren aus dem inneren Palastbereich Napoleons und dem Maria-Luises von 1805 bis 1816«), Paris, Levasseur, 1829. In: Grunwald, a. a. O., S. 128.

14 Griois, a. a. O., S. 47.

15 Soltyk, a. a. O., S. 152.

16 Roos, Heinrich von, a. a. O., S. 64. – Dt. zit. nach: a. a. O., S. 71.

17 Thiers, Adolphe, *Histoire du Consulat et de l'Empire*, Brüssel, Meline, Cans et Cie., 1856, Bd. XIV; S. 213.

18 Roos, a. a. O., S. 67. – Dt. zit. nach: a. a. O., S. 72 und 74.

19 Griois, a. a. O., S. 52.

20 Ségur, Philippe-Paul, Comte de, a. a. O., S. 406.

21 Griois, a. a. O., S. 49.

22 Ségur, a. a. O., Bd. I; S. 403.

23 Griois, a. a. O., S. 50.

24 Montesquiou, a. a. O., S. 222.

25 Dedem; in: Cate, Curtis, *The War of the two Emperors, Russia 1812*, New York, Random House, 1985; S. 239.

26 Labaume, Eugène, a. a. O., S. 113.

27 Andreev (Andrejew), N.I.; in: Grunwald, a. a. O., S. 141.

28 Lejeune, a. a. O., S. 396.

29 Caulaincourt, Armand de, a. a. O., Bd. I; S. 431.

30 Memoiren Wolzogens (Wolzogen, Alfred Freiherr von, *Memoiren des königlich preußischen Generals der Infanterie Ludwig Freiherrn von Wolzogen*, Leipzig, Otto Wiegand, 1851); zit. von: Richard Riehn, *1812: Napoleon's Russian Campaign*, McGraw-Hill, 1990; S. 253f.

31 Marchioni, Jean, a. a. O., S. 356.

32 Chambray, Georges, Marquis de, a. a. O., S. 323.

33 Brandt, Heinrich von, a. a. O., S. 280.

34 Caulaincourt, a. a. O., Bd. I; S. 433.

35 Castellane, Boniface, Marquis de, a. a. O., S. 151.

36 Brandt, a. a. O., S. 279f.

37 Chandler, David, a. a. O., S. 1118.

38 Caulaincourt, a. a. O., Bd. I; S. 433.

39 Las Cases, Emmanuel, Comte de, a. a. O., Bd. I; S. 1105.

40 Caulaincourt, a. a. O., Bd. I; S. 433.

VII. Moskau, offene Stadt. September 1812

1 Waliszewski, Kazimierz, a. a. O., S. 63.
2 Vigée Lebrun, Louise-Elisabeth, *Souvenirs*, Editions des Femmes, 2006, Bd. II; S. 62.
3 Waliszewski, a. a. O., Bd. II; S. 67.
4 Ebd., Bd. II; S. 70.
5 Roos, Heinrich von, a. a. O., S. 77. – Dt. zit. nach: a. a. O., S. 83.
6 Zit. in: Grunwald, Constantin, a. a. O., S. 185.
7 Galitzine (Golizyn); in: Grunwald, a. a. O., S. 186.
8 Tolstoï, *La Guerre et la Paix*, a. a. O., S. 1113. – Dt. zit. nach: a. a. O., Bd. 3; S. 475.
9 Maistre, Joseph de, *Correspondance diplomatique*, a. a. O., Bd. I; S. 185.
10 Siehe: Großfürst Nikolaus, *Correspondance d'Alexandre Ier avec sa sœur* (»Briefwechsel Alexanders I. mit seiner Schwester«); S. 83ff.
11 Zit. in: Bouvery, André, *1812: Cent ans après. Documents authentiques* (»Hundert Jahre danach. Authentische Dokumente«), Paris, Challamel, 1912; S. 98f.
12 Montesquiou, Anatole, Comte de, a. a. O., S. 222.
13 Ebd., S. 223.
14 Roos, a. a. O., S. 89. – Dt. zit. nach: a. a. O., S. 94.
15 Chateaubriand, *Mémoires d'Outre-Tombe*, Gallimard, Bibliothèque de la Pléiade, Paris, 1951, Bd. I; S. 804. – Dt. zit. nach: Chateaubriand, François-René de, *Erinnerungen*, übertr. v. Sigrid v. Massenbach, Frankfurt/Main, Wien, Zürich, Büchergilde Gutenberg, 1969; S. 338.
16 Ségur, Philippe-Paul, Comte de, a. a. O., S. 37.
17 Chambray, Georges, Marquis de, a. a. O., Bd. I; S. 344.
18 Griois, Lubin, a. a. O., S. 57.
19 Ebd.
20 Montesquiou, a. a. O., S. 227.
21 Roos, a. a. O., S. 84. – Dt. zit. nach: a. a. O., S. 90.
22 Ségur, a. a. O., Bd. II; S. 39.

VIII. Moskau brennt. 15.-18. September 1812

1 Las Cases, Emmanuel, Comte de, a. a. O., Bd. I; S. 1079.
2 Caulaincourt, Armand de, a. a. O., Bd. II; S. 4.
3 Ebd., Bd. II; S. 11.
4 Montesquiou, Anatole, Comte de, a. a. O., S. 231.
5 Roos, Heinrich von, a. a. O., S. 86. – Dt. zit. nach: a. a. O., S. 92.
6 Pion des Loches, Antoine, *Mes campagnes* (»Meine Feldzüge«), Paris, Firmin-Didot, 1889; S. 297.
7 Stendhal, *Correspondance*, Paris, Gallimard, Bibliothèque de la Pléiade, 1968, Bd. I; S. 663.
8 Bourgogne, Jean-Baptiste, a. a. O., S. 15f.

9 Griois, Lubin, a.a.O., S. 61.

10 Stendhal, *Correspondance*, a.a.O., Bd. 1; S. 677.

11 Bourgogne, a.a.O., S. 19f.

12 Ebd., S. 22.

13 Ebd.

14 Ysarn, *Fragment d'une lettre écrite de Moscou en novembre 1812* (»Auszug aus einem im November 1812 in Moskau geschriebenen Brief«); in: Ferrio, Alfred, *Les Français vus par eux-mêmes; le Consulat et l'Empire* (»Die Franzosen aus eigener Sicht; das Konsulat und das Kaiserreich«), Paris, Laffont, 1998; S. 641.

15 Ysarn; in: Ferrio, a.a.O., S. 646.

16 Montesquiou, a.a.O., S. 232.

17 Ysarn; in: Ferrio, a.a.O., S. 646.

18 Montesquiou, a.a.O., S. 234.

19 Caulaincourt, a.a.O., Bd. II; S. 14.

20 Ebd.

21 Montesquiou, a.a.O., S. 234.

22 Ebd., S. 235.

23 Ebd., S. 235.

24 Custine, *La Russie en 1839* (»Rußland im Jahre 1839«), Paris, 1990, Bd. II; S. 86.

25 Montesquiou, a.a.O., S. 236.

26 Stendhal, a.a.O., Bd. I; S. 664.

27 Montesquiou, a.a.O., S. 236f.

28 Ebd., S. 237.

29 Las Cases, a.a.O., Bd. I; S. 864.

30 Bourgogne, a.a.O., S. 32.

31 Griois, a.a.O., S. 63.

32 Ebd.

33 Labaume, Eugène, a.a.O., S. 160ff.

34 Beauchamp; zit. in: Grunwald, Constantin, a.a.O., S. 214.

35 Bausset, Louis-François, Baron de, *Mémoires anecdotiques sur l'intérieur du palais de Napoléon, sur celui de Marie-Louise depuis 1805 jusqu'en 1816*, Paris, Levasseur, 1829. In: Grunwald, ebd.

36 Mailly-Nesle, de, Hauptmann (capitaine); in: Grunwald, a.a.O., S. 215.

IX. Der Herbst der Stagnation

1 Ségur, Philippe-Paul, Comte de, a.a.O., S. 65.

2 Palmer, Alan, *Napoleon in Russia*, New York, Simon and Schuster, 1967; S. 156. – Dt. u. d. T.: *Napoleon in Rußland*, aus dem Engl. v. Hans Jürgen Baron von Koskull; Frankfurt/M., Fischer, 1969.

3 Bourgogne, Jean-Baptiste, a.a.O., S. 38.

4 Montesquiou, Anatole, Comte de, a.a.O., S. 238.

5 Maistre, *Oeuvres Complètes*, a.a.O., S. 281.

6 Clausewitz, Carl von, a.a.O., S. 189. – Dt. Ausgabe, a.a.O., S. 132.

7   Ebd., S.191. – Dt. zit. nach: a.a.O., S.134f.

8   Vgl. zu dieser ganzen Darstellung: Waliszewski, Kazimierz, a.a.O., S.115ff.

9   Narychkine (Naryschkin); zit. in: Waliszewski, a.a.O., Bd. II; S.114.

10 Brief der Gräfin Theresia Chotek; zit. in: Du Montet, Alexandrine Prévost de la Boutetière de Saint-Mars de Fisson, *Souvenirs de la baronne du Montet*, Paris, Plon, 1904; S.139.

11 Olivier, Daria, *L'incendie de Moscou* (»Der Brand Moskaus«), Paris, Laffont, 1964; S.234.

12 Olivier, a.a.O., S.236. – Dt. zit. nach: Tarlé, a.a.O., S.218.

13 Olivier, a.a.O., S.237.

14 Griois, Lubin, a.a.O., S.62.

15 Zit. in: Tarle, Eugene, *Napoleon's invasion of Russia, 1812*, New York, Oxford University Press, 1942; S.189. – Dt. zit. nach: Tarlé, a.a.O., S.218.

16 Olivier, a.a.O., S.241. (Olivier zitiert hier Jermolow.)

17 Langeron, Alexandre, Comte de, *Mémoires*, Paris, Picard, 1902; S.36.

18 Ebd., S.33.

19 Maistre, a.a.O., Bd. XII; S.307.

20 Ebd., Bd. XII; S.302.

21 Clausewitz, a.a.O., S.188. – Dt. zit. nach: a.a.O., S.132.

22 Boutourline (Buturlin), Dimitri, *Histoire de l'Invasion de l'empereur Napoléon en 1812* (»Geschichte der Invasion des Kaisers Napoleon im Jahre 1812«), Bd. I; S.369. – Das Buch erschien zuerst 1824 auf französisch, wurde in demselben Jahr übersetzt, in Sankt Petersburg veröffentlicht und 1837 nachgedruckt.

23 Maistre, a.a.O., Bd. XII; S.282.

24 Zit. in: Zamoyski, Adam, *Moscow 1812. Napoleon's Fatal March* (»Moskau 1812. Napoleons verhängnisvoller Marsch«), New York, Harper Collins, 2004; S.313. – Dt. zit. nach: Tarlé, a.a.O., S.228.

25 Maistre, a.a.O., Bd. XII; S.180.

26 Ebd., Bd. XII; S.208.

27 Ebd., Bd. XII; S.241.

28 Troyat, Henri, *Pouchkine*, Paris, Plon, 1953. – Dt. u. d. T.: *Puschkin. Eine Biographie*, Übers. v. Gertrud Bertsch; München, Nymphenburger Verlagsbuchhandlung, 1959.

29 Edling, Roxandra, *Mémoires de la comtesse Edling*, Moskau, Impr. du St. Synode, 1888; S.79.

30 Adams, John Quincy, *Memoirs of John Quincy Adams, comprising portions of his diary from 1795 to 1848* (»Memoiren von John Quincy Adams, einschließlich von Teilen seines Tagebuchs von 1795 bis 1848«), Philadelphia, Lippincott, 1874-77; S.409.

31 Soltyk, Roman, Comte, *Napoléon en 1812*, Paris, le Livre chez vous, 2006; S.79.

32 Ebd., S.218.

33 Caulaincourt, a.a.O., Bd. II; S.41.

34 Alfred de Noailles an seine Frau; in: *Lettres interceptées par les Russes pendant la campagne de 1812* (»Von den Russen während des Feldzugs von 1812 abgefangene Briefe«), Paris, La Sabretache, 1913; S.118.

35 Thiers, Adolphe, *Histoire du Consulat et de l'Empire*, Brüssel, Meline, Cans et Cie., 1856, Bd. XIV; S. 263.
36 Caulaincourt, a. a. O., Bd. II; S. 30.
37 Ebd., Bd. II; S. 32.
38 Thiers, a. a. O., Bd. XIV; S. 260.

X. Die Erholung des Kriegers

1 Soltyk, Roman, Comte, a. a. O., S. 213.
2 *Lettres interceptées par les Russes en 1812*, Paris, La Sabretache, 1913; S. 143.
3 Caulaincourt, Armand de, a. a. O., Bd. II; S. 22-23.
4 Roos, Heinrich von, a. a. O., S. 110. – Dt. zit. nach: a. a. O., S. 115f.
5 Caulaincourt, a. a. O., Bd. II; S. 38.
6 Beauharnais, Eugène de, *Mémoires et correspondance politique et littéraire* (»Memoiren und politischer und literarischer Briefwechsel«), Paris, Michel Lévy frères, 1858-1860, Bd. VIII; S. 50.
7 Brandt, Heinrich von, a. a. O., S. 294.
8 Montesquiou, a. a. O., S. 239.
9 Soltyk, a. a. O., S. 222.
10 Castellane, Boniface, Marquis de, a. a. O., S. 156.
11 Ebd.
12 Chevalier, Jean-Michel, *Souvenirs des guerres napoléoniennes* (»Erinnerungen aus den napoleonischen Kriegen«), Paris, Hachette, 1970; S. 207.
13 Duverger, B. T.; zit. in: Grunwald, a. a. O., S. 220.
14 Coignet, Jean-Roch, a. a. O., S. 281.
15 Bourgogne, Jean-Baptiste, a. a. O., S. 43.
16 Ebd., S. 44.
17 Ebd., S. 51.
18 Fezensac, Raimond, Aymery de Montesquiou, Duc de, *Journal de la campagne de Russie* (»Tagebuch aus dem Rußlandfeldzug«), Tours, Mame, 1849; S. 264.
19 Roos, a. a. O., S. 114f. – Dt. zit. nach: a. a. O., S. 114f. und S. 118.
20 Griois, Lubin, a. a. O., S. 73.
21 Ebd., S. 75ff.
22 Roos, a. a. O., S. 107.
23 Ebd., S. 109.
24 Ebd., S. 115.
25 Ebd., S. 116f.

XI. Die Sackgasse

1 Ségur, a. a. O., Bd. II; S. 94.
2 Caulaincourt, Armand de, a. a. O., S. 25.
3 Ebd., Bd. II; S. 46. – Dt. zit. nach: a. a. O., S. 56.

4 Ebd. – Dt. zit. nach: a. a. O., S. 56f.

5 Ebd., Bd. II; S. 47. – Dt. zit. nach: a. a. O., S. 57.

6 Als Quellen für dieses Vieraugengespräch dienen der Bericht Kutusows an den Zaren und der Lauristons an den Kaiser. Robert Wilson berichtet in seinem Tagebuch ebenfalls dessen Inhalt.

7 Grabowski, Joseph, a. a. O., S. 357.

8 Las Cases, Emmanuel, Comte, a. a. O., S. 149.

9 Ségur, Philippe-Paul, Comte de, a. a. O., S. 100.

10 Ebd., S. 97.

11 Ebd.

12 Caulaincourt, a. a. O., Bd. II; S. 53.

13 Ségur, a. a. O., Bd. II; S. 93.

14 Caulaincourt, a. a. O., Bd. II; S. 62. – Dt. zit. nach: a. a. O., S. 58.

15 Ebd. – Dt. zit. nach: ebd.

16 Ebd., Bd. II; S. 49 und 55.

17 Peyrusse, Guillaume-Joseph-Roux, *Mémorial et Archives de M. le baron Peyrusse*, Carcassonne, Labau, 1869; S. 106.

18 Caulaincourt, a. a. O., Bd. II; S. 63. – Dt. zit. nach: a. a. O., S. 58f.

19 Ebd., Bd. II; S. 65. – Dt. zit. nach: a. a. O., S. 60f.

20 Ebd., Bd. II; S. 70.

21 Marbot befand sich damals in Polozk und nicht in Moskau.

22 Fain; in: Caulaincourt, a. a. O., Bd. II; S. 71. – Dt. zit. nach: Tarlé, a. a. O., S. 287.

23 Bourgogne, Jean-Baptiste, a. a. O., S. 55ff.

24 Ségur, a. a. O., Bd. II; S. 113f.

25 Montesquiou, Anatole, Comte de, a. a. O., S. 244.

26 Bourgogne, a. a. O., S. 61f.

27 Montesquiou, a. a. O., S. 265.

28 Labaume, Eugène, a. a. O., S. 195.

XII. Die Rückkehr des Kaisers

1 Las Cases, Emmanuel, Comte de, a. a. O., Bd. I; S. 846.

2 Griois, Lubin, a. a. O., S. 117.

3 Ségur, Bd. II; S. 376.

4 Caulaincourt, a. a. O., Bd. II; S. 136f.

5 Ebd.

6 Ségur, Bd. II; S. 355.

7 Ebd., S. 136.

8 Ebd., S. 138.

9 Caulaincourt, Bd. II; S. 193.

10 Bourgoing, Paul, Baron de, a. a. O., S. 203.

11 Bei dieser ganzen Episode bin ich Caulaincourt, dem einzigen Augenzeugen, gefolgt. – Vgl. dt., a. a. O., S. 191f.

Chronologie des Jahres 1812

9. Mai	Napoleon bricht aus Saint-Cloud zum Rußlandfeldzug auf.
18. Mai	Napoleon trifft den österreichischen Kaiser in Dresden.
29. Mai	Napoleon verläßt Dresden, um sich seiner Armee anzuschließen.
18. Juni	Kriegserklärung der Vereinigten Staaten an England.
24. Juni	Überquerung des Njemen.
28. Juni	Einzug Napoleons in Wilna. Wellington nimmt Salamanca ein.
16. Juli	Napoleon verläßt Wilna.
17. Juli	Die russische Armee räumt das Lager von Drissa.
18. Juli	Sieg Marmonts in Tordesillas. Unterzeichnung eines englisch-russischen Bündnisvertrags.
22. Juli	Sieg Wellingtons über Marmont in Arapiles.
28. Juli	Napoleon erreicht Witebsk.
10. August	Flucht des Königs Joseph, des Bruders von Napoleon, aus Madrid.
13. August	Abmarsch Napoleons aus Witebsk.
17. August	Einnahme von Smolensk. Kutusow wird zum Oberbefehlshaber ernannt.
25. August	Abzug Napoleons aus Smolensk.
27. August	Soult räumt Sevilla und ganz Andalusien.
30. August	Russisch-schwedischer Bündnisvertrag.
7. September	Schlacht von Borodino / an der Moskwa.
14. September	Einzug Napoleons in Moskau.
15.-19. September	Der Brand von Moskau
18. September	Wellington belagert Burgos.
19. Oktober	Napoleon verläßt Moskau.
22. Oktober	Wellington gibt die Belagerung von Burgos auf.
23. Oktober	Fehlgeschlagener Staatsstreichversuch von General Malet in Paris.
24. Oktober	Schlacht von Malojaroslawez.
28. Oktober	Malet wird auf Befehl eines Kriegsgerichts erschossen.
31. Oktober	Napoleon trifft in Wjasma ein.
2. November	Rückkehr des Königs Joseph nach Madrid.
9. November	Napoleon erreicht Smolensk.
12. November	Reorganisation der Reste der Grande Armée. Alle Offiziere, die noch Pferde haben, werden in vier Schwadronen zusammengefaßt.
14. November	Napoleon verläßt Smolensk.
24.-26. November	Bau der Brücken über die Beresina.
27.-29. November	Übergang über die Beresina und Schlacht am Fluß.
5. Dezember	Napoleon verläßt die Armee, um nach Paris zurückzukehren.

8. Dezember	Die Armee trifft in Wilna ein und löst sich auf.
13. Dezember	Die Überlebenden überqueren den Njemen.
16. Dezember	Im Pariser *Le Moniteur* wird die militärische Katastrophe mitgeteilt.
18. Dezember	Kurz vor Mitternacht betritt Napoleon die Tuilerien.

Personenverzeichnis

Adams, John Quincy (1767-1848): Sohn des zweiten Präsidenten der Vereinigten Staaten. Vertritt sein Land in den Niederlanden, in Preußen und Rußland. Von 1825 bis 1829 Präsident der Vereinigten Staaten. Er wird 1809 nach Rußland geschickt, um für die nordamerikanischen Handelsinteressen einzutreten.

Alexander I. (1777-1825): 1801 Zar von Rußland. Tritt die Nachfolge seines ermordeten Vaters Paul I. an. Unterzeichnet 1807 in Tilsit einen Bündnisvertrag mit Napoleon, doch die wirtschaftlichen Bedingungen erweisen sich als so unheilvoll für Rußland, daß er 1812 zum Krieg gegen Frankreich gezwungen ist. Nach seinem Sieg gründet er die Heilige Allianz, um seine nunmehr stark konservativen Prinzipien durchzusetzen. Er gibt sich immer mehr dem Mystizismus hin und leidet unter einer Art Verfolgungswahn. Er stirbt während einer Krimreise. Er hinterläßt keine Kinder, und sein jüngerer Bruder Nikolaus folgt ihm auf dem Thron. Manche behaupten, sein Tod sei nur vorgetäuscht gewesen, und er habe sein Leben unter dem Namen Fjodor Kusmitsch als Eremit beschlossen. Als man 1921 sein Grab öffnete, fand man es leer.

Bacler d'Albe, Louis-Albert, Baron (1761-1824): Dient als Kartographieoffizier in der Italienarmee. Läßt auf eigene Kosten eine Italienkarte stechen. Wird 1799 zum Chef des persönlichen topographischen Büros Bonapartes ernannt, 1807 zum Obersten, 1810 zum Baron und 1813 zum Brigadegeneral. Bei den Feldzügen stets an der Seite Napoleons, leistet er eine kolossale Arbeit. Läßt Karten aller durchquerten oder eroberten Länder anfertigen. Schafft außerdem zahlreiche Landschafts- und Schlachtenbilder, die seine Fähigkeiten als Graveur und Maler bezeugen. Spielt während der Restaurationszeit keine Rolle mehr.

Bagration, Pjotr, Fürst (1765-1812): Stammte aus einer georgischen Adelsfamilie. Kämpfte an der Seite Suworows, des großen Feldherrn der vorhergehenden Generation. Obwohl er beinahe Analphabet war, besaß er einen erstaunlichen militärischen Sachverstand. In der Schlacht an der Moskwa tödlich verwundet.

Barclay de Tolly, Michail, Fürst (1761-1818): Stammte aus einer schottischen Familie, die 1689 nach Livland ausgewandert war. Tritt als Zwölfjähriger in den Militärdienst. Er wird bei Preußisch-Eylau verwundet und danach zum Generalleutnant, später zum Marschall und 1810 zum Kriegsminister ernannt. Er führt das Kommando über die russische Okkupationsarmee in Frankreich und befiehlt seinen Truppen, strengste Disziplin einzuhalten, um die Not des besetzten Landes zu verringern. Wird in den Rang eines Feldmarschalls erhoben. 1815 verleiht ihm Alexander den Fürstentitel, aber die öffentliche Meinung Rußlands warf ihm stets sein vorsichtiges Verhalten während des Krieges von 1812 vor.

Bausset, Louis-François-Joseph de, Baron de (1770-1835): Er versucht sich zunächst als Bühnenautor, doch 1805 wird er Palastpräfekt und Kammerherr Napoleons. Obwohl er sehr dick war und das unbequeme Soldatenleben schlecht ertrug, konnte er den Rückzug überleben. Als er nach Paris zurückgekehrt war, wurde er Oberintendant des Théâtre-Français. Er begleitete Maria-Luise nach Wien. Danach zog er sich auf seine Ländereien zurück.

Beauharnais, Eugène de (1781-1824): Sohn von Alexandre de Beauharnais, der 1794 guillotiniert wurde, und von Joséphine. Mit fünfzehn Jahren beginnt er seine Laufbahn als Adjutant seines Stiefvaters Napoleon Bonaparte. Er nimmt am Italienfeldzug teil und folgt Napoleon nach Ägypten. Dann steigt er die Karriereleiter schnell nach oben. 1802 wird er Oberst und 1804 als Dreiundzwanzigjähriger General. Da er gewissenhaft, wenn auch nicht brillant ist, schadet ihm die Scheidung seiner Mutter nicht beim Kaiser. In Rußland zeigt er sich seiner Aufgabe gewachsen. Er ist mit der Tochter des bayrischen Königs verheiratet, und nach der Niederlage zieht er sich mit einem riesigen Vermögen nach München zurück. Von seinem Schwiegervater erhält er den Titel eines Herzogs von Leuchtenberg. Sein Sohn wird die Tochter des Zaren Nikolaus I. heiraten.

Belliard, Augustin-Daniel, Graf (1769-1832): Revolutionssoldat. Rückt schnell auf und wird Brigadegeneral während des Italienfeldzugs. Folgt Bonaparte nach Ägypten. Nach seiner Rückkehr wird er zum Divisionsgeneral ernannt. Stabschef Murats, dem er nach Spanien folgt. 1810 wird er zum Grafen des Kaiserreichs ernannt. Während des Rußlandfeldzugs versucht er, die Kavallerie zu reorganisieren. Nach Napoleons Niederlage schließt er sich Ludwig XVIII. an und bekennt sich während der Hundert Tage wieder zu Napoleon. Ludwig XVIII. nimmt ihn trotzdem wieder in seine Dienste, und Louis-Philippe ernennt ihn zu seinem Botschafter in Brüssel, wo er an einem Schlaganfall stirbt.

Bennigsen, Levin August Gottlieb, Graf (1745-1826): Geboren in Braunschweig. Nachdem er einige Jahre Offizier in Hannover war, tritt er 1773 in die Dienste Katharinas II. Er kämpft erfolgreich gegen die Türken, Perser und Polen. Unter Paul I. fällt er in Ungnade. Er beteiligt sich an dessen Ermordung. Alexander I. nimmt ihn wieder in Dienst und stellt ihn 1809 an die Spitze seiner Armee. 1812 zieht er sich nach seinem Zerwürfnis mit Kutusow zurück und nimmt nach dessen Tod seinen Platz in der Armeeführung wieder ein.

Bernadotte, Jean-Baptiste-Jules, Fürst von Pontecorvo, als Karl XIV. König von Schweden (1763-1844): Dieser Béarner, im Jahre 1780 ein ehemaliger Feldwebel, war ein leidenschaftlicher Revolutionär, der auf seiner Brust die Worte ›Tod den Tyrannen‹ eintätowiert hatte. Er wird überzeugter Bonapartist. 1798 wird er zum Botschafter in Wien ernannt. In demselben Jahr heiratet er Désirée Clary, in die sich der junge Bonaparte verliebt hatte und deren Schwester Julie mit Joseph Bonaparte verheiratet ist. Er nimmt nicht am Staatsstreich des 18. Brumaire teil, dient aber Napoleon weiter. Wegen seiner ausgezeichneten militärischen Leistungen wird er 1804 zum Marschall und 1806 zum Fürsten von Pontecorvo ernannt, doch trotz der familiären Verbindungen gehört er nicht zum engsten Vertrautenkreis des Kaisers. 1810 wählen ihn die Schweden zum Kronprinzen, da König Karl XIII. keine Kinder hat. Napoleon hofft, einen unerschütterlichen Verbündeten zu gewinnen, aber Bernadotte läßt sich nicht auf dieses Spiel ein. Er nähert sich Rußland an, gehört 1813 zur Koalition gegen Frankreich und schlägt nacheinander Oudinot und Ney. 1818 wird er König von Schweden und Norwegen. Seine Nachkommen haben immer noch in Stockholm den Thron inne.

Berthier, Louis-Alexandre, Fürst von Neuchâtel und von Wagram (1753-1815): Nimmt als Kartographieingenieur am amerikanischen Unabhängigkeitskrieg teil. Als Generalmajor der Nationalgarde von Versailles schützt er die Abreise der Tanten des Königs nach Rom. Brigadegeneral in der Nordarmee, Stabschef La Fayettes und dann Luckners. Wird des Royalismus verdächtigt und nach dem 10. August 1792 entlassen. Erhält 1795 seinen Rang zurück und lernt Bonaparte kennen, der diesen sachkundigen und erfahrenen Militär an sich bindet und ihn zum Generalstabschef der Italienarmee ernennt. Bald wird er unentbehrlich. Bonaparte bedient sich seiner wie eines lebenden Notizbuches. Berthier merkt sich alle Daten und Zahlen und kann die kühnen Vorstellungen seines Gebieters in konkrete Tatsachen umwandeln. Er hat ein sehr abstoßendes Äußeres. Spricht undeutlich und kaut an den Nägeln. Wird mit Ehren und Reichtümern überhäuft: 1804 Marschall, 1806 Fürst von Neuchâtel, 1809 Fürst von Wagram. Heiratet die Nichte des bayrischen Königs. Befürwortet im Jahre 1814 nachdrücklich Napoleons Abdankung und reitet an der Spitze des Zuges, als Ludwig XVIII. nach Paris zurückkehrt. Lehnt eine Teilnahme an den Hundert Tagen ab, verläßt Frankreich und geht nach Bamberg. Er bringt sich um, indem er sich im Schloß aus einem Fenster des dritten Stocks stürzt. Napoleon verzieh niemals die Undankbarkeit dieses »echten Gänschens, [aus dem er] so etwas wie einen Adler gemacht [hatte]«.

Bessières, Jean-Baptiste, Herzog von Istrien (1768-1813): Dient Bonaparte in der Italienarmee als Kommandeur der *Guides* (›Führer‹; Soldaten der persönlichen Eskorte), das heißt der berittenen Jäger der Konsulargarde, ein Kommando, das er gemeinsam mit Eugène de Beauharnais ausübt. Zeichnet sich durch außergewöhnliche Tapferkeit aus. Nimmt an der Ägyptenexpedition teil; sichert am 18. Brumaire den Schutz Bonapartes. Großer Rivale Murats, der wie er aus dem südfranzösischen Departement Lot stammt. Er legte ein etwas kühles Verhalten an den Tag und hatte, wie Napoleon erklärte, das zuwenig, was Murat zuviel hatte. Nimmt an allen Feldzügen des Kaiserreichs teil. 1809 Herzog von Istrien. 1813 wird er zu Beginn des Sachsenfeldzuges getötet.

Bonaparte, Jérôme, König von Westfalen (1784-1860): Jüngster Bruder Napoleons. Zeichnet sich eher durch seine Ehen und Liebschaften als durch politische oder militärische Qualitäten aus. Während einer Reise nach New York heiratet er 1803 Elizabeth Patterson, eine Amerikanerin, von der er einen Sohn bekommt. Napoleon zwingt ihn, diese Verbindung zu annullieren, um ihn mit der Prinzessin Katharina von Württemberg zu verheiraten, und macht ihn 1807 zum König von Westfalen. Gibt nach zahlreichen unüberlegten Streichen sein Kommando in Rußland auf und läßt sich in Triest nieder. Nach dem Sturz seines Bruders hat er es seinem Schwiegervater zu verdanken, daß er ein müßiges und vergnügungssüchtiges Leben führen kann. Seine Frau stirbt 1835, und in dritter Ehe heiratet er eine Italienerin. Im Zweiten Kaiserreich kehrt er nach Frankreich zurück, wo seine Tochter Mathilde die Rolle der Dame des Hauses bei seinem Cousin Napoleon III. spielt, bis dieser heiratet. Prinzessin Mathilde wird bis zu ihrem Tod im Jahre 1904 eine höchst beneidenswerte gesellschaftliche Stellung bewahren, weil sie einen literarischen Salon unterhält.

Bonaparte, Napoleon (1769-1821): Von 1802 bis 1804 Erster Konsul auf Lebenszeit. Von 1804 bis 1815 Kaiser der Franzosen. Erste Abdankung am 11. April 1814 in Fontainebleau. Er behält seinen Titel, wird aber nach Elba verbannt. Von dort entfernt er sich heimlich und landet am 1. März 1815 in Frankreich. Am 18. Juni 1815 in Waterloo besiegt. Zweite Abdankung. Deportation nach Sankt Helena, wo er am 5. Mai 1821 stirbt. Seine sterblichen Überreste wurden unter Louis-Philippe nach Frankreich überführt.

Bourgogne, Adrien-Jean-Baptiste-François (1785-1867): Sohn eines Tuchhändlers aus Condé-sur-l'Escaut im Departement du Nord. Tritt als Zwanzigjähriger in das Korps der ›Vélites‹ ein, das den Gardejägern angeschlossen ist. Dort erhält er eine gründliche Ausbildung in Schreiben, Mathematik und Zeichnen. Sein erster Feldzug ist der von 1807 in Polen. Hierauf wird er nach Spanien, Portugal und Rußland geschickt. 1813, als Gefangener in Preußen, beginnt er mit der Niederschrift seiner Lebenserinnerungen. Nach seiner Freilassung und der Abdankung Napoleons verläßt er die Armee und ergreift den Beruf seines Vaters. Jedes Jahr nimmt er am Jahrestag des Einmarsches in Moskau an einer Zusammenkunft der Rußlandveteranen teil. Sie trinken aus Bechern, die sie aus dem Kreml mitgenommen haben. 1832 tritt er wieder in die Armee ein. Seine Memoiren gehören zu den eindrucksvollsten aus dieser Zeit.

Buturlin, Dimitri (1790-1849): Tritt 1808 in die Armee ein. 1819 zum General befördert. Wurde Senator und Direktor der Kaiserlichen Bibliothek von Sankt Petersburg. Verfaßt historische und militärische Werke. 1820 veröffentlicht er seine Geschichte des Feldzugs von 1812.

Castellane, Esprit-Victor-Boniface, Graf von (1788-1862): Wird mit sechzehn Jahren Soldat. Zeichnet sich in den Kriegen des Kaiserreichs aus. Wird zum Anhänger der Restauration. Er bleibt in der Armee, wird 1822 zum General befördert und 1837 zum Pair von Frankreich erhoben. Napoleon III. ernennt ihn 1852 zum Senator und Marschall. Er hinterläßt anschauliche und sehr persönliche Memoiren.

Caulaincourt, Armand, Herzog von Vicenza (1772-1827): Stammte aus einer altadeligen, hochangesehenen Familie. Ein Urahn hatte 1554 Saint-Quentin gegen Karl V. verteidigt. Armand tritt als Fünfzehnjähriger in die Armee ein. Er wird Adjutant seines Vaters, der bis 1792 General bleibt. In diesem Jahr nimmt er aus Gesundheitsgründen seinen Abschied. Er wird während der Schreckensherrschaft nicht behelligt. Sein Sohn Armand meldet sich als Freiwilliger zur Nationalgarde und kann in der militärischen Rangordnung wieder rasch aufsteigen. Er wird General Aubert-Dubayet zugeteilt und begleitet ihn 1797 nach Konstantinopel. Dann kehrt er als Sekretär und Dolmetscher eines osmanischen Diplomaten nach Paris zurück. General d'Harville, sein Onkel, erhält 1799 für ihn das Kommando eines Karabinierregiments. Eine alte Freundschaft zwischen Armands Vater und Joséphine, der dieser während der Revolution einige niemals vergessene Dienste geleistet hat, erleichtert nun die weitere Karriere des jungen Mannes. (Hinzu kommt, daß seine Mutter damals Kammerdame der Hortense de Beauharnais ist.) 1801 wird Caulaincourt beauftragt, dem Zaren einen persönlichen Brief des Ersten Konsuls zu überbringen. Er bleibt sechs Monate am russischen Hof und kehrt dann nach Paris zurück, wo er zum Adjutanten des Ersten Konsuls und zum Inspektor der konsularischen Gestüte ernannt wird. Er erhält weitere Aufträge, vor allem soll er Geheimagenten in der Region Straßburg aufspüren und festnehmen. Dort befindet er sich gerade, als der Herzog von Enghien gefangengenommen wird. Er hat mit dieser Affäre nichts zu tun, die jedoch sein Ansehen bei den Royalisten zeitlebens belastete, was er tief bedauerte. 1808 wird er zum Gesandten in Rußland und zum Herzog von Vicenza ernannt. Er gewinnt die Freundschaft Alexanders, was Napoleon etwas verärgert. Aus Gesundheitsgründen (und wegen seiner Liebe zu Madame de Canisy) bittet er um seine Abberufung. Napoleon hält weiter viel von Caulaincourts Ordnungssinn, Zuverlässigkeit und Sachkenntnis, und er überträgt ihm das Amt des Großstallmeisters. Caulaincourt zeigte stets eine außergewöhnliche geistige Unabhängigkeit und begünstigte nie die Ambitionen des Kaisers. Während der schweren letzten Herrschaftsjahre bewies er Napoleon beispielhafte Ergebenheit und Treue, und er war der einzige Zeuge seines Selbstmordversuchs. Größtes Interesse verdienen die Memoiren, die er über den Rußlandfeldzug und die späteren Ereignisse hinterlassen hat.

Chambray, Georges, Marquis von (1783-1848): Schüler der École Polytechnique. Er rückt rasch zum Artilleriehauptmann auf. Wird 1812 auf dem Rückzug gefangengenommen und in der Ukraine bis zum Sturz des Kaiserreichs festgehalten. Danach tritt er wieder in die Armee ein. 1829 nimmt er seinen Abschied. Nun veröffentlicht er eine Reihe von Werken, darunter hervorragende Memoiren über den Rußlandfeldzug.

Coignet, Jean-Roch (1776-1865): Sohn eines Vaters, der drei Frauen und zweiunddreißig Kinder, darunter achtundzwanzig Söhne, hatte. Er tritt als Dreiundzwanzigjähriger in die Armee ein und kämpft in allen Feldzügen Napoleons. Einer der ersten einfachen Soldaten, der den Bericht über seine Rußlandabenteuer veröffentlichte. Als er die Dreißig überschritten hat, lernt er lesen und schreiben. Nach Waterloo wird er demobilisiert und läßt sich in Auxerre nieder, wo er einen Tabakladen unterhält. Nach dem Tod seiner Frau beschließt er, seine Lebenserinnerungen aufzuschreiben. Das Buch erscheint in einer Auflage von fünfhundert Exemplaren, die er selbst in den Cafés der Stadt verkauft. Es wird 1883 und noch einmal 1968 neu aufgelegt.

Compans, Jean-Dominique, Graf (1769-1845): In der Italienarmee zum Brigadegeneral ernannt. Zeichnet sich in zahlreichen Kämpfen aus. Stabschef Davouts von 1808 bis 1812. Schließt sich den Bourbonen an, wird zum Pair von Frankreich ernannt und stimmt im Dezember 1815 für den Tod Neys.

Corbineau, Jean-Baptiste, Baron (1776-1848): Napoleon empfand Zuneigung für die zwei Brüder Corbineau, die ihm mit bewundernswerter Treue dienten. Der jüngere Bruder fällt in Preußisch-Eylau, der ältere kann überleben. Zeichnet sich seit seinen ersten Kämpfen durch seinen Mut aus. 1808 zum Baron ernannt. Beim Übergang über die Beresina spielt er eine entscheidende Rolle. 1813 Adjutant des Kaisers. Rettet ihm 1814 in der Schlacht von Brienne das Leben. Ludwig XVIII. verleiht ihm das Kreuz des Sankt-Ludwigs-Ordens, doch während der Hundert Tage schließt sich Corbineau wieder Napoleon an. Ludwig XVIII. versetzt ihn daraufhin in den einstweiligen Ruhestand, und er nimmt seinen Dienst erst wieder unter Louis-Philippe auf.

Daru, Pierre Bruno, Graf (1767-1829): Hervorragender militärischer Organisator, von außergewöhnlicher Rechtschaffenheit. Daru ist im Jahre 1800 Staatssekretär im Kriegsministerium und 1802 Mitglied des Tribunats. Er organisiert 1803 das Lager von Boulogne, wird 1806 Mitglied des Institut de France und im selben Jahr Generalintendant der Armee, 1809 Generalintendant des kaiserlichen Haushalts und Graf des Kaiserreichs. Er ist verantwortlich für die Kriegs- und Heeresfinanzen. Sichert die praktische Organisation des Rußlandfeldzugs. 1813 Kriegsminister. Trotz seiner Beteiligung an den Hundert Tagen macht ihn Ludwig XVIII. 1819 zum Pair von Frankreich. Mitglied der Académie Française. Während des Kaiserreichs förderte er seinen Verwandten Henri Beyle, genannt Stendhal, und hatte Littré, den Autor des berühmten *Wörterbuchs der französischen Sprache*, als Sekretär.

Davout, Louis-Nicolas, Herzog von Auerstädt, Fürst von Eckmühl (1770-1823): Er stammt aus einer altadeligen Familie und ändert während der Revolution seinen Namen d'Avout zu Davout. Als Schützling von Desaix wird er zum Kommandeur der Grenadiere der Konsulargarde befördert. Heiratet die Schwester des Generals Leclerc, des ersten Gatten Pauline Bonapartes. Folgt Bonaparte nach Ägypten und Italien. Wird 1804 zum Marschall ernannt. Sehr bedeutender Heerführer. 1807 Generalgouverneur des Großherzogtums Warschau. Spielt eine wichtige Rolle während des Rußlandfeldzugs. Verteidigt 1813 Dresden. Wird dann zum Militärgouverneur von Hamburg ernannt. Die Russen belagern ihn, und er ergibt sich erst am 27. Mai 1814 auf ausdrücklichen Befehl Ludwigs XVIII. Während der Hundert Tage Kriegsminister. Stand zu Beginn der zweiten Restauration unter Hausarrest. Ludwig XVIII. gibt ihm 1817 seinen Marschallstab zurück und erhebt ihn 1819 zum Pair von Frankreich. »Davout ist ein Mann, dem ich ungestraft Ruhm verleihen kann. Er ist nicht fähig, ihn zu ertragen«, hatte Napoleon über ihn gesagt. Außerordentlich schmutzig, ungepflegt und unnötig grob, wie die Herzogin von Abrantès mitteilt, empfängt er in Schlafrock und Pantoffeln, ohne sich jemals die Mühe zu machen, aufzustehen, um seinen Besucher zu begrüßen. Marmont zufolge war er für freundschaftliche Gefühle unempfänglich und hatte nicht das geringste gesellschaftliche Taktgefühl, so daß er von allen Marschällen am meisten verabscheut wurde.

Dumas, Mathieu, Graf (1753-1837): Begleitet Rochambeau nach Amerika. Danach diplomatischer Beauftragter in der Türkei und der Levante. Als höchst leidenschaftlicher Anhänger der neuen Ideen tritt er in die Dienste La Fayettes. Er gehört zu denen, die den nach Varennes geflohenen Ludwig XVI. nach Paris zurückbringen. Während der Schreckensherrschaft sucht er Schutz in der Schweiz. Dient Bonaparte vor allem als Verwaltungsbeamter für die Armee. Wird 1810 zum Grafen ernannt. Generalintendant während des Rußlandfeldzugs. Wird 1813 in Leipzig gefangengenommen. Schließt sich den Bourbonen an und übernimmt die Generaldirektion für die Rechnungsführung der Armee, verliert aber diesen Posten, nachdem er während der Hundert Tage wieder zu Napoleon übergegangen war. Gouvion-Saint-Cyr setzt ihn während der zweiten Restauration als Präsidenten des Kriegsausschusses durch, doch er kann für ihn keinen besonderen Gunstbeweis Ludwigs XVIII. erreichen. Louis-Philippe macht ihn zum Pair von Frankreich.

Duroc, Géraud-Christophe-Michel, Herzog von Friaul (1772-1813): Sohn des Chevalier du Roc. Besucht die Artillerieschule von Châlons-sur-Marne. Wird Adjutant Bonapartes in der Italienarmee und begleitet ihn nach Ägypten, wo er zum Brigadegeneral befördert wird. Er weicht nie mehr von Napoleons Seite. 1804 Gouverneur des kaiserlichen Palastes, Großoffizier des kaiserlichen Haushalts, Oberhofmarschall. Kümmert sich sehr gewissenhaft um die zweckmäßige Organisation des ganzen kaiserlichen Haushalts. Rechtschaffen und uneigennützig. Ist stets gern bereit, wie Marmont berichtet, eine begründete Beschwerde anzuhören. Wegen seines unabhängigen Urteils von großem Nutzen für den Kaiser. Als er während des Feldzugs von 1813 auf dem Schlachtfeld getötet wird, empfindet Napoleon, den der Tod anderer im allgemeinen nicht berührt, tiefe Trauer. »Er ist seit zwanzig Jahren mein Freund«, schreibt er an Maria-Luise. »Nie mußte ich mich über ihn beklagen. Er hat immer nur für meinen Trost gesorgt.«

Durosnel, Antoine-Jean-Auguste-Henri, Graf (1771-1849): Beginnt seine militärische Laufbahn als Kadett. Nimmt an allen Feldzügen der Revolution teil und wird 1799 Oberst. In Jena rettet er Napoleon das Leben; wird daraufhin zum Grafen erhoben und zum Direktor der Kadettenschule ernannt. Wird in Spanien Divisionsgeneral und 1813 Militärgouverneur Dresdens. Während der Hundert Tage stellvertretender Kommandeur der Nationalgarde. Bleibt bis 1830 im einstweiligen Ruhestand. Wird dann zum Pair von Frankreich ernannt.

Eblé, Jean-Baptiste, Graf (1758-1812): Tritt als Neunjähriger in das Regiment seines Vaters ein. Während der Revolutionskriege macht er rasch Karriere. 1793 Direktor des Artillerieparks und Divisionsgeneral. Reorganisiert meisterhaft die gesamte Artillerie. Wird als einer der besten Offiziere ganz Europas angesehen. Militärgouverneur von Magdeburg. Kriegsminister des Königs Jérôme. Während des Rußlandfeldzugs Kommandant des Pontontrains. Als General La Riboisière fällt, tritt er an dessen Stelle. Stirbt an den Strapazen, nachdem er in Königsberg eingetroffen ist.

Fain, Agathon-Jean-François, Baron (1778-1837): Sohn eines königlichen Bauunternehmers. Tritt als Siebzehnjähriger in die Büros des Nationalkonvents ein. Barras wird auf ihn aufmerksam, und er wird 1796 Leiter des Korrespondenzbüros des Direktoriums; unter dem Konsulat Leiter der Archivabteilung, danach Aufseher des kaiserlichen Archivs. 1806 zum persönlichen Archivsekretär Napoleons ernannt, bleibt er nun stets beim Kaiser. 1809 zum Baron erhoben. Wahrt Napoleon während der Hundert Tage die Treue. Seine Memoiren – *Manuscrit de 1812, 1813, 1814* (dt.: *Neun Jahre Napoleons Sekretär, 1806-1815*, Berlin 1926) – sind sehr zuverlässig. Louis-Philippe macht ihn zu seinem Kabinettssekretär.

Fezensac, Raymond Eymery de Montesquiou, Herzog von (1784-1867): Tritt 1804 in die Armee ein und nimmt an allen Feldzügen des Kaiserreichs teil. Heiratet die Tochter des Generals Clarke. 1813 zum General befördert. Schließt sich den Bourbonen an und wird von Ludwig XVIII., Karl X. und Louis-Philippe mit Gunstbeweisen überhäuft. 1832 zum Pair von Frankreich ernannt. Botschafter in Madrid. Nach 1848 zieht er sich zurück und veröffentlicht seine Erinnerungen über den Rußlandfeldzug.

Fusil, Louise, geborene Fleury (1774-1848): Frau, Tochter und Enkelin von Schauspielern. Geboren in Stuttgart. Wird in Metz von ihrem Großvater, einem ehemaligen Schauspieler des Théâtre-Français, erzogen. Kommt als Vierzehnjährige nach Paris und beginnt eine Karriere als Sängerin. Lernt ihren Mann auf einer Tournee kennen. Reist 1806 nach Moskau, wo sie bis 1812 bleibt. Überlebt den Rückzug.

Gourgaud, Gaspard, Baron (1783-1852): Entstammt einer Familie von Tänzern und Musikern, tritt jedoch 1799 in die École Polytechnique ein. Dient danach in der Artillerie und nimmt an allen Feldzügen des Kaiserreichs teil. Wird 1811 zum Ordonnanzoffizier Napoleons ernannt. 1812 zum Baron erhoben. Begleitet den Kaiser nach Sankt Helena. Eifersüchtig und aggressiv, wie er ist, streitet er sich mit dem ganzen Gefolge und kehrt schließlich 1818 zur großen Erleichterung Napoleons nach Frankreich zurück. Tritt 1830 wieder in die Armee ein und macht eine glänzende Karriere. Kommt nach Sankt Helena zurück, um die sterblichen Überreste des Kaisers heimzubringen. Pair von Frankreich. Spielt im Zweiten Kaiserreich keine Rolle.

Gouvion-Saint-Cyr, Laurent, Marquis von (1764-1830): Sohn eines kleinen Grundbesitzers in Toul. Wird Bauingenieur, langweilt sich aber so sehr in seinem Büro, daß er Schauspieler in Paris wird. Tritt 1793 als Freiwilliger in die Armee ein und steigt sehr schnell in der Rangordnung auf. Ausgezeichneter Taktiker. Grob, unabhängig, in kritischen Situationen erstaunlich ruhig, zieht er sich zurück, um Geige zu spielen, sobald der letzte Schuß gefallen ist. Wird von denen, die unter ihm dienen, sehr geliebt, weil er seine Leute schont. Wie es heißt, ertrug ihn Napoleon widerwillig. Er ernennt ihn erst 1812 zum Marschall. Gouvion beteiligt sich nicht an den Hundert Tagen. Als Kriegsminister Ludwigs XVIII. reorganisiert er die Armee. 1817 zum Marquis erhoben.

Griois, Charles-Pierre-Lubin, Baron (1772-1839): Entstammt einer großbürgerlichen Familie. Die Familie wird durch die Revolution geteilt: Ein Bruder emigriert, ein zweiter kämpft in den revolutionären Armeen, eine Tante wird guillotiniert. Lubin Griois tritt in die Artillerieschule von Châlons-sur-Marne ein. Er gehört demselben Jahrgang wie Duroc und Marmont an. Absolviert eine klassische, wenn auch nicht glänzende Karriere als Artillerieoffizier. Zum Baron erhoben. Er beschäftigt sich in den Jahren nach seiner Verabschiedung damit, eine hervorragende Zeichnungen- und Kupferstichsammlung aufzubauen. Dazu gehört ein herrlicher Dürer, der unter den Tizians, Tintorettos, Raffaels, Tiepolos, Le Bruns, Poussins, Greuzes, Fragonards, Bouchers und Watteaus auffällt. Seine Memoiren über den Rußlandfeldzug sind lebhaft, zuverlässig und persönlich.

Grouchy, Emmanuel, Marquis von (1766-1847): Als Aristokrat und Schwager Condorcets wird Grouchy bis 1794 von der Revolutionsarmee ausgeschlossen. Er erhält 1805 ein wichtiges Kommando und zeichnet sich in zahlreichen Kämpfen aus. Befehligt die Schwadron, die Napoleon während des Rückzugs beschützt. Schließt sich 1814 den Bourbonen an, geht jedoch während der Hundert Tage wieder zu Napoleon über. Berühmt wurde sein verspätetes Eintreffen bei Waterloo. Während der zweiten Restauration kommt er auf die Proskriptionsliste und sucht Zuflucht in den Vereinigten Staaten. 1819 amnestiert. Wird wieder Marschall und 1830 zum Pair von Frankreich ernannt.

Junot, Andoche, Herzog von Abrantès (1771-1813): Tritt 1791 in die Armee ein. 1792 Sergeant. Tollkühn bis zur Unbesonnenheit, erhält er den Spitznamen ›Junot das Ungewitter‹. Wird Sekretär Bonapartes bei der Belagerung von Toulon. Begleitet ihn nach Ägypten und wird 1800 Militärgouverneur von Paris. Botschafter in Portugal. Allzu maßlos und unausgeglichen, um die große Karriere zu machen, die sich ihm scheinbar bieten könnte. Leidet an den Folgen schrecklicher Verwundungen, deren eine sein Gehirn freigelegt hat. In Rußland verliert er den Verstand. Begeht Selbstmord, indem er sich aus einem Fenster stürzt. Seine Frau Laure hat unterhaltsame, aber sehr phantasievolle Memoiren hinterlassen.

Karl XII., König von Schweden (1682-1718): Tritt als Fünfzehnjähriger die Nachfolge seines Vaters an und stellt sich unverzüglich an die Spitze der Armee. Zahlreiche Erfolge veranschaulichen sein militärisches Genie. Vor allem erobert er Polen und gibt Stanislaus Leszczynski die polnische Krone. Danach kämpft er gegen Rußland, wird jedoch 1709, bevor er Moskau erreicht, bei Poltawa besiegt. Er flieht in die Türkei. Er fällt 1718 während einer Belagerung.

Katharina II., genannt die Große, Kaiserin von Rußland (1729-1796): Deutsche Prinzessin, geborene Sophie von Anhalt-Zerbst. Sie heiratet den zukünftigen Peter III., den Enkel Peters des Großen. Eine Palastrevolte befreit sie von diesem schwachsinnigen und bösartigen Gatten, und sie bemächtigt sich des Throns. Ihre Herrschaftszeit war glanzvoll. Mit Philosophen und Künstlern befreundet, ist sie jedoch stets auf ihre Autorität bedacht.

Kutusow, Michail Ilarionowitsch Golenischtschew, Marschall, Fürst von Smolensk (1745-1813): Sohn eines Generals Peters des Großen, schlägt er sehr jung die militärische Laufbahn ein. Nimmt an den Kriegen gegen die Türkei teil. Botschafter in Konstantinopel und Berlin; Gouverneur Finnlands und Litauens. Rät von der Schlacht bei Austerlitz ab, für die er trotzdem verantwortlich gemacht wird. Tritt 1812 die Nachfolge von Barclay de Tolly als Oberbefehlshaber an. Verfolgt den sich zurückziehenden Napoleon und stirbt in Schlesien. Der Zar hielt wenig von ihm.

Labaume, Eugène (1783-1849): Tritt in die Pioniertruppen ein, wird im Dienst des Königreichs Italien Topographieingenieur im Rang eines Leutnants. Er fällt dem Fürsten Eugène auf, der ihn zu seinem Ordonnanzoffizier für den Rußlandfeldzug ernennt. Seine Geschichte dieses Feldzugs wurde mehrmals neu aufgelegt und von Napoleon auf Sankt Helena gelesen.

Langeron, Alexandre-Louis, Graf von (1763-1831): Tritt 1790 in die Dienste Katharinas II. Kämpft gegen Türken, Schweden und Franzosen. Marschiert 1814 mit der russischen Armee in Frankreich ein und erstürmt Montmartre. Kehrt nach Rußland zurück und stirbt in Odessa an der Cholera. Er hat interessante Memoiren über die russische Armee hinterlassen.

La Riboisière (auch: Lariboisière), Jean-Ambroise Baston, Graf von (1759 bis 1812): Schließt sich in ganz jungen Jahren an Bonaparte an. 1803 Brigadegeneral, 1804 Kommandeur der Straßburger Artillerieschule. Wird 1808 zum Grafen erhoben. Befehlshaber der Gardeartillerie, erster Generalinspektor der Artillerie. Ist während des Rußlandfeldzuges, an dem er mit seinen beiden Söhnen teilnimmt, für die gesamte Artillerie verantwortlich. Sein jüngerer Sohn fällt an der Moskwa. Als La Riboisière in Königsberg eintrifft, stirbt er an Erschöpfung und Kummer. Sein älterer Sohn macht eine politische Karriere unter Louis-Philippe und während des Zweiten Kaiserreichs. Das Pariser Lariboisière-Krankenhaus wird mit einem Legat seiner Ehefrau gegründet.

Larrey, Dominique-Jean, Baron (1766-1842): Beginnt als Dreizehnjähriger ein Medizinstudium in Toulouse. 1787 geht er nach Paris und fährt als Hilfschirurg nach Amerika. Nach seiner Rückkehr wird er der Rheinarmee zugeteilt, dann überträgt ihm Bonaparte die Reorganisation des Sanitätsdienstes der Italienarmee. Er setzt das System der ›fliegenden Feldlazarette‹ durch, die die Verwundeten mitten auf dem Schlachtfeld bergen. Zeigt im Gefecht unerschütterlichen Mut. Begleitet Bonaparte nach Ägypten und ist auf dessen Feldzügen stets dabei. Wird zum Oberchirurgen der Grande Armée ernannt. Als das Kaiserreich zusammenbricht, hat er fünfundzwanzig Feldzüge hinter sich und an sechzig Schlachten teilgenommen. Dabei wurde er dreimal verwundet. In der Restaurationszeit wird er zum Chefchirurgen des Militärkrankenhauses in Gros-Caillou ernannt. Er hat vierbändige Memoiren hinterlassen. Napoleon vermachte ihm hunderttausend Francs, wozu er erklärte: »Er ist der tugendhafteste Mann, den ich kennengelernt habe.«

Lauriston, Jacques-Alexandre-Bernard Law, Marquis von (1768-1828): Sohn eines Generals, Absolvent der Pariser École Militaire. Adjutant Bonapartes in Marengo. Nimmt 1805 an der Expedition nach Martinique teil. 1806 Gouverneur von Ragusa, 1807 von Venedig. 1808 Graf. Begleitet 1810 Maria-Luise von Wien nach Paris. Zu Beginn des Rußlandkrieges Botschafter in Sankt Petersburg. Schließt sich dem Kaiser während des Feldzugs an. 1813 in Leipzig gefangengenommen. Nach seiner Freilassung wird er Adjutant des Grafen von Artois. Während der Hundert Tage folgt er Ludwig XVIII. Wird Pair von Frankreich und stimmt für den Tod Neys. 1817 Marquis, 1823 Marschall von Frankreich.

Lavalette, Antoine-Marie Chamans, Graf von (1769-1830): Begleitet Bonaparte nach Ägypten und kehrt mit ihm auf demselben Schiff zurück. Wird von Bonaparte hochgeschätzt. Ist während des Konsulats Botschafter in Sachsen und Hessen und wird danach Postdirektor. Dieser Stellung kommt entscheidende Bedeutung zu, denn sie ermöglicht es ihm, die Korrespondenz von Diplomaten oder Politikern zu kontrollieren. Es gehört auch zu seinen Aufgaben, die vertrauliche Korrespondenz Napoleons zu verschicken. Wird 1808 zum Grafen ernannt. Spielt während der Hundert Tage eine wichtige Rolle, weil er sich des Hauptpostamtes bemächtigt. Ludwig XVIII. läßt ihn wegen Hochverrats anklagen, und er wird zum Tode verurteilt. Seine Frau Louise-Émilie de Beauharnais, eine Nichte Joséphines, hatte früher unter dem Verhalten ihrer Eltern gelitten, die sich scheiden ließen, »der Vater, um eine deutsche Stiftsdame zu heiraten, und die Mutter, um einen Neger zu nehmen«, wie die Herzogin von Abrantès es darstellt. Sie kann ihm zum Ausbruch aus dem Gefängnis verhelfen, indem sie mit ihm in der Zelle die Kleidung tauscht. Lavalette versteckt sich drei Wochen in Paris, dann geht er nach Belgien, wobei ihm Sir Robert Wilson hilft. Hierauf zieht er sich nach Bayern zu Eugène zurück. Unglücklicherweise verliert seine Frau den Verstand, weil das ganze Abenteuer sie überbeansprucht hat. Napoleon hinterließ ihm ein Legat von hunderttausend Francs.

Lejeune, Louis-François, Baron (1775-1848): Sohn eines Musikers. Entscheidet sich für den Malerberuf, tritt jedoch 1792 in die Armee ein und bleibt beim Militär. Er wird zunächst Berthier zugeteilt und während des Rußlandfeldzugs Stabschef Davouts. Nimmt 1813 seinen Abschied. Schließt sich den Bourbonen an. Heiratet Amable Clary, die Nichte der schwedischen Königin, und läßt sich in Toulouse nieder. Nimmt die Leitung der École des Beaux-Arts et de l'Industrie (Kunst- und Gewerbehochschule) in Toulouse an. Wird vom Schuß eines Wilddiebs an den Händen getroffen und muß die Malerei aufgeben. Hinterläßt sehr anschauliche Memoiren.

Macdonald, Étienne-Jacques, Herzog von Tarent (1765-1840): Sohn eines von den Engländern geächteten schottischen Jakobiten. Bekennt sich zur Revolution. Sehr jung zum General befördert. Leistet Bonaparte am 18. Brumaire wertvolle Dienste. Da er zu unabhängig auftritt, fällt er bis 1809 in Ungnade. Dann vertraut ihm Napoleon die Ausbildung des Fürsten Eugène an. Erringt in Wagram großen Ruhm, und Napoleon dankt ihm und sagt, als er ihn umarmt: »Seien wir Freunde.« – »Auf Leben und Tod«, antwortet Macdonald, der nun zum Marschall und Herzog ernannt wird. Er kämpft in Spanien bis zur Invasion in Rußland, wo er in Riga bleibt. 1814 handelt er den Waffenstillstand aus und tritt in die Dienste Ludwigs XVIII. Wird Pair von Frankreich. Tritt während der Hundert Tage nicht in Verbindung mit Napoleon.

Marbot, Jean-Baptiste-Antoine-Marcelin, Baron de (1782-1854): Sohn eines Generals. 1800 Leutnant in der Italienarmee. 1804 Adjutant Augereaus, 1807 von Lannes und dann Massénas. 1812 zum Obersten befördert. Bringt dank seiner Voraussicht und Strenge zwei Drittel seines Regiments aus dem Rußlandfeldzug zurück. Schließt sich Napoleon während der Hundert Tage an. Wird auf die Proskriptionsliste gesetzt und kann erst 1819 nach Frankreich zurückkehren. Napoleon zeigte in seinem Testament, daß er Marbots

Wesen verstand, als er ihn aufforderte, weiterzuschreiben. Tatsächlich hinterließ Marbot bedeutende, lebhafte, heitere und kritische Memoiren.

Maret, Hugues-Bernard, Herzog von Bassano (1763-1839): Geboren in Dijon als Sohn eines Arztes. Entscheidet sich für den Anwaltsberuf. Läßt sich in Paris nieder. Wird vom Außenminister Vergennes gefördert. Er beschließt, die Debatten der Konstituante zu verfolgen und mit einem neuen Verfahren, der 1786 von dem Engländer Samuel Taylor geschaffenen Stenographie, aufzuzeichnen. Man überträgt ihm verschiedene diplomatische Missionen. Wird in Österreich gefangengenommen und länger als zwei Jahre in Haft gehalten, bis man ihn gegen Madame Royale, die Tochter Ludwigs XVI., austauscht. Am Abend des 19. Brumaire macht ihn Bonaparte, den dessen Arbeit in der Konstituante beeindruckt hat, zum ersten Sekretär der Konsuln und ernennt ihn danach zum Staatssekretär. Baron des Kaiserreichs, 1809 Herzog von Bassano. 1811 Außenminister. Bleibt während des ganzen Rußlandfeldzugs in Wilna. Übernimmt während der Hundert Tage wieder seine Stellung als Staatssekretär. Von Ludwig XVIII. auf die Proskriptionsliste gesetzt. Darf 1820 nach Frankreich zurückkehren. Von Louis-Philippe zum Pair von Frankreich und 1834 zum Ministerpräsidenten ernannt.

Marie-Louise (Maria-Luise) von Habsburg, Kaiserin der Franzosen (1791 bis 1847): Tochter des österreichischen Kaisers Franz II. Heiratet 1810 Napoleon. Bringt einen Sohn zur Welt, der den Titel ›König von Rom‹ erhält. Nach Napoleons Abdankung im Jahre 1814 kehrt sie mit dem Kind nach Wien zurück. Wird die Geliebte des österreichischen Offiziers Adam Neipperg. Der Wiener Kongreß überträgt ihr den lebenslangen Besitz der Herzogtümer Parma, Piacenza und Guastalla. Nach Napoleons Tod heiratet sie Neipperg, von dem sie drei Kinder bekommt. 1829 verwitwet sie zum zweitenmal. Heiratet den Grafen von Bombelles, einen Kammerherrn am österreichischen Hof. Der Sohn, den sie mit Napoleon hatte, stirbt 1832 als Einundzwanzigjähriger. Sie überlebt ihn um fünfzehn Jahre.

Marmont, Auguste-Frédéric Viesse de, Herzog von Ragusa (1774-1852): Sohn eines Offiziers. Lernt Bonaparte bei der Belagerung von Toulon kennen und wird 1796 sein Adjutant. Begleitet ihn nach Ägypten, dann nach Italien. Mit 26 Jahren Divisionsgeneral. Gouverneur Dalmatiens. 1809 zum Herzog von Ragusa und zum Marschall ernannt. Mürrisch, mutig, unerschrocken im schrecklichsten Feuer. Gänzlich unfähig, die Truppen zu begeistern. Erleidet Niederlagen in Spanien, wo er verwundet wird. Kann seinen Dienst erst 1813 wiederaufnehmen. Er liefert 1814 die letzten Kämpfe und handelt schließlich die Kapitulation aus. Er geht zu Ludwig XVIII. über, der ihn zum Pair von Frankreich erhebt. Bleibt während der Hundert Tage an der Seite des Königs. Als Kommandant von Paris kann er den Aufstand von 1830 nicht unterdrücken und geht zusammen mit Karl X. ins Exil.

Méneval, Claude-François, Baron de (1778-1850): Zuerst Sekretär Joseph Bonapartes. Tritt dann in die Dienste des Ersten Konsuls. Er wird beauftragt, die Post zu öffnen und Petitionen zu prüfen. Leistet den Gelehrten und Schriftstellern, die sich um Vergünstigungen oder Protektion bemühten, große Dienste. Begleitet Napoleon nach Rußland, ist jedoch bei der Rückkehr so geschwächt, daß er nicht weiter für ihn arbeiten kann. Wird dann

Sekretär Maria-Luises und folgt ihr nach Wien. Kehrt 1815 nach Frankreich zurück und nimmt in der Restaurationszeit keinen Posten an. Hinterläßt Memoiren.

Metternich, Clemens, Fürst von (1773-1859): Sohn eines Diplomaten. Botschafter in Sachsen, in Preußen und 1806 in Paris. Hauptinitiator der Ehe Napoleons mit Maria-Luise. Nach dem Sturz Napoleons setzt er in Europa ein konservatives, sich auf den Zaren stützendes System durch. Er unterdrückt die liberalen Bewegungen derart hartnäckig, daß er die Unterstützung Englands verliert. Der Sturz Karls X. erschüttert seine Position, doch er hält sich noch bis 1848 an der Macht.

Miloradowitsch, Michail, Graf von (1770-1825): Entstammt einer serbischen Familie. Dient unter Suworow in Italien und der Schweiz. Nimmt an der Schlacht von Austerlitz teil. Spielt 1812 eine wichtige Rolle. Militärgouverneur von Sankt Petersburg. Wird von einem Dekabristen ermordet, der ihn für Nikolaus I. hält.

Montesquiou-Fezensac, Ambroise-Anatole-Augustin, Graf von (1788-1878): Enkel eines Generals, Sohn des Oberkammerherrn des Kaisers und der Gouvernante des Königs von Rom. (Das Kind nannte sie ›Maman Quiou‹.) Seit 1806 beim Militär. Zuerst Davout zugeteilt. Hauptmann in Wagram. Adjutant Napoleons während des Rußlandfeldzugs. Oberst in Sachsen. Bleibt Napoleon während der schlimmen Zeiten treu. Begibt sich zu seiner Mutter nach Wien, wohin sie den König von Rom nach der ersten Abdankung Napoleons begleitet hat. Fällt während der ersten Restauration in Ungnade, wird jedoch an den Hof Louis-Philippes berufen, der ihn mit Auszeichnungen überschüttet: Brigadegeneral, Großoffizier der Ehrenlegion und Pair von Frankreich. Geht mit Louis-Philippe ins Exil. Hinterläßt lebhafte, unterhaltsame und sehr anschauliche Memoiren.

Mortier, Adolphe-Édouard, Herzog von Treviso (1768-1835): Sohn eines Tuchhändlers. Lehnt es ab, Kaufmann zu werden, und tritt in die Nationalgarde ein. Masséna ernennt ihn auf dem Schlachtfeld zum Divisionsgeneral. Gewinnt durch Ruhe, Mäßigung und Organisationstalent die Achtung Bonapartes. 1804 zum Marschall, 1808 zum Herzog von Treviso ernannt. Gouverneur von Schlesien. Kämpft in Spanien und geht mit Napoleon nach Rußland. Kommandeur der Jungen Garde. Gouverneur Moskaus. Während der Hundert Tage begleitet er den König bis Lille und schließt sich danach wieder Napoleon an. Erhält 1819 die Pairswürde zurück. Wird unter Louis-Philippe Botschafter in Rußland, danach Kriegsminister und Ministerpräsident. Wird 1835 getötet, als Fieschis Höllenmaschine explodiert – ein Attentat, das eigentlich Louis-Philippe treffen sollte.

Mouton, Georges, Graf von Lobau (1770-1838): »Mon mouton est un lion« (»Mein Schaf ist ein Löwe«), sagte Napoleon von ihm. Schon in der Konsulatszeit hielt Bonaparte den ehemaligen Freiwilligen von 1792 für den besten Obristen seiner Armee. Als Generaladjutant Napoleons beschäftigt er sich vor allem mit der Heeresorganisation. 1809 zum Grafen erhoben. Schließt sich Napoleon während der Hundert Tage wieder an. Kämpft heldenhaft in Waterloo und wird gefangengenommen, als er versucht, die Truppen zu sammeln. Bis 1818 auf die Proskriptionsliste gesetzt. Von Louis-Philippe zum Marschall und Pair von Frankreich ernannt. Die heiteren, rührenden und aufschlußreichen Briefe, die er während des Rußlandfeldzugs an seine sehr junge Frau schickte, sind erhalten geblieben.

Murat, Joachim, Fürst, König von Neapel (1767-1815): Sohn eines Gastwirts. Besucht das Priesterseminar in Cahors, von dem er bald verwiesen wird. Tritt in die Armee ein. Nimmt während der Revolution eine sehr extremistische Haltung ein und bekommt Unannehmlichkeiten nach dem Sturz der Jakobinerdiktatur am 9. Thermidor. Stellt sich jedoch sehr schnell in die Dienste Bonapartes. Wird dessen erster Adjutant. Hochgeschätzt für seinen Mut und seine Tatkraft, wenn auch nicht für seinen Verstand. Eine Kugel durchschlägt seine beiden Wangen. Seine Zunge wird nicht getroffen, weil er gerade den Mund geöffnet hatte.»Das erste Mal, daß er den Mund im richtigen Augenblick aufgemacht hat«, kommentierte Bonaparte. Caroline, die Schwester Napoleons, verliebt sich in ihn und setzt bei ihrem Bruder durch, daß sie Murat im Jahre 1800 heiraten darf. Murat macht schnell Karriere und ersetzt 1808 Joseph Bonaparte auf dem Thron Neapels. 1813 verläßt er die fliehende Armee und kehrt nach Neapel zurück. Nimmt Verhandlungen mit Österreich und England auf. Ludwig XVIII. erklärt sich strikt dagegen, daß Murat die Herrschaft in Neapel behält. Während der Hundert Tage glaubt er, sich wieder Napoleon anschließen zu können, aber der Kaiser weist dessen Angebot, ihm zu dienen, vollständig ab. Nach Waterloo versteckte er sich in Frankreich und konnte nach Korsika übersetzen. Dort läßt er sich überzeugen, daß man ihn in seinem Königreich als Triumphator begrüßen werde. Daraufhin landet er in Kalabrien. Wird unmittelbar danach gefangengenommen, zum Tode verurteilt und standrechtlich erschossen. Es sei unmöglich, mehr körperlichen Mut und weniger im Kopf zu haben, stellte Napoleon gewissermaßen als Nachruf fest.

Narbonne, Louis-Marie, Graf von (1755-1813): Gilt als natürlicher Sohn Ludwigs XV. Elegant, kultiviert, mondän. Von den Damen leidenschaftlich geliebt. Liebhaber der Madame de Staël. Bringt am Beginn der Revolution die Tanten Ludwigs XVI. nach Rom. Emigriert nach dem 10. August 1792 und kehrt nach dem 18. Brumaire zurück. Seine Umgangsformen gefallen Napoleon, der ihn mit verschiedenen Verhandlungen beauftragt und zum Botschafter in München, dann in Wien ernennt. Bei den Verhandlungen von 1813 Bevollmächtigter auf dem Prager Kongreß. Wird zum Kommandanten von Torgau ernannt. Starb dort an den Folgen eines Sturzes mit seinem Pferd.

Ney, Michel, Herzog von Elchingen, Fürst von der Moskwa (1769-1815): Sohn eines Böttchers. Tritt 1787 in ein Husarenregiment ein. Nimmt an allen Revolutionskriegen teil. Gewalttätig, hitzig, jähzornig, autoritär und oft eifersüchtig, jedoch ein hervorragender Krieger. Napoleon wird früh auf ihn aufmerksam. 1804 zum Marschall befördert. 1808 zum Herzog von Elchingen ernannt. Kehrt jedoch völlig gebrochen aus Rußland zurück. Gehört 1814 zu den ersten, die Napoleon überzeugen, daß er abdanken muß. Schließt sich Ludwig XVIII. an, der ihn zum Pair ernennt und ihm das Kreuz des Sankt-Ludwigs-Ordens verleiht. Während der Hundert Tage verpflichtet er sich, Napoleon in einem eisernen Käfig nach Paris zu bringen, doch seine

Truppen verlassen ihn und stellen sich in den Dienst des Kaisers. Als er mit Napoleon in Auxerre zusammentrifft, wirft auch er sich ihm in die Arme. Sucht in Waterloo den Tod, als ihm die Unausweichlichkeit der Niederlage bewußt wird. Wird vor ein Kriegsgericht gestellt, das er für unzuständig erklärt. Er verlangt, daß die Pairs, seine Standesgenossen, über ihn urteilen. Diese verurteilen ihn zum Tode.

Oudinot, Nicolas-Charles, Herzog von Reggio (1767-1847): Sohn eines Bierbrauers aus Bar-le-Duc. Tritt lieber in die Armee als in das Geschäft des Vaters ein. 1793 erhält er die erste von seinen zweiunddreißig Verwundungen und wird nach Hause geschickt, »mit aufgerissenem Kopf, der nur durch Verbände zusammengeklebt wurde«. Vier Monate danach dient er wieder in der Armee und wird 1794 General. Selbst wenn es nur wegen seines unglückseligen Hangs wäre, Säbelhiebe und Kugeln auf sich zu ziehen, wäre er ein unvergleichlicher Krieger. Wird nach Wagram zum Marschall von Frankreich ernannt, 1810 zum Herzog von Reggio. In Rußland mehrmals verwundet. Erkrankt 1813 an Typhus. Befürwortet 1814 die Abdankung Napoleons. Ludwig XVIII. ernennt ihn zum Pair von Frankreich, und er erhält ein Kommando. Während der Hundert Tage führt er seine Truppen gegen Napoleon, doch seine Männer teilen ihm mit, daß sie sich dem Kaiser anschließen wollen. Wenn der Marschall nicht einverstanden sei, brauche er nur zu gehen. Das tut er. Er zieht sich auf seine Ländereien zurück. Ludwig XVIII. setzt ihn wieder in seine Ämter ein. Unter Louis-Philippe wurde er zum Gouverneur der Invaliden und zum Wächter des Kaisergrabes.

Pasquier, Étienne-Denis, Herzog (1767-1862): Sohn eines Parlamentsrates, und er selbst schon als Zwanzigjähriger Parlamentsrat. Als junger Mann sehr konservativ. Man sagte von ihm, »daß er viel von englischen Pferden, aber nichts von englischen Ideen hielt«. Sein Vater wird guillotiniert. Er selbst wird verhaftet und überlebt im Gefängnis. Er schließt sich Bonaparte an. Napoleon macht ihn 1808 zum Baron und ernennt ihn zum Polizeipräfekten. Als er zu Ludwig XVIII. übergeht, erhebt dieser ihn zum Herzog und Pair. Er schließt sich Louis-Philippe an, der ihn zum Kanzler von Frankreich ernennt. Zieht sich nach 1848 aus dem öffentlichen Leben zurück.

Poniatowski, Józef Antoni, Fürst (1763-1813): Polnischer Fürst. Brillant, weltgewandt und prunkliebend. Übernimmt 1807 das Kommando der im Dienst Frankreichs stehenden polnischen Legion. 1808 Kriegsminister des Großherzogtums Warschau mit dem Titel eines Generalissimus. Nimmt am russischen Feldzug teil und wird 1813 zum Marschall ernannt. Als er versucht, die Elster mit dem Pferd zu überqueren, wird er von einer Kugel in den Kopf getroffen. Er stirbt, und sein Leichnam wird erst einige Tage später entdeckt.

Rapp, Jean, Graf (1771-1821): Der Beruf eines Pastors, für den man ihn ausersehen hat, gefällt ihm nicht, und er meldet sich 1788 zur Armee. Er wird rasch befördert: 1793 Oberleutnant, Adjutant von Desaix, der Rapps außergewöhnlichen Verstand und erstaunliche Kaltblütigkeit lobt. Wird dann Adjutant Bonapartes und bleibt es bis 1814. 1809 zum Grafen des Kaiserreichs erhoben. Während der Hundert Tage schließt er sich wieder Napoleon an und wird trotzdem 1819 zum Pair von Frankreich und 1820 zum Oberkammerherrn und Großmeister der Garderobe ernannt.

Reynier, Jean-Louis, Graf (1771-1814): In der Schweiz geboren. Besucht die Pariser École des Ponts et Chaussées (Schule für Brücken- und Straßenbau). Tritt als Freiwilliger in die Armee ein. Mit 23 Jahren zum General befördert. Kommandiert eine Division in Ägypten, gerät jedoch in einen heftigen Streit mit General Menou, seinem Vorgesetzten, den er für unfähig hält. Dieser schickt ihn nach Frankreich zurück. Daraufhin veröffentlicht Reynier ein Buch, worin er Menou als Hauptverantwortlichen des Zusammenbruchs anprangert. Im Duell tötet er General Destaing, den er ebenfalls erbittert kritisiert hat. Napoleon verbannt ihn. Wird jedoch 1805 zurückgerufen und erhält ein Kommando in Italien. 1811 Graf des Kaiserreichs. In Rußland wird er an die Spitze des aus Sachsen bestehenden Armeekorps gestellt. 1813 wechseln diese Sachsen ins andere Lager über und nehmen ihn gefangen. Zwei Monate vor Napoleons Abdankung wird er ausgetauscht und befreit. Stirbt an einem Gichtanfall. Wird als einer der am höchsten gebildeten Generale der kaiserlichen Armee angesehen.

Röder, Franz (1774-1840): Untertan des Großherzogs von Hessen. Nahm am Rußlandfeldzug teil, weil er einem der Napoleon zur Verfügung gestellten Regimenter zugeteilt war. Seine sehr persönlichen und sehr nüchternen Memoiren wurden erst 1848 veröffentlicht.

Roos, Heinrich von (1780-1840): Arzt im Stuttgarter Garnisonshospital. Muß die kaiserliche Armee begleiten. Wird an der Beresina von einem Kosaken gefangengenommen, der ihm seinen Orden und, noch schlimmer, sein chirurgisches Taschenetui abnimmt. Sein Schicksal verbessert sich, sobald er einem russischen Offizier seinen Beruf mitteilt. Nun behandelt er russische und französische Verwundete und erfüllt seine Aufgabe so gut, daß man ihn nach Sankt Petersburg schickt. Man lehnt seine Freilassung ab, und er darf nicht nach Hause zurückkehren, doch man überhäuft ihn mit Ehrungen und teilt ihn dem Krankenhaus der Zarin Maria zu. Dann beschließt er, in Rußland zu bleiben.

Rostoptschin, Fjodor Wassiljewitsch, Graf (1763-1826): Adjutant Pauls I. Fällt bei Alexander I. in Ungnade. 1812 als Gouverneur von Moskau zurückgerufen. Verantwortlich für den Brand der Stadt. Verläßt Rußland nach dem Krieg und lebt in Frankreich. Stirbt in Moskau.

Roustan, Raza (1780-1845): Geboren in Georgien. Wird als Sklave an einen Kairoer Scheich verkauft, der ihn für den Dienst in der Mameluckengarde ausbilden läßt. Der Scheich schenkt ihn Napoleon während der Ägyptenexpedition. Fortan verläßt Roustan nicht mehr seinen Herrn. Stets in seiner orientalischen Tracht, begleitet er ihn überallhin, sowohl aufs Schlachtfeld als auch bei Paraden. Er lehnt es allerdings ab, Napoleon auf die Insel Elba zu folgen, und führt bis zu seinem Tod im Jahre 1845 ein ganz unauffälliges Leben.

Sébastiani, Horace-François, Graf (1772-1851): Geboren auf Korsika. Lehnt es ab, Priester zu werden, und tritt in die Armee ein. Unterstützt Bonaparte am 18. Brumaire. Wird zum Brigadegeneral befördert. Botschafter in Konstantinopel. 1809 Graf des Kaiserreichs. Kämpft in Spanien. Nach seiner Rückkehr aus Rußland nimmt er an allen Schlachten de. 'ahres 1813 teil. Hält Napoleon während der Hundert Tage die Treue ' ht 1815 nach England ins Exil. 1819 als Abgeord... Korsikas ge... . Louis ....ht ihn zum Marineminister und dann zum Außen...nister. Botschafter in Nea... später in London. Wird 1840 Marschall.

Ségur, Philippe-Paul, Graf von (1780-187?). Beginnt im Jahre 1800 seine Karriere als Husarenleutnant. 1806 Schwadronsführer. 1809 Graf des Kaiserreichs und 1812 Brigadegeneral. 1813 Direktor der Kadettenschule. Schließt sich Napoleon während der Hundert Tage an (ebenso wie sein Vater, der sich anbietet, dem Kaiser ins Exil zu folgen). Dennoch ernennt ihn Ludwig XVIII. zum Brigadegeneral (sein Vater erhält 1819 seine Pairswürde zurück). Louis-Philippe macht ihn 1831 zum Generalleutnant und Pair von Frankreich. Seine Geschichte des Rußlandfeldzugs ist eine der wichtigsten zeitgenössischen Quellen.

Soltyk, Roman, Graf (1791-1843): Als Absolvent der Pariser École Polytechnique macht er rasch Karriere und wird von Poniatowski gefördert. Während des Rußlandfeldzugs von 1812 ist er Schwadronsführer eines polnischen Lanzenreiterregiments und wird als Adjutant des Generals Sokolnicki in den kaiserlichen Generalstab berufen. Konspiriert nach 1815 gegen die russischen Okkupanten in Polen. Als der Aufstand von 1830 scheitert, muß er nach Frankreich emigrieren. Hinterläßt eine sehr lebendige und anekdotenreiche Darstellung des Feldzugs von 1812 aus polnischer Sicht.

Tschitschagow, Pawel Wassiljewitsch (1767-1849): Gouverneur der russischen Donauprovinzen vor der französischen Invasion von 1812. General Tschitschagow, der sich mit dem Ehrentitel eines Admirals schmückte, drängt das österreichische Korps nach Polen zurück. Er zerstört die Beresinabrücke in Borissow und versucht so, die Schlinge um die Grande Armée zuzuziehen. Trotzdem kann Napoleon auf die andere Flußseite gelangen. Die Russen machten Tschitschagow für diesen schweren Mißerfolg verantwortlich. Da er der Kritiken müde wurde, verließ er Rußland und erhielt die britische Staatsbürgerschaft.

Victor, Claude-Victor Perrin, Herzog von Belluno, genannt (1764-1841): Im Ancien régime zehn Jahre lang Trommler in einem Artillerieregiment. Als Siebenundzwanzigjähriger besitzt er einige militärische Erfahrungen, avanciert zum Oberstleutnant und zeichnet sich 1793 bei der Belagerung von Toulon aus, was ihm die Ernennung zum Brigadegeneral einbringt. Bonaparte macht ihn zwei Jahre später zum Divisionsgeneral. 1805 Botschafter in Dänemark. 1806 Chef des Generalstabs von Lannes. Hat einen bedeutenden Anteil am Sieg von Friedland. 1807 zum Marschall befördert. 1808 Gouverneur von Berlin und Herzog von Belluno. Kämpft bis 1814 und schließt sich dann den Bourbonen an. Während der Hundert Tage richtet er einen entschieden antibonapartistischen Tagesbefehl an seine Truppen und wird von ihnen ausgepfiffen. Er verläßt sie und schließt sich dem König in Gent an. Stimmt für die Hinrichtung Neys. Von 1821 bis 1823 Kriegsminister.

Bibliographie

I. Zeitgenössische Texte

Adams, John Quincy, *Memoirs of John Quincy Adams, comprising portions of his diary from 1795 to 1848*, Philadelphia, Lippincott, 1874-1877.

Alexander I., *Correspondance de l'empereur Alexandre Ier avec sa sœur, la Grande-Duchesse Catherine, ... 1805-1818, publiée par le grand duc Nicolas Mikhaïlowitch*, Sankt Petersburg, Manufacture des papiers de l'Etat, 1910.

Aubry, Octave, *Les pages immortelles de Napoléon*, Paris, Corréa, 1941.

Barrès, Jean-Baptiste, *Souvenirs d'un officier de la Grande Armée*, Paris, Le Grenadier, 2002.

Bausset-Roquefort, Louis-François, Baron de, *Mémoires anecdotiques sur l'intérieur du Palais de Napoléon et de Marie-Louise, et sur quelques événements de l'Empire, depuis 1805 jusqu'en 1816*, Paris, Levasseur, 1829.

Beauharnais, Eugène de, *Mémoires et correspondance politique et littéraire*, Paris, Michel Lévy frères, 1858-1860.

Bellot de Kergorre, Alexandre, *Un commissaire des Guerres sous le Premier Empire, Journal de Bellot de Kergorre*, Paris, La Vouivre, 1997.

Bennigsen, Levin-Auguste-Théophile, General, Graf, *Mémoires du général Bennigsen*, Paris, Lavauzelle, 1908.

Berthézène, Pierre, Baron, *Souvenirs militaires de la République et de l'Empire*, Paris, J. Dumaine, 1855.

Bignon, Louis-Pierre-Édouard, Baron, *Histoire de France sous Napoléon, depuis le commencement de la guerre de Russie jusqu'à la deuxième Restauration*, Brüssel, Meline, Cans et Cie., o. J.

Boulart, Jean-François, *Mémoires militaires du général Boulart sur les guerres de la République et de l'Empire*, Paris, Librairie illustrée, 1892.

Brandt, Heinrich von, *Souvenirs d'un officier polonais. Scènes de ma vie militaire en Espagne et en Russie*, Paris, Charpentier, 1977.

Bourgogne, Jean-Baptiste, *Mémoires du sergent Bourgogne*, Paris, Arléa, 1992. – Dt. u. d. T.: *Kriegserlebnisse 1812-1813*, übers. v. H. v. Natzmer; Stuttgart, Robert Lutz, 1900.

Bourgoing, Pierre, Baron de, *Souvenirs militaires du baron de Bourgoing*, Paris, Plon, 1897.

Buturlin (Boutourline), Dimitri Petrowitsch, *Histoire militaire de la campagne de Russie en 1812*, Paris, Anselin et Pochard, 1824.

Castellane, Boniface, Marquis von, *Journal du maréchal de Castellane*, Paris, Plon, 1896.

Caulaincourt, Armand de, *Mémoires du général de Caulaincourt, duc de Vicence*, Paris, Plon, 1933. – Auszugsweise dt. u. d. T.: *Unter vier Augen mit Napoleon. Denkwürdigkeiten des Generals Caulaincourt, Herzogs von Vicenza, Großstallmeisters des Kaisers*, übers. v. Friedrich Matthaesius; Bielefeld u. Leipzig, Velhagen & Klasing, 1937.

Chambray, Georges, Marquis von, *Histoire de l'expédition de Russie*, Paris, Pillet, 1823. – Dt. u. d. T.: *Napoleon's Feldzug in Rußland 1812*, aus dem Frz. übers. durch Johann L. Blesson; Berlin, Duncker, 1824.

Chevalier, Jean-Michel, *Souvenirs des guerres napoléoniennes*, Paris, Hachette, 1970.

Chlapowski, Dezydery, Baron, *Memoirs of a Polish lancer*, Chicago, The Emperor's Press, 1992.

Choiseul-Gouffier, Sophie, Gräfin von, *Réminiscences sur l'empereur Alexandre Ier et sur l'empereur Napoléon Ier*, Besançon, Impr. de Bonvalot, 1862.

Clausewitz, Carl von, *The campaign of 1812 in Russia*, New York, Da Capo Press, 1995. – Dt. u. d. T.: Carl von Clausewitz, *Der russische Feldzug von 1812*, hrsg. v. Helmut Greiner; Wiesbaden, Limes Verlag, 1953.

Coignet, Jean-Roch, *Cahiers du capitaine Coignet*, Paris, Arléa, 2001. – Dt. u. d. T.: *Von Marengo bis Waterloo. Memoiren des Capitaine Coignet*, bearb. v. Georg Rummler; Stuttgart 1910.

Combe, Julien, *Mémoires du colonel Combe: 1793-1832*, Paris, B. Giovanangeli, 2006.

Constant, Louis, Wairy, *Mémoires intimes de Napoléon Ier*, Paris, Mercure de France, 2000. – Dt. u. d. T.: *Napoleon I. Nach den Memoiren seines Kammerdieners Constant*, übertr. v. Oskar Marschall von Bieberstein; Leipzig, Schmidt & Günther, 1904.

Corbineau, Jean-Baptiste, *Passage de la Bérésina*, in: *Le spectateur militaire*, Nr. 3, Paris 1827; S. 43-52.

Damas, Ange, Hyacinthe, Baron de, *Mémoires du baron de Damas*, Paris, Plon, 1922-23.

Dawydow (Davydov), Denis Vassiljevitsch, *In the service of the Tsar against Napoleon*, London, Greenhill Books, 1999.

Dedem van den Gelder, Anthony Boldewijn (Dedem van der Guelder, Antoine-Baudoin), Baron van, *Mémoires du général baron Dedem van der Gelder*, Paris, Plon, 1900.

Dumas, Mathieu, Graf, *Souvenirs du Lieutenant-Général comte Mathieu Dumas, de 1770 à 1836*, Paris, C. Gosselin, 1839.

Dumonceau, François, Graf, *Mémoires du général comte François Dumonceau*, Brüssel, Brépols, 1960.

Fain, Agathon, Baron, *Mémoires*, Paris, Arléa, 2001.

Fezensac, Raimond, Eymeri de Montesquiou, Herzog von, *Journal de la campagne de Russie*, Tours, Mame, 1849.

Fusil, Louise, *Souvenirs d'une actrice. Mémoires de Louise Fusil (1774-1848)*, Paris, Schmid, 1926.

Gardier, Louis, *Journal de la campagne de Russie*, Paris, Librairie historique Teissèdre, 1999.

Griois, Lubin, *Mémoires du général Griois, 1812-1822*, Paris, Editions du Grenadier, 2003.

Labaume, Eugène, *La campagne de Russie: le récit d'un officier de la Grande Armée*, Paris, Cosmopole, 2001. – Dt. u. d. T.: *Ausführliche Erzählung von dem Feldzuge in Rußland im Jahre 1812*, aus dem Frz.; Leipzig, Baumgärtner, 1815.

Laugier, Cesare de, *Epopées centenaires, la grande armée: récits de Cesare de Laugier, officier de la garde du prince Eugène*, Paris, Fayard, 1910.

Lejeune, Louis-François, *Mémoires du général Lejeune, 1792-1813*, Paris, Editions du Grenadier, 2001.

Lettres interceptées par les Russes en 1812, Paris, La Sabretache, 1913.

Maistre, Joseph de, *Correspondance diplomatique, 1811-1817*, Paris, Michel Lévy, 1860.

Maistre, Joseph de, *Œuvres complètes*, Lyon, Vitte et Perrussel, 1889-1893.

Marbot, Jean-Baptiste, *Mémoires du général baron de Marbot*, Paris, Mercure de France, Le Temps retrouvé, 1983. – Dt. u. d. T.: *Memoiren des französischen Generals Marcellin de Marbot*, dt. bearb. v. L. Ottmann; Stuttgart, Lutz, 1899.

Metternich, Clemens, Fürst, *Mémoires, documents et écrits divers laissés par le prince de Metternich, chancelier de cour et d'État*, Paris, Plon, 1880-1884. – Vgl. dt.: Metternich, Clemens von, Fürst, *Nachgelassene Papiere*, Wien, Braumüller, 1880-1883.

Montesquiou, Anatole, Graf von, *Souvenirs sur la Révolution, l'Empire, la Restauration et le règne de Louis-Philippe*, Paris, Plon, 1861.

Rapp, Jean, *Mémoires du général Rapp, aide de camp de Napoléon: écrits par lui-même et publiés par sa famille*, Paris, le Livre chez vous, 2004.

Rochechouart, Louis, Graf von, *Mémoires sur la Révolution, l'Empire et la Restauration*, Paris, Plon, 1892.

Roeder, Helen, *The ordeal of captain Roeder*, New York, Saint Martin's Press, 1961. – Dt. Ausg.: Röder, Franz, *Der Kriegszug Napoleons gegen Rußland im Jahre 1812*, hrsg. v. Carl Röder; Leipzig, Wilhelm Engelmann, 1848.

Roos, Heinrich von, *1812. Souvenirs d'un médecin de la Grande armée*, Paris, Perrin, 1913. – Dt. u. d. T.: *Mit Napoleon in Rußland*, hrsg. v. Paul Holzhausen; Stuttgart, Lutz, 1911.

Ségur, Philippe-Paul, Graf von, *Histoire de Napoléon et de la Grande armée pendant l'année 1812*, Paris, Baudoin Frères, 1825. – Dt. u. d. T.: *Napoleon und die Große Armee in Rußland*, hrsg. v. Peter Berglar, aus dem Frz. v. Joseph A. H. von Theobald; Bremen, Schünemann, 1965.

Soltyk, Roman, Graf, *Napoléon en 1812*, Paris, le Livre chez vous, 2006. – Dt. u. d. T.: *Napoleon im Jahre 1812, oder historisch-militärische Darstellung des Feldzuges in Rußland*, übers. v. Ludwig Bischof; Wesel-Leipzig 1837.

Staël, Germaine de, *Dix années d'exil*, Paris, Fayard, 1996.

Stendhal, *Correspondance*, Paris, Gallimard, Bibliothèque de la Pléiade, 1968.

Stendhal, *Vie de Henry Brulard*, in: *Œuvres Intimes*, Paris, Gallimard, Bibliothèque de la Pléiade, 1955. – Dt.: Stendhal, *Leben des Henry Brulard*, aus dem Frz. von Elisabeth Schneider; Leipzig, Verlag Philipp Reclam jun., 1965.

Tschitschagow (Tchitchagov), Pawel, Admiral, *Mémoires de l'amiral Paul Tchitchagov, commandant en chef de l'armée du Danube*, Paris, Plon, 1909.

Vionnet de Maringoné, Louis Joseph, *Souvenirs du général Vionnet, vicomte de Maringoné*, Paris, Dubois, 1913.

Waresquiel, Emmanuel de, *Lettres d'un lion, Correspondance inédite du général Mouton, comte de Lobau (1812-1815)*, Paris, Nouveau Monde, éditions/Fondation Napoléon, 2005.

II. Historische Studien

Austin, Paul Britten, *The March on Moscow*, London, Greenhill Books, 1993.

Austin, Paul Britten, *Napoleon in Moscow*, London, Greenhill Books, 1995.

Boudon, Jacques-Olivier, *La France et l'Europe de Napoléon*, Paris, Armand Colin, 2006.

Boussard, Nicolas, *Stendhal et la campagne de Russie: le blanc, le gris et le rouge*, Paris, Kimé, 1997.

Cate, Curtis, *The War between the two Emperors, Russia 1812*, New York, Random House, 1985.

Chandler, David, *The campaigns of Napoleon*, New York, Macmillan, 1966.

Fierro, Alfred, Palluel-Guillard, André, Tulard, Jean, *Histoire et Dictionnaire du Consulat et de l'Empire*, Paris, Laffont, Bouquins, 1995.

Grunwald, Constantin, *La campagne de Russie*, Paris, Julliard, 1963.

Hartley, Janet M., *Alexander I*, London, Longman, 1994.

Hourtoulle, François-Guy, *Borodino/La Moskowa: la bataille des redoutes*, Paris, Histoire & Collections, 2000.

Jackson, W. G. F., *Seven Roads to Moscow*, London, Eyre & Spottiswode, 1957.

Marchioni, Jean, *Place à Monsieur Larrey, chirurgien de la garde impériale*, Arles, Actes Sud, 2003.

Olivier, Daria, *L'incendie de Moscou*, Paris, Laffont, 1964.

Paléologue, Maurice, *Alexandre Ier: un tsar énigmatique*, Paris, Plon, 1937.

Palmer, Alan Warwick, *Alexander Ist: tsar of War and Peace*, New York, Harper and Row, 1974.

Palmer, Alan Warwick, *Napoleon in Russia*, New York, Simon and Schuster, 1967. – Dt. u. d. T.: *Napoleon in Rußland*, aus dem Engl. v. Hans Jürgen Baron von Koskull; Frankfurt/M., Fischer, 1969.

Tarle, Eugene, *Napoleon's Invasion of Russia*, London, Oxford University Press, 1942. – Dt. u. d. T.: Eugen Tarlé, *Napoleon in Russland, 1812*, übertr. v. W. Schen; Zürich, Steinberg Verlag, 1944.

Tastevin, Félix, *Histoire de la colonie française de Moscou depuis les origines jusqu'à 1812*, Moskau, F. Tastevin, 1908.

Thiers, Adolphe, *Histoire du Consulat et de l'Empire*, Brüssel, Meline, Cans et Cie., 1856. – Dt u. d. T.: *Geschichte des Konsulats und des Kaiserreichs*, Leipzig, Wigand, 1863

Tulard, Jean, *Bibliographie critique des mémoires sur le Consulat et l'Empire*, Genf, Librairie Droz, 1971.

Tulard, Jean, *Dictionnaire Napoléon*, Paris, Fayard, 1989.

Tulard, Jean, *Napoléon*, Paris, Fayard, 1977. – Dt. u. d. T. : Tulard, Jean, *Napoleon oder Der Mythos des Retters*, aus dem Frz. v. Caroline Vollmann, Frankfurt/M., Berlin, Wien, Ullstein, 1982.

Tulard, Jean, *Murat*, Paris, Fayard, 1999.

Waliszewski, Kazimierz, *La Russie il y a cent ans*, Paris, Plon, 1923-25.

Westwood, J. N., *Endurance and endeavour: Russian history, 1812-2001*, Oxford u. New York, Oxford University Press, 2002.

Willms, Johannes, *Napoleon. Eine Biographie*, München, Verlag C. H. Beck, 2005².

Winters, Harold, A., *Battling the elements. Weather and terrain in the conduct of war*, Baltimore, Johns Hopkins University Press, 1998.

Zamoyski, Adam, *Moscow 1812, Napoleon's Fatal March*, New York, Harper-Collins, 2004.

Die anschaulichste und genaueste Nachgestaltung der französischen Invasion aus russischer Sicht bleibt die Tolstojs in *Krieg und Frieden*, 1868-1869.

Bildnachweis

DER RUSSISCHE FELDZUG 1812

Riga

NACH SANKT PETERSBURG

Dünaburg

Drissa

Polozk

Wilkomir

19. 6.

Glubokoje

Kamer

23.-24. 6.

Njemen

Wilija

Tilsit

Kowno

28. 6.

Wilna

Studjanka

Bara

Königsberg

Sembin

Gumbinnen

13. 12.

Njemen

Borissow

25. 11.

OST
PREUSSEN

Molodetschno

3. 12.

Minsk

L i t a u e n

Lida

Grodno

Nowogrudok

Mir

Njemen

Bialystok

Slonim

Kobrin

Pinsk

Pripjat

Brest-Litowsk

GROSSHERZOGTUM

WARSCHAU

PRIPJATER SÜMPFE